Lehrerhandbuch Erzieherausbildung Band 4

Neue kompetenzorientierte Unterrichtssequenzen & Klassenmanagement

Mit CD-ROM

Von Hanna Heinz

Handwerk und Technik • Hamburg

HT

Über die Autorin

Hanna Heinz unterrichtet als Dipl. Sozialpädagogin (FH) langjährig in der beruflichen Ausbildung von Erziehern/Erzieherinnen und Kinderpflegern/Kinderpflegerinnen an der Fachakademie für Sozialpädagogik und an der Berufsfachschule für Kinderpflege in Lindau/Bayern. Neben der unterrichtlichen Tätigkeit begleitet sie die praktische Ausbildung in verschiedenen Erziehungs- und Bildungseinrichtungen. Sowohl eine Klassenlehrerausbildung, eine heilpädagogische Zusatzausbildung und die Qualifikation als Mentorin zum Kindergartenprojekt „Giraffentraum – gewaltfreie Kommunikation für den vorschulischen Bereich" bereichern ihre Arbeit. In beruflicher Nebentätigkeit gestaltet sie Fort- und Weiterbildungsveranstaltungen für Kollegien an beruflichen Schulen.

Symbole im Buch (siehe Rand)

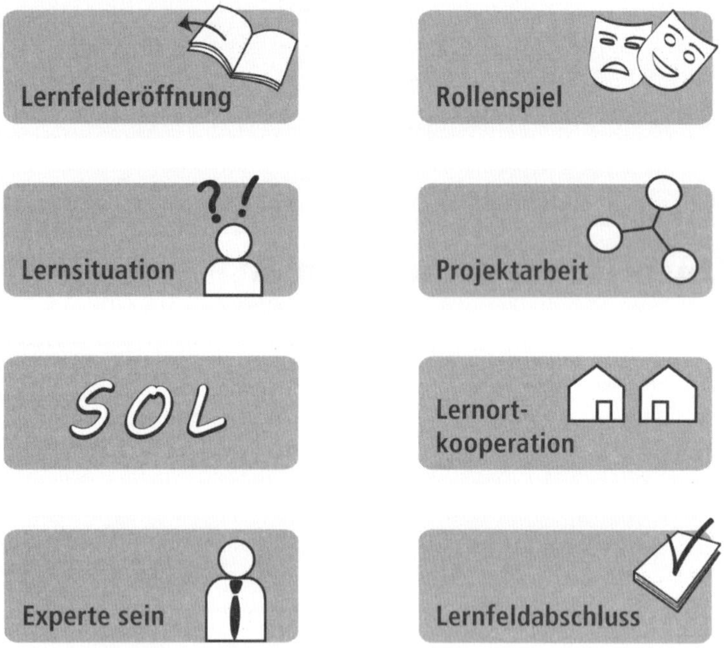

 Weiteres Zusatzmaterial auf CD-ROM

Aus dieser Reihe sind erhältlich:
Band 1 (Bestellnummer 4709) – Band 2 (Bestellnummer 4710) – Band 3 (Bestellnummer 4712)

ISBN 978-3-582-0**4713**-7 Best.-Nr. 4713

Verlag Handwerk und Technik GmbH
Lademannbogen 135, 22339 Hamburg; Postfach 63 05 00, 22331 Hamburg – 2018
Internet: *www.handwerk-technik.de*
E-Mail: *info@handwerk-technik.de*
Layout und Gestaltung: PER Medien & Marketing GmbH, 38102 Braunschweig
Druck: Elbe Druckerei Wittenberg GmbH, 06886 Wittenberg

Vorwort

Mit dem neuen länderübergreifenden Lehrplan etablierte sich 2012 ein handlungs- und kompetenzorientierter Unterricht in der Ausbildung von Erzieherinnen und Erziehern, d. h., es kann notwendigerweise auf der Metaebene erfahrbar werden, was später in der täglichen pädagogischen Arbeit mit Kindern, Jugendlichen und jungen Erwachsenen praktiziert werden soll. Damit wird in der Ausbildung nachvollzogen, was für die erzieherische Praxis mit der Einführung der Erziehungs- und Bildungspläne längst gilt.

Als „Grundsätze der Ausbildung" werden im Länderübergreifenden Lehrplan Erzieher (2012) u.a. drei Grundlagen beschrieben:

- Die **Kompetenzorientierung** der Ausbildung, wobei Kompetenz folgendermaßen definiert wird: Das kompetente Handeln einer Fachkraft wird beschrieben als Möglichkeit, „Wissen und Fertigkeiten, die das Handeln in einer konkreten Situation erfordern, mit professioneller Haltung und Bereitschaft zum Handeln" zu verbinden: „Situationsbezug, fachliche Expertise, Persönlichkeit und Performanz als tatsächlich erbrachte Leistung sind die spezifischen Merkmale des Kompetenzbegriffs." (Länderübergreifender Lehrplan Erzieher 2012, S. 8)

In Korrespondenz mit der Kompetenzorientierung zeigt der Lehrplan

- die **Handlungsorientierung** als ein didaktisches und lernorganisatorisches Konzept und als weiteren Grundsatz der Ausbildung auf:
  Sie „zielt auf eine konstruktive Lehr-/Lernprozessgestaltung, die auf die Interdependenz von Denken und Handeln aufbaut. Ein wesentliches didaktisches Element in der Ausbildung beruflicher Handlungskompetenz bildet die Orientierung des Unterrichts an der Bearbeitung komplexer beruflicher Aufgabenstellungen." (ebd. S. 8)

- Die **Entwicklungsorientierung** folgt – womit der Erwerb „tragfähiger Berufsvorstellungen und Handlungskonzepte, indem [Studierende] ihre Alltagstheorien, Orientierungs- und Handlungsmuster fachwissenschaftlich reflektieren und in der Praxis an zentralen Aufgaben des Berufs erproben und weiterentwickeln," gemeint ist (ebd. S. 11).

Für Lehrkräfte an Fachschulen und Fachakademien stellt sich die Frage, wie sie die benannten Grundsätze im Unterricht verwirklichen und in konkrete didaktische Maßnahmen umsetzen können. Auch dafür gibt der Lehrplan Anhaltspunkte, indem er ein **konstruktivistisches Verständnis von Lernen** vorgibt und Lernen bezeichnet als einen aktiven, selbst gesteuerten, konstruktiven, emotionalen, situativen und sozialen Prozess.

Dieser Prozess legt folgende Unterrichtsprinzipien nahe:

- Lernen in vollständigen Handlungsvollzügen
- Fachwissenschaften im beruflichen Kontext
- Theorie-Praxis-Verknüpfung
- Entwicklung der professionellen Haltung
- kooperative und selbst gesteuerte Lernformen
- forschendes Lernen und erwachsenengerechte Lehr- und Lernformen
- doppelte Vermittlungspraxis

Es ist tatsächlich eine neue Philosophie spürbar, die von diesem Lehrplan ausgeht – und mit dessen Umsetzung vollzieht sich ein Paradigmenwechsel im didaktischen Verfahren.

Das vorliegende „Lehrerhandbuch Erzieherausbildung" (Band 3 und 4) versucht wie die Bände 1 und 2, die vorgegebenen Unterrichtsprinzipien in konkreten didaktischen Arrangements für die Lernfelder des „Länderübergreifenden Lehrplans für die Erzieherausbildung" (2012) umzusetzen und beachtet dabei das „Kompetenzorientierte Qualifikationsprofil" (KMK 2011) zur gleichen Zielgruppe.
Diese kompetenzorientierten Unterrichtssequenzen richten sich aus an fachdidaktischen Grundlagen für den Unterricht, unter anderem an dem Werk „Didaktik der Sozialpädagogik" (Hrsg. Jaszus/Küls, 2017), in dem zentrale didaktische Modelle grundlegend für den sozialpädagogischen Bereich erörtert werden.

Lernfeld 1 Berufliche Identität und professionelle Perspektiven weiterentwickeln

Lernfeld 2 Pädagogische Beziehungen gestalten und mit Gruppen pädagogisch arbeiten

Lernfeld 3 Lebenswelten und Diversität wahrnehmen, verstehen und Inklusion fördern

Lernfeld 4 Sozialpädagogische Bildungsarbeit in den Bildungsbereichen professionell gestalten

Lernfeld 5 Erziehungs- und Bildungspartnerschaften mit Eltern und Bezugspersonen gestalten sowie Übergänge unterstützen

Lernfeld 6 Institution und Team entwickeln sowie in Netzwerken kooperieren

Dabei wird die Kompetenzorientierung in der Unterrichtsorganisation mit den Lernfeldern verbindlich, die **Handlungsorientierung** mit den Lernsituationen greifbar.
Doch braucht es darüber hinaus eine zielführende „konstruktive Lehr- und Lernprozessgestaltung" (LP S. 8), welche den Lernenden eine Erprobung und Reflexion von professionellen Handlungsmustern innerhalb des Unterrichtsprozesses ermöglichen. „Personale Bildungsprozesse der Studierenden rücken im Kontext ihrer beruflichen Sozialisation in den Mittelpunkt der Didaktik" (LP S. 11). Die Metaebene Unterricht kann wirksam werden im Sinne der im Bildungsplan geforderten fachlichen und methodischen sowie personalen und sozialen Kompetenzen. Die Lehrkraft wird zum Lernbegleiter/Coach für die zukünftigen Erzieherinnen und Erzieher, also auch zum Vorbild in einem selbst organisierten Lernverfahren: „Lernen in Beziehungen ist ko-konstruktives Lernen, in dem die Studierenden mit den Lehrkräften in einen Austausch über ihre eigenen Konstruktionen von Wirklichkeit kommen" (LP S. 12).

Die Lehrkraft stellt geeignete Lernkonzepte für die Erarbeitung von Fachtexten aus dem Bereich Selbst organisierte Lernformen (SOL) ebenso zur Verfügung wie soziale Lernformen aus dem Bereich **Kooperatives Lernen** und/oder weiterführend auch längerfristige Lernverfahren. In den Bänden 3 und 4 werden darüber hinaus fächer- und lernfeldübergreifende Konzepte wie beispielsweise die Portfolio-Arbeit oder das Klassenmanagement konkretisiert, die letztendlich alle dem gleichen Ziel verpflichtet sind: Der Lernende selbst übernimmt individuell Verantwortung im Rahmen eines kooperativen Geschehens. Ein von den Studierenden eigenverantwortlich geführter Ausbildungsplan dokumentiert diese Verantwortlichkeit und vernetzt wie das Ausbildungsportfolio die Lernorte.

Aus diesem Verständnis heraus sollen die beschriebenen Unterrichtskonzepte als Anregung für die eigene Unterrichtspraxis jeder Lehrkraft dienen, die dann spezifisch ausgerichtet werden können an der jeweiligen Zielgruppe, den Lehrinhalten im Einzelnen, der Lehr- und Lernsituation an der eigenen Schule – also auch auf unterrichtsdidaktischer Ebene vollzieht sich die **zielgruppenspezifische Orientierung** auf der Basis eines konstruktivistischen Bildungsbegriffs. Gleichzeitig wird der Bildungsprozess als lebendiges Entwicklungsgeschehen flexibel gehalten und bewusst gestaltet.

Zu diesem Zweck befinden sich die im Buch vorgestellten Sequenzen in editierbarer Form (Format Microsoft WORD) auf der beigefügten CD-ROM. Alle Arrangements können somit auch in Auszügen oder modifiziert verwendet werden.

Ferner geht es darum, umfänglich und aktiv über die Metaebene den Lernenden situationsbezogen Erfahrungen zum konstruktivistischen Bildungsansatz zu ermöglichen: In einer bewussten Auseinandersetzung und Gestaltung der Lernsituation werden u.a. im Klassenmanagement soziale Prozesse analysiert, zielgerichtet und planvoll gestaltet. Studierende erweitern ihre sozialen wie auch personalen Kompetenzen und erschließen sich z. B. in inklusiven Erfahrungen den Wert von Heterogenität in didaktischen wie gesellschaftlichen Zusammenhängen.

Um den Erwerb von Fachkompetenz zu gewährleisten, sei vorangestellt: Alle offenen Unterrichtskonzepte brauchen eine fachdidaktische Absicherung durch **fachliche Grundlagen** wie Lehrwerke und Fachliteratur, Beiträge aus Fachzeitschriften, digitale Materialien zu den Fachgebieten oder ein vom Fachkollegium erarbeitetes Konzept zum jeweiligen Lerninhalt. Sie ergeben die fachtheoretischen Grundlagen, welche es mit den nachfolgenden didaktischen Arrangements zu erarbeiten gilt.

Über Anregungen und Kommentare zur Weiterentwicklung von „Lehrerhandbuch Erzieherausbildung" freut sich die Autorin.

Autorin und Verlag

Inhalt

Vorliegender BAND 4 für die Lernfelder 3 und 4

Inhalt BAND 3 für die Lernfelder 1, 2, 3 und 5, 6

Didaktisches Glossar 2
Einleitung
Lernfeldarbeit
Lernsituationen
Lernortkooperation2
Ausbildungsportfolio
💿 Glossar aus Band 1 auf CD
Situationsanalyse (nach Beer)
Lernbüro: Arbeitsplan (Formulare)

Einführung in kompetenzorientierten Unterricht
💿 Präsentationsdatei auf CD: Einführung in kompetenzorientierten Unterricht für Studierende (38 Folien)

Lernfeld 1
Berufliche Identität und professionelle Perspektiven weiterentwickeln

Motivationsschreiben zum Start in die Erzieherausbildung

Fantasiereise: Baumschule

Die Kleinen kommen: Texte und Aufgaben zur Krippenpädagogik
💿 Fachtext auf CD

Glossar: Krippenpädagogik

Bild vom Erzieher/von der Erzieherin

Evaluationsposter zu Lernfeld 1

Lernfeld 2
Pädagogische Beziehungen gestalten und mit Gruppen pädagogisch arbeiten

Lernsituation zu Bindung, mit Arbeitsaufträgen
💿 Fachtext Dr. Gabriele Haug-Schnabel auf CD

Leistungsnachweis: Pädagogische Handlungskonzepte (90 Minuten)
💿 Lösungsentwurf auf CD

Lernfeld 3
Lebenswelten und Diversität wahrnehmen, verstehen und Inklusion fördern

Wahrnehmungsrundgang Schule, mit Arbeitsblättern
💿 Weitere Vorlagen auf CD, 12 Seiten

Advance Organizer (Lernlandkarte) zu Beobachtung LF 3
💿 Farbige Version auf CD

Fotowettbewerb „Wahrnehmung“

Lerntheke Beobachtung, mit 26 Arbeitsblättern

Lernfeld 5 Erziehungs- und Bildungspartnerschaften mit Eltern und Bezugspersonen gestalten sowie Übergänge unterstützen

Lernfeld 6
Institution und Team entwickeln sowie in Netzwerken kooperieren

METHODE: Ausbildungsportfolio

METHODE: Lernortkooperation

Didaktisches Glossar 3

Hinweis

Das „didaktische Glossar 1“ aus den Bänden 1 / 2 findet sich zum Nachschlagen auf der vorliegenden CD. Siehe dort Methoden wie Unterrichtsevaluation, Lerntagebuch u.v.m.

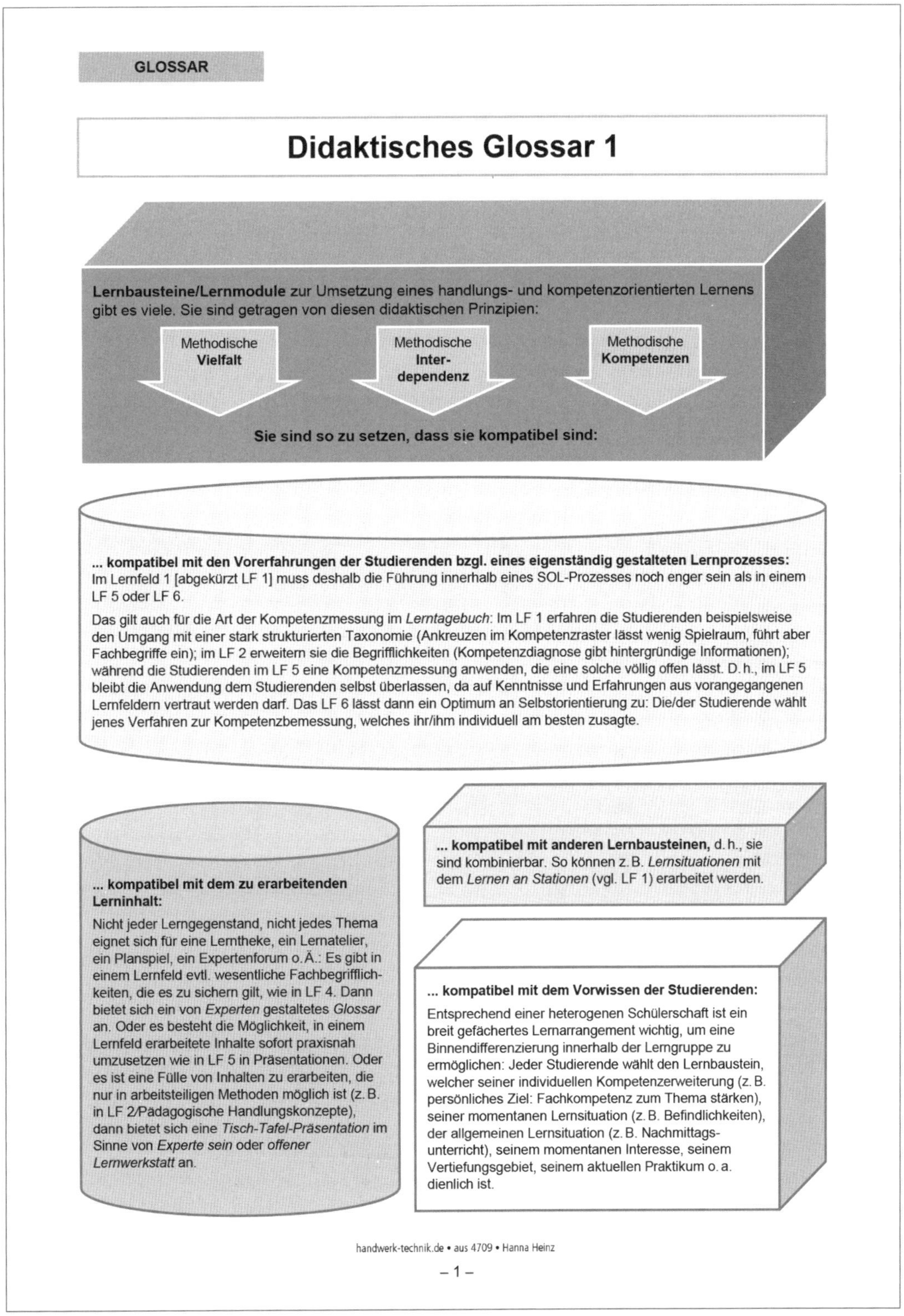

GLOSSAR

Didaktisches Glossar 1

Lernbausteine/Lernmodule zur Umsetzung eines handlungs- und kompetenzorientierten Lernens gibt es viele. Sie sind getragen von diesen didaktischen Prinzipien:

Methodische **Vielfalt**

Methodische **Inter-dependenz**

Methodische **Kompetenzen**

Sie sind so zu setzen, dass sie kompatibel sind:

... kompatibel mit den Vorerfahrungen der Studierenden bzgl. eines eigenständig gestalteten Lernprozesses: Im Lernfeld 1 [abgekürzt LF 1] muss deshalb die Führung innerhalb eines SOL-Prozesses noch enger sein als in einem LF 5 oder LF 6.

Das gilt auch für die Art der Kompetenzmessung im *Lerntagebuch*: Im LF 1 erfahren die Studierenden beispielsweise den Umgang mit einer stark strukturierten Taxonomie (Ankreuzen im Kompetenzraster lässt wenig Spielraum, führt aber Fachbegriffe ein); im LF 2 erweitern sie die Begrifflichkeiten (Kompetenzdiagnose gibt hintergründige Informationen); während die Studierenden im LF 5 eine Kompetenzmessung anwenden, die eine solche völlig offen lässt. D. h., im LF 5 bleibt die Anwendung dem Studierenden selbst überlassen, da auf Kenntnisse und Erfahrungen aus vorangegangenen Lernfeldern vertraut werden darf. Das LF 6 lässt dann ein Optimum an Selbstorientierung zu: Die/der Studierende wählt jenes Verfahren zur Kompetenzbemessung, welches ihr/ihm individuell am besten zusagte.

... kompatibel mit dem zu erarbeitenden Lerninhalt:
Nicht jeder Lerngegenstand, nicht jedes Thema eignet sich für eine Lerntheke, ein Lernatelier, ein Planspiel, ein Expertenforum o. Ä.: Es gibt in einem Lernfeld evtl. wesentliche Fachbegrifflichkeiten, die es zu sichern gilt, wie in LF 4. Dann bietet sich ein von *Experten* gestaltetes *Glossar* an. Oder es besteht die Möglichkeit, in einem Lernfeld erarbeitete Inhalte sofort praxisnah umzusetzen wie in LF 5 in Präsentationen. Oder es ist eine Fülle von Inhalten zu erarbeiten, die nur in arbeitsteiligen Methoden möglich ist (z. B. in LF 2/Pädagogische Handlungskonzepte), dann bietet sich eine *Tisch-Tafel-Präsentation* im Sinne von *Experte sein* oder *offener Lernwerkstatt* an.

... kompatibel mit anderen Lernbausteinen, d. h., sie sind kombinierbar. So können z. B. *Lernsituationen* mit dem *Lernen an Stationen* (vgl. LF 1) erarbeitet werden.

... kompatibel mit dem Vorwissen der Studierenden:
Entsprechend einer heterogenen Schülerschaft ist ein breit gefächertes Lernarrangement wichtig, um eine Binnendifferenzierung innerhalb der Lerngruppe zu ermöglichen: Jeder Studierende wählt den Lernbaustein, welcher seiner individuellen Kompetenzerweiterung (z. B. persönliches Ziel: Fachkompetenz zum Thema stärken), seiner momentanen Lernsituation (z. B. Befindlichkeiten), der allgemeinen Lernsituation (z. B. Nachmittagsunterricht), seinem momentanen Interesse, seinem Vertiefungsgebiet, seinem aktuellen Praktikum o. a. dienlich ist.

handwerk-technik.de • aus 4709 • Hanna Heinz

– 1 –

GLOSSAR

... kompatibel mit den gewählten „Vertiefungsgebieten“ (bayern-spezifisch):

Den Studierenden sollte innerhalb der Lernbausteine immer die Wahl von Aufgaben innerhalb eines Arbeitsfelds entsprechend des Entwicklungsalters im gewählten „Vertiefungsgebiet“ angeboten werden (z. B. Lernsituationen wie in LF 5 zu unterschiedlichen Arbeitsfeldern des Erziehers).

... kompatibel mit den an der Schule üblichen Zeitstrukturen:

Nicht jede Schule arbeitet ausschließlich lernfeldbezogen, d. h., es gibt fächerorientierten Unterricht.
Eine zeitliche Grundorganisation sollte dann möglichst auf geblockte Unterrichtseinheiten abstellen; schon bei 90-minütigen Unterrichtseinheiten lassen sich Freiarbeitszeiten gut realisieren.

... kompatibel mit den an der Schule verfügbaren Räumen und Materialien:

Nicht jede Schule kann sofort und vollständig die wünschenswerten Rahmenbedingungen für *Lernlandschaften* zur Verfügung stellen. Aber schon mit wenigen materiellen Mitteln und einem klaren Bewusstsein einer offen gestalteten Lernumgebung kann einiges bewirkt werden:
Es können einfache Regale als Raumteiler wirken und einem Klassenzimmer eine lernförderliche Struktur geben. Dort sollte jeder Studierende Platz finden für ein *eigenes Ablagefach*, um zeitnah an begonnen Arbeiten fortzufahren. Mit Magnettafeln, magnetischen Wandfarben, einfachen Leisten o. a. entstehen unproblematisch sprechende Wände und Metaplan-Wände. Materialtische/-schränke ermöglichen den Studierenden innerhalb der Lernräume unkomplizierten Zugang zu verschiedenen Arbeitsmitteln wie verschiedene Plakate, Marker, Buntstifte.
Unterschiedlich gestaltete Sitzgruppen- oder Tischarrangements erleichtern die Umsetzung von Aufgaben: Es sollte immer die räumliche Möglichkeit zur Einzel- sowie Gruppenarbeit, immer ein ruhegeschützter Raum gegeben sein. Aufgabenbezogene Türschilder machen Arbeitsgruppen und deren Raumwahl in der Schule transparent.
Eine *variable Sitzordnung* ist allerdings ein Muss: Z. B. ermöglicht die „Winkel-Sitzordnung“ nach Klippert eine unkomplizierte Anpassung von Sitzordnung an Kooperationsformen.

UND alle Lernbausteine brauchen eine methodisch gelungene Darbietung, d. h.:

- **Regularien** des jeweiligen Lernverfahrens müssen eingeführt und klar vereinbart werden.
- Die Einhaltung dieser wird im/nach dem Lernprozess bewusst **reflektiert**.
- **Rahmenbedingungen** sind geklärt, bevor eine inhaltliche Arbeit startet.
- **Freie Wahl** von Lernthema, Lerngruppe, Lernort sowie Dauer sind grundlegend.
- Jede Freiarbeitszeit sollte bewusst **ritualisiert** beginnen und enden, z. B. mit einem Blitzlicht („heute möchte ich“) oder einer Reflexionsrunde (z. B. Aufstellen am Kompetenzquadrat und begründen „heute habe ich meine Kompetenz erweitert, weil“)

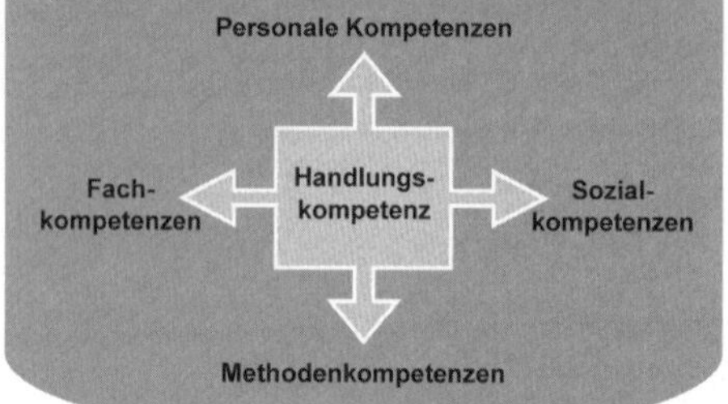

Die nachstehenden Seiten des Glossars zu didaktischen Modellen folgen der Einteilung:

FB	Was?	Warum?	Wie?
=	=	=	=
Fachbegriff	Didaktisch erklären	Didaktische Ziele formulieren	Unterrichtsbezogene didaktische Hinweise geben

Lernsituation

Lernsituationen

In den Lernsituationen werden die Inhalte des Lernfelds greifbar: In realistischen, praxisnahen, situativen Sinnzusammenhängen aus dem beruflichen Kontext sind diese geeignet, um erworbene Kenntnisse und Fähigkeiten fachbezogen anzuwenden.
„In der kompetenzorientierten Ausbildung wie auch später in der Berufspraxis müssen einzelne Handlungssituationen immer wieder erfasst, analysiert, das pädagogische Handeln geplant und praktisch bewältigt, reflektiert sowie evaluiert werden, um Kompetenz und Expertise weiterzuentwickeln." (LP S. 8)
„Durch Lernsituationen werden Lernfelder in der didaktischen Planung der Ausbildung für die Unterrichtsarbeit erschlossen. Lernsituationen stellen die in Lernfeldern beschriebenen beruflichen Aufgaben in den situativen Kontext der Berufsarbeit von Erziehern in Arbeitsfeldern der Kinder- und Jugendhilfe. Für den Unterricht werden sie in komplexen Lehr-/Lernarrangements und Unterrichtseinheiten didaktisch gestaltet." (LP S. 10)
Dabei soll zunächst im Lernfeld mit einer komplexen Handlungssituation gearbeitet werden, die fächerübergreifend Inhalte des Lernfelds ergreift. Diese Handlungs- oder *Rahmensituation* wird von den einzelnen Fachbereichen in einer oder mehreren *Lernsituationen* ausdifferenziert, um fachbezogene Kompetenzen sowie Lerninhalte zur Bearbeitung zu ermöglichen.

Ziel der Lernfeldorientierung ist laut länderübergreifenden Lehrplan (S. 9):

- „den Erwerb von Kompetenzen in berufsbezogenen und berufsübergreifenden Zusammenhängen zu fördern,
- den Entwicklungsprozess zu einer reflektierenden Haltung als Erzieherin/Erzieher zu begleiten,
- den handlungsorientierten Unterricht sowie die Verzahnung von Theorie und Praxis zu unterstützen und
- die verantwortliche Gestaltung von pädagogischen Prozessen zu ermöglichen."

Operationalisiert könnten das sein:

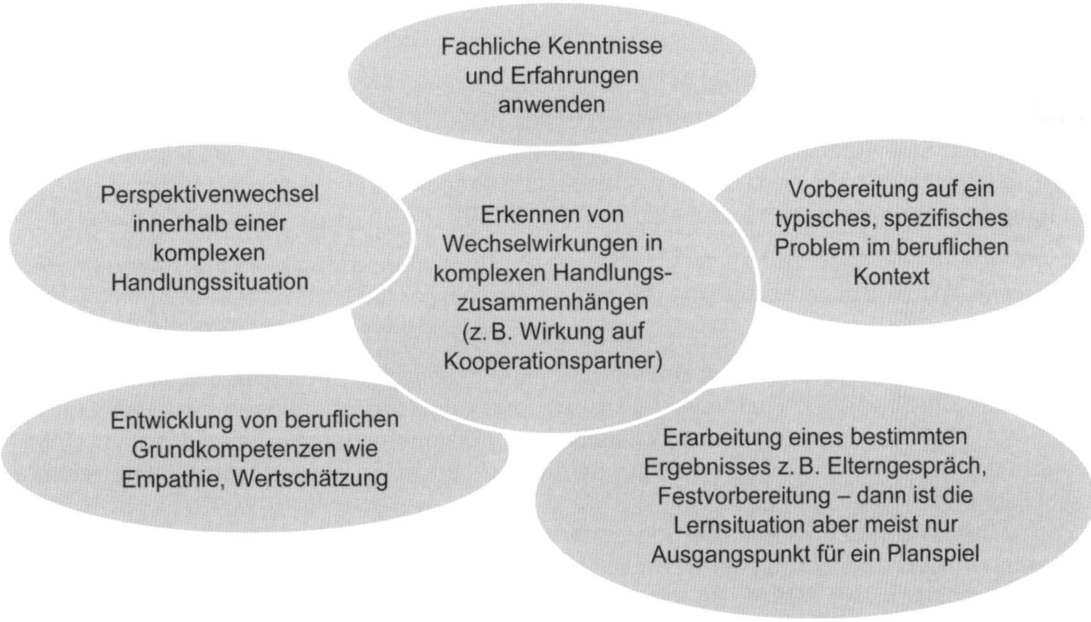

Im Lehrplan wird als Merkmal handlungsorientierten Unterrichts u. a. **Ganzheitlichkeit** benannt: „Lernen in vollständigen Handlungsvollzügen (Analyse, Planung, Ausführung und Bewertung); enger Theorie-Praxis-Bezug; fächerübergreifende Auseinandersetzung mit dem Lerngegenstand" (S. 9). Unter anderem gibt der Lehrplan als **Unterrichtsprinzip** vor: „Der Erwerb beruflicher Handlungskompetenz erfordert einen handlungsorientierten Unterricht, der Lernen in vollständigen Handlungsvollzügen (Lernsituationen) ermöglicht. Kooperatives Lernen im Team, zunehmende Steuerung des Lernprozesses durch die Studierenden und selbstreferenzielles Lernen sind dabei wichtige Elemente." (S. 13)

Weiter gibt der länderübergreifende Erzieherlehrplan gezielte didaktische Anweisungen zur **Ausgestaltung komplexer Lehr-/Lernarrangements**:

- „Lernsituationen beziehen sich exemplarisch auf berufliche Handlungsaufgaben, die in Lernfeldern zentrales Thema sind. In der didaktischen Planung muss analysiert werden, in welcher Weise mit welchen Schwerpunkten berufliche Handlungskompetenz durch die Unterrichtseinheit entwickelt werden kann.
- Lernsituationen stellen Fachinhalte und Fachtheorien in einen Anwendungszusammenhang von Fallsituationen und/oder konkreten beruflichen Handlungssituationen. Dabei kann die Fall- bzw. Handlungssituation einerseits als Illustration wissenschaftlicher Aussagen genommen werden, zum anderen Ausgangspunkt sein, um wissenschaftliche Aussagen in einem forschenden Lernen zu entdecken. Auch fachsystematisch orientierte Lernsituationen sind denkbar, wenn sie zum Erwerb der beruflichen Kernkompetenzen wie Beobachtungs- und Analysefähigkeit, Fähigkeit der pädagogischen Beziehungsgestaltung, Fähigkeit zur Planung, Durchführung und Evaluation pädagogischer Prozesse beitragen.
- Lernsituationen sollen den Erwerb transferfähigen Wissens fördern, welches das fachliche Handeln auch in anderen Arbeitsfeldern der Kinder- und Jugendhilfe ermöglicht. Der Zugewinn an Kenntnissen, Fertigkeiten und professioneller Haltung soll zu einem kontinuierlichen Aufbau beruflicher Handlungskompetenz beitragen. Aus diesem Blickwinkel ist es auch erforderlich, Übungsphasen in den Unterricht zu integrieren und für eine enge Vernetzung von praktischer Ausbildung und berufsbezogenem Unterricht zu sorgen.
- Lernende werden in Lernsituationen als aktiv Mitgestaltende ihres individuellen Lernprozesses gesehen. Von daher soll die berufliche Problemstellung der Lernsituation subjektiv bedeutsam für die Studierenden sein und Identifikationsmöglichkeiten eröffnen. Sie werden – je nach Ausbildungsstand – in den Planungsprozess einbezogen und sollen zunehmend selbstständig ihren eigenen Lernprozess steuern." (LP S. 10)

Die Arbeit mit Rahmensituation und entsprechenden Lernsituationen ermöglicht einerseits eine Vernetzung von Fachperspektiven sowie andererseits eine Differenzierung selbiger (vgl. auch Lernfeld/Lernfelderöffnung).

Verschiedene Arbeitsfelder
Um die Nähe zur beruflichen Praxis zu optimieren und eine qualifizierte Breitbandausbildung zu generieren, sollen sowohl bei der jeweiligen Rahmensituation wie auch den Lernsituationen entsprechend der Breitbandausbildung möglichst verschiedene Arbeitsfelder von Erziehern berücksichtigt werden. Dabei ist die Abstimmung mit den Lerninhalten der jeweiligen Lernfelder sinnvoll (z. B. passt das Thema Bindung gut in eine vorschulische Lernsituation in LF 2).
So lässt sich auch eine Binnendifferenzierung nach Vertiefungsfächern oder Zielgruppen erreichen, wenn die Lernsituationen Bezüge dazu haben. Dann können die Studierenden entsprechende Situationen zu verschiedenen Arbeitsfeldern auswählen. Bei diesem Vorgehen kann die Vielfalt eines Handlungszusammenhangs verdeutlicht werden (vgl. LF 5/verschiedene Formen der Elternkooperation in diversen Lernsituationen), wenn die Ergebnisse im Plenum präsentiert werden.

Lernsystematiken

Es gibt unterschiedliche Arten von Lernsituationen, die sich ausrichten an folgenden Lernsystematiken:

- **Fachsystematische** Lernsituationen stellen die Fachsystematik, fachliche Strukturen in den Vordergrund.
- **Handlungssystematische** Lernsituationen bilden explizit berufliche Komplexe ab.
- **Lernsubjektsystematische** Lernsituationen orientieren sich schwerpunktmäßig an einer spezifischen Zielgruppe mit der die Studierenden arbeiten, sie sind individuell und entwickeln eine eigene Systematik,
- **Kommunikationssystematische** Lernsituationen provozieren durch Reflexion erlebter Handlungssituationen, mögliche Lösungen zu diskutieren und zu erarbeiten.

Die Wahl der Lernsystematik orientiert sich an den Studierenden, den angestrebten Kompetenzen, den didaktischen Konzepten zur Erarbeitung einer Lernsituation u. a.

Beispiel einer in verschiedenen Lernsystematiken ausdifferenzierten Rahmensituation

Rahmensituation

Sie arbeiten als Berufspraktikant/-in in einem dreizügigen Kindergarten in einer Großstadt.

Insgesamt besuchen 25 Kinder die Gruppe, davon 3 türkische Kinder: 2 Jungen, Mustafa (4;11 Jahre) und Mehmet (4;6 Jahre), ein Mädchen Melek (6;0 Jahre). Es gibt noch 12 andere Kinder aus ganz unterschiedlichen Nationen in der Gruppe. Seit 4 Wochen betreuen Sie auch 2 Flüchtlingskinder aus Syrien.
Die beiden Jungen **Mustafa (4;11 Jahre) und Mehmet (4;6 Jahre)** sprechen kaum Deutsch und unterhalten sich untereinander und zu Hause türkisch. Dabei sind sie besonders lebendig, erzählen sich schon aus Mimik und Gestik erschließend voller Begeisterung, was sie erlebten und womit sie spielen wollen. Vor allem ihre Freude am Bauen und Konstruieren in der Bauecke ist besonders. Sie erfinden zu ihren Bauwerken lange Geschichten, holen sich aus allen möglichen Ecken des Gruppenzimmers Gegenstände und Belebungsmaterialien, um die Szenen komplex darstellen zu können. Wenn Sie nachfragen, erklären Ihnen die Jungen begeistert und in türkischer Sprache, wie die einzelnen Baufahrzeuge in Türkisch heißen, sie erklären Ihnen mit Händen und Füßen, was sie gerade bauen.
Dabei hat vor allem Mustafa ein für sein Alter bemerkenswertes Wissen um technische Zusammenhänge. Dann erzählt er voll Stolz und in gebrochenem Deutsch, dass sein Vater auf dem Gelände neben dem Kindergarten als Kranführer den großen Bagger steuert. Mit den anderen Jungen in der Gruppe haben Mehmet und Mustafa wenig Kontakt – was sie nur stört, wenn z. B. einer der beiden Jungen nicht im Kindergarten ist und der Spielpartner fehlt. Dann stellt sich Traurigkeit ein, zumal andere Jungen dann schon mal äußern, dass sie Mehmet und Mustafa ja nicht verstehen, weil sie „kein Deutsch können" – und sie aus ihrem Spiel ausgrenzen.
Die Eltern von Mehmet sind strenggläubige Muslime, z. B. achten sie sehr auf die Zeit des Ramadan, haben sich Ihnen auch besorgt mitgeteilt, dass ihr Sohn kein Schweinefleisch essen darf im Kindergarten. Beide Eltern sind engagiert in der türkischen Gemeinde und der nahegelegenen Moschee.

Das Mädchen Melek (6;0 Jahre) besucht seit 2 Jahren den Kindergarten und spricht bereits sehr gut deutsch. Ihr Wortschatz ist sehr differenziert. Außerdem zeigt sie ein außerordentliches Interesse für Zahlen. Sie verbindet schnell Zusammenhänge, fragt viel nach und will alle Aufgaben perfekt lösen. Melek erinnert sich auffallend lange und detailliert an Ereignisse, sowohl im häuslichen Bereich als auch im Kindergarten. Sie sucht die Herausforderung und möchte Dinge entdecken. Ihre Eltern arbeiten schon viele Jahre in Deutschland, haben deutsche Freunde, so auch Melek. Oft kommen Freundinnen aus dem Kindergarten zu Melek und sie wird auch gern zu Kindergeburtstagen anderer Kinder eingeladen.
Meleks Mutter arbeitet an einem Vormittag im Elterncafé der Einrichtung mit und bringt auch türkische Spezialitäten zum Sommerfest mit.

Fachsystematischer Aufbau einer Lernsituation

Sie arbeiten als Berufspraktikant/-in in einem dreizügigen Kindergarten in einer Großstadt.

Auch **Helen (4;6 Jahre)** gehört zur Gruppe.
Schon morgens kommt Helen lächelnd im Kindergarten an, spielt auch gleich mit den jüngsten Mädchen der Gruppe in der Puppenecke. Weil sie regelmäßig auf Anregungen Ihrerseits oder Ansprache von anderen Kindern nicht reagiert, vermuten Sie, dass sie manche Begriffe nicht versteht; deshalb legen Sie den Fokus Ihrer Beobachtungen auf Helens Sprachverhalten.
Dabei stellen Sie fest, dass Helen Probleme in der Lautbildung und Aussprache hat. Sie lispelt das „s" und spricht ein „d", anstelle eines „g". Laute werden nicht korrekt gebildet. Der Wortschatz umfasst ca. 300 Wörter und entspricht demnach nicht ihrem Alter. Deshalb ist ihre Sprache wenig variantenreich und sehr einfach. Sie verwendet überwiegend noch 2- bis 3-Wort-Sätze.
Hinzu kommt, dass Helen die Artikel nicht richtig verwendet und Schwierigkeiten hat, die richtige Vergangenheitsform zu bilden, z. B. „is bin dedand zu Mama." Sie entwickelt bereits eine Kritzelschrift.

Aufgaben

- Erläutern Sie Beobachtungsverfahren, die Sie für angemessen erachten, um Helen wahrzunehmen und ihr Verhalten zu interpretieren.
- Zeigen Sie auf, wie Sie das Verhalten von Helen dokumentieren und bewerten. Wenden Sie dabei die Lerndispositionen aus dem Leuvener Engagiertheitsmodell an.
- Erarbeiten Sie einen Entwicklungsplan für Helen mit einem Schwerpunkt im Bildungsbereich Sprache und Literacy.
- Konkretisieren Sie Ihre Planungen in mindestens 2 Spielbegleitungsmaßnahmen und 2 Bildungsangebote für Helen, bei denen Sie vor allem auf den Ressourcen des Kindes aufbauen.
- Arbeiten Sie mit der Methode des Placemats.

Die Lernsituation ist so ausgerichtet, dass Fach- und Methodenkompetenz im Fokus stehen: fachtheoretische Inhalte werden erarbeitet (Beobachtungsverfahren, Umgang mit Lerndispositionen, Entwicklungsplanung u. a.), methodische Vorgehensweisen erprobt (Placemat).

Handlungssystematischer Aufbau einer Lernsituation

Das **Mädchen Melek** (6;0 Jahre) hat Geburtstag.

Schon mehrere Male haben Sie in der Einrichtung, in der Sie seit einem halben Jahr als Berufs-praktikant/-in arbeiten, eine Geburtstagsfeier erlebt. Sie hat immer den gleichen Ablauf:
Im Morgenkreis wird das Geburtstagskind mit einem besonderen Geburtstagslied begrüßt. Dann ist wie immer Freispielzeit. An Tagen, an denen Geburtstag gefeiert wird, findet ein gemeinsames Frühstück statt. Dabei darf sich das Geburtstagskind seinen Tischnachbarn aussuchen und sitzt an der Stirnseite der großen Tafel auf einem besonders geschmückten Thron.

Das Geburtstagskind bringt von zuhause einen Kuchen o.Ä. mit. Heute bringt Melek eine noch gefrorene Sahnetorte mit. Nach dem gemeinsamen Essen wird im Stuhlkreis gefeiert. In der Mitte steht ein kleiner Tisch mit der „Geburtstagsschachtel“: An Bänder sind kleine Geschenke von unterschiedlichen regionalen Sponsoren geknüpft – für alle Kinder unsichtbar. Melek darf an einem Bändchen ziehen und dann das entsprechende Geschenk aus der Schachtel holen. Indem sie im Stuhlkreis eine Runde dreht, zeigt sie allen Kindern ihr Geschenk.
Anschließend werden Kreisspiele gewünscht. Melek darf sich mindestens 3 wünschen. Nach zirka 45 Minuten endet die Feier und sie gehen in den Garten.

Aufgaben
- Die Gruppenleiterin bittet Sie, neue Impulse für die Geburtstagsfeier zu gestalten, weil die Rituale schon seit vielen Jahren bestehen und ihr und den Kindern langweilig werden.
- Außerdem sollen Sie sich am überarbeiteten Konzept der Einrichtung orientieren: Dort wird eine gesunde Ernährung als wichtiges Element der Arbeit dokumentiert.

Die Lernsituation ist so ausgerichtet, dass eine ganz spezifische berufliche Handlungssituation analysiert und danach zielorientiert und auf der Basis von Fachwissen geplant werden kann: Neugestaltung der Geburtstagsfeier, konzeptionelle Ausrichtung o.a.

Reflexions- und kommunikationssystematischer Aufbau einer Lernsituation

Als ich gestern in den Kindergarten kam, standen mehrere Mütter und eine Kollegin im Flur. Sie unterhielten sich angeregt über den Elternabend vom Vortag.

Ich war unsicher, ob ich mich dazustellen oder doch eher im Gruppenraum die ersten an-kommenden Kinder begleiten sollte. Der Elternabend bewegte auch mich und ich hätte mich gerne an der Diskussion beteiligt.
Die 4 Kinder, die sich schon im Gruppenraum aufhielten, spielten Memory®, die 4-jährige Helen kam gerade mit ihrer Mutter in den Flur; dort wechselten auch 2 andere Kinder die Schuhe.

Aufgaben
- Diskutieren Sie im Team, welche Möglichkeiten zur Lösung der Situation möglich sind.
- Finden Sie für sich einen begründeten Weg des Vorgehens unter Berücksichtigung verschiedener Bedürfnisse der Beteiligten.

Die Lernsituation zielt ab auf Reflexions- und Kommunikationskompetenz der Studierenden (persönlichkeitsorientiert).

Lernsubjektsystematischer Aufbau einer Lernsituation

Sie arbeiten als Berufspraktikant/-in in einem dreizügigen Kindergarten in einer Großstadt. Insgesamt besuchen 25 Kinder die Gruppe, davon 3 türkische Kinder: 2 Jungen, Mustafa (4;11) und Mehmet (4;6), ein Mädchen Melek (6;0). Es gibt noch 12 andere Kinder aus ganz unterschiedlichen Nationen in der Gruppe. Seit 4 Wochen betreuen Sie auch 2 Flüchtlingskinder aus Syrien.

Immer wieder erleben Sie, dass sich Kinder entsprechend ihrer Herkunft in Kleingruppen zusammenfinden (z. B. in der Bauecke) und sich dann in ihrer Muttersprache unterhalten. Sie und die anderen Pädagoginnen verstehen in diesem Fall nicht, worum es geht, und tun sich auch schwer, hilfreich einen Konflikt u. Ä. zu begleiten.
Die neu hinzugekommen Flüchtlingskinder haben kaum Anschluss an die Gruppe.
Sie beobachten oft Spielgruppen, ohne selbst zu spielen.
Vergangene Woche waren Sie verantwortlich für das Elterncafé: Dabei konnten Sie beobachten, dass auch die Eltern sich in ihren Kulturgruppen austauschen, dass aber der Kontakt zu Eltern anderer Nationen eher selten gesucht wird. Die deutschen Eltern besuchen das Elterncafé wenig, weil viele von ihnen zügig gehen, um zur Arbeit zu kommen.

Aufgaben

- Entwickeln Sie in Kooperation mit Ihren Kolleginnen/Kollegen und eventuellen weiteren Kooperationspartnern eine Maßnahme, z. B. in Form eines Projekts, die die Integration ausländischer Kinder begünstigt.
- Vergessen Sie die Elternschaft dabei nicht.

Die Lernsituation ist ausgerichtet an einer spezifischen Zielgruppe mit ihren Bedürfnissen und Problemen. Problemlösungskompetenz ist von Nöten, um der Situation gerecht zu werden. Unterschiedliche Methoden sind einzubringen: Integrationsproblematik, Projektarbeit u. a.

TIPP: Vgl. auch die konkret ausgearbeiteten Beispiele „Bearbeiten einer beruflichen Handlungssituation [Teil 1 und Teil 2]“ in Band 1, S. 166–173

Reflexives Klassenmanagement

FB

Was?

Reflexives Klassenmanagement

Unter dem Namen *Classroom Management* wurde die Bedeutung guter Klassenführung durch Klassen- und Fachlehrer/-innen – anfangs vor allem im englischsprachigen Raum – erforscht. „Klassenmanagement meint nichts anderes als die Steuerung oder Koordination unterschiedlicher Handlungsimpulse von normalerweise 20 bis 30 Schülerinnen und Schülern in einer Schulklasse. Diese Koordination geschieht mit dem Ziel der Maximierung der Lernzeit – möglichst für alle Schülerinnen und Schüler" (Ophardt/Thiel, 2013, S. 7).

Wäre das nicht schon genug, ist es im Zuge eines konstruktivistischen Vorgehens notwendig, die beschriebenen Ziele und Aufgaben von Klassenmanagement mit Blick auf eine erwachsenengerechte und vor allem kompetenzorientierte Lerndidaktik zu erweitern, indem die reflektierende Sicht auf die Lernprozesse *durch die Studierenden selbst*, also die Metaebene bewusst als Lernebene eingesetzt wird. Im Ergebnis **das reflexive Klassenmanagement:**

Dabei wird die Lehrerzentrierung auch im Klassenmanagement aufgelöst zugunsten eines offenen, mehrdimensionalen und reflektierenden Prozesses, der vor allem durch die Studierenden selbst getragen wird. Der Lehrende wird entsprechend einer konstruktivistischen Unterrichtsdidaktik zum Lernbegleiter, d.h., er gibt aus seiner Wahrnehmung der beobachtbaren (Gruppen-)Prozesse in der Klasse heraus konstruktive **Impulse**, die von der Gruppe „Klasse", einer Teilgruppe oder/und einzelnen Studierenden selbst bearbeitet werden. So wird einerseits erlerntes Fachwissen z. B. aus der Gruppenpädagogik erfahrbar, vielmehr aber werden im laufenden Prozess soziale und personale Kompetenzen individuell weiterentwickelt.
Jeder Studierende hat so die Chance, individuelle Kompetenzen in den verschiedenen Kompetenzbereichen voranzubringen: Wie könnten solche hochwirksamen Übungsmöglichkeiten in einer bereits vorhandenen Sozialform, nämlich der Klasse, außer Acht gelassen werden? Hier wird die Theorie wie selbstverständlich zur Praxis, die Inhalte geraten zur Anwendung. Möglichkeiten und Grenzen eigener personaler und sozialer Entwicklung werden im Gegenüber erfahrbar.

Warum?

Ziel von Klassenmanagement im üblichen Sinne ist, durch geschickte Organisation und Führung einer Klasse, zusammen mit gutem Unterricht, ein störungs- und ablenkungsfreies Lernen und ein Klima auch für individuelle Förderung zu schaffen.
Reflexives Klassenmanagement braucht nachvollziehbar mehr als Klassenführung, ist mehr als gelungene Organisation von Unterricht:

Deutlich wird, dass es um die **aktive Arbeit mit einer Gruppe von Lernenden** geht und eine bewusste Gestaltung des Lernraumes (vgl. *Lernlandschaften* in Bd.1/2). In diesem Zusammenhang sei noch einmal hingewiesen auf die Bedeutung einer förderlichen, anregenden Lernumgebung, die eine optimierte Gestaltung des Lernprozesses allein oder in Teams, also kooperative Lernformen, ermöglicht. Die Bereitstellung geeigneter Materialien, z.B. eines fächerübergreifenden Handapparats und verschiedener Medien, ist dabei ebenso selbstverständlich wie die Präsenz bzw. der prompte Zugang zu selbigen. Hier kann die „vorbereitete Umgebung" für Studierende auf der Metaebene ebenso erfahrbar werden wie beispielsweise eine hilfreiche Gestaltung des Arbeitsplatzes. Die offene Gestaltung von Lernarrangements wurde ebenfalls bereits fokussiert (vgl. Lernarrangements Lernfelder 1–6/Bd. 1–4).

Eine schülerzentrierte Unterrichtsdidaktik gestattet nicht nur einen aktiven Lernprozess, sondern forciert die **Selbstregulation** beim Studierenden: „Management of Self-Management", wie Woolfolk (2001) es bezeichnet. Studierende gestalten ihre individuellen Lernprozesse entsprechend ihrer fachlichen, personalen und sozialen Bedürfnisse in einem selbstgesteckten zeitlichen wie örtlichen Setting innerhalb des vorgegebenen Unterrichtsrahmens.

Neben äußeren Gestaltungselementen sind es vor allem funktionale Elemente, die beim reflexiven Klassenmanagement wirksam sind:

Lernen in sozialen Bezügen

Der länderübergreifende Lehrplan für Erzieher/-innen fordert im Zusammenhang mit Lernen in Handlungsbezügen „kooperatives Lernen im Team, zunehmende Steuerung des Lernprozesses durch die Studierenden" (LP 2012, S. 13) als Unterrichtsprinzip. Kooperatives Lernen wird als Merkmal handlungsorientierten Unterrichtens benannt (S. 8).

Nun ist die Klasse, in der die Studierenden lernen, ein soziales System, das als sozialer Erfahrungsraum dienlich ist und als solcher genutzt werden kann. Die Entwicklung sozialer wie personaler Kompetenzen braucht Möglichkeiten der Erprobung, gerade innerhalb des beruflichen Lernprozesses.

Lernen durch Partizipation

Dem konstruktivistischen Bildungsverständnis folgend, baut der Lernbegleiter auf die Ressourcen der Lernenden, auf ihre aktive Teilnahme und Verantwortungsübernahme am/für den Lernprozess. In der Folge lässt er sie partizipieren sowohl am didaktischen Prozedere wie auch an der Klassenführung durch Beteiligung, Mitwirkung, Mitbestimmung.

Lernen im Prozess

Der länderübergreifende Lehrplan für Erzieher/-innen (S. 7/8) bezieht sich in seinem Grundverständnis zur Kompetenzorientierung auf den „Deutschen Qualifikationsrahmen für lebenslanges Lernen" (Beschluss der KMK vom 10. März 2011). Lebenslanges Lernen ist „[...] alles Lernen während des gesamten Lebens, das der Verbesserung von Wissen, Qualifikationen und Kompetenzen dient und im Rahmen einer persönlichen, bürgergesellschaftlichen, sozialen bzw. beschäftigungsbezogenen Perspektive erfolgt" (Europäische Kommission für Allgemeine und Berufliche Bildung, 2007). Diese Definition umfasst eine weite Spanne von Lernsettings, -methoden und -zielen.

Lernen durch Motivation und Emotion

„Die Motivation zu lebenslangem Lernen erwächst aus den Motiven und Bedürfnissen einer Person. Diese sind von Mensch zu Mensch sehr unterschiedlich und können sich über die Zeit hinweg verändern" (Bergo 2006, S. 13).

Der länderübergreifende Lehrplan für Erzieher/-innen (S. 13) fordert deshalb im Rahmen der Entwicklungsorientierung, „die [Fachschule/Fachakademie] ist als ein Lebens- und Erfahrungsraum zu gestalten, der die Persönlichkeitsentwicklung fördert und Lehr-/Lernprozesse arrangiert, in denen sich der ganze Mensch mit seinen Motivationen und Emotionen und seinen biografischen Prägungen einbringen und weiterentwickeln kann", und benennt hier die Entwicklungsmotoren: Motivation und Emotion.

An anderer Stelle weist eben dieser Lehrplan (S. 15) darauf hin, dass bei den Studierenden „ein Mindestmaß an Motivation" vorhanden sein müsse als Voraussetzung einer kompetenzorientierten Ausbildung.

Lernen und Selbstwirksamkeit

Der länderübergreifende Lehrplan (S. 21) beschreibt unter „Selbstkompetenz" eine breit angelegte Aufzählung von Zielperspektiven der Ausbildung:

„Die Studierenden

- reflektieren die eigene Sozialisation und Berufsmotivation,
- sind sich bewusst, dass sie für Kinder, Jugendliche und junge Erwachsene eine Vorbildfunktion haben,
- reflektieren und bewerten die Subjektivität eigener Wahrnehmungen im Spannungsfeld von Selbst- und Fremdwahrnehmung,
- haben eine kritische und reflektierende Haltung zu Handlungen ihres beruflichen Alltags [...]."

Diese zu entwickeln, ist Aufgabe des Unterrichts und bedarf vieler operationaler Entwicklungsmöglichkeiten, d.h. vieler Selbstwirksamkeitserfahrungen.

Lernen durch Engagement

oder das sogenannte „Service-Lernen". Die Idee dahinter ist, dass gelernte Inhalte mit der Praxis verknüpft werden. Selbstverständlich sind Studierende durch vielfältige Praxisaufgaben gehalten, ihr erworbenes Wissen im Praktikum anzuwenden – und das geschieht auch.

Beim Lernen durch Engagement werden Fach- und Methodenkompetenzen nicht nur in der Lernortkooperation eingebracht, sondern sie werden für ein gesellschaftliches Engagement verfügbar. Fachliche Kompetenz und soziales Engagement verbinden sich in der Übernahme von Verantwortung in realen, alltäglichen Handlungsfeldern.

Lernen durch Metakognition

„Metakommunikation und -kognition: Lernen, das eigene Handeln zu thematisieren, kognitiv nachzuvollziehen und das Lernen in Gruppen zum Gegenstand der Reflexion und Beurteilung im Team zu machen" (Lehrplan S. 11).

Um eben die eigene Kommunikation wie auch Emotionen, Kognitionen in ihrer Komplexität und Vernetzung durch persönliche und biografische Zusammenhänge zu erfassen, zu hinterfragen und immer neu zu verändern, bedarf es einer umfänglichen **Reflexionskompetenz**, die regelmäßig im Rahmen der beruflichen Ausbildung erübt werden muss. Dafür stehen verschiedene Möglichkeiten im Unterricht wie auch in der Praxisarbeit auf dem Plan (vgl. *Evaluationsbögen* Bd. 1/2).

Hinweis: Die vollständige Sequenz „Reflexives Klassenmanagement" (80 Seiten plus umfangreichem Arbeitsmaterial ergänzend auf CD) findet sich ab Seite 170 in diesem Lehrerhandbuch Band 4.

Klassenforum

FB

Was?

Das Klassenforum ist eine Form der wiederholten Zusammenkunft von „Abgeordneten“ aus der Klasse (= ca. 5 Studierende) mit dem Lernbegleiter zu regelmäßigen und zeitlich begrenzten Gesprächen, um das didaktische Vorgehen für ein Lernfeld zu besprechen.

Gesprächsinhalte können sein: angestrebte Kompetenzen/Lernziele und Inhalte des Lernfeldes, didaktisches Vorgehen in Verbindung mit den von den Lernenden eingebrachten Erfahrungen und Bedürfnissen der Studierenden. Darüber findet ein konstruktiver Austausch statt.

Warum?

Das Klassenforum dient zunächst der Implementierung einer kompetenzorientierten Didaktik entsprechend des Lehrplans: Die Transitionsphase von einer *lehrerzentrierten* hin zu einer für die Studierenden noch ungewohnten *kompetenzorientierten* Didaktik kann so begleitet werden.

Es kann einen Rahmen schaffen für eine aktive Partizipation an der Unterrichtsgestaltung. Die Gespräche schaffen Transparenz sowohl für die Studierenden wie für die Lehrperson: Die Studierenden erfahren von den Intentionen der Lehrkraft und dem reflektierten Einsatz didaktischer Vorgehensweisen, die ihnen nicht nur im aktuellen Lerngeschehen hilfreich sind, sondern auch auf der Metaebene wirksam werden. Der Lernbegleiter erfährt von den Fragen und Ideen der Lernenden und kann die Didaktik den aktuellen Bedürfnissen der Lernenden anpassen. Die Studierenden übernehmen so schon frühzeitig im Lernprozess Eigenverantwortung für ihr Lernen. Sie lernen außerdem, fachliche Anliegen zu fokussieren, zu strukturieren und zu kommunizieren. Dies fördert die personalen wie die sozialen Kompetenzen und bereitet eine konstruktive Teamarbeit vor.

Wie?

Das Klassenforum bedarf einer vorausschauenden und transparenten Planung: *Jeder Studierende* wird im Laufe des Schuljahres in ein Klassenforum von der Klasse entsandt. Das rotierende Grundprinzip gewährleistet eine gleichberechtigte Teilnahme aller Studierenden. Das Klassenforum braucht außerdem Regelmäßigkeit, z.B. kann es ritualisiert am Anfang und/oder Ende eines Lernfeldes stattfinden. Die Dauer ist festgelegt mit ca. 60 bis max. 90 Minuten, um eine Zielgerichtetheit zu unterstützen.

Wichtig ist ein geregelter Dialog zwischen den jeweiligen „Abgeordneten“ und dem Klassenplenum: Die Anliegen der Klasse können beispielsweise in einer „Forumspost“ (= ein Karton dauerhaft im Klassenzimmer platziert) gesammelt werden und dann strukturiert durch die „Abgeordneten“ im Forum diskutiert werden. Auch brauchen die Ergebnisse des Klassenforums eine Rückvermittlung in die Klasse, z.B. durch ein Forumsprotokoll, das die Ergebnisse dokumentiert.

Hinweis: Siehe auch das Beispiel „Klassenforum Bildungshaus“ auf Seite 211 ff. und der CD.

Heterogenität wahrnehmen & Inklusionskultur schaffen

FB

Was?

Der Begriff Heterogenität hat im griechischen Adjektiv *heterogenés* seine Wurzeln, das aus *heteros* (= verschieden) und *gennáo* (= erzeugen, schaffen) zusammengesetzt ist.

„Im pädagogischen Kontext meint Heterogenität die Verschiedenheit der Schülerinnen und Schüler im Hinblick auf ein oder mehrere Merkmale. In der Schule und im Unterricht treten verschiedene Dimensionen der Heterogenität zutage, die für die Diagnoseverfahren und Differenzierungsmaßnahmen von Bedeutung sind:

- **Vertikale Heterogenität:** Das unterschiedliche Leistungsvermögen der Studierenden zeigt sich in vielen Arbeitsbereichen des Unterrichts, sobald die Quantität und Komplexität der Anforderungen gesteigert wird.
- **Horizontale Heterogenität:** Den unterschiedlichen Interessen, Lernwegen und Zugangsweisen der Schüler zu einem Thema oder einer Aufgabenstellung wird in der Schule vielfach zu wenig Aufmerksamkeit geschenkt, obwohl gerade darin oft der Schlüssel zum Lernerfolg liegt." (Scholz 2016, S. 9)

In einer heterogenen Lerngruppe können sich die Studierenden in vielfältiger Weise voneinander unterscheiden: kulturelle und nationale Identität, religiöse Sozialisation, sozioökonomischer Kontext, familiäre Situation, geschlechtsspezifische Unterschiede (Gender), Lernzugänge und Lernbedingungen, Lernwege und Lernstrategien, Leistungserfahrungen und Leistungsmotivation, Temperamentunterschiede u.v.m.

Für die Bundesländer folgt daraus die Aufgabe, für alle Heranwachsenden ein inklusives Schulsystem zu ermöglichen. Die inklusive Pädagogik sieht die heterogene Schülerschaft als eine normale Gruppe an, die gemeinsam beschult und unterrichtet werden kann (vgl. Scholz 2016).

Im Ergebnis: Ein Klassenzimmer ist so heterogen wie die Studierenden, die darin sitzen: Heterogenität ist also in jeder Klasse etwas völliges „Normales" und darüber hinaus ein unschätzbarer Reichtum!

Zudem: Nach der UN-Behindertenrechtskonvention muss benachteiligten Menschen die Teilnahme an allen gesellschaftlichen Aktivitäten auf allen Ebenen und in vollem Umfang ermöglicht werden.

Warum?

Folge dieser Wahrnehmungen und Erkenntnisse zu Heterogenität kann mit den Worten von Ruth Cohn sein: „Gleichen Schritt und Tritt zu verlangen, beachtet nicht die unterschiedliche Anstrengung für kleine und große Beine. Auch im Intellektuellen und Geistigen bedeuten Gleichschritt und Gleichtakt die Schwächung der Schwächeren und die Behinderung der Stärkeren." (Cohn 1993)

Ziel ist es also, der Heterogenität Rechnung zu tragen in einem Unterricht, der einen differenzierten Umgang mit ihr fördert:

→ Es geht nicht darum, als Lehrer ein „fiktives Mittelmaß" (Scholz 2016) dadurch zu halten, dass alle Studierenden zum selben Zeitpunkt in gleichem Tempo am gleichen Ort dieselben Inhalte lernen.

→ Vielmehr geht darum, der Vielfalt der Studierenden offen zu begegnen, diese wahrzunehmen, individuelle Bedürfnisse zu sehen und das Lernangebot darauf abzustellen.

Ein differenzierter Umgang mit Heterogenität braucht

- binnendifferenzierten Unterricht, der didaktisch den verschiedenen Lern- und Leistungsvoraussetzungen, Interessen, Bedürfnissen u.a. entgegenkommt;
- kompetenzorientierten Unterricht, der intrapersonale Heterogenität erkennt und individuelle Entwicklung des/der einzelnen Studierenden ermöglicht;
- Differenzierung in den Rahmenbedingungen, z.B. bezüglich der Sozialformen des Lernens, zeitlicher wie räumlicher Komponenten;
- differenzierte Leistungsbewertung unter Berücksichtigung einer erwachsenengerechten Reflexionskompetenz;
- gegebenenfalls spezifische Diagnose- und Förderverfahren.
- Die angeführten Zielperspektiven des Unterrichts im Hinblick auf Heterogenität ermöglichen inklusive Strukturen und damit eine inklusive Schulkultur. Schulentwicklung ist dann auf den besten Wegen.

„Was wir zu lernen haben, ist so schwer und doch so einfach und klar: Es ist normal, verschieden zu sein." (R. v. Weizsäcker, Rede am 1. Juli 1993)

Warum? (Forts.)

Ein kompetenzorientierter Unterricht in offenen und teiloffenen Unterrichtssequenzen, der die Methode des reflexiven Klassenmanagements (siehe S. 12) als Lernen in und mit der Klasse nützt, ermöglicht eine Differenzierung des Lernens und damit ein Lernen für alle:

Es gibt konkrete Bedingungen für inklusive SCHULE und damit Schulentwicklung
(vgl. *Präsentationsdatei „Inklusion"* auf der CD von Bd. 4):

→ Ein konstruktivistisches Bildungsverständnis, das didaktische Rahmenbedingungen basierend auf der Erkenntnis, dass Entwicklung und Lernen selbstbestimmte, konstruktive, soziale und entwicklungslogische Prozesse sind und jeder Lernende auf Anerkennung, Dialog, Kommunikation und Kooperation angewiesen ist, als Grundlage sieht;
→ Angebot dialogischer, kooperativer, offener Lernformen und Differenzierungen im didaktischen Prozess; der Lehrer als Lernbegleiter, der individuell fördert und bewertet;
→ flexible schulorganisatorische Rahmenbedingungen, z.B. Blockunterricht, Vernetzung von Unterricht verschiedener Fachbereiche/Klassen/Schulen, Lernortkooperationen, individuelle Pausenzeiten, verlängerte Einzelstunden beispielweise für Praxisgespräche in Lehrersprechzeiten, projektorientierten Unterricht wie Lernen durch gesellschaftliches Engagement;
→ Kooperation von Lehrkräften und Pädagogen in multiprofessionellen Teams: Fachleute mit Erfahrungen mit Menschen mit unterschiedlichen Bedürfnissen, Einschränkungen und Behinderungen;
→ Reflexion der Einstellungen und Haltungen der Lehrkräfte und aller an Schule Beteiligten (Schüler und Eltern) zu gelingender sozialer Integration, Teamarbeit und Übernahme von gemeinsamer Verantwortung;
→ prozessorientierte Arbeit durch fachliche Fort- und Weiterbildung;
→ Anpassung des Personalbedarfs durch die Beschäftigung zusätzlicher Lehrkräfte und Unterrichtsassistenzen;
→ bauliche, technische und digitale Barrierefreiheit.

Es gibt konkrete Bedingungen für inklusiven UNTERRICHT und damit Unterrichtsentwicklung
(vgl. *Präsentationsdatei „Inklusion"* auf der CD von Bd. 4):

- Lehrkraft als Moderator und Lernbegleiter: Im inklusiven Unterricht kommt der Lehrkraft verstärkt die Rolle einer Moderatorin und Lernbegleiterin zu, die den Schülern Lernimpulse gibt und sie individuell unterstützt.
- Inklusion ist Teamarbeit: Beim Austausch mit Kollegen und außerschulischen Akteuren geht es nicht um Kontrolle, sondern um gegenseitige Unterstützung und Anregung.
- Kompetenzorientierte Unterrichtsdidaktik: Im kompetenz- und entwicklungsorientierten Unterricht erarbeiten die Schüler ein Thema über verschiedene Kommunikationsformen, Sozialformen und Medien sowie mit personeller Unterstützung.

Hinweis: Die vollständige Sequenz „Inklusion" inkl. umfangreichem Arbeitsmaterial im Buch sowie auf CD findet sich ab Seite 250 in diesem Lehrerhandbuch Band 4.

Wie?

Literatur

Bergo, Cristina/Pro Skills: „TRAININGSKONZEPT zur Förderung von sozialen und personalen Kompetenzen bei sozial benachteiligten jungen Erwachsenen als Voraussetzung für Lebenslanges Lernen“ 2006, S. 13. URL *http://www.pro-skills.eu/manual/ProSkills_Manual_German.pdf* (Abruf 24.04.2014)

Cohn, Ruth; Terfurth, Christina (Hrsg.): Lebendiges Lehren und Lernen - TZI macht Schule Klett-Cotta, Stuttgart 1993, S. 174

Europäische Kommission für Allgemeine und Berufliche Bildung: Einen europäischen Raum des lebenslangen Lernens schaffen. Mitteilung der Kommission. 2007

Gudjons, Herbert: Pädagogisches Grundwissen. Heilbrunn 2008, S. 76 ff.

Jaszus, Rainer; Küls, Holger: Didaktik der Sozialpädagogik. Stuttgart 2016, S. 425 f.

Kultusministerkonferenz: Deutscher Qualifikationsrahmen für lebenslanges Lernen. Beschluss der KMK vom 10. März 2011, S. 16

Länderübergreifender Lehrplan Erzieher/Erzieherin. Ausarbeitung Arbeitsgruppe, empfohlen vom Unterausschuss für Berufliche Bildung des KMK, Stand 01.07.2012

Ophardt, Diemut; Thiel, Felicitas: Klassenmanagement: Ein Handbuch für Studium und Praxis. Kohlhammer, Stuttgart, 2013, S. 7

Scholz, Ingvelde: Das heterogene Klassenzimmer – differenziert unterrichten. Vandenhoeck & Ruprecht, Göttingen 2016, S. 9, 10, 12

Weizsäcker, Richard von: Ansprache bei der Eröffnungsveranstaltung der Tagung der BAG Hilfe für Behinderte am 1. Juli 1993 in Bonn, URL: *http://www.bundespraesident.de/SharedDocs/Reden/DE/Richard-von-Weizsaecker/Reden/1993/07/19930701_Rede.html* (Abruf 10.10.2017)

Woolfolk, Anita: Educational Psychology, Allyn 2001

Situationsanalyse (nach Beer)

Entsprechend der Überlegungen zur Analyse einer Rahmensituation (vgl. Glossar zur *Lernfeldarbeit*), kann zunächst und in jedem Lernfeld mithilfe des folgenden Schemas nachgedacht werden:
Die Studierenden werden aufgefordert, entsprechend der verschiedenen Fachperspektiven *und* in den unterschiedlichen Handlungsebenen ihre Fragen, Inhalte, Gedanken zur Rahmensituation in der Art eines **Brainstormings** zu formulieren. Diese werden in die offenen Felder des Formulars auf der nächsten Seite eingetragen und bleiben während des gesamten Lernfelds im Klassenraum präsent.
Damit ist ein prozessualer Abgleich während der Lernfeldarbeit immer möglich: Welche Inhalte wurden bereits thematisiert, welche Fragen haben wir erörtert, welche Problemstellungen gelöst und welche sind vielleicht dazugekommen?

Aufgabe
Formulieren Sie Fragen zu einer Rahmensituation auf den verschiedenen Handlungsebenen und aus unterschiedlichen Fachperspektiven.

Selbst organisierte Lernformen im Lernbüro

Selbst organisierte Lernformen wie Lerntheke/Lernpfad, Stationenarbeit/Lerninseln oder Lernatelier bieten den Studierenden fachbezogene Arbeitsaufträge an. Diese werden in unterschiedlichen Modi, d. h. unterschiedlich klein- oder großteilig, zur Verfügung gestellt. Die entstehenden Arbeitsgruppen werden auch unter dem Begriff „Lernbüro“ zusammengefasst. Die Kopiervorlagen auf S. 17 und 18 können den Lernenden beim Strukturieren und Dokumentieren behilflich sein.

- Lernbüro: Arbeitsplan zum Lernfeld
- Lernbüro: Arbeitsplan zu einer Lerneinheit

Situationsanalyse

Aufgabe
Formulieren Sie Fragen zu einer Rahmensituation auf den verschiedenen Handlungsebenen und aus unterschiedlichen Fachperspektiven.

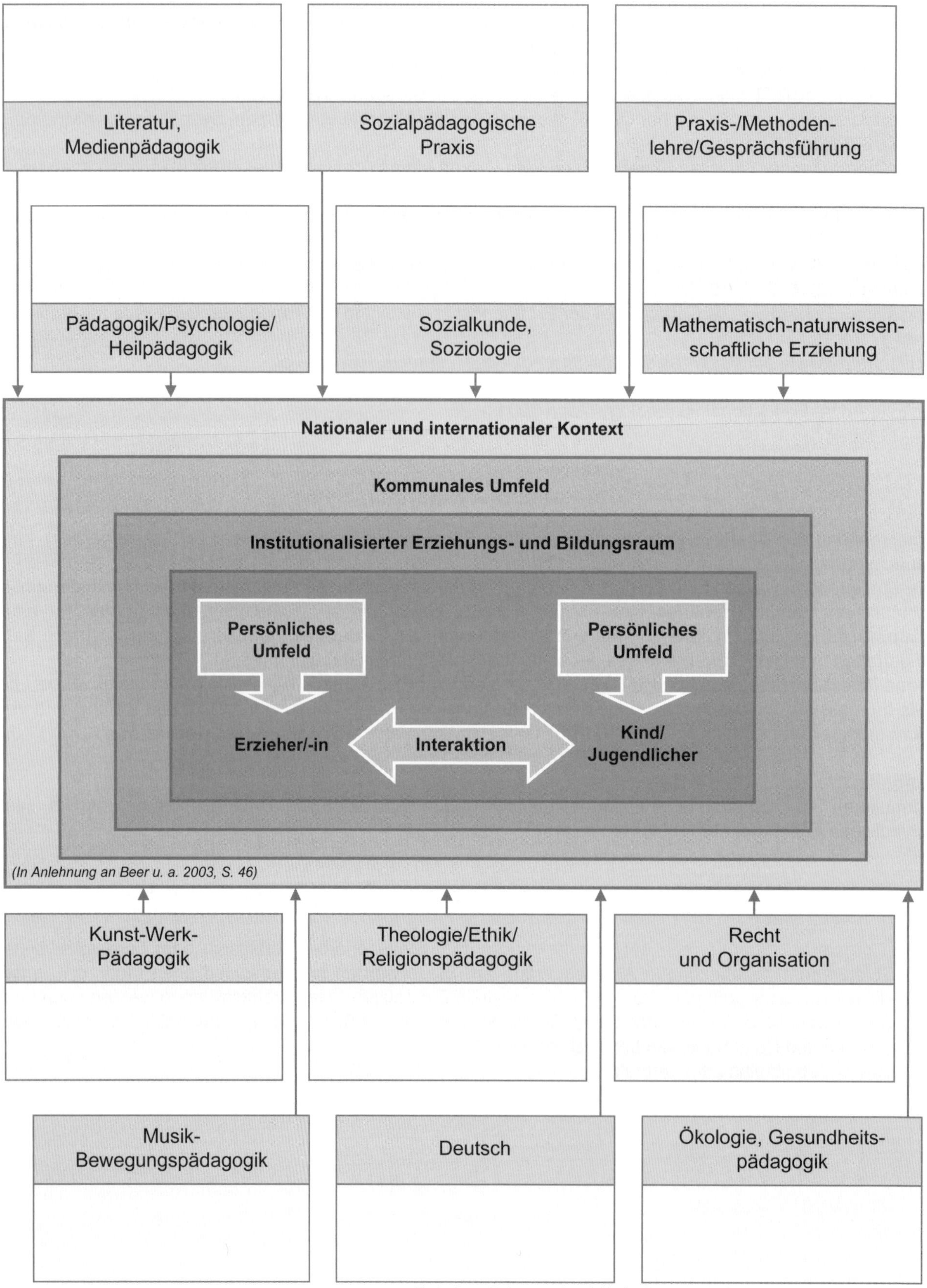

Nach: Beer, Peter u. a.: Lernfeldorientierung in der Erzieherausbildung. München 2003

Lernbüro: Arbeitsplan zum Lernfeld

Folgende Kompetenzen will ich schwerpunktmäßig erreichen …

… habe ich erreichen können

weniger ↔ mehr	weniger ↔ mehr
weniger ↔ mehr	weniger ↔ mehr

Zeit: Woche	**Inhalte**	**Methode & Sozialform**

Deine Ziele sind SMART

Spezifisch – **M**essbar – **A**kzeptabel – **R**ealistisch – **T**erminiert

Lernbüro: Arbeitsplan zu einer Lerneinheit

Folgende Lernziele will ich heute erreichen …

… habe ich heute erreichen können

weniger ⟷ mehr	weniger ⟷ mehr
weniger ⟷ mehr	weniger ⟷ mehr

Zeit: von – bis	**Inhalte**	**Methode & Sozialform**

Deine Ziele sind operational

individuell – konkret – nachvollziehbar – adäquat – valide

Einführung in den kompetenzorientierten Unterricht

Präsentationsdatei

Kompetenzorientiert unterrichten ist ebenso neu, wie kompetenzorientiert unterrichtet zu werden.

Es ist deshalb im Sinne aller am Lernprozess Beteiligten, sich auf die Grundprinzipien einer neuen Unterrichtsdidaktik zu vereinbaren: Das geschieht zu Beginn der Ausbildung mit einer Einführung, die Transparenz herstellt über einen kompetenz- und handlungsorientierten Unterricht und Einblick gibt in offene Unterrichtsverfahren und deren Ausrichtung.

Es erweist sich im Weiteren als hilfreich, Studierende mit ihren schulischen Vorerfahrungen, ihren Erwartungen, ihren Bedenken u. a. in den Lernprozess einzubinden (z. B. mit Portfolio-Arbeit), ihnen eigene Verantwortung zuzumuten (z. B. im Klassenforum) und Lernen auch auf der Metaebene zugänglich zu machen, d. h. die Entwicklungsorientierung: professionelle Haltung entwickeln und Lernen in Beziehungen (z. B. in der Lernortkooperation).

Anlage auf CD-ROM

Präsentationsdatei „Kompetenzorientiert lernen an der Fachschule für Sozialpädagogik – eine Einführung“

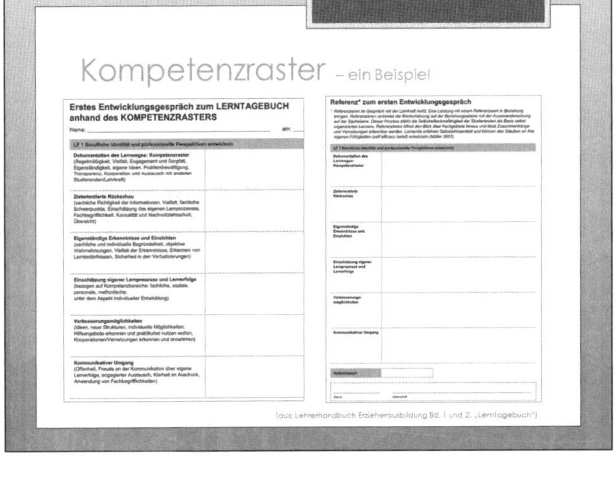

usw. (38 Folien)

LERNFELD 3
Lebenswelten und Diversität wahrnehmen, verstehen und Inklusion fördern

LERNSITUATIONEN Kindertagesstätte

RAHMENSITUATION

Kindertagesstätte

Die Kindertagesstätte Buxtehude vereint einen dreigruppigen Kindergarten, eine Krippengruppe und seit kurzem am Nachmittag eine Hortgruppe unter einem Dach. Sie arbeiten als Zweitkraft in der „Igelgruppe" des Kindergartens, in der Sie zusammen mit der Erzieherin Andrea 15 Kinder im Alter von 3 bis 6 Jahren betreuen. Fünf dieser Kinder sind im Vorschulalter. Einige Kinder Ihrer Gruppe sind Ihnen in der letzten Zeit besonders aufgefallen: **Lukas (5 Jahre)** besucht seit einem Jahr die Einrichtung. In den letzten Wochen wird er schon bei kleinsten Anlässen wütend, schreit andere Kinder an oder geht handgreiflich auf sie los. Auch diverses Spielzeug ist bei seinen Wutanfällen schon zu Bruch gegangen. Inzwischen haben die Kinder in der Gruppe Angst und vermeiden den Kontakt zu Lukas. Als Sie seine Mutter in einem Elterngespräch darauf ansprechen, reagiert sie verständnislos: „Zuhause kann ich bei Lukas keine Probleme erkennen. Er war eben schon immer ein sehr impulsives Kind."

Marie (3 Jahre) kam bisher immer sehr gerne in den Kindergarten. Seit einiger Zeit kann sie sich morgens aber nur sehr schwer von ihrer Mutter trennen. Tagsüber zieht sie sich sehr zurück und meidet gemeinsame Aktivitäten mit anderen Kindern. Als Fachkraft nehmen Sie sich vor, Maries Verhalten bei der nächsten Teamsitzung anzusprechen.
Der **4-jährige David** besucht erst seit 3 Monaten die „Zwergenhöhle". Sie kennen seine Familie bereits, da Sie auch schon Davids älteren Bruder Valentin im Kindergarten betreut hatten. Wegen einer Entwicklungsverzögerung wurde Valentin damals ein Jahr später eingeschult. David kann bei Bildungsangeboten kann nur sehr kurze Zeit stillsitzen. Er wirkt meist unkonzentriert und verträumt. Sie finden sein Verhalten auffällig, da die anderen Kinder meist mit großer Begeisterung bei der Sache sind, und sprechen mit Ihrer Kollegin Andrea darüber. Diese meint: „Ich sehe das gar nicht so, David ist ja erst 4 Jahre alt und hat sich auch noch gar nicht richtig eingewöhnt – und er hat eben noch einen starken Bewegungsdrang."
In einer Abholsituation werden Sie von der Mutter des **6-jährigen Max** angesprochen: „Ich habe zuhause jetzt schon ein paar Mal aus dem Fenster beobachtet, wie Max im Garten ziemlich heftig mit den Jungs der Nachbarschaft aneinandergeraten ist. Einmal kam es sogar zu einer regelrechten Prügelei … Max hat dabei auch kräftig ausgeteilt. Ich mache mir Sorgen um meinen Sohn, ich kann mir diese Aggressivität gar nicht erklären." Sie als Fachkraft sind überrascht, da Sie Max im Kindergarten als eher zurückhaltendes Kind kennengelernt haben. In einem Gespräch versuchen Sie, der Sache mit den Nachbarskindern auf den Grund zu gehen. Dabei versichert Ihnen der Junge: „Aber wir hauen uns doch gar nicht richtig! Wir spielen doch nur Star Wars!". In der Kita befindet sich auch eine Krippengruppe: 12 Kinder von 1-3 Jahren werden von 3 Pädagoginnen betreut. Im fachlichen Austausch mit Ihnen beschreiben die Kolleginnen immer wieder die doch sehr speziellen Situationen mit dem einzelnen Kind und den daraus diversen unterschiedlichen Bedürfnissen. Sie glauben, diesen nicht immer gerecht zu werden.

(Quelle: Dagmar Johler, Hanna Heinz, BFS Kinderpflege Lindau)

LERNSITUATION 1

Professionalität divers entwickeln

Die Arbeit in der „Igelgruppe“ macht Ihnen Freude. Sie haben für sich Ihren Platz als Zweitkraft gefunden: Von den Kolleginnen und Kollegen fühlen Sie sich wertgeschätzt und anerkannt.

Sie begleiten verschiedene Phasen des Kindergartentages selbstständig und haben einen guten Kontakt zu den Kindern und deren Eltern. Der fachliche Austausch mit den Frühpädagoginnen aus der Krippe bereichert Sie. Dabei nehmen Sie auch Zweifel der Kolleginnen an ihrer Arbeit mit den sehr jungen Kindern wahr.
In diesen Tagen kommt die **Praktikantin Susanne** in Ihre Gruppe. Begeistert erzählt sie von ihren Erwartungen an das Praktikum und auch von ihrer Sorge, wirklich gut angeleitet zu werden, ohne überfordert zu sein. Immerhin habe sie den Beruf gewählt, weil sie gerne mit kleinen Kindern zusammen ist. Im nächsten Praktikum möchte sie gerne in der Krippe arbeiten.

Arbeitsauftrag

zum Thema Erziehen als Profession

1. Erläutern Sie anhand Lernsituation 1 die Begriffe
   - berufliche Sozialisation und
   - berufliche Identifikation.
2. Welche Phasen des Kindergartentages können Sie selbstständig begleiten? Bringen Sie Ihre Erfahrungen aus dem Praktikum mit ein. Schreiben Sie den Tagesverlauf in die Tabelle (siehe ***Anlage 1***) und ordnen Sie den Phasen Ihre jeweiligen Aufgaben zu.
3. Welche Erwartungen und welche Sorgen wird die Praktikantin Susanne im Hinblick auf das Praktikum haben? Reflektieren Sie auf der Basis eigener Erfahrungen. Führen Sie dazu in Zweiergruppen ein Rollenspiel zwischen Ihnen und Ihrer Kollegin.
4. Welche Ratschläge geben Sie der Praktikantin Susanne im Hinblick auf die erste Praktikumsphase? Schreiben Sie Ihr einen Brief (siehe ***Anlage 2***).
5. Die Beurteilung der Praktikantin Susanne steht an. Ihre Kollegin Andrea bittet Sie um fachkundige Hinweise. Benennen Sie mindestens 5 Beurteilungskriterien.
6. Welche Beurteilungskriterien sind Ihnen besonders wichtig im Hinblick auf Ihr Praktikum? Wo sehen Sie entscheidende Herausforderungen für sich? Konnten Sie diese in die „Praktikumsvereinbarung“ mit Ihrer Ausbilderin integrieren? Lesen Sie noch einmal nach und sprechen Sie ggf. mit Ihrer Anleiterin darüber.
7. In Elterngesprächen bemerken Sie immer wieder eine unterschiedliche Perspektive auf die Kinder (vgl. Mütter von Lukas und Max). Suchen Sie als Team gemeinsam Gründe hierfür.
   Welche Herausforderung ergibt sich daraus für Ihren professionellen Erziehungs- und Bildungsauftrag? Diskutieren Sie im Plenum auch Ihre persönlichen Erfahrungen.
8. Die pädagogische Arbeit mit Kleinkindern erfordert ein hohes Maß an Professionalität.
   Worin zeigt sich diese? Gehen Sie auf Schlüsselprozesse guter Erziehungs- und Bildungsarbeit ein. (Vgl. z.B. Handreichung zum Bayerischen Bildungs- und Erziehungsplan.)
9. Welche Grundbedürfnisse stehen bei Krippenkindern im Vordergrund?
10. Wie gestaltet sich eine Pädagogik der Diversität in der Krippe?
11. Beschreiben Sie, mit welcher erzieherischen Grundhaltung Ihre Kolleginnen auf die Kinder zugehen. Gehen Sie dabei auf den Begriff der „Feinfühligkeit“ ein.
12. Was raten Sie der Praktikantin Susanne für ihr nächstes Praktikum? Welche eigenen Erfahrungen als Praktikant/-in in der Krippe leiten Sie dabei?

Anlage 1: Tagesablauf Kiga – Aufgaben

Wiederkehrende Elemente im Tagesablauf	Mögliche Aufgaben fachlicher Begleitung

Anlage 2: Brief an die Praktikantin

Liebe Susanne,
Du bist noch ganz neu bei uns im Kindergarten und ich kann mich noch gut an meine eigene Praktikumszeit erinnern ...

Gerade die erste Praktikumsphase ...

LERNSITUATION 2

Professionell diverse Lebenswelten reflektieren

Maries Verhalten macht Sie nachdenklich: Die Dreijährige war doch schon ein Jahr in der Krippe, bevor sie in den Kindergarten wechselte. Dort, so berichtet Ihnen die Kollegin, gab es keinerlei Probleme mit der Transition. Sie spricht kaum noch und lehnt Angebote, mitzuspielen, häufig ab. Wenn Sie sie ansprechen, schaut sie Sie an und gibt kaum eine Antwort.
Sie spüren bei sich eine starke Verunsicherung: Irgendwie erinnert Sie das Verhalten Maries an Ihre eigene Situation, damals als ...
Deshalb wollen Sie auch im Team darüber sprechen.

Arbeitsauftrag

zur biografischen Selbstreflexion

1. Reflektieren Sie Ihre Reaktion der Verunsicherung: Was könnte sich dahinter verbergen?
2. Haben Sie bereits ähnliche Erfahrungen im Praktikum gemacht? Tauschen Sie sich kollegial/zu zweit aus.
3. Welche professionellen Möglichkeiten des Vorgehens sind hilfreich?
4. Wie gehen Sie mit den Zweifeln der Kolleginnen aus der Kinderkrippe bzgl. ihrer Arbeit mit den Kleinkindern um: Was bewegt Sie? Wie wuchsen Sie als Kleinkind auf? Wie sieht Ihre zukünftige Planung bzgl. der Erziehung eigener Kinder aus? Begründen Sie Ihre Einstellungen.
5. Welche alten Positionen sind vielleicht zu überwinden, welche neuen Erkenntnisse sind zu erwerben? (Vgl. dazu den Fachtext Seite 14 ff. in der Handreichung zum Bayerischen Bildungs- und Erziehungsplan, 2010.)
6. Beschreiben Sie die Lebenswelten von Krippen- und Kindergartenkindern. Vergleichen Sie gleiche und unterschiedliche Aspekte. Bedenken Sie vor allem die spezifischen Bindungsqualitäten.
7. Welche Bindungserfahrungen haben Sie selbst als Kind gemacht?
8. Die Kollegin aus der Krippe zeigt Ihnen eine Lerngeschichte, die sie vor eineinhalb Jahren für Marie schrieb, als diese sich in der Krippe ohne Probleme eingewöhnte. Schreiben Sie diese fiktiv nach.

LERNSITUATION 3

Professionell wahrnehmen und beobachten

Lukas (5 Jahre) fällt derzeit häufig durch seine lauten und handgreiflichen Auseinandersetzungen mit anderen Kindern auf: Heute hat er beim (gleitenden) Frühstück Max sein Butterbrot aus der Hand gerissen, abgebissen und dann schnell in den Abfalleimer geworfen.
Während **Max (6 Jahre)** weinend zu Ihnen kommt, sitzt Lukas ohne äußere Regung am Esstisch und isst sein mitgebrachtes Essen. Die anderen Kinder am Tisch schauen ihn an, sagen aber nichts.
Während dieser Situation läutet das Telefon – die Gruppenerzieherin Andrea ruft Sie, weil sie gerade an der Tür des Gruppenzimmers ein Gespräch mit einer Mutter führt. Und die Kinder sind heute wieder so laut, dass man kaum das eigene Wort versteht ... Eigentlich wollten Sie längst die Raumordnung im Gruppenzimmer verändern!

Lernsituation

Arbeitsauftrag

zu professioneller Beobachtung

1. Erläutern Sie anhand der geschilderten Situation 4 die professionelle Beobachtung und grenzen Sie diese zur Beobachtung der Mutter (Rahmensituation) ab.
2. Sie beschließen zusammen mit der Gruppenerzieherin Andrea, den Jungen Lukas genauer zu beobachten. Welche Anforderungen haben Sie als Erziehungsprofi an eine solche fachliche Beobachtung?
3. Welche Ziele für Lukas verfolgen Sie mit einer solchen Beobachtungsniederschrift und welchen Wert hat eine solche für den erzieherischen Prozess?
4. Welche Beobachtungsinhalte sind Ihnen für Max und Lukas wichtig? Begründen Sie die Schwerpunkte Ihrer Beobachtungen fachlich adäquat. Vergleichen Sie im Team... und diskutieren Sie Unterschiede.
5. Welche Beobachtungsverfahren wählen Sie für die einzelnen Kinder aus? Begründen Sie Ihre Auswahl fachlich. Vergleichen Sie im Team und diskutieren Sie Unterschiede.
6. Welche ungünstigen Beobachtungsbedingungen finden Sie heute vor? Wie sind diese veränderbar? Diskutieren Sie kollegial Ihre Praxiserfahrungen zu solchen äußeren Bedingungen.
7. Recherchieren Sie Beobachtungsverfahren für Krippenkinder.
8. Recherchieren Sie geeignete Beobachtungsverfahren für Schulkinder.

LERNSITUATION 4

Professionell sein im Umgang mit Konflikten

Sie sind noch nicht lange in der „Igelgruppe“ - da geht es Ihnen ähnlich wie den Kindern: Was ist erlaubt, was verboten? **Lukas (5 Jahre)** wollte heute in die Bauecke. Die 3 Jungen dort fingen an zu schimpfen, als er sich zum Spiel gesellte, weil sie behaupteten, es dürften nur 3 Kinder dort spielen. Lukas wehrte sich handgreiflich und bestritt diese Regel. Sie selbst standen hilflos daneben.
Sie bemerken, dass sich zwischen Ihnen und Ihrer **Kollegin Andrea** zunehmend Probleme einstellen. In der Einschätzung kindlichen Verhaltens beispielsweise bei David zeigt sich das unter anderem.
Auch sollen Sie als Zweitkraft Ihre Kollegin Andrea „nur“ unterstützen, indem Sie deren Planungen übernehmen und nach ihren Vorstellungen mittragen, andererseits lässt sie Sie sehr oft mit der Gruppe allein, wenn sie ihre Arbeit als Leiterin tätigt. Dann würden Sie gerne nach Ihren eigenen Vorstellungen mit den Kindern arbeiten.
Dazu am Abend die Vorwürfe Ihres Freundes, weil Sie immer nur vom Kindergarten redeten und kaum ein offenes Ohr für ihn hätten ... Und jedes Wochenende sollen Sie nach Hause zu Ihren Eltern, um dort zu helfen, obwohl Sie regelmäßig Vorbereitungen für den Kindergarten zu erledigen haben.

Arbeitsauftrag

zu Problemen in der Praxis

1. Die Gruppe im Kindergarten formiert sich in einem längeren Prozess. Welche Phase durchlaufen Sie möglicherweise gerade und was sind die Merkmale aktueller Gruppenprozesse?
   Spielen Sie im Team die Situation mit Lukas nach und vollziehen Sie einen Perspektivenwechsel: Wie geht es Ihnen als Lukas, als Zweitkraft?

2. Welche Probleme in den Bereichen
   → Wahrnehmen, Beobachten, Berichten, Dokumentieren, Auswerten und Erklären
   → Methodisches Handeln
   → Kooperation und Koordination
   → Kommunikation und Interaktion

   könnten bezüglich des 4-jährigen David relevant sein? Diskutieren Sie verschiedene Möglichkeiten im Team und beziehen Sie praktische Erfahrungen ein.

3. Als Zweitkraft in der Gruppe assistieren Sie der Erzieherin. Beschreiben Sie den vorliegenden Rollenkonflikt und beobachten Sie an Ihrem nächsten Praxistag, wie an Ihrer Praxisstelle mit ähnlichen Konstellationen umgegangen wird.

4. Seit wenigen Tagen helfen Sie am Nachmittag in der Hortgruppe aus: Täglich nehmen Sie die Bedürfnisse der Schulkinder wahr, einen Ausgleich vom stressigen Schulalltag zu erfahren. Heute steht ein Gespräch mit der Mutter von Max an. Sie fordert von den Horterziehern mehr Unterstützung für Max‘ schulische Belange, z.B. bei den Hausaufgaben, zumal er versetzungsgefährdet ist. Erarbeiten Sie mit einer Kollegin einen Gesprächsleitfaden und führen Sie danach im kleinen Team ein Rollenspiel des Elterngesprächs durch.

5. Und dann noch die Probleme mit Ihrem Freund und mit den Erwartungen Ihrer Eltern: Auch dahinter stecken klassische Rollenkonflikte – was können Sie tun?

LERNSITUATION 5

Professionell beobachten ohne Fehler

Lukas (5 Jahre) tobt wieder. Ständig wird er aggressiv und verletzt andere Kinder bei seinen Wutausbrüchen. Er ist groß und stark und deshalb setzt er sich immer körperlich durch.

Max (6 Jahre) ist Einzelkind. Deshalb sieht er viel fern. Das hat er ja auch bestätigt, als er mit den anderen Kindern „Star Wars" spielte.

Und **David (3 Jahre)** hat heute wieder ständig die Bilderbuchbetrachtung gestört: Er rutscht auf seinem Stuhl hin und her, beteiligt sich kaum und zupfte David ständig an der Jacke. Sein Verhalten ist genauso provokant wie bei seinem Bruder Valentin. Vermutlich kann er auch erst später eingeschult werden. Man muss da nachsichtig mit ihm sein.

Arbeitsauftrag

zu Beobachtungsfehlern

1. Professionell beobachten heißt wahrnehmend beobachten: Markieren Sie in der Lernsituation Aussagen, die diesem Anspruch nicht genügen, und begründen Sie fachlich.
2. Gleichen Sie Aussagen in der Lernsituation ab mit Ihrem Wissen um entwicklungsrelevante Bedürfnisse von Kindern.
3. Bildungspläne fordern übereinstimmend ressourcenorientierte Beobachtung der Kinder (vgl. z.B. den online zugänglichen bayerischen BEP von 2016, S. 115/116). Beurteilen Sie auf der Basis dieser Empfehlung die gemachten Aussagen über die Kinder. Formulieren Sie fiktiv Beobachtungen zu den einzelnen Kindern.
4. In der Kinderkrippe ist eine individualisierende Beobachtung besonders bedeutsam. Welche Methoden können Sie auf der Basis eigener Praxiserfahrungen empfehlen?
5. Studieren Sie Beispiele gelungener Lerngeschichten (z.B. in der Handreichung zum Bayerischen Bildungs- und Erziehungsplan, 2010, S. 142-145). Warum sind sie geeignet, Beobachtungsfehler (auch im Zusammenwirken mit den Eltern) zu vermeiden?
6. Welche Beobachtungsfehler können Sie erkennen …
   → bei Lukas?
   → bei Max?
   → bei David?
   → in Kommunikation und Interaktion
7. Welche Möglichkeiten haben Sie, diese im Sinne der Kinder zu vermeiden?

LERNFELD 3
Lebenswelten und Diversität wahrnehmen, verstehen und Inklusion fördern

LERNSITUATIONEN offene Ganztagsschule (OGS)

RAHMENSITUATION

Offene Ganztagsschule

Sie arbeiten als Erzieher/-in in einer offenen Ganztagsschule im Zentrum einer Großstadt. Das Einzugsgebiet der Mittelschule ist sozial durchmischt, wobei der Anteil der Kinder und Jugendlichen mit Migrationshintergrund überdurchschnittlich hoch ist. Insgesamt befinden sich Kinder aus 8 Nationen an Ihrer Schule, was sich oft auch im unterschiedlichen Normen- und Werteverständnis wiederspiegelt. Zusammen mit Ihren Kollegen und Kolleginnen sind Sie für die Klassenstufen 5-9 verantwortlich. Der Tag wird strukturiert durch ein gemeinsames Mittagessen, danach betreuen Sie die Hausaufgaben der Kinder bis ca. 15:30 Uhr und im Anschluss finden unterschiedliche sportliche, musische und gestalterische Aktivitäten statt. Um 16:30 Uhr endet der Schultag.
Seit kurzem besuchen Ihre Schule auch **8 Flüchtlingskinder aus Syrien und Afghanistan**, die kaum Deutsch sprechen. Ihre Aufgabe, die Kinder in die Gruppe zu integrieren, stellt für alle Beteiligten eine große Herausforderung dar. Große Gruppen, der unterschiedliche Förderbedarf sowie der vielfältige kulturelle Hintergrund schaffen immer wieder Situationen, die Sie an den Rand der Überforderung bringen. Insbesondere die Hausaufgabenzeit verlangt Ihre ganze Konzentration. Manche Kinder erledigen ihre Hausaufgaben mühelos, andere haben gravierende Lernprobleme und brauchen ständig Motivation. Besonders die Flüchtlingskinder bräuchten viel intensivere Unterstützung, der Sie angesichts Ihres vielfältigen Aufgabenspektrums nicht nachkommen können.
Zudem ist gegenwärtig die Resonanz auf Ihre nachmittäglichen Projektangebote recht unterschiedlich. Im Vorfeld des von Ihrem Kollegen und Ihnen angebotenen „Kletterprojekts“ wollte auch die **13-jährige Fatima** mitmachen. Von ihren Eltern wurde ihr die Teilnahme jedoch strengstens untersagt, da Klettern nicht „ehrenhaft“ für ein Mädchen sei. Ihre Bemühungen, mit Fatimas Eltern ins Gespräch zu kommen scheiterten bereits an der sprachlichen Barriere. Der **15-jährige Yussuf** konnte sich Ihnen gegenüber nicht den Kommentar verkneifen: „Wenn Frauen klettern, das geht ja gar nicht!“ Als Sie kürzlich den **16-jährigen Erkan** aufforderten, er solle seine Jacke draußen an der Garderobe aufhängen, erwiderte er: „Frauen haben mir überhaupt nichts zu sagen!“ Immer wieder stellen Sie fest, dass Ihre Autorität von nicht wenigen Jungen in Frage gestellt wird.
Daher haben Sie jetzt Ihren Fokus in Richtung Mädchenarbeit gelegt. Momentan bieten Sie ein „Tanzprojekt“ ausschließlich für diese Zielgruppe an. Die **14-jährigen Mädchen Tina und Layla** sind von dem Angebot völlig begeistert. Layla meint: „Wenn die Jungs dabei sind, geht's immer so wild ab. Außerdem trau ich mich dann gar nicht, meine Meinung zu sagen, weil mich eh einer von denen wieder runterbügelt.“, Tina ergänzt: „Ich finde, wir sind ohne Jungs auch ganz anders drauf. Irgendwie chilliger! Ist das nicht krass?!“

In der **Teamsitzung** diskutieren Sie Ihre Beobachtungen und überlegen, welche Schwerpunkte zu setzen sind, um sowohl den unterschiedlichen Bedürfnissen der Kinder und Jugendlichen nachzukommen, als auch Ihrem pädagogischen Auftrag.
Außerdem erwägen Sie, Kontakt zum Kindergarten im nahegelegenen Bildungszentrum aufzunehmen. Von einer Kollegin dort wissen Sie, dass auch dort die pädagogische Arbeit bestimmt wird durch sehr heterogene Gruppen. Viele Geschwisterkinder finden sich in Kita und OGS.

(Quelle: FAKS Lindau, Iris Feyrer, Michael Weyhmüller)

Arbeitsaufgaben: Analyse der Rahmensituation (Wahr-nehmen)

Wir sehen ➔ was wir denken ➔ was wir wünschen ➔ was wir erfahren haben

1. In der Vorbereitung einer professionellen Situationsanalyse machen Sie sich bewusst, dass Ihr Weltbild ein konstruiertes ist, dass vielfältige Einflüsse unser aller Wahrnehmung beeinflussen.

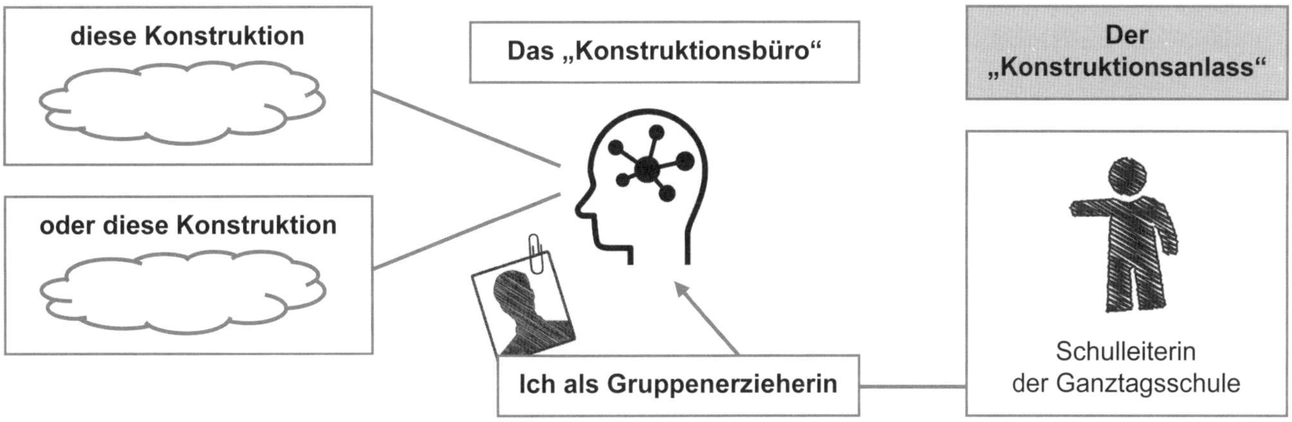

2. Von der Schulleiterin bekommen Sie Informationen zur Gruppe (Rahmensituation S. 28), in der Sie arbeiten werden.
   - Welche Mitteilungen sind Wahrnehmungen, welche „Konstruktionen“?
   - Welche anderen „Konstruktionen“ wären auch möglich gewesen, wenn Sie die Wahrnehmungen analysieren?
   - Welche Einflüsse haben die „Konstruktionen“ vielleicht geprägt? Denken Sie an kulturelle, soziale wie individuelle Einflüsse.
   - Welchen Einfluss könnte der sogenannte Rosenthal-Effekt haben?

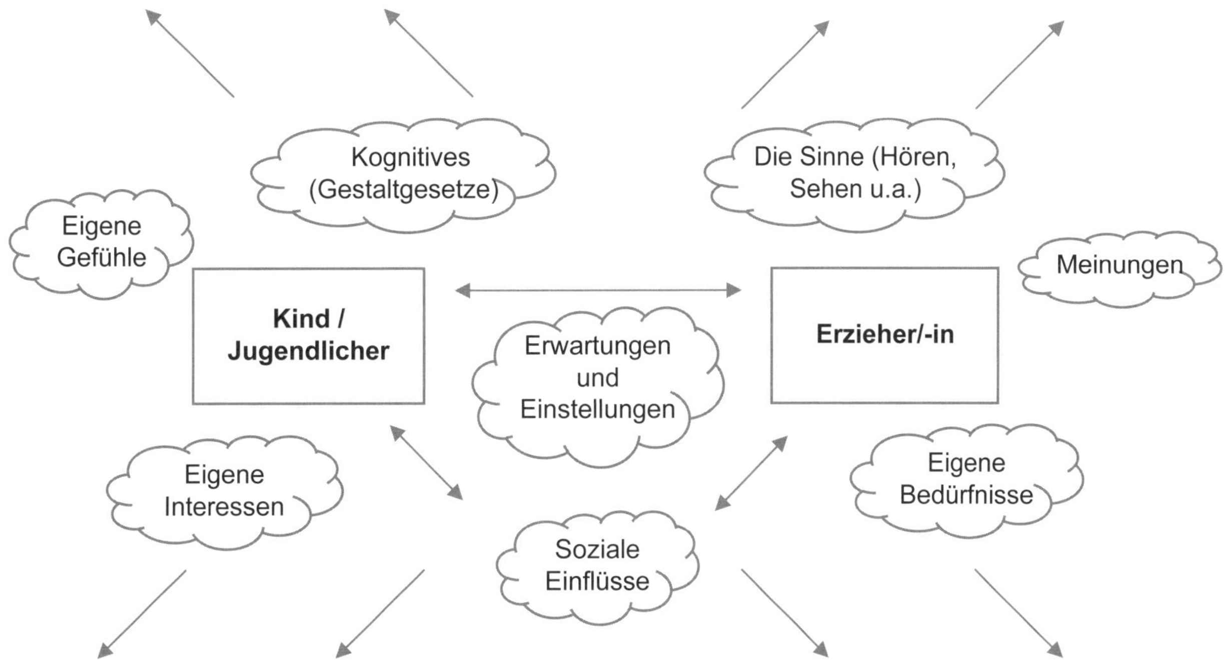

LERNSITUATION 1

Die Gruppe im Kontext des familiären Umfelds

Am Nachmittag sind die insgesamt 32 Kinder klassenübergreifend bei Ihnen und Ihren 2 Kollegen, also einer weiteren Erzieherin und einem Kinderpfleger mit türkischen Wurzeln: Sie arbeiten mit interessengeleiteten Aktivitäten am Nachmittag, für die allerdings gar nicht so viel Zeit verfügbar ist, da die Kinder nie vor 12:00 Uhr aus der Schule kommen. Schon findet um 13:00 Uhr die Essenszeit für alle Kinder und Jugendlichen im großen Aufenthaltsraum statt, der auch als Freizeitraum genutzt werden muss. Ergänzend stehen Ihnen ein Gartenanteil und (an 2 Nachmittagen in der Woche) die Turnhalle zur Verfügung.
Die Arbeit in den Projektgruppen ist auch deshalb schwierig, weil die Kinder und Jugendlichen unterschiedliche Buchungszeiten haben, d. h., nicht an jedem Tag sind alle Kinder in der Nachmittagsbetreuung, sie kommen und gehen zu unterschiedlichen Zeiten.
Die Eltern erwarten von Ihnen, dafür zu sorgen, dass die Kinder in der täglichen Hausaufgabenbetreuung, die in einem Klassenzimmer von 15:00 bis 16:30 Uhr stattfindet, die Hausaufgaben machen.
Die **8 Flüchtlingskinder aus Syrien und Afghanistan** sind seit 5 Monaten in der offenen Ganztagesschule. Die Lehrkräfte beklagen sich immer wieder bei Ihnen, dass die Kinder kaum verstünden, was sie im Unterricht erfahren bzw. leisten sollen. Deshalb wurden sie zuletzt in einer separaten Gruppe unterrichtet, was die Elternschaft mehrerer Schulen in Aufruhr brachte: Sie wollen nicht, dass ihre Kinder benachteiligt würden, weil sich eine Lehrperson den hinzugekommenen Kindern widmen müsse. Die Stadt als Träger der Schule sieht sich außer Stande, zusätzliche pädagogische Angebote für die Flüchtlingskinder anzubieten, z. B. bezüglich der Sprachkompetenz.
Die Gespräche mit den Eltern verlaufen unterschiedlich: Die **Eltern von Tina und Layla** sind berufstätig und sehr daran interessiert, dass ihre Töchter gute schulische Leistungen erbringen. Deshalb erwarten sie von Ihnen intensive schulische Begleitung. Für die Zusammenarbeit mit Ihnen sind sie sehr aufgeschlossen und helfen auch gerne mit, wenn eine außerschulische Veranstaltung vorzubereiten ist. Beim diesjährigen Elternabend waren sie anwesend. **Tina und Layla (14 Jahre)** sind selbstbewusst und selbstständig. Sie verbringen ihre Freizeit mit den vorwiegend deutschen Jungen aus der Klasse. Am Wochenende gehen sie gerne aus. Mode und Aussehen sind für sie zentrale Themen, Shopping ist besonders beliebt. Wie Mädchen Kopftücher tragen können wie Fatima, ist ihnen überhaupt nicht verständlich. Allerdings lehnen sie sie deshalb nicht ab, laden sie sogar ein, ins Kino u.Ä. mitzukommen. Frustrierend wirken da die wiederkehrenden Absagen von Fatima und anderen Mädchen: Ihre Eltern erlauben so etwas nicht.
Die **Eltern der syrischen Kinder** sind aufgrund der noch kurzen Verweildauer in Deutschland oft nicht in der Lage, sich mit Ihnen auszutauschen. Sie verstehen nur wenige Sätze und sind einfach froh darüber, ihre Kinder gut und sicher aufgehoben zu wissen. Sie wohnen in unterschiedlichen Unterkünften der Stadt, wo sie sich nur unzureichend als Familien erleben. Menschen verschiedener Herkunftsländer teilen sich Küchen oder sanitäre Einrichtungen; man lebt auf engem Raum.
Manchmal erzählen ihnen einzelne Kinder, z. B. **Fatima (13;1 Jahre)**, von ihrer Flucht aus der Heimat und den traumatischen Erlebnissen. Von **Yussuf (15;5 Jahre)** wissen Sie, dass er mit seinen 2 Schwestern und seiner Mutter geflohen ist. Der Vater ist in der Heimat geblieben. Jetzt hat Yussuf als einziger Mann das Sagen in der Familie.

Arbeitsauftrag

1. Analysieren Sie im Team und mit der Methode Placemat (siehe ***Anlage 1***) die „Beschreibungen" der Lernsituation für die einzelnen Kinder(-gruppen). Lassen Sie die Rahmensituation nicht außer Acht! Beschriften Sie zunächst das Placemat nach 4 tragfähigen Ordnungskriterien einer sinnvollen fachlichen Analyse.
2. Erarbeiten Sie auf der Basis dieser Erkenntnisse eine Situationsanalyse mit folgendem Formular.

Bearbeiten einer beruflichen Handlungssituation

von Lernfeld 3, Rahmensituation & Lernsituation 1

Situationsanalyse

Analyse-Ebenen			
Person	Gruppe	Umfeld	Institution

Welche Fragen stellen sich mir in der gegebenen Situation?

Welche Informationen brauche ich noch?

Welche Schwerpunkte setze ich?

-
-
-
-
-

Welche Leitziele von Erziehung, Bildung und Erziehung ergeben sich aus den Ihnen zugänglichen Bildungsplänen für die Zielgruppe (z. B. Empfehlungen für die pädagogische Arbeit in bayerischen Horten, 12. Kinder- und Jugendbericht)?

Anlage 1: Placemat

Flüchtlingskinder aus Syrien und Afghanistan

Fatima

Tina und Layla

LERNSITUATION 2

Beobachtungsverfahren und Beobachtungsfehler

Sie arbeiten als Erzieher/-in in einer offenen Ganztagesschule im Zentrum einer Großstadt. Am Nachmittag betreuen Sie 32 Kinder unterschiedlicher Klassen zusammen mit 2 Kollegen (einer Erzieherin und einem Kinderpfleger).

Tina und Layla sind 14 Jahre alt und besuchen die Mittelschule. Sie sind auch in der Freizeit viel zusammen, weil sie gleiche Interessen haben. Außerdem unterstützen sie sich beim Lernen. Manchmal helfen beide der jüngeren Schwester von Tina, **Marga (5;3 Jahre)**: Marga geht in den Kindergarten des Bildungszentrums. Immer wieder bekommen die älteren Mädchen mit, dass Marga Schwierigkeiten mit ihrer Sprache hat und sich Tinas Eltern besorgt zeigen über die bevorstehende Einschulung.
Die Flüchtlingskinder **Erkan (16 Jahre), Yussuf (15 Jahre) und Fatima (13;1 Jahre)** sind erst seit 5 Monaten an der Ganztagesschule und haben große Probleme mit dem Spracherwerb. Sie verstehen zwar viel, wenn sich andere Personen unterhalten, können sich selbst aber nur schwer artikulieren. Ähnlich geht es ihren Geschwisterkindern **Alma (5;5 Jahre)** und **Rheni (4;11 Jahre**) im Kindergarten. Oft stehen sie schweigend dabei, wenn sich die anderen Kinder der Kindergartengruppe unterhalten.
Außerdem leben sie in kulturell bedingten und fixierten Rollen: Fatima darf nicht am Kletterkurs teilnehmen: Sie kommt darüber mit ihren Eltern und den Peers immer wieder in Auseinandersetzungen.

Arbeitsauftrag

1. Erarbeiten Sie für die beschriebenen Kinder(-gruppen) aus dem schulischen wie vorschulischen Bereich fachlich adäquate Beobachtungsverfahren (siehe ***Anlage 2***). Begründen Sie Ihre Auswahl.
   Tipp: Weitere Beobachtungsverfahren ansehen.
2. Erarbeiten Sie im tabellarischen Überblick (siehe ***Anlage 3***) für die beschriebenen Kinder(-gruppen),
   - welche **Beobachtungsfehler** sich aufgrund der Diversitäten einschleichen könnten.
   - welche **Dokumentationsformen** jeweils sinnvoll wären. Begründen Sie diese unter Berücksichtigung fachlicher Perspektiven.
   - welche Chancen Sie in der **Diversität** der Kinder für eine ressourcen-orientierte Arbeit sehen.

Anlage 2: Beobachtungsverfahren zu Lernsituation 2

Kinder(-gruppen)	Mögliche Beobachtungsverfahren	Begründung
Tina (w, 14 Jahre) Layla (w, 14 Jahre)		
Erkan (m, 16 Jahre) Yussuf (m, 15 Jahre) Fatima (w, 13 Jahre)		
Alma (w, 5;5 Jahre) Rheni (m, 4;11 Jahre)		
Marga (w, 5 Jahre)		

Anlage 3

	Tina (w, 14 Jahre) Layla (w, 14 Jahre)	Erkan (m, 16 Jahre) Yussuf (m, 15 Jahre)	Fatima (w, 13;1 Jahre)
Beobachtungsfehler			
Dokumentationsverfahren			
Diversitätsmerkmale			
→ als Chance für			

LERNSITUATION 3

Diversitäten

Sie arbeiten als Erzieher/-in in einer offenen Ganztagesschule im Zentrum einer Großstadt. Am Nachmittag betreuen Sie 32 Kinder unterschiedlicher Klassen zusammen mit 2 Kollegen, einer Erzieherin und einem Kinderpfleger.

Fatima (13;1 Jahre) hält sich im Aufenthaltsraum auf. Sie deckt noch die Tische ab und holt einen Eimer mit Wasser zum Abwischen der Tische. Sie macht das freiwillig und gerne, weil sie sich nützlich machen will.
Die Jungen **Erkan (16 Jahre)** und **Yussuf (15 Jahre)** lassen ihre Teller stehen und stürmen nach dem Essen sofort in den Garten; sie wollen sich den Fußball sichern.
Tina und Layla (beide 14 Jahre) stehen noch an der Tür und warten auf 2 ältere Mädchen aus der anderen Klasse. Sie wollen die Freizeit gemeinsam verbringen, wie jeden Tag in der Woche. Diesmal hat Layla die aktuelle „BRAVO" mitgebracht, mit vielen für die Mädchen spannenden Themen.

Heute steht außerdem ein Kochangebot Ihres Kollegen auf dem Plan: Er will mit den Kindern und Jugendlichen Popcorn zubereiten.

Arbeitsauftrag

1. Machen Sie sich **Diversitäten** innerhalb der beschriebenen Kindergruppe anhand unterschiedlicher Heterogenitätsmerkmale bewusst und notieren Sie sich Ihre Erkenntnisse:

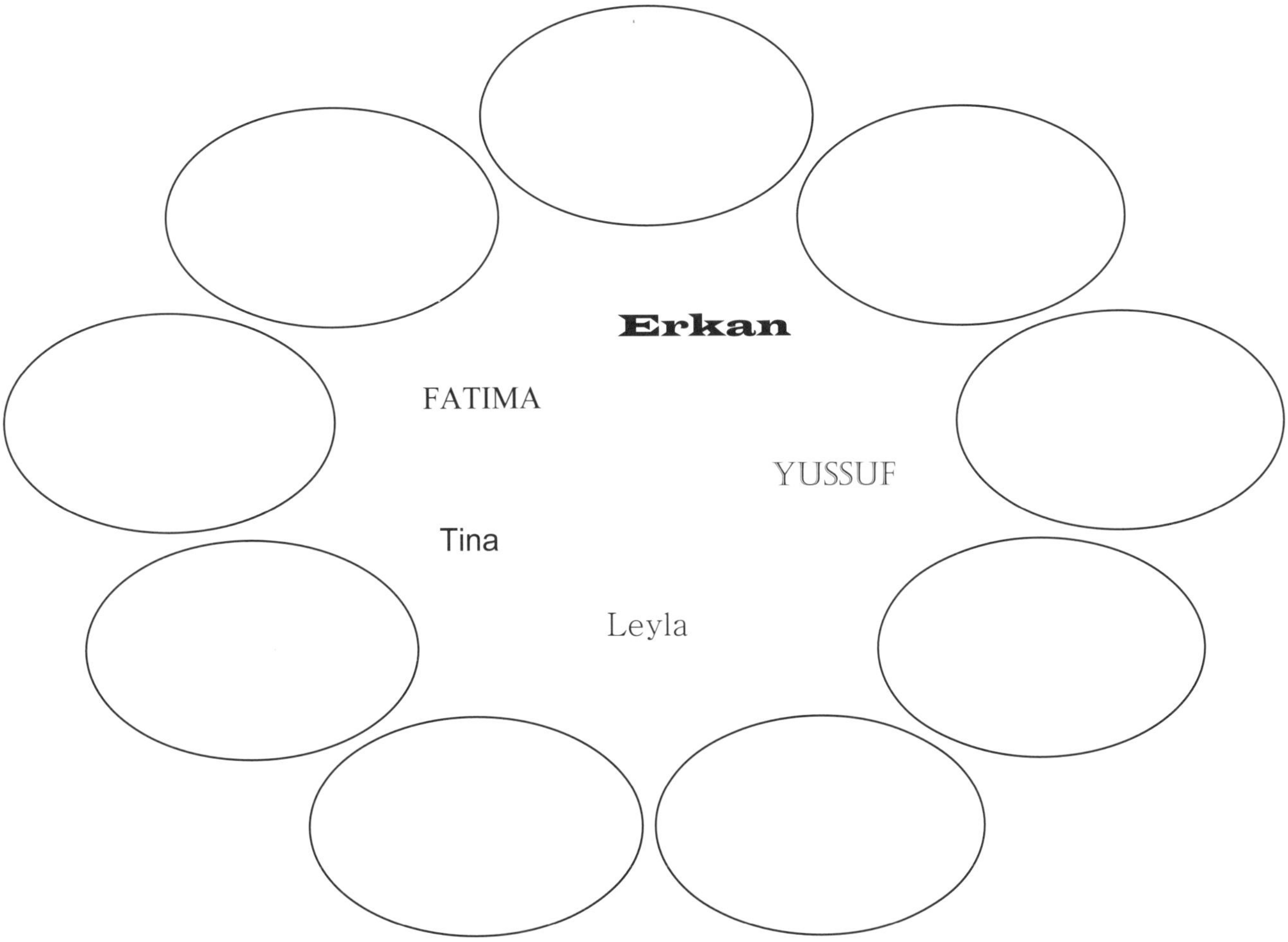

2. Beschreiben Sie Ihre Zielvorgaben (allgemein) sowie Handlungsansätze im Rahmen einer **individualisierenden und ressourcenorientierten** Arbeit.

3. Diskutieren Sie konkrete Möglichkeiten von **Integration und Inklusion** auf den verschiedenen Ebenen:

Institutionelle Ebene
Didaktische Ebene
Beziehungsebene

4. Welchen Unterschied erkennen Sie zwischen Integrationsleistung und Inklusionsleistung Ihrer Erziehungsarbeit? Wie könnte sich diese im Alltag der Einrichtung abbilden?

5. Welche Möglichkeiten von Partizipation erkennen Sie für die Kinder(-gruppen) alltäglich?

6. Welche <u>möglichen</u> Heterogenitätsmerkmale liegen bei den beschriebenen Kindern vor und welche Bedürfnisse ergeben sich daraus für die betroffenen Kinder und Jugendlichen?

7. Beschreiben Sie Ihr Bild vom Kind, das Sie leitet.

8. Erläutern Sie die Ziele Ihrer pädagogischen Arbeit anhand des folgenden Schaubilds bezogen auf

	Prävention (Vorbeugung)	**Partizipation** (Teilhabe)	**Inklusion** Integration
für  Erkan (16 J.) und Yussuf (15 J.)			
für  Fatima (13;1 J.)			

9. Welche methodisch-didaktischen Möglichkeiten individualisierender und ressourcenorientierter Handlungskonzepte tragen Ihre pädagogische Arbeit, um die Integration und Inklusion der Kinder zu fördern?

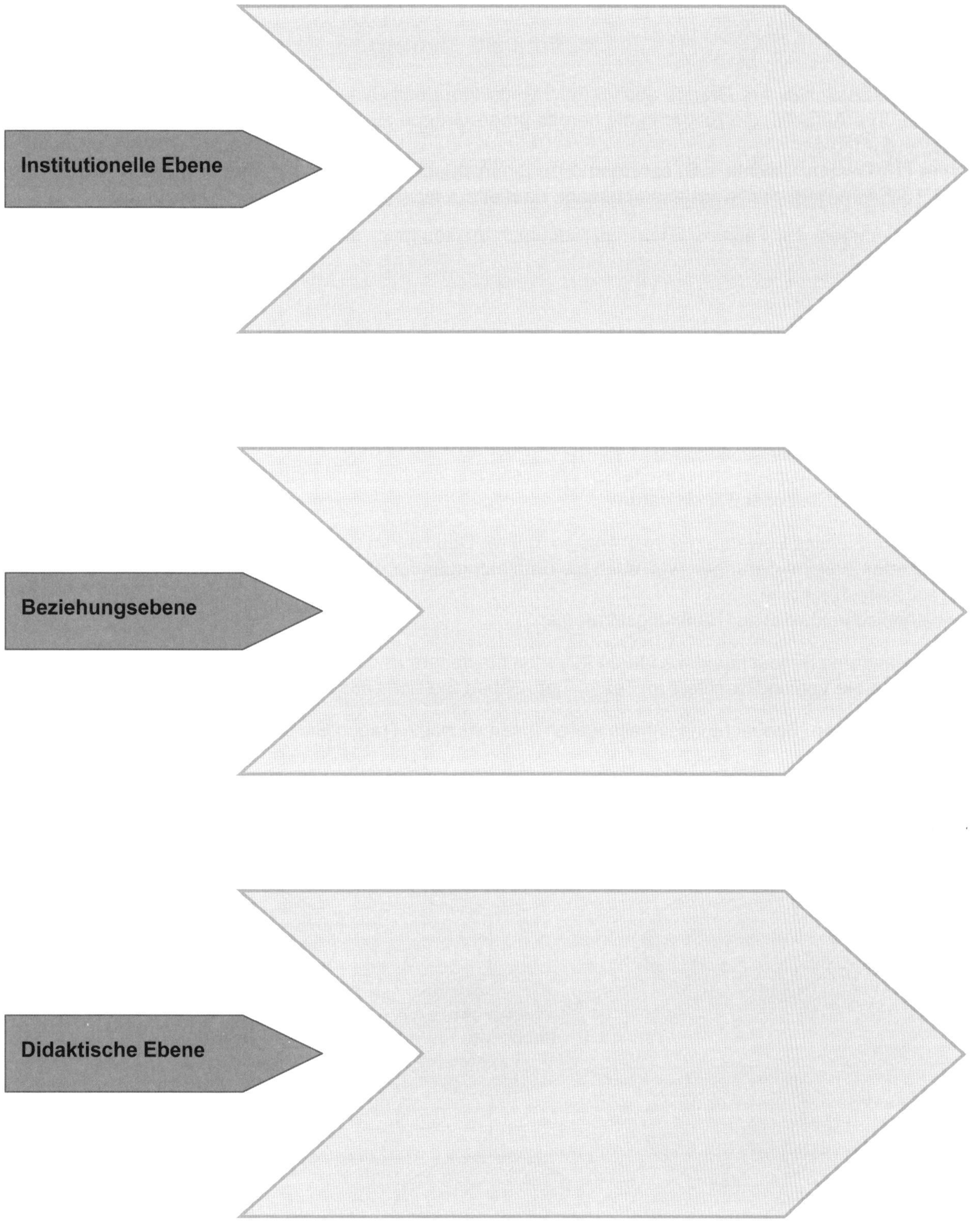

LERNSITUATION 4

Fatima (13 Jahre)

Seit kurzem besuchen Ihre Gruppe auch 8 Flüchtlingskinder aus Syrien und Afghanistan, die kaum Deutsch sprechen. Ihre Aufgabe, die Kinder in die bereits große Gruppe zu integrieren, stellt für alle Beteiligten eine Herausforderung dar.
Fatima (13;1 Jahre) möchte z. B. sehr gerne an Ihrem „Kletterprojekt" teilnehmen. Von ihren **Eltern** wurde ihr die Teilnahme jedoch strengstens untersagt, da Klettern nicht „ehrenhaft" für ein Mädchen sei.

Ihre Bemühungen, mit Fatimas Eltern ins Gespräch zu kommen, scheiterten bereits an der sprachlichen Barriere.

Arbeitsauftrag

1. Erarbeiten Sie anhand des nachfolgenden Verhaltensprotokolls (siehe ***Anlage 4***) Ihre Deutung zu den vorliegenden Verhaltensbeschreibungen
   - anhand professioneller Grundsätze fachlicher Beobachtung und
   - mithilfe entwicklungspsychologischer Erkenntnisse zur Identitätsentwicklung. Tipp: Nutzen Sie dazu Entwicklungstabellen oder Fachliteratur.
2. Versuchen Sie eine Bewertung (siehe ***Anlage 5***) Ihrer Deutung im Sinne
   - konkreter Zielformulierungen (vgl. auch die Empfehlungen für die pädagogische Arbeit in Horten, Text Seite 48), sowie
   - methodisch-didaktischer Handlungsstrategien.
3. Welche anderen Beobachtungsverfahren kommen für weitere Beobachtungen an Fatima in Frage? Diskutieren Sie Vor- und Nachteile im Team. Tipp: Sehen Sie sich andere erhältliche Beobachtungsbögen an.
4. Welche (weiteren) Beobachtungsinhalte wären Ihnen wichtig? Tragen Sie sie ins Schaubild ein:

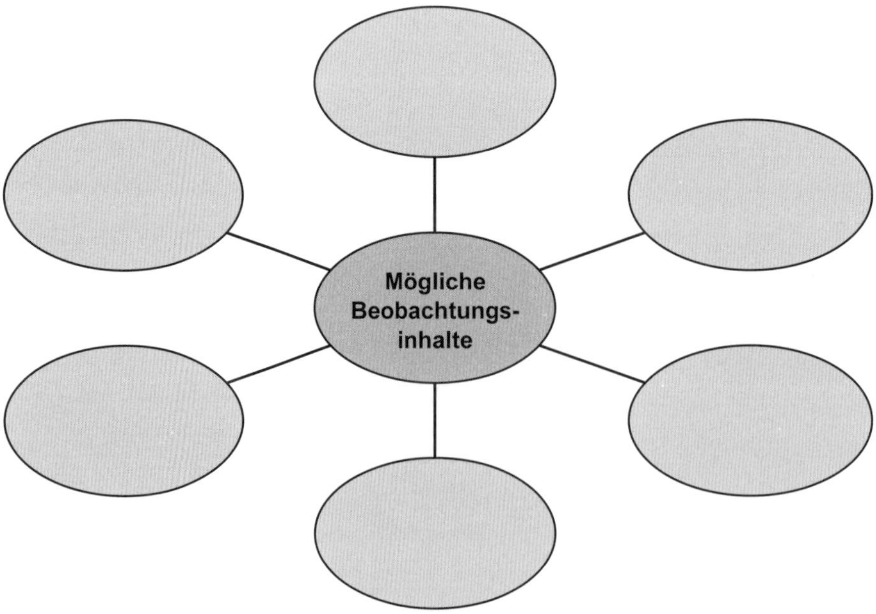

5. Welche Beobachtungsfehler könnten sich einschleichen und wie können Sie solche verhindern?

Beobachtungsfehler	Verhindern durch

6. Welche Bedeutung kommt der Beobachtung von Fatima zu?

7. Welche Möglichkeiten der Dokumentation kommen in Betracht? Tragen Sie ins Schaubild ein.

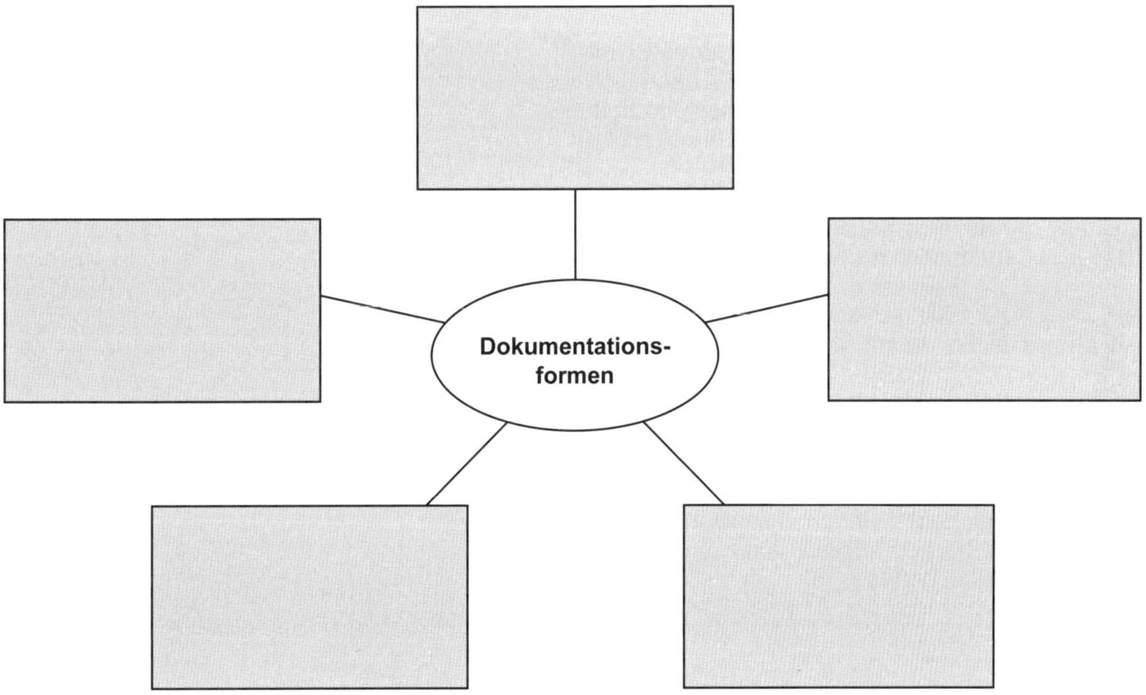

Anlage 4: Verhaltensprotokoll

Verhaltensprotokoll

von	Datum

Name	**Alter**	**Geschlecht des Kindes**	**Name des Beobachters**
Fatima	*13;1 Jahre*	*weiblich*	

Ort und Dauer der Beobachtung	**Gruppengröße**
Lese-Ecke, 20 Minuten	32 Kinder in der Gesamtgruppe, 2 Mädchen in der Lese-Ecke

Besonderheiten	**Beobachtungssituation**
	Fatima befindet sich mit 2 anderen Mädchen in der Lese-Ecke im Gruppenraum. Dort steht den Jugendlichen eine Couch mit einigen Kissen zur Verfügung. Sie können sich dort zurückziehen und miteinander sprechen, etwas lesen o.a. Deshalb steht ein Bücherregal dort, wo die Erzieherfachkräfte immer wieder Zeitschriften & Bücher anbieten

Uhrzeit	**Verhaltensbeschreibung**	**Deutung**
12:30 Uhr	Fatima kommt nach der Schule ins Gruppenzimmer. Sie (Fachkraft) stehen am Fenster und beobachten die Jungen der Gruppe im Garten. Fatima geht an Ihnen vorbei und sagt: „Immer nur die Jungs!“	
12:33 Uhr	Sie schließen das Fenster und gehen auf Fatima mit den Worten zu: „Die Jungen nerven dich?“ Fatima: „Ja, weil die sagen immer, was da ist, was tun soll!“	
12:45 Uhr	Sie gehen auf den Kommentar nicht ein. Fatima wirft sich mit Schwung auf die Couch in der Lese-Ecke, wo bereits ein Mädchen sitzt. Sie schüttelt den Kopf und ruft: „Hey, spinnst du!“	
12:47 Uhr	Fatima hockt mit angezogenen Beinen auf der Couch. Sie hört zu, ohne sich zu äußern. Ihr Blick richtet sich durchgängig auf die beiden Mädchen, die sich über die Schule unterhalten.	
12:50 Uhr	Fatima fragt: „Kannst du helfen aufdecken für Essen?“ T. antwortet: „Ja, klar, wenn du heute Nachmittag mit zum Klettern kommst?“ Fatima sagt nichts darauf.	
12:55 Uhr	Fatima nimmt ein Buch aus dem Regal, blättert und legt es wieder zurück.	
13:00 Uhr	Erkan kommt in den Raum. Fatima steht auf, geht zu ihm und sagt: „Komm Tisch aufdecken.“ Erkan: „Ich zuschauen.“ Beide gehen.	

Anlage 5: Bewertung

Ziele und Kompetenzen

Kompetenzen sind grundsätzlich Ergebnis von zielgerichteter Arbeit, die über konkrete Handlungen erreicht werden:

→ **Ich-Kompetenz:** Wissen über sich selbst, Wahrnehmung und Ausdrucksvermögen, Bewusstsein eigener Wirksamkeit, Entscheidungsfähigkeit, Verantwortungsbewusstsein, Urteilsfähigkeit bezogen auf sich selbst, Reflexionsfähigkeit, Selbstdisziplin u.a.
→ **Sozialkompetenz:** soziale Kontakte herstellen können, Gruppenfähigkeit, Solidarität, Fähigkeit zu Empathie und Wertschätzung, Kooperation eingehen können, Konfliktlösungsfähigkeit u.a.
→ **Sachkompetenz:** Sachkenntnisse, Handlungswissen, instrumentelle Fertigkeiten u.a.
→ **Lernkompetenz:** Lernfähigkeit, bewusste Aneignung von Wissen/Können, Lernen nach Strukturen, von anderen, Aufmerksamkeit und Konzentration, Merkfähigkeit u.a.

Kompetenzen werden aus der Sicht des Kindes formuliert, Ziele sind eher sachgerichtet. Damit diese Kompetenzen erreicht werden, formuliert die Erzieherfachkraft konkrete Ziele, die mittels Handlungen erreicht werden sollen:

→ **Fertigkeitsziele** beziehen sich auf das Beherrschen von Handlungsabläufen.
→ **Fähigkeitsziele** richten sich auf Wahrnehmung, Sprache, das Denken, und schließen Konzentration, Merkfähigkeit mit ein.
→ **Erkenntnisziele** sind ausgerichtet auf Wissenserwerb, Aufbau von Denkstrukturen, kausales Denken, Erkennen der Bedeutung von etwas (Aha-Erlebnis).
→ **Einstellungsziele** richten sich auf sinnvolle Gewohnheiten, auch durch Wissensaspekte.

Tipp: vgl. die Taxonomie von Zielen (z. B. im Lerntagebuch)

Die Zielsetzungen

Zielsetzungen sind in der Bildungsarbeit Ausdruck von Intentionalität, d. h., sie geben eine Richtung vor, zentrieren das Handeln auf Wesentliches. Ziele werden nach einer fachlichen Beobachtung ausgerichtet, die den Bedarf feststellt, und sind hierarchisch angelegt: Übergeordnete Ziele werden in Feinzielen operationalisiert, d. h. kleinteilig, konkret, individuell und damit überprüfbar.

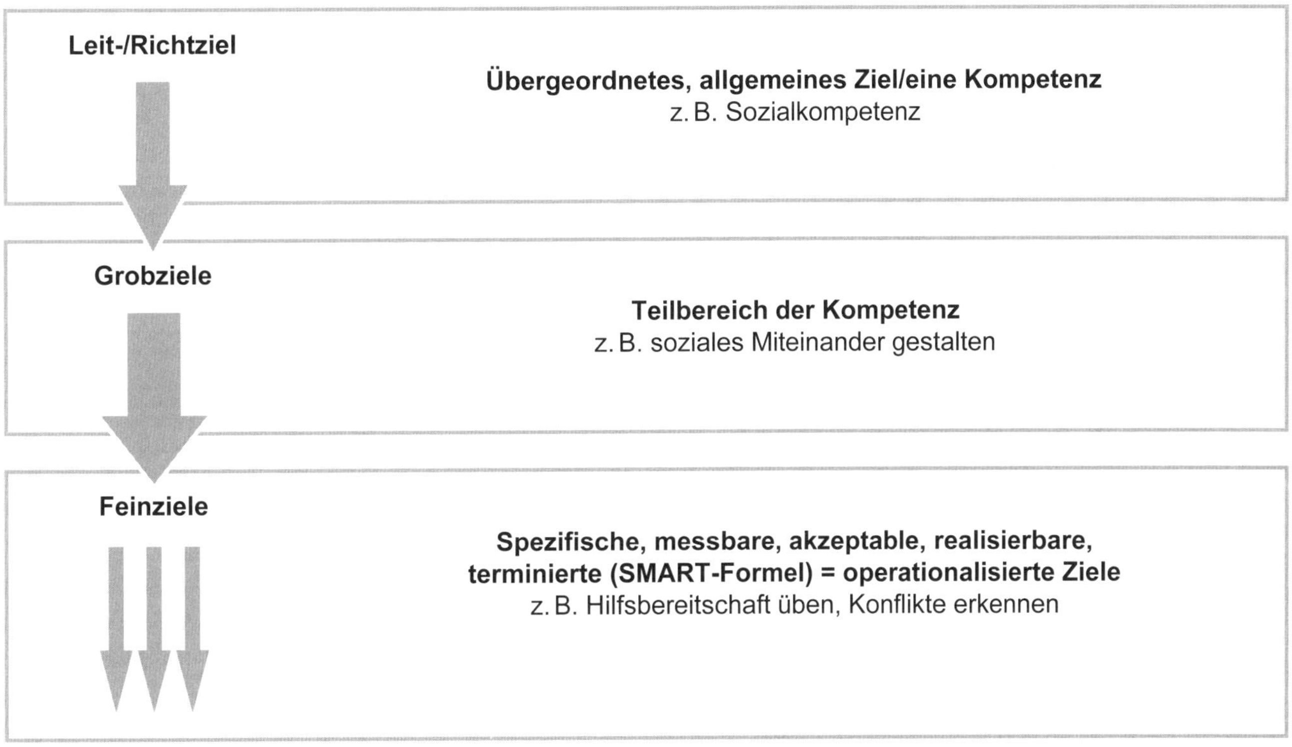

Zielformulierung
(einrichtungs-, alters- und beeinträchtigungs- bzw. behinderungsspezifisch, operationalisiert, ganzheitlich, ressourcen- und kompetenzorientiert)

➔ Leit-/Richtziel

➔ Grobziele

➔ Feinziele

Text

Empfehlungen für die pädagogische Arbeit in bayerischen Horten (Auszug)

„Der Hort ist eine familienunterstützende und familienergänzende Einrichtung. Auftrag des Hortes ist die Betreuung, Bildung und Erziehung von Kindern ab der Einschulung bis zum Alter von 14 Jahren. Vereinzelt können auch Jugendliche aufgenommen werden, für die folgende Ausführungen entsprechend gelten. Der Hort soll die Entwicklung des Kindes zu einer eigenverantwortlichen und gemeinschaftsfähigen Persönlichkeit fördern (vgl. §§ 1 und 22 SGB VIII).
Horte stehen allen Kindern unabhängig von ihrer individuellen physischen und psychischen Entwicklung, ihrer Konfession und Nationalität offen. Eine heterogene Gruppenbildung ist anzustreben.
Der Hort soll alle Lebensbereiche der Kinder mit einbeziehen. Er zeichnet sich aus durch Professionalität und Verlässlichkeit seines pädagogischen Angebots, die Vielfalt lebensweltbezogener sowie alters- und geschlechtsspezifischer Lern- und Übungsfelder und die erziehungspartnerschaftliche Zusammenarbeit mit Eltern.
Zeitgemäße Hortpädagogik orientiert sich nicht nur an der Zukunft der Kinder und leitet daraus Erziehungs- und Bildungsziele ab, sie orientiert sich insbesondere an den gegenwärtigen Bedürfnissen der Kinder und den notwendigen Kompetenzen zur Bewältigung der anstehenden Entwicklungsaufgaben.
Grundbedürfnisse von Kindern sind das Erfahren von Angenommensein und Zuneigung durch andere Menschen, die Achtung als Person, der Schutz vor Gefahren, gesunde Ernährung und das Gefühl von Geborgenheit. Ihre Berücksichtigung gehört zur Betreuungsaufgabe des Horts.
Daneben sind aber stets auch Bildungs- und Erziehungsaspekte zu berücksichtigen. Der Betreuungsaspekt erhält ein besonderes Gewicht für jene Kinder, die in schwierigen Familien- und Lebensverhältnissen aufwachsen.
Schlüsselkompetenzen sind personale Kompetenz, soziale Kompetenz, Wissenskompetenz, instrumentelle bzw. methodische Kompetenz (Lernkompetenz).“

(Quelle: Bayerisches Staatsministerium für Arbeit und Sozialordnung Familie und Frauen, 2003)

Methodisch-didaktisches Vorgehen

- Erzieherische Haltung und Beziehungsgestaltung

- Förderliche Rahmenbedingungen

- Prinzipien pädagogischen Handelns

- Methoden

- Sozialformen

- Zusammenarbeit

LERNSITUATION 5

Beobachtungsverfahren und Beobachtungsfehler (Kiga)

Ihre Kollegin arbeitet als Erzieher/-in in einem dreizügigen Kindergarten eines Familienzentrums in einer Großstadt. Insgesamt besuchen 25 Kinder die Gruppe, davon 3 türkische Kinder (2 Jungen, **Mustafa und Mehmet, beide 4 Jahre alt**, und ein Mädchen, **Melek, 6 Jahre** alt). Die beiden Jungen sprechen kaum Deutsch und unterhalten sich untereinander und zu Hause Türkisch. Das Mädchen Melek besucht seit 2 Jahren den Kindergarten und spricht bereits sehr gut deutsch.
Außerdem sind noch **2 syrische und 2 somalische Kinder sowie ein afghanisches Kind** mit sehr wenig Deutschkenntnissen in der Gruppe.

Seit einem halben Jahr besuchen auch der **5-jährige Jim** und seine **3-jährige Schwester Kelly** den Kindergarten. Ihre Mutter ist amerikanische Staatsbürgerin, der Vater kommt aus Deutschland. Die Eltern berichten Ihnen, dass die Kinder es gewohnt seien, mit der Mutter Englisch und mit dem Vater Deutsch zu sprechen. Jim und seine Schwester wechseln teilweise mitten im Satz die Sprachen. Die Eltern möchten beide, dass ihre Kinder nach dem Kindergarten in einer internationalen Schule eingeschult werden.

Arbeitsauftrag

1. Erarbeiten Sie im Überblick (siehe ***Anlage 6***) für die beschriebenen Kinder(-gruppen) fachlich adäquate **Beobachtungsverfahren**. Begründen Sie Ihre Auswahl.

Nutzen Sie ***Anlage 7*** für folgende Aufgaben:

2. Welche **Beobachtungsfehler** könnten sich aufgrund der Diversitäten einschleichen?
3. Welche **Dokumentationsformen** wären jeweils sinnvoll? Begründen Sie diese unter Berücksichtigung fachlicher Perspektiven.
4. Welche Chancen sehen Sie in der **Diversität** der Kinder für eine ressourcen-orientierte Arbeit?

Anlage 6: Beobachtungsverfahren zu Lernsituation 5

Kinder(-gruppen)	Mögliche Beobachtungsverfahren	Begründung
Mustafa, m, 4 Jahre Mehmet, m, 4 Jahre		
Melek, w, 6 Jahre		
zwei syrische Kinder zwei somalische Kinder ein afghanisches Kind		
Jim, m, 5 Jahre Kelly, w, 3 Jahre		

Anlage 7

	Mustafa (4 Jahre, m) Mehmet (4 Jahre, m) Melek (6 Jahre, w)	zwei syrische Kinder zwei somalische Kinder ein afghanisches Kind	Jim (5 Jahre, m) Kelly (3 Jahre, w)
Beobachtungsverfahren			
Beobachtungsfehler			
Dokumentationsverfahren			
Diversitätsmerkmale			
→ als Chance für			

LERNSITUATION 6

Teamsitzung

Sie arbeiten als Erzieher/-in in einer offenen Ganztagsschule im Zentrum einer Großstadt. Die **Schulleitung** weist Sie in Ihre Arbeit ein und berichtet:
„Das Einzugsgebiet unserer Mittelschule ist sozial durchmischt, wobei der Anteil der Kinder und Jugendlichen mit Migrationshintergrund überdurchschnittlich hoch ist. Insgesamt befinden sich Kinder aus 8 Nationen an unserer Schule, was sich oft auch im unterschiedlichen Normen- und Werteverständnis wiederspiegelt. Zusammen mit Ihren Kollegen und Kolleginnen werden Sie für die Klassenstufen 5-9 verantwortlich sein. Der Tag wird strukturiert durch ein gemeinsames Mittagessen, danach betreuen Sie die Hausaufgaben der Kinder bis ca. 15:30 Uhr und im Anschluss finden unterschiedliche sportliche, musische und gestalterische Aktivitäten statt. Um 16:30 Uhr endet der Schultag.

In der **Teamsitzung** diskutierten wir kürzlich unsere Beobachtungen und überlegten, welche Schwerpunkte zu setzen sind, um sowohl den unterschiedlichen Bedürfnissen der Kinder und Jugendlichen nachzukommen, als auch unserem pädagogischen Auftrag.
Außerdem erwägen Sie, Kontakt zum Kindergarten im nahegelegenen Bildungszentrum aufzunehmen. Von einer Kollegin dort wissen Sie, dass auch dort die pädagogische Arbeit bestimmt wird durch sehr heterogene Gruppen. Viele Geschwisterkinder finden sich in Kita und OGS.

Lernsituation

Arbeitsauftrag

1. Kennzeichnen Sie im Text mit unterschiedlich farbigen Stiften
   - Wahrnehmungen,
   - mögliche Konstruktionen.
2. Diskutieren Sie im Team, welche anderen Konstruktionen möglich wären.
   Welche Einflüsse prägten die Konstruktionen?

Ergänzender Arbeitsauftrag

1. Beschreiben Sie ein „ideales“ Team für die Situation in der OGS.
2. Welche internen Aufgaben sehen Sie für das Team?
3. Erläutern Sie Maßnahmen zu wirksamen Kooperationen
   - mit der Schule/den Klassenleitungen,
   - mit den Eltern,
   - mit der ortsnahen Kita,
   - mit Fachdiensten und Behörden,
   - mit Einrichtungen im Sozialraum, Vereinen u.a.
4. Welche Methoden der Teamarbeit würden Sie sich wünschen?

Arbeiten Sie im Team.

LEISTUNGSNACHWEIS: Professionelle Beobachtung, pädagogische Grundhaltung, Inklusion, OGS

Name		**Datum**	
Klasse		**Arbeitszeit**	90 Minuten
Schwerpunkte	• Lernfeld 3: Professionelle Beobachtung und deren Dokumentation, Individualisierungs- und Inklusionsorientierung als pädagogische Grundhaltungen, offene Ganztagsschule		
Hilfsmittel	• Bayrisches Staatsministerium für Arbeit und Sozialordnung, Familie und Frauen: „Empfehlung für die pädagogische Arbeit in bayerischen Horten (vom 22.09.2003) URL: www.stmas.bayern.de/imperia/md/content/stmas/stmas_internet/familie/empfhort.pdf		

Lernsituation: offene Ganztagsschule

Die Flüchtlingskinder Yussuf (15;1 Jahre) und Fatima (13;1 Jahre) sind erst seit 5 Monaten in der von Ihnen betreuten 32-köpfigen Nachmittagsgruppe an der offenen Ganztagesschule. Beide haben große Probleme mit dem Spracherwerb. Sie verstehen zwar schon viel, wenn sich andere Personen unterhalten, können sich selbst aber nur schwer artikulieren. Ähnlich geht es ihren Geschwisterkindern Alma (5;5 Jahre) und Rheni (4;11 Jahre) im Kindergarten. Oft stehen sie schweigend dabei, wenn sich die anderen Kinder der Kindergartengruppe unterhalten. Die Kinder leben mit Ihren Eltern in der nahegelegenen Unterkunft für Flüchtlinge. Sie sprechen kaum Deutsch und blicken in eine ungewisse Zukunft.
Sie und Ihre Kollegen (eine Erzieherin und ein Kinderpfleger) versuchen, die Kinder beim täglichen Mittagessen, der anschließenden Freizeit und Hausaufgabenbetreuung bestmöglich zu betreuen bzw. alle Kinder partizipieren zu lassen.

1.1 Welche Ziele streben Sie für Ihre professionelle Beobachtung der Kinder an? *5 Pkt.*

____

____

____

____

____

____

____

1.2 Welche Ziele streben Sie für Ihre professionelle Beobachtung der Kinder an? *10 Pkt.*

Kinder(-gruppe)	Beobachtungsinhalte → Begründung
Yussuf (15;1 Jahre) Fatima (13;1 Jahre)	
Alma (5;5 Jahre) Rheni (4;11 Jahre)	

2. Analysieren Sie die vorliegende Handlungssituation auf verschiedenen Analyseebenen und ergänzen Sie diese mit Fragestellungen, die Ihnen bedeutsam erscheinen für Ihr weiteres Vorgehen. *35 Pkt.*

________	________	________	________

➔

➔

➔

➔

3. Ein tragfähiges Handlungskonzept beruht auf einem tragfähigen Menschenbild..

3.1 Welche Voraussetzungen bezüglich Menschenbild leiten Ihre Arbeit an der offenen Ganztagsschule und welche Leitziele verfolgen Sie in der Erziehung/Bildung/Betreuung der Schulkinder? *20 Pkt.*

3.2 Die fachliche Beobachtung ist Grundlage für jegliches pädagogisches Wirken. Welches Beobachtungsverfahren könnte Ihnen bei den Schulkindern, welches bei den Vorschulkindern nützlich sein? Geben Sie eine kurze Begründung ab. *10 Pkt.*

3.3 Fachliche Beobachtung erfolgt in verschiedenen Verarbeitungsstufen. Benennen Sie diese im Folgenden bzw. führen Sie diese am Beispiel weiter *10 Pkt.*

1. Verarbeitungsstufe	2. Verarbeitungsstufe	3. Verarbeitungsstufe
______________________	______________________	______________________
Fatima kommt nach der Schule ins Gruppenzimmer. Sie (Fachkraft) stehen am Fenster und beobachten die Jungen der Gruppe im Garten. Fatima geht an ihnen vorbei und sagt: „Immer nur die Jungs!“		

3.4 Beobachtungsfehler schleichen sich schnell ein. Geben Sie ein konkretes Beispiel für den sogenannten „primacy effect“, bezogen auf die vorliegende Handlungssituation. *10 Pkt.*

3.5 Welche Heterogenitätsmerkmale (3 Beispiele) erkennen Sie bezogen auf die Schulkinder der Handlungssituation und welche Ziele ergeben sich daraus für Ihre pädagogische Arbeit? *10 Pkt.*

➡ ______________________________________

____

➡ ______________________________________

____

➡ ______________________________________

____

Viel Erfolg!

- ✂

Anlage auf CD-ROM

Arbeitsmittel für Lehrkraft: Lösungsentwurf zur Schulaufgabe

LEISTUNGSNACHWEIS: Beobachtung

Name		Datum	
Klasse		Arbeitszeit	45 Minuten
Schwerpunkte	• Lernfeld 3: Beobachtung – eine professionelle Kompetenz		
Hilfsmittel			

Lernsituation: David

David (3;4 Jahre) besucht seit kurzem den Kindergarten „Buxtehude". Die Mutter bringt David morgens in die Einrichtung. Sie hat es dann eilig, zur Arbeit zu kommen. David sitzt oft über längere Zeit da und schaut verträumt umher. Sie kennen seine Familie bereits, da Sie auch schon Davids älteren Bruder Valentin in der Einrichtung betreut haben. Wegen einer Entwicklungsverzögerung wurde Valentin damals ein Jahr später eingeschult. Auch David fällt Ihnen auf: Er wirkt unkonzentriert bei Bildungsangeboten, kann sich nicht wirklich ruhig halten. Sein Wortschatz ist noch wenig differenziert, er spricht wenig mit Ihnen, nur wenn Sie ihn ansprechen, antwortet er. Sie finden sein Verhalten auffällig, zumal die anderen Kinder begeistert bei der Sache sind. Heute sprechen Sie mit Ihrer Kollegin Andrea über David. Sie sagt Ihnen: „Das sehe ich anders: Ich habe David heute Morgen beobachtet. Er ist 3 Jahre alt und erst seit 3 Monaten in der Einrichtung. Er braucht Zeit, um sich einzugewöhnen und zu den anderen Kindern Kontakt zu finden."

1. Wahrnehmung ist die Voraussetzung von Beobachtung.

1.1 Wovon ist Ihre Wahrnehmung abhängig? *10 Pkt.*

1.2 Wahrnehmung ist *10 Pkt.*

→ selektiv, d. h.

→ subjektiv, d. h.

2. Fachliche Beobachtung ist die Grundlage jeden professionellen pädagogischen Handelns.

2.1 Welche Grundlagen einer fachlichen Beobachtung finden sich in der Handlungssituation bzw. sind einzufordern? *10 Pkt.*

2.2 Welches Ziel verfolgen Sie mit einer Beobachtung von David? *5 Pkt.*

2.3 Benennen Sie 3 Beobachtungsbereiche, die Sie sich für David wünschen, und füllen Sie diese mit konkreten (ca. 3) Beobachtungsinhalten: *10 Pkt.*

2.4 Welches Beobachtungsthema erscheint Ihnen wichtig? Begründen Sie. *10 Pkt.*

2.5 Welche Beobachtungsverfahren sind aus fachlicher Sicht für David geeignet, um die von Ihnen angegebenen Beobachtungsinhalte umzusetzen? Benennen Sie 3 Verfahren, mit kurzer Begründung. *6 Pkt.*

→ ______________________, weil ______________________

→ ______________________, weil ______________________

→ ______________________, weil ______________________

2.6 Welches Beobachtungsverfahren halten Sie für das von Ihnen angegebene Beobachtungsthema hilfreich? Begründen Sie. *4 Pkt.*

______________________, weil ______________________

2.7 Worauf achten Sie bei den äußeren Beobachtungsbedingungen? *8 Pkt.*

→ ______________________

→ ______________________

→ ______________________

→ ______________________

3. Beobachtungsfehler sind Beurteilungsfehler!

3.1 Hat sich bei Ihnen eventuell bereits solch ein Beobachtungsfehler bezüglich David eingeschlichen? *5 Pkt.*

3.2 Vor welchem Beobachtungsfehler sollten Sie sich bezogen auf David vorsehen? *5 Pkt.*

4. Der gesamte Prozess einer professionellen Beobachtung bis hin zur Bewertung gestaltet sich in

WAHRNEHMUNG/BEOBACHTUNG – BESCHREIBUNG

Ergänzen Sie die 2 weiteren Schritte fachlicher Beobachtung, bezogen auf die Situation um David:

4.1 *15 Pkt.*

4.2 *15 Pkt.*

Viel Erfolg!

Anlage auf CD-ROM

Arbeitsmittel für Lehrkraft: Lösungsentwurf zur Kurzarbeit

Die Kinderzeichnung

Eine besondere Möglichkeit der fachlichen Beobachtung von Kindern ist die Betrachtung von Zeichnungen und Gemälden, die sie speziell anfertigen. Sie sind ein adäquates Medium für Kinder, sich auszudrücken.

Dafür brauchen pädagogische Fachkräfte vor allem ein fundamentales Fachverständnis. Wer verstehen will, muss wissen. Dazu braucht es in der fachpraktischen Arbeit die Verknüpfung mit anderen geeigneten Beobachtungsinhalten.

Sowohl die Anwendung des Fachwissens in der Interpretation der Kinderzeichnung sowie die Verknüpfung von Lebenswelt und Kinderzeichnung brauchen ein wirkungsvolles Übungsfeld.

Bildergalerie

Sie sind eingeladen, einer Ausstellung von Kinderzeichnungen beizuwohnen.

1. Versuchen Sie unter fachlichen Aspekten die einzelnen Zeichnungen zu betrachten:
   - Welche typischen Merkmale einer Kinderzeichnung erkennen Sie?
   - Welcher Entwicklungsstufe ordnen Sie die Kinderzeichnung entsprechend begründet zu?
   - Typische Motive in der Kinderzeichnung: Welche sehen Sie?
2. Fertigen Sie einen Steckbrief zu den einzelnen Kinderzeichnungen an (siehe Anlage 1).
3. Vergleichen Sie mit Ihren Kollegen und diskutieren Sie umsichtig im Team und mit Ihrem Lernbegleiter mögliche Interpretationen zu den einzelnen Kinderbildern.

Anlage 1: Steckbrief zur Bildergalerie

Bild ___________ (Ausstellungsnummer eintragen)
Erkennbare typische Merkmale sind …
Die Kinderzeichnung befindet sich in der Entwicklungsstufe …
Typische Motive in der Zeichnung sind …

Betrachtungen und Interpretationen zu einer Kinderzeichnung

1. Wählen Sie eine (oder mehrere Kinderzeichnung) aus und beschreiben Sie an dieser die verschiedenen Motive, die typisch sind für die Kinderzeichnung.
2. Wählen Sie eine Kinderzeichnung aus, an der Sie eine von Ihnen gewählte Entwicklungsstufe der Kinderzeichnung gut erläutern können.
3. Sammeln Sie verschiedene Zeichnungen von Kopffüßlern aus verschiedenen Kinderzeichnungen (Kopien anfertigen). Schneiden Sie diese aus und ordnen Sie diese entwicklungstypisch.
4. Sammeln Sie in Ihrem nächsten Praktikum Kinderzeichnungen
   - mit verschiedenen typischen Motiven
   - zur Entwicklungsstufe ... (z.B. Kritzelphase)

   und gestalten Sie damit eine Präsentation in Ihrer Klasse. Tauschen Sie sich über Ihre Beobachtungen aus. Beachten Sie im Vorfeld einen respektvollen Umgang mit den Kindern und ihren Werken.
5. Wählen Sie eine Kinderzeichnung eines von Ihnen längerfristig beobachteten Kindes und wagen Sie eine umsichtige und wertschätzende Interpretation.
6. Gestalten Sie ein Bildungsangebot aus dem Bereich des Malens und Zeichnens.
   a) Gehen Sie bewusst auf methodische Überlegungen ein.
   b) Achten Sie auf die besondere Schwierigkeit, wenn ein Kind äußert, etwas nicht zeichnen zu können. Was könnten mögliche Ursachen sein und wie begegnen Sie diesen in Ihrem methodischen Vorgehen?

Die Methode Bildbetrachtung mit Kindern

Zielsetzungen

Fachdidaktisch relevant ist das Initiieren von Erfahrungs- und Verstehensprozessen, die für Kinder persönlich bereichernd sind und dadurch zur Beschäftigung mit Kunst anregen – nicht die „Richtigkeit“ des Verstehens oder die Interpretation.
Kriterium ästhetischer Fähigkeiten ist nicht das Bilden eines Urteils, beispielsweise über ein Gemälde, sondern vielmehr das Vermögen zum Erfassen der sinnlich-symbolischen Qualitäten des Werks, des unmittelbaren ästhetischen Erlebens, eben der Fähigkeit zur ästhetischen Erfahrung. Solch eine Erfahrung kann besonders im Kindergarten- und Grundschulalter in Verbindung mit eigener ästhetischer Praxis entwickelt werden.
Durch gezieltes Wahrnehmen, Beschreiben, Beurteilen und Vergleichen werden im weitesten Sinne ästhetisches Bewusstsein und Urteilskraft angebahnt bzw. erweitert.
Bildbetrachtung eröffnet vielfältige Chancen, die kindliche Fantasie anzuregen, Kinder zu eigenen produktiven Gestalten zu motivieren. Das Betrachten von Bildern kann einen Ausgangspunkt im Hinblick auf eigene bildnerische Themenstellung schaffen.

Stufen der Begegnung mit Kunstwerken

1. **Beschreibung (genaue Wahrnehmung: Was ist zu sehen? Objekte, Formen, Farben u. a.). Durch die individuelle Betrachtung und das (eventuell durch Fragen gelenkte) Wahrnehmen kleiner Details im Bild entsteht eine ganz persönliche Beziehung und erschließen sich Bedeutungen.**
   - Was wurde dargestellt? Die Kinder sollten Gegenständliches oder Abstraktes erkennen.

2. **Formale Analyse (Kompositionsprinzipien von Formen und Farben: In welcher Beziehung stehen die Dinge? Wie sind sie geordnet?**
   - Welche Farben erkennst du? Finden und Benennen der Farben, Farbabstufungen u. a. Was fällt dir an der Farbgebung auf?
   - Erkennen, ob Farbgebung wirklichkeitsnah oder abstrakt ist, Gefühlswerte der Farben benennen. Wie wurde die Farbe aufgetragen?
   - Erkennen des Farbauftrages, der Technik, Art der Farben u. a.

3. **Interpretation (Bedeutung des Kunstwerks, Intention des Künstlers/der Künstlerin: Was versucht der Künstler/die Künstlerin zu sagen?)**
   - Nachempfinden von Gefühlen der dargestellten Personen/Tiere (Perspektivenwechsel)
   - Zuordnen von Sprechblasen oder Gedankenblasen zu gezeigten Personen/Tieren
   - Eigenes Verfassen von Sprechblasen oder Gedankenblasen
   - Sammlung von geeigneten Adjektiven oder Verben zur Beschreibung der gezeigten Stimmung oder Handlung
   - Finden eines Bildtitels
   - Umsetzung einer dargestellten Szene in Form eines Rollenspiels
   - Pantomimisches Nachstellen einer Szene (Bildaufstellung)
   - Legen von Tüchern zum Nachempfinden von Farben
   - Schreiben einer Geschichte zum Bild oder das Erzählenlassen einer Geschichte
   - Verklanglichen von Bildern
   - Künstlerische Umsetzung (durch unterschiedliche Gestaltungstechniken)

4. **Kenntnisreiche Wertung (begründete Urteile: Was denkst/hältst du von dem Werk und warum? Was bewegt dich/lässt dich kalt? Was gefällt dir (nicht) und warum?)**
   - Post an den Künstler/die Künstlerin
   - Formulierung der eigenen Meinung (evtl. nach vorgegebenen Satzanfängen, z. B. „Ich finde Ihr Bild gut, weil ...“)
   - „Interview“ mit dem Künstler/der Künstlerin: Ein Kind stellt den Künstler dar, die anderen Kinder formulieren Fragen an ihn/sie zu seiner Person oder seinem/ihrem Werk
   - Zusammenfassung der Eindrücke und/oder des Gelernten durch „Blitzfragerunde“, d. h., alle Kinder äußern sich nacheinander ganz kurz, ohne lange über ihre Aussage nachzudenken.
   - Malen oder gestalten zum Bild
   - Mit geschlossenen Augen das Bild innerlich nachmalen

Methodischer Aufbau

Wie bei jedem Bildungsangebot beginnt man mit einer **Hinführung**: Fantasiereise, Sinnesübung, Rätsel, Gedicht, kurze Impulsgeschichte, Gegenstand mitbringen o. a.
Die **Einleitung** gibt den Titel des Bildes an, vielleicht auch den Künstler/die Künstlerin.
Anschließend folgt die eigentliche **Betrachtung** (vgl. Stufenmodell mit methodischen Hinweisen unter „Beispiel einer Bildbetrachtung).
Der **Abschluss** kann sich mit der 4. Stufe decken: Es gibt ein Resümee. Gut ist, wenn die Kinder eigentätig werden (Malen, Spielen, Gestalten, Musizieren o. a.).

Beispiel einer Bildbetrachtung

Gemälde zu den Märchen von Hans Christian Andersen (von Dr. Ute Taube)

Hinführung

Den Kindern wird ein verdecktes Körbchen zum Tasten gereicht, in dem sich eine weiße Entenfeder befindet. Die Kinder ertasten Form, Gewicht, Beschaffenheit, Oberflächenstruktur, Temperatur u. a.
Danach betrachten wir gemeinsam die Feder: Farbe, Form, Oberfläche u. a. werden benannt. Es wird auf die richtige Begrifflichkeit geachtet, z. B. Federkiel.

Als Hinführung könnte ich auch

____

____

____

____

____

Einleitung

Den Kindern wird der Titel des Bildes mitgeteilt, „Das hässliche Entlein", und der Name der Künstlerin, Frau Taube.

Durchführung

1. Stufe: Beschreibung der genauen Wahrnehmung

Was sehen die Kinder auf dem Bild?
Benennen lassen: Genaue Beschreibung der Tiere sowie des Umfelds (wo sitzen /stehen die Tiere), ihrer Farbe, ihrer Größe, ihrer Körperhaltung, ihrer Beziehung zueinander, wo könnten sie sich gerade befinden, welche Tageszeit könnte es sein? Was könnte geschehen sein?

Andere Überlegungen dazu könnten sein

2. Stufe: Formale Analyse (Farben und Formen)

Beschreiben lassen: Wie ist die Farbe des Federkleides beim Schwan, beim Entlein? Unterschiede? Vergleich der Größe von beiden Tieren. Wie ist die Farbgebung um den Schwan, wie um das Entlein?
Wie sehen die Tiere in Wirklichkeit aus? Welche Farben wurden verwendet? Was sind Ölfarben (evtl. Ölfarben zeigen, riechen lassen)? Wurde mit einem Pinsel gemalt? Die Strichführung beobachten.

Andere Überlegungen dazu könnten auch sein

3. Stufe: Interpretation/Intention des Künstlers/der Künstlerin

Weshalb könnte Frau Taube das Bild gemalt haben? Was zeigt uns das Bild (Bedürftigkeit der jungen Ente, Größe/Stärke/Schutz des Schwans o. a.)? Wie wirkt das Bild auf die Kinder, welche Gefühle verbinden wir mit dem Schwan, welche mit dem Entlein? Welches Tier möchten die Kinder lieber sein und warum?
Die Kinder bekommen 2 oder mehrere „Sprechblasen", auf denen gemalt ist oder steht, was die Tiere gerade zueinander sagen könnten. Die Kinder ordnen diese den beiden Tieren zu und begründen ihre Wahl (z. B. „schön, dass du bei mir bist", „du riechst wie meine Mutter", „wohin willst du gehen").

Andere Überlegungen dazu könnten auch sein

4. Stufe: Kenntnisreiche Wertung

Was gefällt den einzelnen Kindern und warum? Welche Farbe könnte deine Lieblingsfarbe sein? Die Kinder schließen ihre Augen und stellen sich vor dem inneren Auge das Entlein oder den Schwan vor.

Andere Überlegungen dazu könnten auch sein

____

____

Abschluss

Die Kinder malen mit Wachsmalstiften zu dem Bild ihr eigenes Bild. Der Arbeitsauftrag lautet: „Male ein Bild, das erzählt, wo der Schwan und das Entlein sich heute aufhalten."
Nach dem Malen erzählen die Kinder „ihre" Geschichte und die Bilder werden wertschätzend betrachtet, eventuell aufgehängt.
Die Bilder könnten wir anschließend der Künstlerin schenken.

Als Abschluss könnte ich auch

____

____

____

Anschlussbeschäftigung

Eine Beschäftigung im Anschluss könnte sein,
- die gemalten Bilder als Bildband zu gestalten,
- den Kindern das Andersen-Märchen vom „Hässlichen Entlein" zu erzählen,
- eine Beobachtung von Enten zu ermöglichen und Sachgespräch über Enten zu führen,
- ein „Entlein" zu malen,
- eine Faltarbeit „Ente" durchzuführen
- das Lied „Zehn kleine Enten" mit Bewegungsspiel einzuführen.

Bild 2:
Erarbeiten Sie ein ähnliches Bildungsangebot für eine Bildbetrachtung zu diesem Gemälde eines unbekannten Künstlers.

LEISTUNGSNACHWEIS: Kinderzeichnung analysieren

Name		**Datum**	
Klasse		**Arbeitszeit**	30 Minuten

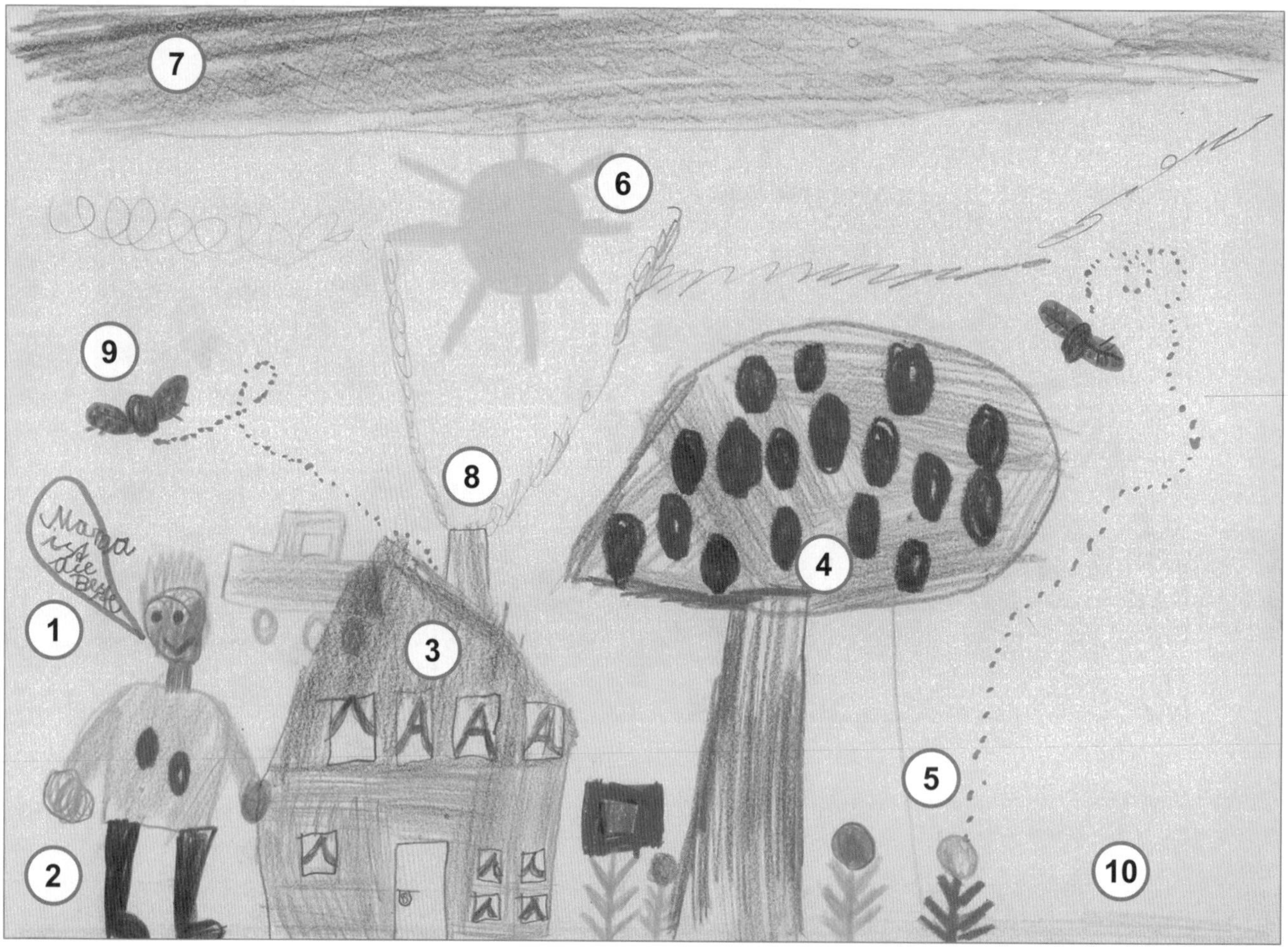

1 Farbschema *5 Pkt.*

Das Farbschema zeigt ____________________,

____

____

____

2 Entwicklungsstufe *5 Pkt.*

Die Entwicklungsstufe dieser Kinderzeichnung ist ____________________,

weil ____________________

____

Alter ca. ____________

3 Benennen Sie die Merkmale und Motive der Kinderzeichnung entsprechend der Nummerierung und erläutern Sie kurz. *20 Pkt.*

(1) ______________________________

____

____

(2) ______________________________

____

____

(3) ______________________________

____

____

(4) ______________________________

____

____

(5) ______________________________

____

____

____

____

(6) ______________________________

____

____

(7) ______________________________

____

____

(8) ______________________________

____

____

(9) ______________________________

____

____

(10) ______________________________

____

____

[LÖSUNGSENTWURF] LEISTUNGSNACHWEIS: Kinderzeichnung analysieren

Name		**Datum**	
Klasse		**Arbeitszeit**	30 Minuten

Anlage auf CD-ROM

Hinweis: Auf der CD liegt die Kinderzeichnung in Farbe vor.

1 Farbschema *5 Pkt.*

Das Farbschema zeigt *eine große Freude des Kindes an der Vielfalt der Farben, vgl. verschiedene Blumen/Muster. Es benutzt diese zum großen Teil schon realistisch, vgl. Baum, Sonne, aber auch noch ganz willkürlich, vgl. Hausdach.*

2 Entwicklungsstufe *5 Pkt.*

Die Entwicklungsstufe dieser Kinderzeichnung ist *die Schemastufe I*,

weil *es typische Motive abbildet, noch kein realistisches Farbschema aufweist, individuelle Wertigkeit zeigt, binnendifferenziert arbeitet. Noch keine wirkliche Zentralisation.*

Alter ca. *ab 5 Jahren*

3 Benennen Sie die Merkmale und Motive der Kinderzeichnung entsprechend der Nummerierung und erläutern Sie kurz. *20 Pkt.*

(1) ***Schreibkritzeln*** *→ Nachahmung des Erwachsenen*

(2) ***Mensch*** *→ typisches Motiv, Mischung Frontal-/Profilansicht (Gesicht & Arme – Füße), Kugelhände, Differenzierungen*

(3) *Bauchnabel, Differenzierung nach Geschlecht, individuelle Wertigkeit: Person ist größer als Haus*

(4) ***Haus*** *→ typisches Motiv, Binnendifferenzierungen (vgl. Vorhänge), Schematisierung*

(5) ***Baum*** *→ typisches Motiv, Kugelbaum = Schematisierung, ohne Äste/Wurzeln = keine Bewusstheit von kausalen Zusammenhängen, individuelle Wertigkeit: Baum ist größer als Haus.*

Blumen *→ typisches Motiv, Schemata verwendet = Vereinfachung, auch bei den Blättern*

(6) ***Sonne*** *→ typisches Motiv, Verzierung, steht für Licht, Leben, Gesicht: anthropomorphistisches Weltbild des Kindes*

(7) ***Himmel*** *→ bildet mit Erde Bühnenraum der Zeichnung, grenzt nach oben ab, typisches Motiv*

(8) ***Kamin/Antenne*** *→ steht auf Grundlinie (90° Winkel), steht für bewohntes Haus, weil Rauch*

(9) ***Schmetterling*** *→ schematisierte Darstellung, Motiv Tier häufig in der Kinderzeichnung*

(10) ***Boden*** *→ Standlinienbild: an dieser werden alle Darstellungen aufgereiht, begrenzt Bühnenraum nach unten*

Bewertung

Frage	Punkte
1	5 Pkt.
2	5 Pkt.
3	20 Pkt.
Gesamt	**30 Punkte**

Note	Punkte	Verteilung
1	26 – 30	
2	21 – 25	
3	16 – 20	
4	11 – 15	
5	6 – 10	
6	0 – 5	

Notendurchschnitt	

LERNFELD 4
Bildungsarbeit in den Bildungsbereichen professionell gestalten

Methodisches Vorgehen

FALLSTUDIE 1

Im Hort

Max (12;2 Jahre) und Michael (13;1 Jahre) sind gute Freunde. Sie besuchen die 6. Klasse der Werkrealschule St. Nikolaus. Schule ist für sie ein notwendiges Übel, Lernen für die Schule bei ihnen unbeliebt, aber unausweichlich. Nach dem Unterricht besuchen sie den Hort, der für 3 verschiedene Schulen im Bezirk offen ist. Dort arbeiten Sie als Erzieher/-in und betreuen mit einer Kollegin zusammen 21 Schulkinder aus derzeit mindestens 3 Klassen verschiedener Schulen. Die Heterogenität der Gruppe ist täglich spürbar: Kinder verschiedenen Alters, Jungen wie Mädchen, Kinder aus sehr unterschiedlichen Herkunftsfamilien und mit verschiedenem kulturellen Hintergrund ... daneben der Schuldruck, denn wenigstens der Hauptschulabschluss soll geschafft werden – das erwarten die Eltern von Max und Michael.
Nach dem Mittagsessen kommen die Kinder in das Gruppenzimmer des Hortes, der auf dem Schulgelände in einem ehemaligen Schulgebäude eingerichtet ist. Das Mittagessen kommt aus der Küche des nahegelegenen Altenheims. Jetzt ist **Freizeit** angesagt: Die Jungen wollen am liebsten jeden Tag Fußball spielen. Die Mädchen lieben es, im Gruppenzimmer „abzuhängen" und sind oft recht zickig, wenn Sie sie nach draußen bringen wollen.
Nach einer kurzen Erfrischungspause beginnt die **Hausaufgabenbetreuung**: Die Eltern erwarten, dass die Kinder die Hausaufgaben im Hort erledigen. Das stellt Sie wegen der unterschiedlichen Schulen, Klassen und Leistungsgruppen vor große Herausforderungen. Ihre Kollegin arbeitet meist mit den besonders schwachen Schülern. Ab 16:00 Uhr holen die Eltern die Kinder sporadisch ab bzw. die meisten Kinder gehen um 16:30 Uhr allein nach Hause.
Einmal im Monat findet eine **Teamsitzung** statt. Die Leiterin der Einrichtung ist bemüht, ein offenes Konzept zu verankern. Alle 4 Wochen kommt ein Praktikant aus der Fachschule in die Einrichtung, um dort sein Schulpraktikum zu machen; er absolviert eine Ausbildung zum Erzieher.
An 2 Nachmittagen steht der Schulsozialarbeiter zur Verfügung, zumal einzelne Kinder, auch Michael, die Auflage haben, den Hort zu besuchen. Seine alleinerziehende Mutter und er werden vom Jugendamt betreut. Die Jungen Max und Michael wollen spätestens in Klasse 7 den Hort verlassen – Hausaufgaben können sie auch allein zuhause machen ... sie können sich ja gegenseitig helfen - so ihre Aussage.

Arbeitsauftrag

Sie sind im Team des Hortes tätig. Bereiten Sie eine Teamsitzung zur Fallstudie vor: Terminierung, Zeitplan, Inhalte, methodisches Vorgehen u.a., und führen Sie diese anschließend in einem Rollenspiel planmäßig und arbeitsteilig durch:

1. Bearbeiten Sie für das Lernfeld 4 „Bildungsarbeit gestalten" typische Fragestellungen für die Teamsitzung.
2. Wählen Sie die Arbeitsaufgaben nach Ihren persönlichen Ressourcen und Erfahrungen aus.
3. Wählen Sie für sich wichtige Fragestellungen aus.
4. Halten Sie die erarbeiteten Inhalte schriftlich fest.
5. Tauschen Sie Ihre Ergebnisse in der „Teamsitzung" aus und reflektieren Sie gemeinsam Ihre Ideen und Lösungsansätze.

Organisationsformen methodischen Vorgehens

Arbeitsauftrag

1. Welche Organisationsformen methodischer Arbeit erscheinen Ihnen für die Schulkindbetreuung im Hort geeignet? Geben Sie möglichst konkrete Beispiele für die Fallstudie.
2. Welche Spielarten greifen bei einer Hortgruppe wie dieser?
3. Welche Möglichkeiten vorbereiter Umgebung können Sie den Mädchen Ihrer Gruppe anbieten?
4. Sammeln Sie Ideen, wie Sie in der Bildungsarbeit Mädchen und Jungen zusammenbringen können, um eine gegenseitige Wahrnehmung und Bereicherung zu erfahren.
5. Planen Sie jeweils ein Bildungsangebot mit Zielsetzung in jedem Bildungsbereich.
6. Der Fasching steht vor der Tür: Sie planen ein Projekt, die Faschingsfeier soll den Abschluss bilden!
   - **a)** Wie kommen Sie zu einem geeigneten Thema?
   - **b)** Welche Ideen haben Sie? (Mindmap o.a.)
   - **c)** Wie organisieren Sie das Projekt unter dem Gesichtspunkt von Partizipation und Binnendifferenzierung?
7. Ihre Leiterin treibt ein „offenes Konzept“ voran. Welche Vor-, welche Nachteile sehen Sie? Welche Voraussetzungen würden Sie dazu einfordern?
8. Welche Ziele/Formen von Erziehungspartnerschaft verfolgen Sie in der Kooperation der Eltern,
   - **a)** für alle Eltern Ihrer Hortgruppe (oder sogar aller Hortgruppen)?
   - **b)** für die Elternteile von Max und Michael?
   - **c)** Welche Formen der Elternkooperation bieten sich abgeleitet von Zielsetzungen an?
   - **d)** Welche Themen/Inhalte favorisieren Sie?
9. Planen Sie sinnvoll Schritte der Kooperation mit den Schulen im Umfeld des Hortes.
10. Welche Kooperationspartner wünschen Sie sich für Ihre Arbeit im Hort?

Schritte methodischen Vorgehens

Arbeitsauftrag

1. Welche Möglichkeiten der fachlichen Beobachtung favorisieren Sie für Max und Michael? Begründen Sie Ihre Wahl (vgl. Lernfeld 3 zu Wahrnehmen und Beobachten).
2. Legen Sie für beide Jungen, Max und Michael, einen Entwicklungsplan an. Darin formulieren Sie in verschiedenen Bildungsbereichen übergeordnete Ziele, die Sie dann in kleinteiligen Bildungszielen operationalisieren, d.h. individualisieren und überprüfbar machen.
3. Welche Rolle spielt für Sie bezogen auf die beiden Jungen der ko-konstruktivistische Ansatz im methodischen Vorgehen? Geben Sie ein konkretes Beispiel, wie Sie dieses Vorgehen umsetzen wollen.
4. Wie wollen Sie Ihre Bildungsarbeit mit den beiden Jungen dokumentieren? Begründen Sie Ihre Wahl (vgl. Lernfeld 3 zu Dokumentation).
5. Zeichnen Sie ein Übersichtsbild (siehe Vordruck ***Anlage 1***) von den Planungsschritten Ihrer pädagogischen Arbeit für einen der beiden Jungen.
6. Reflektieren Sie Ihre Vorschläge gemeinsam in der „Teamsitzung“.

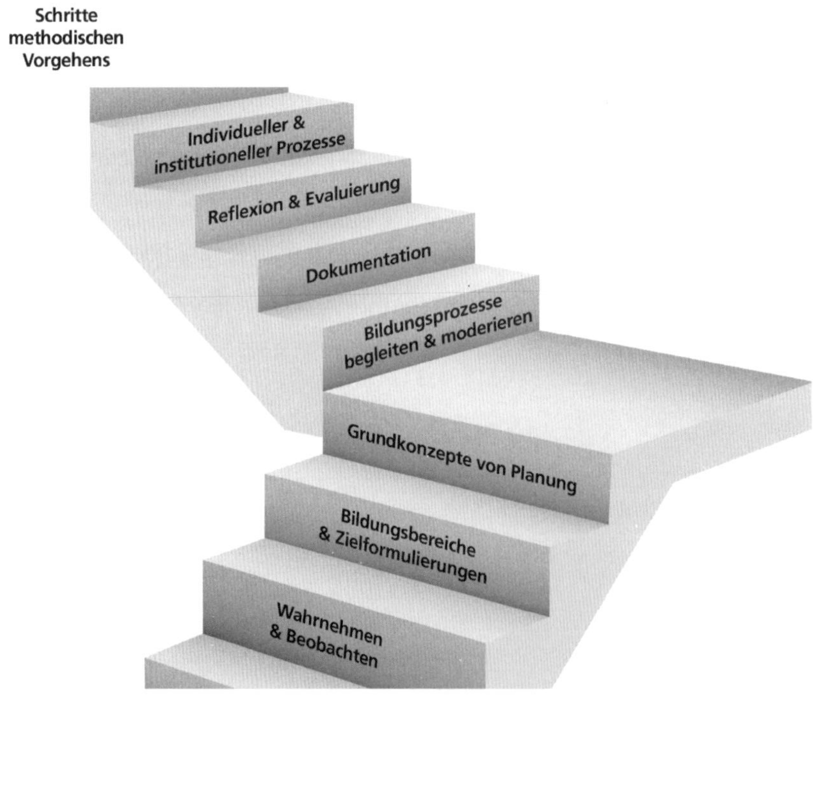

Anlage 1: Planungsschritte

Schritte methodischen Vorgehens

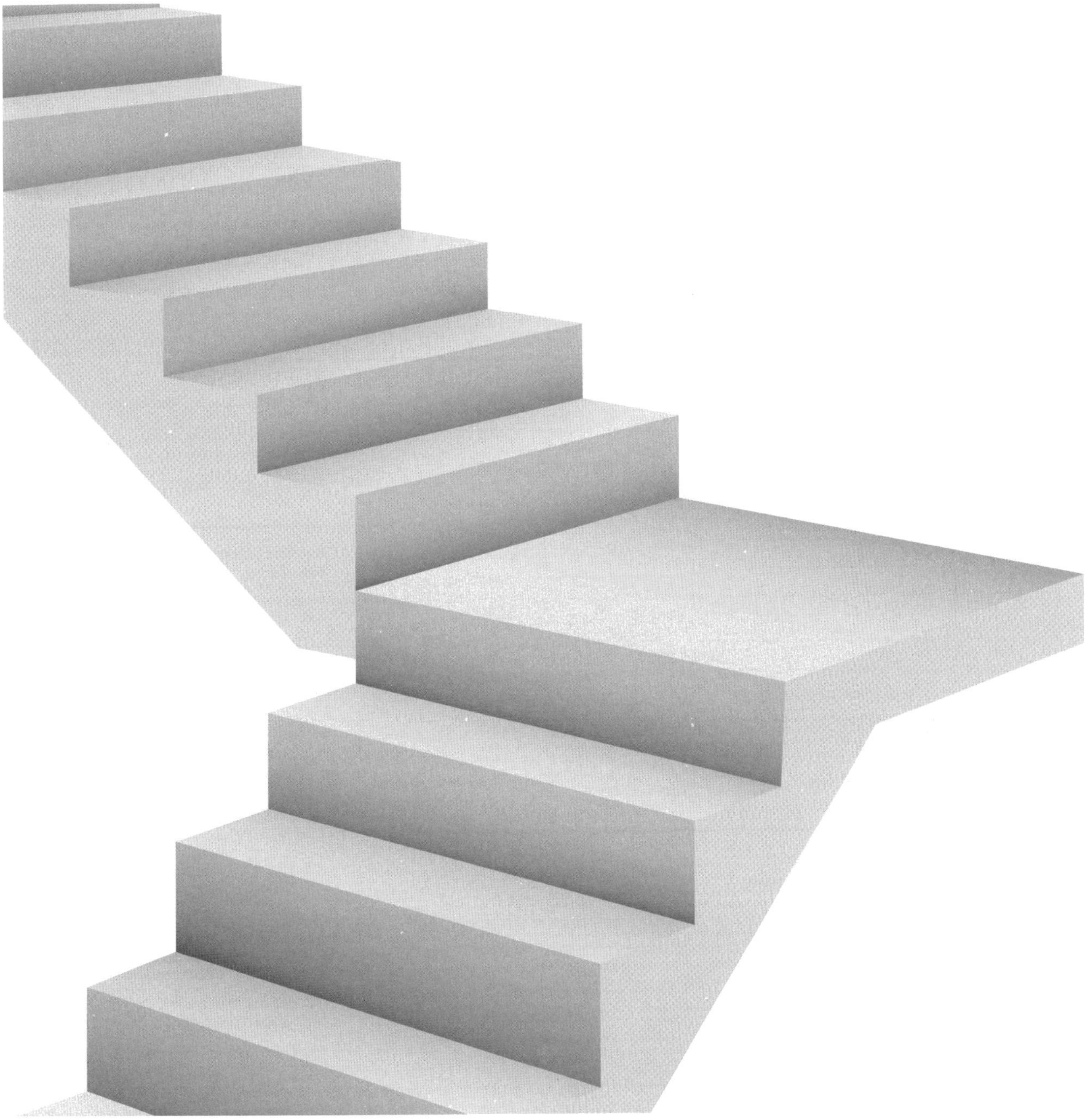

Lernsituation

Experte sein

Methodische Grundprinzipien

Arbeitsauftrag

1. Wenden Sie die methodischen Grundprinzipien an
   a) auf die konkrete Situation der beiden Jungen Max und Michael.
   b) auf Ihre Hortgruppe insgesamt.
2. Verwenden Sie dazu jeweils im Team ein großes Plakat
   (siehe ***Anlage 2*** Organizer, evtl. auf A3 vergrößert).

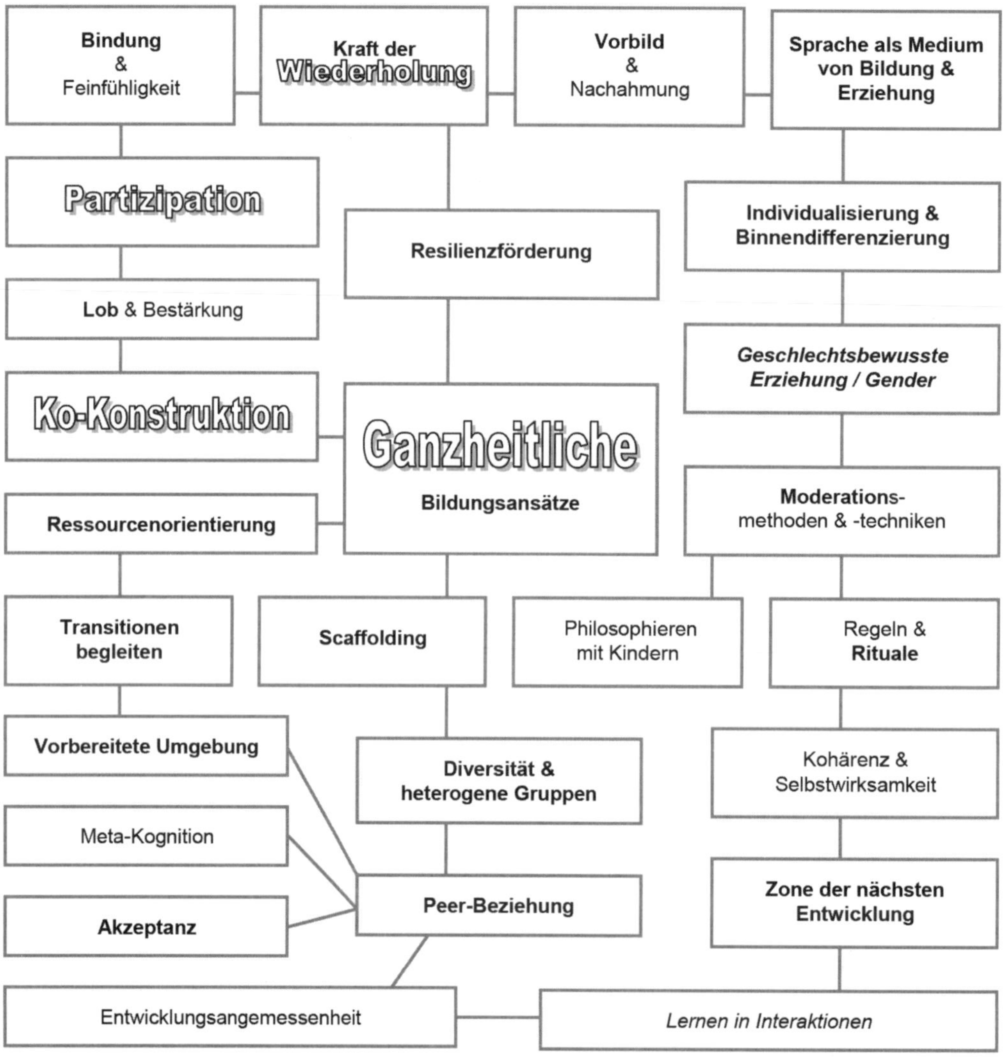

Anlage 2: Organizer

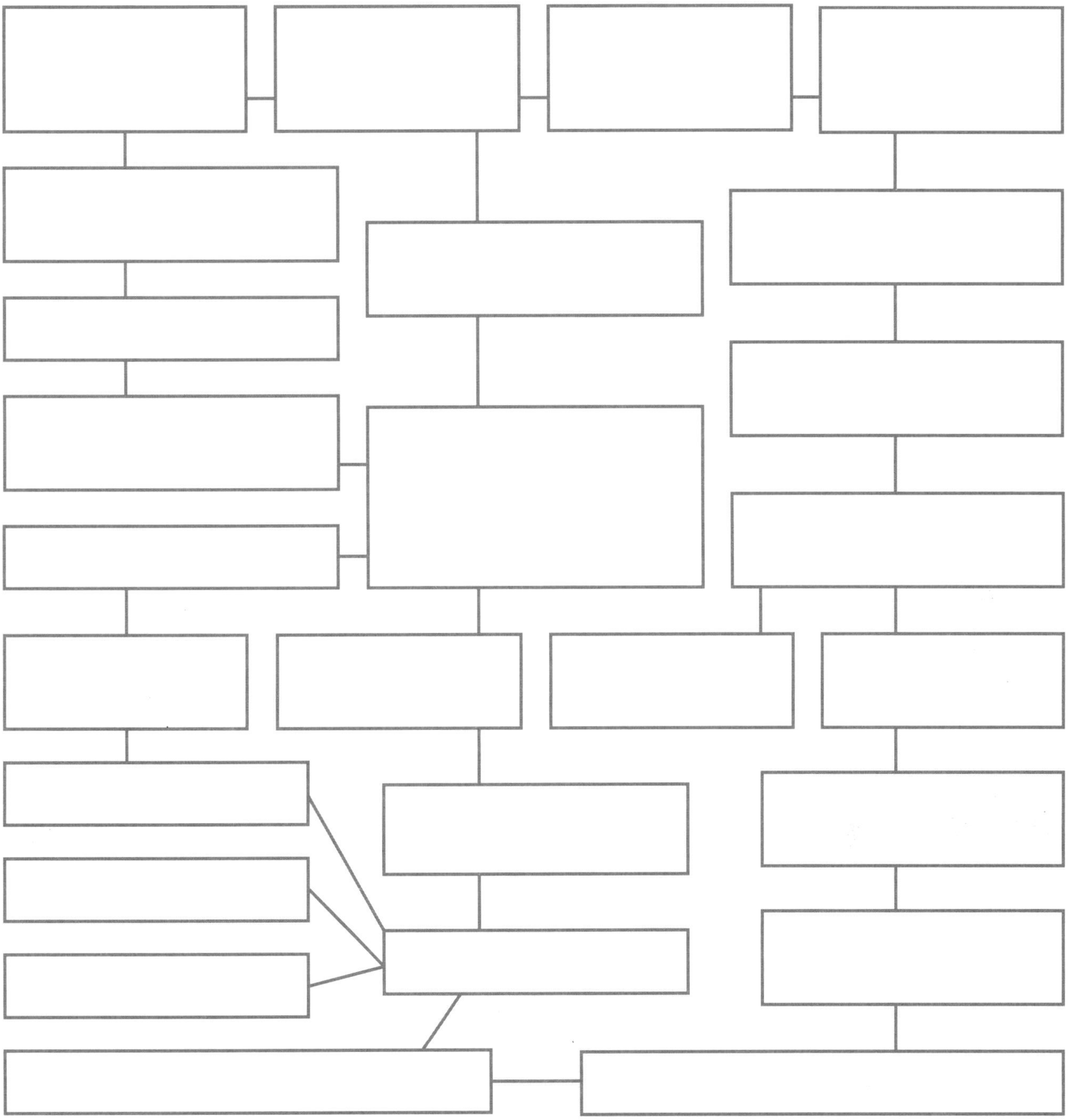

Methodische Grundprinzipien

bezogen auf: ____

Bilden und Erziehen als Beruf

Fallstudie 2: Sie haben einen Praktikanten der Fachschule in Ihrer Hortgruppe, der dort sein Praktikum absolviert.

Arbeitsauftrag

1. Welche konkreten Möglichkeiten haben Sie, seine berufliche Sozialisation zu stärken?
2. Welche Aufgaben haben Sie als Ausbilder/-in?
3. Das Praktikum ist ein komplexer Prozess. Welche Möglichkeiten der praktischen Ausgestaltung haben Sie in den einzelnen Praktikumsphasen (siehe Vorlage ***Anlage 3***)?

Anlage 3: Praktikumsphasen

Praktikums-Phasen	Konkrete Aufgaben für den Praktikanten
Phase 1 Orientierung	
Phase 2 Ausprobieren und Üben	
Phase 3 Verantwortung	
Phase 4 Abschluss	

4. In jedem Praktikum und mit jedem Praktikanten kann es zu Problemen kommen. Welche konkreten Probleme erwarten Sie in den folgenden Bereichen?
   - Wahrnehmen, Beobachten, Berichten, Bewerten u.a.
   - Kooperation und Koordination
   - Methodisches Handeln
   - Kommunikation und Interaktion

Verwenden Sie zum Dokumentieren das ***Anlageblatt 4***.

Anlage 4: Mögliche Probleme

Wahrnehmen, Beobachten, Berichten, Dokumentieren, Auswerten und Erklären	Kooperation und Koordination
Methodisches Handeln	**Kommunikation und Interaktion**

Anlage 3: Praktikumsphasen

Praktikums-Phasen	Konkrete Aufgaben für den Praktikanten
Phase 1 **Orientierung**	
Phase 2 **Ausprobieren und Üben**	
Phase 3 **Verantwortung**	
Phase 4 **Abschluss**	

Anlage 4: Mögliche Probleme

Wahrnehmen, Beobachten, Berichten, Dokumentieren, Auswerten und Erklären	Kooperation und Koordination
Methodisches Handeln	**Kommunikation und Interaktion**

DAS FREISPIEL
als Organisationsform methodischen Arbeitens

Arbeitsauftrag

1. Definieren Sie kurz, was unter „Freispiel" zu verstehen ist.

2. Welchen Bedürfnissen des Kindes wird im Freispiel Rechnung getragen?

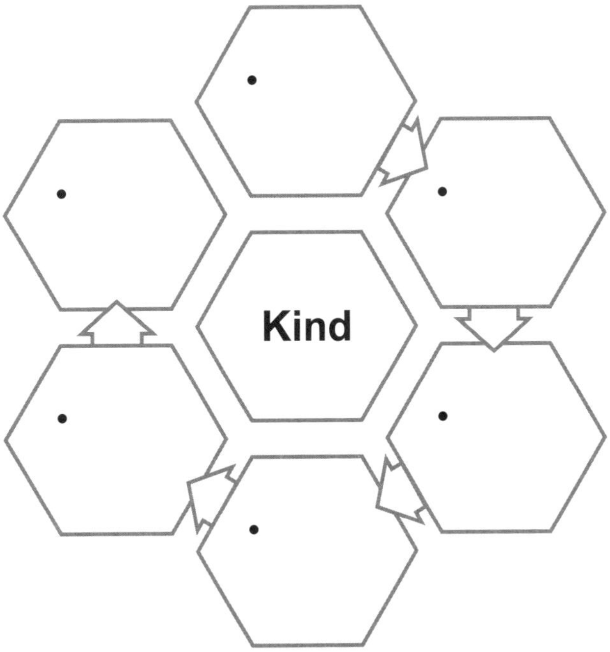

3. Methodische Überlegungen zu den Rahmenbedingungen des Freispiels:

Rahmenbedingungen des Freispiels		

4. Welche Elemente können den Tagesablauf in sozialpädagogischen Einrichtungen strukturieren? Beschreiben Sie diese kurz:

5. Welche Bedeutung kommt solch gelebten Strukturen zu? Denken Sie an die Edukanden wie auch an das pädagogische Personal.

➔

➔

➔

➔

6. Welche Möglichkeiten der Einflussnahme hat der Erzieher/die Erzieherin auf das Kind?

7. Welche Aufgaben obliegen dem Erzieher/der Erzieherin in der Gestaltung des Freispiels?

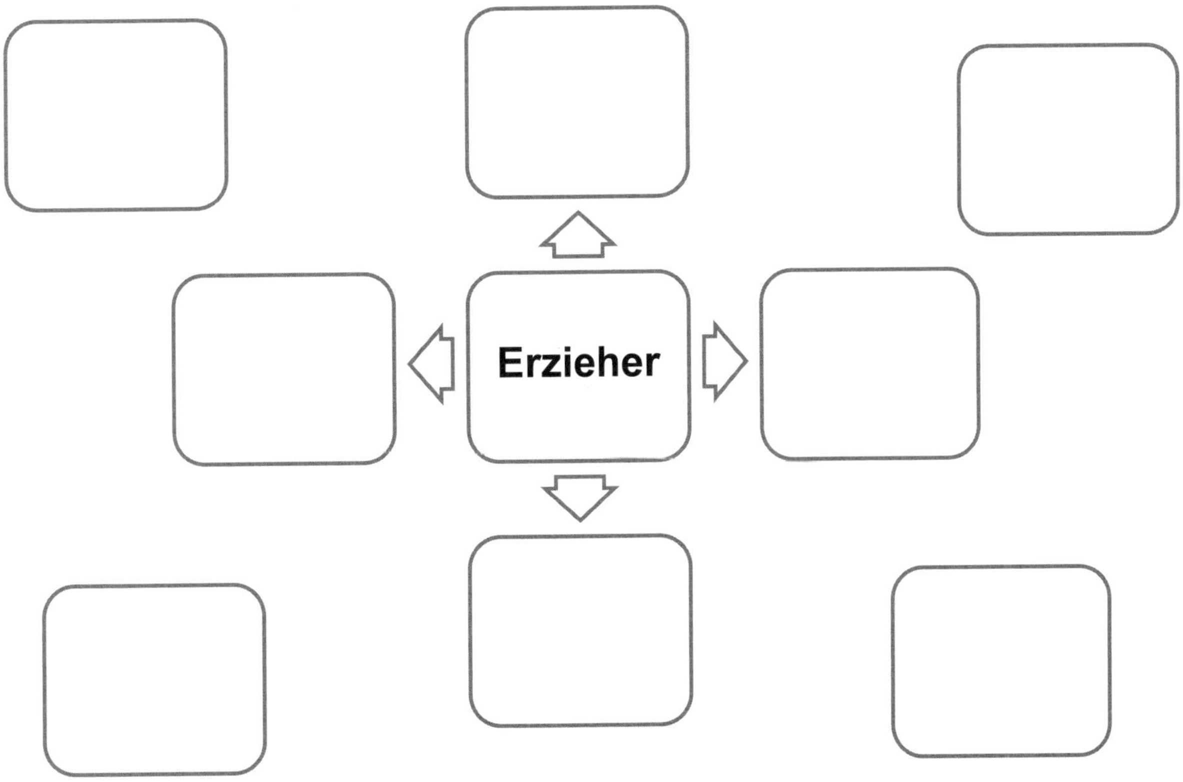

8. Kennzeichnen Sie eine ko-konstruktive Haltung der Fachkraft im Freispiel:

✓ …
✓ …
✓ …
✓ …
✓ …
✓ …
✓ …
✓ …
✓ …

9. Der erzieherische Fachkraft als „Mitspielerin“ im Freispiel – pro und kontra:

PRO	KONTRA

10. Raumgestaltung als Lernprinzip:

- **Montessori** spricht von ______________________________

  und meint damit ______________________________

  Für sie ist das Material der ______________________________

  d. h., ______________________________

- **Malaguzzi** spricht vom Raum als „drittem Erzieher“: ______________________________

  ____

  ____

11. Intentionale Raumgestaltung gilt als spielfördernde Maßnahme, die sich

- ausrichtet an

- mit dem Ziel

12. Gruppenräume mit dem Raumteilverfahren schaffen einen überschaubaren Mikrokosmos innerhalb der Einrichtung. Was ist gemeint?

13. Funktionsräume orientieren sich an den kindlichen Bedürfnissen. Was ist gemeint?

14. Welche Grenzen sind im Freispiel notwendig? Geben Sie Beispiele.

- ≠
- ≠
- ≠
- ≠
- ≠

15. Welche Bedeutung hat das Freispiel im Hinblick die Entwicklung des Kindes, ausgehend von verschiedenen Spielformen?

Spielform	Bedeutung Freispiel

Zum Bildungsbegriff – drei Arten von Bildung

1. Fertigen Sie eine Timeline (siehe Anlage) zur historischen Entwicklung von Bildung an, s. Vorlage ***Anlage 1***.

2. Reflektieren Sie den Bildungsbegriff zwischen den Polen der Selbstverwirklichung des Menschen einerseits und der Brauchbarkeit für den Menschen innerhalb der Gesellschaft in der wir heute leben.

SOL

3. Welche Aufgaben von Bildung leiten Sie von diesem Bildungsbegriff von heute *für heute* ab?

✓ …

✓ …

✓ …

✓ …

✓ …

4. Zum Entwicklungsbegriff:

➔ Was hat Entwicklung zu tun mit dem Bild vom Kind?

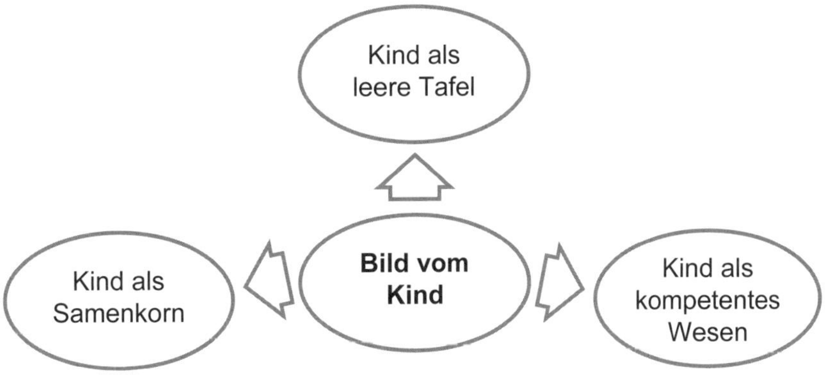

➔ Was sind die Ebenen von Entwicklung?

↳

↳

↳

↳

➔ Entwicklungsverläufe sind

[ ] [ ] [ ]

➔ Entwicklungsgesetzmäßigkeiten sind nicht determiniert und kausal, weil …

➔ Entwicklungsprozesse sind i _ _ _ _ _ _ _ _ _ _ _ _, d.h. …

Maria Montessori spricht deshalb von [ ]

5. Zum modernen Bildungsbegriff:

Konstruktivistischer Bildungsbegriff mit folgenden Kernthesen:

6. Eine aktive, konstruktive Lernleistung in materieller wie sozialer Umgebung entsteht im Zusammenhang mit

☐ **Akkomodation**	☐ **sozialer Konstruktion**	☐ **symmetrischer Reziprozität**
☐ **asymmetrischer Reziprozität**	☐ **Assimilation**	

Kreuzen Sie die Begriffe an, die Ihnen klar sind; alle anderen klären Sie kollegial/zu zweit.

7. Pädagogischer Konstruktivismus: die Merkmale sind …

8. Der Pädagoge wird zum Lernbegleiter, indem er

- …
- …

9. Ko-Konstruktion ist Ausdruck einer **dialogischen Grundhaltung**, die sich zeigt in … (3 Merkmale)

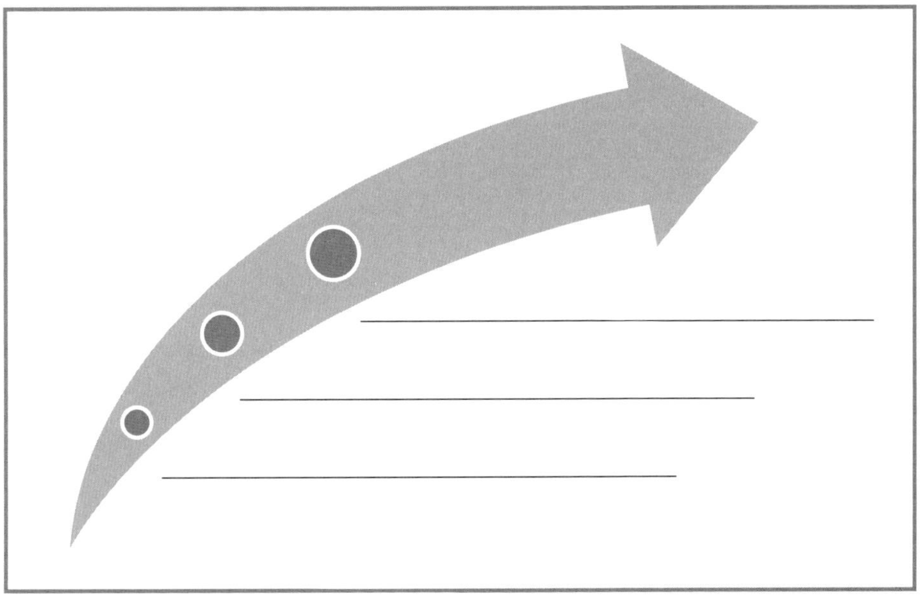

10. Sie wirkt auf alle Interaktionen im Kontext von Erziehung und Bildung, also auch auf

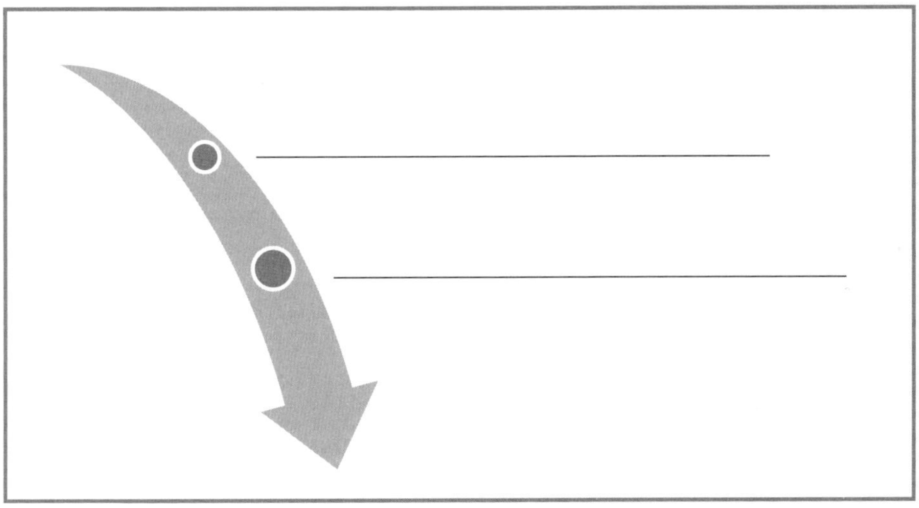

11. Der Pädagoge wird zum Lernbegleiter, indem er

➔ Vorbild und Nachahmung als Grundprinzipien des Lernens …

➔ Soziales Umfeld …

➔ Beziehung und Interaktion in Ergänzung mit …

12. Bildung

Bildung ist …	**Bildung ist nicht …**

13. Erzieher-Ausbildung zielt ab auf

- Qualifikationen wie …
- Kompetenzen …

14. Textarbeit: „Die drei Formen der Bildung“ von Martin R. Textor

➔ **Selbstbildung**

➔ **ko-konstruktives Lernen**

➔ **bildende Aktivitäten seitens der Erzieherin**

a) Wählen Sie aus diesen 3 Formen von Bildung eine aus. Lesen Sie den Fachbeitrag zu dem entsprechenden Inhalt in dem beiliegenden Text von M. R. Textor (siehe ***Anlage 2***) und markieren Sie für sich die zentralen fachlichen Begrifflichkeiten.

b) Methode Strukturlegen: Schreiben Sie die von Ihnen gewählte „Form von Bildung“ auf vorbereitete Papierstreifen.

c) Legen und ordnen Sie diese Streifen auf einem A3-Plakat (siehe ***Anlage 3***). Strukturieren Sie so den Text, bilden Sie Zusammenhänge aus Ihrer Sicht ab, ordnen Sie an und unter, markieren Sie zentrale Begriffe, verbinden Sie mit Pfeilen und/oder anderen Symbolen. Es entstehen Strukturbilder.

d) Jetzt werden die Strukturbilder aufgehängt und verglichen. Dann erläutern Sie Ihr Strukturbild im Plenum.

Anlage 1: Timeline

15. Die ausgeteilten Plakate zu den 3 Formen von Bildung geben Ihnen eine grobe Strukturierung des Fachtextes von M.R. Textor vor. Ihre Aufgabe ist es, auf diesen Plakaten ein Strukturlegen fortzuführen, indem Sie zentrale Textbausteine herausarbeiten, auf Papierstreifen schreiben und diese mittels Pfeile, Schriftbild, Größenverhältnisse, Farben und Formen u.v.m. in eine inhaltliche Beziehung bringen. Arbeiten Sie in 3 Teams und präsentieren Sie anschließend die jeweiligen Bildungsformen an den Wänden der Klasse.

SOL

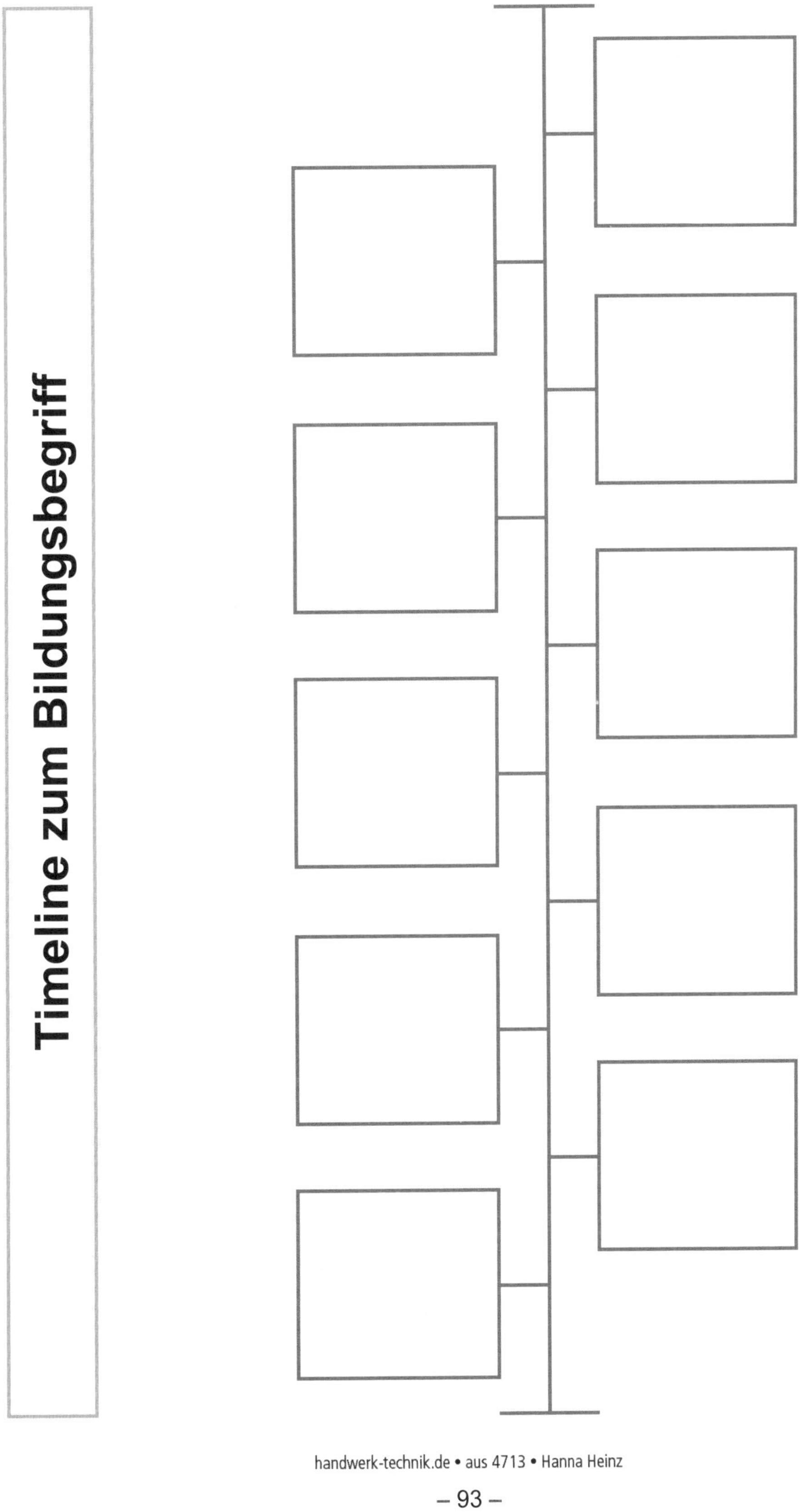

Anlage 2 auf CD-ROM „**Text von M. R. Textor**"

LERNFELD 4

Zum Bildungsbegriff

Anlage 2

Drei Formen der Bildung

(Martin R. Textor)

In den letzten Jahren ist der Bildungsauftrag von Kindertageseinrichtungen immer mehr in den Vordergrund gerückt. Dabei werden mit Selbstbildung, ko-konstruktivem Lernen und bildenden Aktivitäten der Erzieher/innen drei Formen der Bildung unterschieden, die oft unterschiedlich gewichtet werden. In diesem Artikel werden sie als gleichwertig behandelt und in relativ kurzen Kapiteln erörtert.

Selbstbildung

Dank Hirnforschung, Lern- und Entwicklungspsychologie werden Babys, Kleinst- und Kleinkinder heute als kleine Forscher wahrgenommen, die neugierig ihre Umgebung erkunden, selbsttätig Erfahrungen sammeln, viele Erfahrungsbereiche eröffnen und sie selbst bestimmen lassen, welche sie nutzen wollen. Schäfer (2009) schreibt: „Ein Kind will von seinen Erziehern/Erzieherinnen, dass sie ihm eine Umgebung bieten, in der es sich vielfältig bewegen kann, Anregung für seine Sinne, seine Phantasie sowie seine Lust am Forschen und Gestalten findet. Es will nicht als defizitäres Wesen wahrgenommen werden, sondern als kleiner Mensch, der immer schon Erfahrungen mitbringt, mit deren Hilfe er einen Einstieg in Problemlösungen findet. Ein Kind will die Zeit haben, Dinge auf seine Weise zu tun und zu Ende zu bringen".

Erzieher/-innen können ein offenes Bildungsangebot schaffen, indem sie z. B. verschiedene Lernbereiche in

Anlage 3 auf CD-ROM „**Plakate Bildungsbegriff**"

Das kindliche Bauen – Lerntheke und andere Materialien

Zum Einstieg

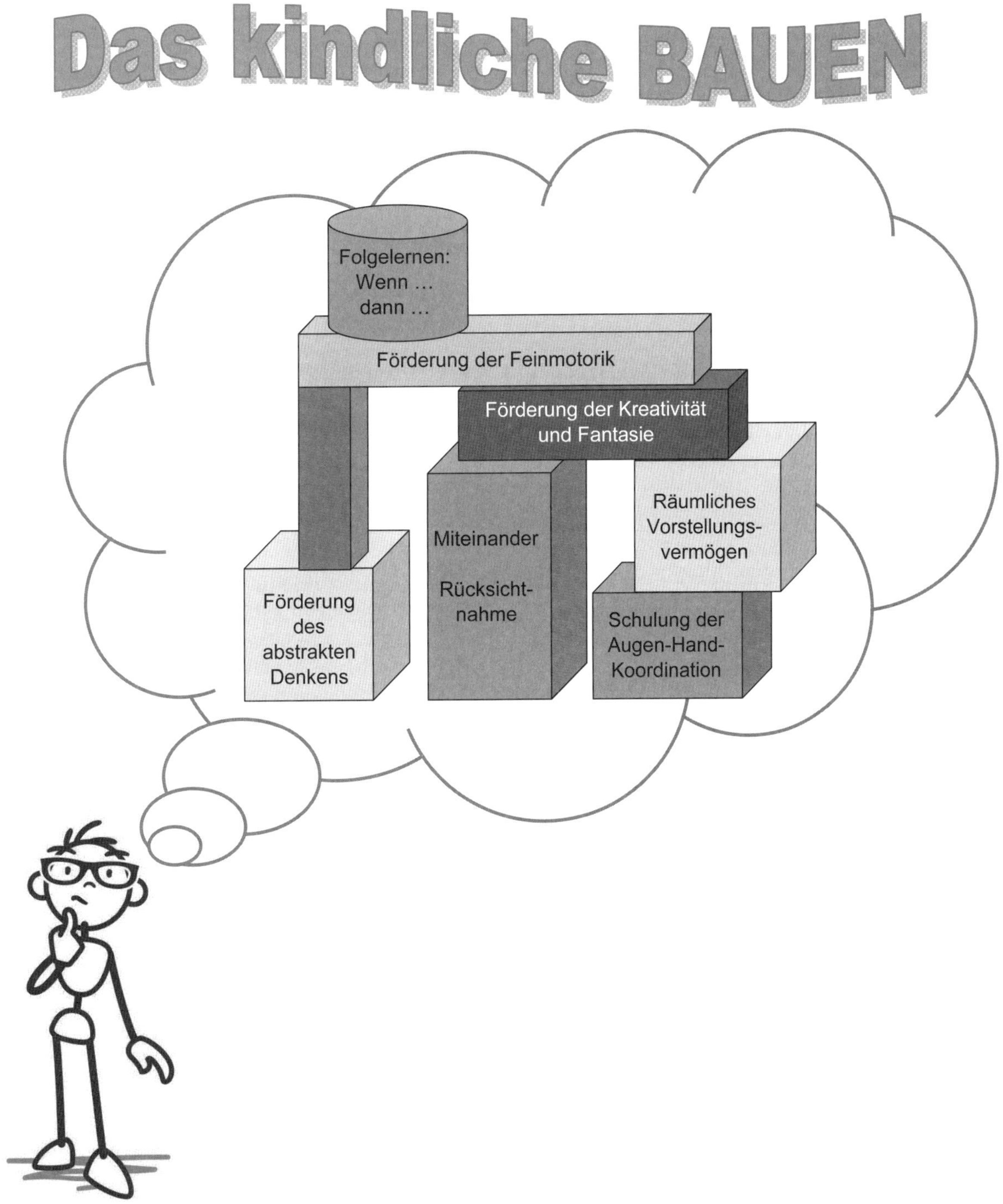

Anlage: Grundlagentext

Alles Bauen ist ein Zusammenfügen von Bausteinen. Um bauen zu können, muss das Kind mit den Bausteinen hantieren können, d. h., es muss greifen können. Das Greifen ist also notwendige Grundlage des Bauens.

Auch das Greifen entwickelt sich allmählich und in verschiedenen Stufen:

- Der Drang zum Greifen ist dem Kind angeboren, es braucht dazu keine Anleitung (vgl. Neugeborene).
- Im Alter von ca. 11 Monaten befindet sich das Kleinkind auf dem Höhepunkt seiner Greiflust. Dabei ist der Drang zum Greifen so groß, dass es dem Kind erstmals nicht möglich ist, den gegriffenen Gegenstand auch gleich wieder loszulassen: Es ist mit ihm eins.
- Erst allmählich löst sich diese Verschmelzung mit dem Gegenstand und das Kleinkind beginnt, auf unterschiedliche Weise damit umzugehen: Es drückt den Gegenstand, nimmt ihn in den Mund, lässt ihn fallen, nimmt ihn mit allen Sinnen wahr. Es kann sich langsam vom Gegenstand distanzieren, stellt sich ihm gegenüber. Es entdeckt seine Selbstwirksamkeit.
- Während das Kleinkind erst mit Rassel, Klapper u. a. spielt, kann ein 2-jähriges Kind schon mit wenigen (8-10 Stück) und größeren Bausteinen spielen.

Greifen führt zum Begreifen:
Aus dem zunächst motorisch/feinmotorisch angelegten Prozess entsteht über die sinnliche Wahrnehmung ein kognitiver Prozess, der Erkenntnisse über die dingliche Welt liefert.

1. ZUR BEDEUTUNG DES BAUEN UND KONSTRUIERENS

Bauen und Konstruieren als lustvolles Lernen

(Hans-Jürgen Beins, in: Kindergarten heute 1/2005)

„Kinder erobern sich die Welt selbsttätig. Sie wollen sie mit ihren Händen begreifen und gestalten. Dabei sind das Spiel, die Bewegung und die Wahrnehmung ihre (Hilfs-)Mittel. Unsere Lebenswelt macht es den Kindern nicht leicht, ihre Sinne vielfältig zu benutzen. Rumpf[(1)] spricht von einer Verkümmerung der Kinderumwelten, in denen der Leib zur Knopfdruckprothese zu schrumpfen droht. In der aktuellen Bildungsdiskussion wird häufig der Eindruck vermittelt, dass es vor allem um kognitive Defizite der Kinder geht. Dass der Mensch mit Kopf, Herz und Hand lernt (J. H. Pestalozzi) und „der Körper nicht das Transportmittel für den Kopf“ ist (Kahl)[(2)], wissen wir zwar, scheinen es im Schatten von PISA aber schon mal zu vergessen. Lernen und Bildung müssen sich an den Tätigkeiten des Kindes orientieren. Umso bedeutsamer ist es, kindliche Grundbedürfnisse zu erkennen und dafür Spiel- und Entwicklungsräume zu eröffnen. Im kindlichen Spiel ist das Bauen und Konstruieren eine wichtige Tätigkeit neben anderen – wie der großräumigen Bewegung, dem künstlerischen und musikalischen Experimentieren und Gestalten oder dem Rollenspiel. Beim Bauen und Konstruieren können die Kinder physikalische Gesetzmäßigkeiten kennenlernen und sie nehmen wahr, dass sie ihre Umwelt (mit-)gestalten können. Sie können mit anderen Kindern etwas bauen oder zerstören und machen so elementare materiale und soziale Erfahrungen.

Individuelle Entwicklung beim Bauen und Konstruieren

Die Lust, kleine Türme gezielt umzustoßen, zeigen schon 1-jährige Kinder. Die Fähigkeit und der Wunsch, sie aufzubauen, entwickeln sich erst später. Kindliche Entwicklung verläuft sehr individuell und dementsprechend zeigen sich auch beim Bauen sehr vielfältige Ausdrucksformen. Trotz dieser Tatsache beschreibt Largo[(3)] auf der Grundlage seiner Studien einige Entwicklungsschritte kindlicher Bauaktivität. Danach stapeln die Kinder Bauklötze oder andere Gegenstände zunächst vertikal.

Sie finden heraus, wie sie bauen müssen, damit ihre Konstruktion nicht umfällt. Mit ca. 2 Jahren beginnen sie mit dem horizontalen Bauen, indem sie Bausteine oder Gleisstücke von Spielzeugbahnen aneinander legen. Wenig später wird das Bauen in vertikaler und horizontaler Ebene verbunden, indem sie z. B. eine Treppe konstruieren. Daraus entwickelt sich zwischen dem 3. und 5. Lebensjahr die Fähigkeit, die 3 Dimensionen des Raumes zu verbinden, wenn z. B. Züge oder Autos nachgebaut werden. Auch wenn Ausprägung und Zeitpunkt dieser Bauaktivitäten bei Kindern variieren, bleibt deren Abfolge gleich.

„Kein Kind baut Türme, wenn es sich nicht vorher mit Behältern und deren Inhalt beschäftigt hat, oder fügt Würfel zu einem Zug zusammen, ohne vorher Türme gebaut zu haben“ (Largo 1999, S. 211).

Die frühen Objektspiele, bei denen Kinder die Materialien und ihre Eigenschaften erkunden, indem sie z. B. Bauklötze fallen lassen oder sie gegeneinander klopfen, schaffen eine Grundlage für später Bautätigkeiten, bei denen sie mehr oder weniger zielstrebig dreidimensionale Bauwerke herstellen.
Im Kindergartenalter begleiten die Kinder ihre Bauaktivitäten häufig mit fantasievollen Geschichten, d. h., es gibt eine enge Verbindung von Bau- und Fantasiespielen. Ein Bauwerk kann an einem Tag ein Zoo sein, in dem die Tiere leben und kleine Abenteuer bewältigen, und am nächsten Tag ist es eine Stadt, durch die Autos fahren und in der Kinder spielen. Diese Form des Spiels beobachtet man im Kindergarten häufig und man sollte ihr viel Raum geben. Erst später geht es beim Bauen und Konstruieren darum, ein bestimmtes Bauwerk fertig zu stellen.

Bauen ist lustvolles Lernen

Im pädagogischen Alltag kann man immer wieder Kinder beobachten, die sehr konzentriert bauen. Deshalb verwundert es nicht, wenn sich in verschiedenen Untersuchungen das Bau- und Konstruktionsspiel im Kindergarten als „bedeutender Erklärungsfaktor für Aufmerksamkeit, Arbeitshaltung und Selbständigkeit beim Lernen" erwies.[4] Im Spiel mit den Gegenständen erwerben die Kinder vielfältiges Wissen: Sie relativieren zwischen groß-klein, eng-weit, machen räumliche Zuordnungen wie innen-außen, vorn-hinten, über-unter und erwerben Begriffe von Gegenstandsklassen wie Klötze, Kegel oder Stangen. Grundlegende Gesetze der Statik erfahren die Kinder, wenn sie mit unterschiedlichen Materialien Häuser oder Türme bauen. Sie erfahren, dass es nicht egal ist, ob sie rechtwinklige Holzbausteine, runde Steine oder weiche Schaumstoffblöcke stapeln. Das Material mit seiner Oberflächenbeschaffenheit, seiner Form und seinem Gewicht eröffnet jeweils spezifische Lösungen. Kinder erfahren auch, dass die Umgebung „mitspielt". So kann etwa ein weicher Untergrund oder der Wind erheblichen Einfluss auf das Baugeschehen nehmen. In ihrem Spiel erfassen Kinder derartige physikalische Gesetzmäßigkeiten intuitiv und handeln entsprechend.
Professor Wilkening am Institut für Entwicklungspsychologie der Universität Zürich belegt mit seinen Forschungsarbeiten das intuitive Wissen, über welches Kinder von den ersten Lebensmonaten an verfügen und das sie erweitern, indem sie Rasseln bewegen, Wassergläser ausleeren oder Bauklotztürme umwerfen. Ein Kind verfügt demnach, lange bevor es dies verbalisieren kann, über „ein implizites Wissen, das seine Bewegungen steuert: eine intuitive Physik". Ansätze dieses Wissens sind uns wohl schon in die Wiege gelegt.[5] Dieses Wissen über Kräfte, Geschwindigkeiten, Massen oder Hebelgesetze wird mit dem Körper erfasst und lässt sich mit keinem noch so guten Computerspiel begreifen. Die räumlichen und materiellen Rahmenbedingungen sind für die Entwicklung solchen Wissens also entscheidend. Aus der Gestaltungstätigkeit beim Bauen und Konstruieren in der Kindheit erwächst für viele Menschen eine lebenslange Lust, die sich lediglich neue Ausdruckformen sucht. Die Buden, Höhlen und Türme der Kinder werden später zu Häusern, Brücken und Straßen – eben alles etwas größer. Wie aber lässt sich dieser Prozess pädagogisch begleiten?

Die Bewegungsbaustelle – Bauen in der Psychomotorik

Kinder sind neugierig, probieren aus und stellen Fragen. Sie lernen über ihre Bewegung und Wahrnehmung. Das Medium, in dem sie sich ausprobieren und ausdrücken, ist das Spiel. Psychomotorische Pädagogik geht von den individuellen Stärken aus und eröffnet für den Primarbereich variationsreiche Bau- und Gestaltungsmöglichkeiten, sodass Kinder diese Stärken ausleben und weiterentwickeln können. Aus den kleinen Bauklötzen werden große Holzbausteine, Schaumstoffblöcke oder Kartons.
Das kleinräumige Bauen und Konstruieren und das großräumige Spiel auf der Bewegungsbaustelle unterscheiden sich bezüglich des Bewegungsausmaßes. Gemeinsamkeit und Kontinuität bestehen bezüglich der Gestaltungsfreiheit und der Erfahrungsmöglichkeiten im Umgang mit den Dingen. So lassen sich manche Bauspiele auch in großräumige Aktivitäten umwandeln. Eine Murmelbahn kann mit speziellen Holzbausteinen, in der Sandburg oder mit großen Drainagerohren im Außengelände gebaut werden [vgl. die Praxisbeispiele auf S. 103].

Gestaltung einer Bewegungsbaustelle

In vielen Einrichtungen hat die klassische Bewegungsbaustelle (vgl. Miedzinski[6]) an Bedeutung gewonnen. Sie eröffnet über das Spiel mit Autoreifen, Schläuchen und Brettern den Bau kleiner Brücken, Wippen und mit weiteren Hilfsmitteln die Konstruktion von Schaukeln und Karussells. Ähnliche Bauaktivitäten sind natürlich auch mit Geräten der Turnhalle möglich. So entstehen aus Kästen, Leitern, Bänken und Matten vielfältige Bewegungslandschaften. Materialien, die großräumige Bewegung ermöglichen, werden bevorzugt, da es vielen Kindern heute an Schaukel-, Schwing-, Dreh-, Kletter- und Sprungerfahrungen mangelt.
Bei der Gestaltung einer Bewegungsbaustelle geht es darum, ein hohes Maß an Freiraum zu eröffnen, aber auch dort eindeutige Grenzen zu setzen, wo Kinder sich gefährden. Die Balance zwischen Offenheit und Struktur, zwischen Helfen und Lassen

bleibt eine ständige Herausforderung für die Erzieherin, die jeden Tag und im Kontakt mit jedem Kind neu gestaltet wird. In keinem Fall sollten die Kinder belehrt werden, wie sie zu bauen haben. Die Erzieherin kann sie bei ihrem Bauen und Erkunden begleiten, wenn sie selbst neugierig und aufgeschlossen bleibt. „Die Erziehung von Welt-Erkundern macht jeden Erzieher unweigerlich selber zum Forscher und Entdecker. Sie nötigt zum ständigen Fragen, Zweifeln, Rätseln, Diskutieren, aber auch zur Auseinandersetzung mit Wissensgebieten, die einem ursprünglich fern lagen. Das kann verdammt anstrengend sein. Aber den Kindern tut es gut." (Romberg). Ein hohes Maß an Selbsttätigkeit der Kinder wird gewährleistet, wenn das Materialangebot zunächst überschaubar und damit eigenständig handhabbar ist. So entsteht erfahrungsgemäß bei kleinen Kindern eine größere Variationsbreite. Zunehmend werden Art, Größe und Vielfalt der Baumaterialien dann erweitert. Gegenstände, die vielfältige und individuelle Lösungen eröffnen, sind einseitig verwendbaren Materialien vorzuziehen. Hier sind gut durchdachte Holzbaukästen vielen Stecksystemen überlegen.

Viele Themen und Konstruktionen (klein- und großräumig) lassen sich von den Kindern selbstständig realisieren, andere erfordern die Unterstützung der Erwachsenen. Auch ist eine Kombination denkbar, bei der mit einigen Großgeräten (z.B. Kasten und Weichbodenmatte) ein Aufbau vorbereitet wurde, den die Kinder mit Matten, Tüchern und Decken zur Höhle erweitern [vgl. dazu Praxisbeispiel „Die Höhlenforscher"]. Die Veränderbarkeit der Konstruktionen gilt als wichtiges Kriterium. Kinder brauchen eine Umwelt, die sie selbst gestalten, und nicht nur einbetonierte und verschraubte Geräte, wie sie auf den meisten Spielplätzen zu finden sind. In der Regel erfordern die Bauaktivitäten mit größeren (schwereren) Materialien gegenseitige Hilfe. Die Kooperation der Kinder trägt hier sichtbare Früchte – die Häuser werden größer, die Türme höher oder die Brücken sicherer. Ihre Kräfte können sie konstruktiv einsetzen und den Erfolg gemeinsamen Handelns erleben. Das Unfertige – das sie bei ihrem Spielzeug kaum finden – macht den Reiz aus, denn die Kinder erleben, wie durch ihr Tun etwas Neues entsteht.

Zusammenfassung

Bauen ist ein grundlegender Bestandteil kindlichen Spiels. Kinder eignen sich die Welt mit ihren physikalischen Gesetzmäßigkeiten an und erkunden sie. Sie bauen allein und gemeinsam und sie verbinden das Bauen mit dem Fantasiespiel. Kinder benötigen vielfältige Möglichkeiten zum klein- und großräumigen Bauen und Konstruieren. Diese bieten sich in Gruppenräumen, Fluren, Turnräumen, im Außengelände oder bei einem Waldspaziergang in vielfältiger Weise. Die Erzieherin schafft die Voraussetzungen, indem sie Raum, Zeit, Material und evtl. ihr Wissen bzw. ihre Hilfe zur Verfügung stellt. Sie begleitet das Kind auf dem Weg zur Selbstständigkeit und hält sich zurück, wo ein Kind oder eine Gruppe selbst aktiv ist. Trotzdem ist die eigene Neugier und Lust der Erzieherin an Bewegungs- und Bauaktivitäten für die Motivation der Kinder nicht zu unterschätzen.

Die Praxisbeispiele [siehe Seite 103] geben einen Einblick in mögliche Bauaktivitäten im Kindergarten. Sie berücksichtigen unterschiedliche räumliche Voraussetzungen. Wichtig bleibt, dass frei und fantasievoll mit den Vorschlägen umgegangen wird: So kann eine Höhle völlig anders als hier vorgeschlagen gestaltet oder eine beschriebene Konstruktion in einen anderen thematischen Zusammenhang gesetzt werden.

Literatur

(1) Rumpf, H.: Wie Kinder sind? Vortrag auf dem Bensberger Symposium des Diözesan-Caritasverbands, Kompakt spezial 6/2004.
(2) Kahl, R.: Das Schwinden der Sinne. Filmreihe: Kindheit heute. Hamburg 1993.
(3) Largo, R. H.: Kinderjahre. Die Individualität des Kindes als erzieherische Herausforderung. München 1999.
(4) Einsiedler, W.: Das Spiel der Kinder. Bad Heilbrunn 1999.(5) Romberg, J.: Wie Kinder sich die Welt erobern. In: Zeitschrift Geo 10 (2001).
(6) Miedzinski, K.: Was beim Bauen passiert und in Bewegung kommt. Bauen und Bewegen im Kinderspiel. In: Praxis der Psychomotorik 4 (1994), S. 197-203.

2. ZUR ENTWICKLUNG DES BAUENS

2.1 Vorstufen des Bauens

2.1.1 Unspezifisch-funktionales Stadium (bis ca. 1;6 Jahre)

Primitives Hantieren mit den Bausteinen (Grunderfahrungen mit den Eigenschaften des einzelnen Bausteins sammeln durch Betasten, Riechen, Schmecken..).

2.1.2 Funktionales Stadium

Vorübungen des eigentlichen Bauens:
→ Nebeneinanderreihen (Horizontales Bauen)
→ Luftbauen (Aufeinanderreihen eines Steines auf einen anderen, auch andere Gegenstände werden gestapelt: Erfassen der vertikalen Dimension) (ca. 15 – 18 Monate)

2.2 Werkschaffendes Stadium

Entwicklungsstufen des Bauens

2.2.1 Turmbauen

1. Stufe: Wahlloses Aufeinanderstellen von Bausteinen

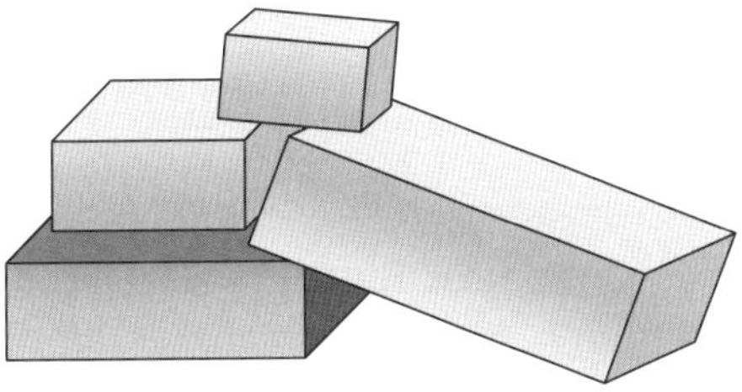

2. Stufe: Bauen kleiner Türme zur Probe

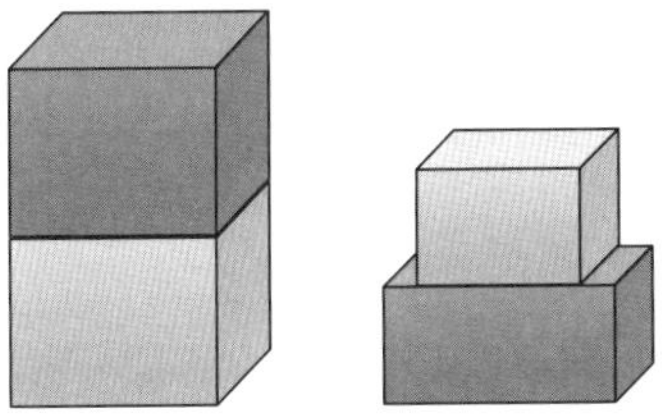

3. Stufe: Richtiger Turm kann gebaut werden

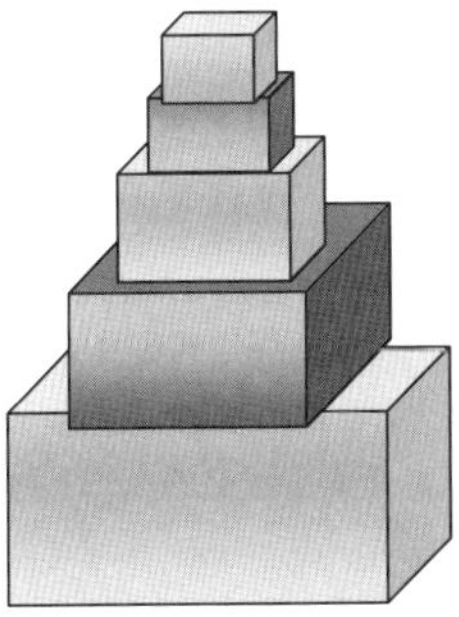

2.2.2 Blockbauen (Mauer ohne Verbund)

Es geht hervor aus der Reihenbildung:

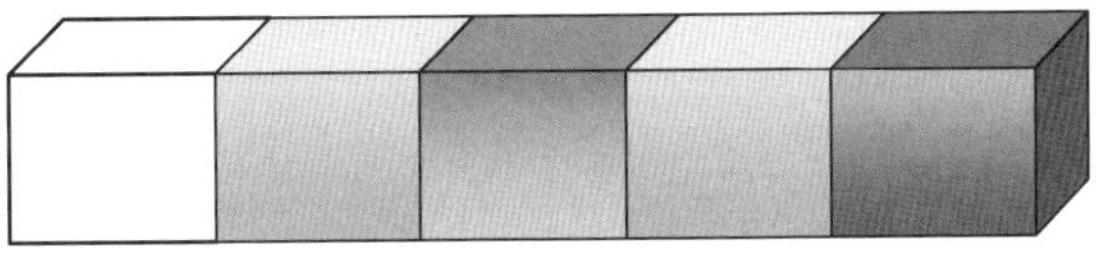

2.2.3 Brückenbauen (Halbsteiniger Verbund)

1. Stufe: Verbindung von 2 Bausteinen durch Darüberlegen eines Dritten

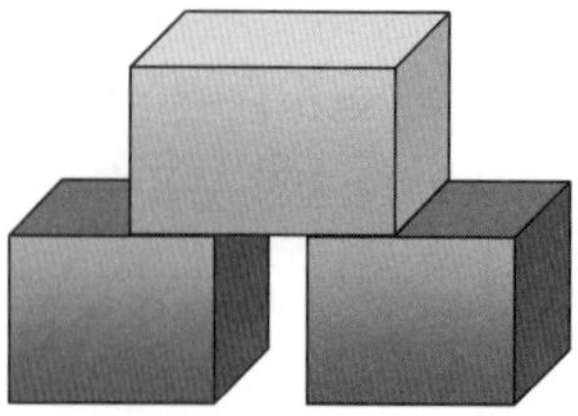

2. Stufe: Es wird auf Lücke gebaut (System wird erkannt und genutzt)

Das Kind verbindet Vertikale und Horizontale, benennt sein Werk, deutet aber auch oft noch um.

2.2.4 Raumbauten

Das Kind baut in den Raum hinein (Dreidimensionales Bauen): z. B. Garten, Hof, Brunnen; es können auch „leere" Räume geschaffen werden z. B. für Autos ein Parkplatz. (ca. 4 Jahre)

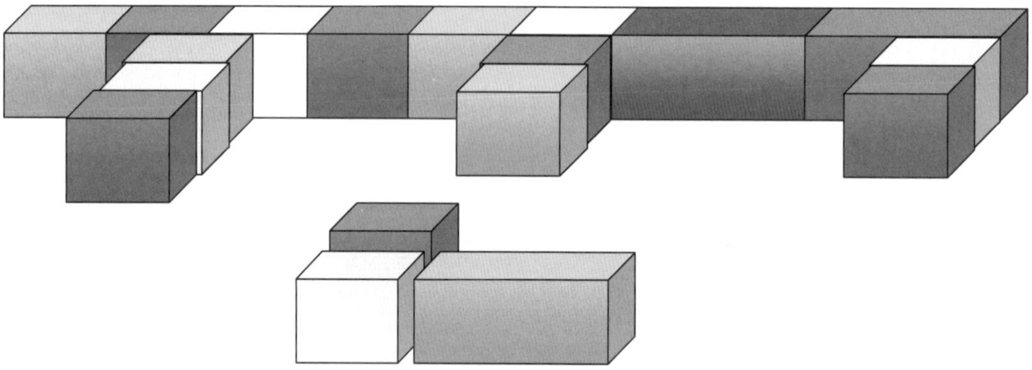

2.3 Was baut das Kind?

Das Kind baut entweder ohne Bedeutung oder sachgerichtet. Beides ist gleich wertvoll. Das jüngere Kind kommt erst durchs Werk zur Sache, während das ältere Kind bereits von Beginn des Bauens an einen Plan verfolgt und nach dieser Planung verfährt (Vergleiche Entwicklung des Zeichnens und Malens des Kindes). Beim Bauen bedarf das Kind keiner gezielten Anleitung, keines absichtlichen Lehrens. In ihm ruht der Drang zum vielfältigen Gestalten. Das Kind darf jedoch in seiner natürlichen Entwicklung nicht gehemmt werden, sondern muss sich frei entfalten können und in seiner Umwelt die dafür notwenige Unterstützung finden, vgl. vorbereitete Umgebung.

3. ERZIEHERISCHES VERHALTEN BEIM BAUEN

3.1 Baumaterial erfährt wie jedes andere Spielmaterial eine Einführung innerhalb eines Bildungsangebotes.

3.2 Dabei erfolgt eine sachliche Materialeinführung (Hinführung):
Materialanschauung (z. B. Sinnesübung: Befühlen lassen o. a.), Formen, Farbe einführen u. a., Material sortieren lassen, bewusstes Ein- und Ausräumen u. a.

3.3 Es erfolgt anschließend eine Spieleinführung:
Es wird ein spielerischer Anfang überlegt, was könnte wo gebaut werden.
Überlegungen zum Bauplatz, Raumeinteilung, Rollenverteilung u. a.

3.4 3- bis 4-Jährige bauen überwiegend für sich, auch wenn der Erzieher ein gemeinsames Thema vorgibt (Spiel nebeneinander); 5- bis 6-jährige Kinder können an einem gemeinsamen Projekt arbeiten und auch einzelne Aufgaben aufteilen und übernehmen (Spiel miteinander).

3.5 Während des Bauens bleibt der Erzieher animativ/ko-konstruktiv, baut nur andeutungsweise:
Er spielt an, gibt Impulse, d. h., durch seine Fragen wird das Kind auf individuelle Lösungswege gebracht (z. B. „Wie hoch muss der Zaun sein, damit die Tiere nicht weglaufen?").

3.6 Der Erzieher beobachtet aktiv die Bautechniken und begleitet dementsprechend die Entwicklungsstufen des Bauens im Prozess.

3.7 Der Erzieher gibt Hilfestellung, wenn das Kind nicht weiterkommt oder ihn um Unterstützung ersucht (vgl. Malen „ich kann das nicht" → Vorstellung vom Bauwerk vermitteln); Vorschläge zum Bauen geben u. a.

3.8 Der Erzieher soll das kindliche Bauen in Freiheit wachsen lassen, ohne das Kind beispielsweise dauernd zu verbessern.

3.9 Dabei soll das Kind ernst genommen werden, der Erzieher nimmt Anteil an der Arbeit des Kindes, ermutigt es in seinem Tun.

3.10 Der Erzieher nimmt während des Bauens immer wieder Kontakt mit dem Kind auf, lässt sich das Bauwerk erklären und lauscht den Erzählungen des Kindes.

3.11 Dem Kind soll intentional geeignetes Baumaterial zur Verfügung gestellt werden, dementsprechend auch ein der Größe des Materials angemessener Bauplatz, an dem Bauwerke stehen bleiben können.

3.12 Dem Kind muss Zeit eingeräumt werden, ungestört seine Pläne in die Tat umzusetzen.

3.13 Nach einer Weile des Bauens kann der Erzieher die Kinder zu einer Spielpause auffordern („Wir wollen schauen, was ihr gebaut habt") und die Bauwerke vergleichen (keine Bewertung!), z. B. welche Konstruktionen sind bei Brücken möglich). Dabei sollen die Kinder zum Nachdenken über ihr Tun geführt werden – nicht belehrend, sondern eher staunend, entdeckend.

3.14 Das Bauen des Kindes soll belebt werden durch Belebungsmaterial einerseits, dem Spiel mit dem Gebauten andererseits (in der Spielidee bleiben: „Achtung, hier ist die Landebahn …"). So findet eine zunehmende Differenzierung des Bauens als Prozess wie als Werk statt.

3.15 Das Aufräumen der Baumaterialien soll kindgemäß, übersichtlich und nicht zu kompliziert organisiert sein (vgl. schwierige Bauwägen!).

3.16 Das Aufräumen wird rechtzeitig mit einer Vorankündigung angezeigt; geeignete Hilfestellung ist sinnvoll.

3.17 Es soll nur „wertvolles" Baumaterial angeboten werden; vgl. Sicherheit, Schadstoffe, Wert für Sinneswahrnehmung (z. B. natürliche Baumaterialien o. a.).

3.18 Es ist sinnvoll, von wenigen Materialien ein größeres Sortiment anzubieten.

4. ZUR AUSWAHL DES BAUMATERIAL

4.1 Die Größe der Bausteine

Je größer und schwerer das Baumaterial, umso weniger kann es dem Kind gelingen, eine feine Formenbildung zu erreichen. Hingegen zu kleine Bausteine überfordern oft die Ausdauer des Kindes und haben zumeist eine geringe Standfestigkeit. Eine Abwägung von Alter/Entwicklungsstand und Eignung des Materials ist zielgruppenspezifisch und individuell notwendig.

4.2 Die Ausführung der Bausteine

Am besten für das kindliche Bauen geeignet erscheinen Bausteine aus Holz (meist Buchenholz: leicht und hart). Es sollte gut geglättete Flächen und sauber verarbeitete Ecken und Kanten haben (Verletzungsgefahr).

4.3 Die Form der Bausteine

Von der Form der Bausteine geht eine wichtige erzieherische Kraft aus:
Sie kann die Gestaltungskräfte des Kindes hemmen oder eher förderlich sein. Alle Formen von Bausteinen, die nur in einer ganz bestimmten Weise verbaut werden können, wie z. B. mit aufgemalten Fenstern und Türen, sind ungünstig, weil das Kind in seinen Ideen eher Einschränkung erfährt.
Günstig hingegen sind einfache, klare Formen wie Würfel, Quader, Platten oder Walzen. Diese Formen sind gut kombinierbar und durch ihre Schlichtheit lassen sie großen gestalterischen Freiraum, d. h., sie werden nicht langweilig.
Aber auch ganz fantastische, offene Formen können die Bautätigkeit des Kindes beflügeln. Da hierbei die Kombinationen schwieriger sind, die Stabilität eines Bauwerkes weniger sicher gelingt, geht es beim jüngeren Kind eher um eine sinnliche Wahrnehmung vielfältiger Formen beim Schauen, Greifen u. a., während das etwas ältere Kind Grundgesetzmäßigkeiten der Statik erproben muss.

4.4 Die Farbe der Bausteine

Hier ist die natürliche Farbgestaltung von Holz zu bevorzugen. Erst wenn das Kind sich in die Prinzipien der Formbildung eingearbeitet hat, können farbige Bausteine ergänzen, sind jedoch nicht notwendig. Werden farbige Steine angeboten, soll es sich um klare und natürliche Farben handeln, in Grundfarben und/oder Naturfarben.
Bebilderte Bausteine hemmen Fantasie und Gestaltungskraft des Kindes und sind daher tendenziell abzulehnen.

4.5 Die Zusammenstellung und Menge des Baumaterials

Kinder unter 3 Jahren sollen wenige Bausteine gleicher Form erhalten (8 bis 10 Steine, Kantenlänge etwa 4 cm). Für ältere Kinder wird eine Kombination von Steinen unterschiedlicher Formen zusammengestellt, die in ihrer Größe aufeinander abgestimmt sind und gut kombiniert werden können. Dabei ist eine Auswahl unterschiedlicher Sorten eher schwierig; besser ist: von einer Art viele Steine.
Die Anordnung beim Aufräumen muss entsprechend klar und übersichtlich sein; die Größe der Steine mit der Größe des Bauplatzes korrespondieren. Auch die Menge des Materials muss übersichtlich bleiben, das Kind nicht „zuschütten“.

4.6 Die Beigaben zum Bauen

Günstig ist die Erweiterung des kindlichen Bauens durch Beigabe von Belebungsmaterial: Solches gibt es aus Holz zu kaufen (Tiere, Zäune, Autos o. a.) – es soll möglichst einfach und schlicht in der Darstellung sein und Raum lassen für die Vorstellungskraft des Kindes.
Sehr sinnvoll ist Naturmaterial wie Tannenzapfen, Rindenstücke, Kastanien u. Ä. – es ist kostenfrei, jederzeit ersetzbar, „sinn“-voll und belebt die Fantasie des Kindes.

Hinweis: Grundsätzlich gelten auch für das Baumaterial die Grundsätze zur Auswahl von Spielmaterial.

5. WAS WIRKT HEMMEND AUF DAS KINDLICHE BAUEN?

Vielerlei Hemmungen können sich einer guten Entwicklung des kindlichen Bauens entgegenstellen:

5.1 Allgemeine (körperliche) Entwicklungshemmungen, bedingt durch Krankheit, konstitutionelle Schwächen, Behinderungen.

5.2 Unverständnis seitens des Erwachsenen gegenüber dem kindlichen Bauen, wenn beispielsweise falsche Erziehungsgrundsätze oder Gedankenlosigkeit eine ständig kritisierende oder abwertende Haltung hervorbringen.

5.3 Hemmungen der Gestaltungskraft, die im Material begründet sind: Baumaterial fehlt im Angebot des Spielmaterials gänzlich oder ist unzureichend (in Qualität, Menge); auch wenn das Kind von zu viel Material eingeschränkt wird.

5.4 Das Aufräumen der Bausteine ist so kompliziert oder aufwendig, dass ein weiteres Spiel vom Kind vermieden wird, aus Angst vor dem Aufräumen.

5.5 Es ist ungenügend Raum zum Bauen vorhanden: Die Kinder stoßen ständig an räumliche Grenzen.

Praxisbeispiele

Von Hans-Jürgen Beins (aus: Bauen und Konstruieren auf kleinstem Raum)

Für das Bauen und Konstruieren auf kleinstem Raum haben einige Hersteller interessante Möglichkeiten konzipiert. Entscheidend ist, wie vielfältig sich ein Bausystem verwenden lässt, ob es für unterschiedliche Altersstufen nutzbar ist und ob es ansprechende Spielideen eröffnet. So wird es spannend, wenn Bausteine vielfältige Formen und Größen haben und durch eckige und runde, selbst gefertigte Sperrholzplatten ergänzt werden. Auf diese Weise ist es möglich, höhere Bauwerke zu errichten. Eine besondere Herausforderung stellen Aufbauten auf labilem Untergrund dar. Einige Beispiele für „fertige“ Spiele, die diese Möglichkeiten eröffnen:

- Bamboleo – Bauen auf einer labilen Fläche
- Cuboro – vielfältige Murmelbahn
- Bausack – Bauen mit Steinen unterschiedlichster Form
- Kapla – 12 cm lange Pinienholzbausteine

Variante:
Steine, Zweige und andere Naturmaterialien zum Bauen.

☐ Die Höhlenforscher
Vor Spielbeginn wird ein Anfang für eine Höhle geschaffen, indem z.B. eine Weichbodenmatte schräg zwischen einem Kasten und der Wand aufgestellt wird oder einige Turnmatten gebogen zwischen der Wand und einer Bank fixiert werden. Zunächst erzählen die Kinder ihre Erfahrungen mit Höhlenbesuchen. Dann erforschen und erweitern sie die bestehende Höhle. Um sie noch größer und dunkler zu gestalten, stehen große Tücher und Turnmatten zur Verfügung. Schnell fordern sie weitere Materialien, die in der Höhle versteckt werden. Diese Schätze können bewacht oder mit Taschenlampen angeleuchtet werden. Steht ausreichend Zeit zur Verfügung, spricht die Erzieherin mit den Kindern in der Höhle über Höhlenmalereien und gibt ihnen Gelegenheit, diese für ihre Höhle zu schaffen.

Variante:
Im Gruppenraum lassen sich mit Tischen, Stühlen und Decken wunderbare Höhlen gestalten.

☐ Die wackligen Türme
Viele Kinder haben Lust, Türme zu konstruieren und wieder umzuwerfen. Auch in Bezug auf großräumige Bewegung bietet dieses Thema viele Variationen. Egal ob beim Bau mit großen Holzbausteinen, mit Schaumstoffblöcken, mit Pappkartons oder dicken Pappröhren – Kinder erfahren die Gesetze der Statik. Besonders beliebt ist das Umwerfen des großen Holz- oder Pappröhrenturms mit Schaumstoff-Frisbees und Bällen oder das Umfahren von Schaumstoffblöcken und Kartons mit Rollbrettern.

Variante „Einmauern“:
Ein Kind legt oder stellt sich hin und die anderen mauern es ein.

☐ (Murmel-)Bahnvariationen
Kinder begeistern sich für (Murmel-)Bahnen. Die Bandbreite der Möglichkeiten ist groß. Beliebt sind aus Heulrohren mit selbst gefertigten Zwischenstücken gebaute Murmelbahnen. Eine Konstruktion zu schaffen, die genug Gefälle hat, ist für viele Kinder eine echte Herausforderung. Dies geht leichter, wenn erhöhte Ausgangspunkte vorhanden sind. Im

Gruppenraum kann das eine zweite Ebene, im Bewegungsraum ein Klettergerüst oder eine schiefe Ebene und im Außengelände ein Hügel oder eine Klettermöglichkeit sein. Begeistert sind die Kinder, wenn die Murmeln und Bälle am Bahnende etwas (z.B. eine Pappröhre) umwerfen oder auf einen Klangkörper fallen.

Variante:
Mit Drainagerohren aus dem Baumarkt, Tennisbällen und einer Plastikwanne lässt sich eine tolle Bahn für draußen bauen. Zunächst werden Löcher in die Wanne geschnitten, in welche die Rohre eingeschraubt werden. Die Wanne wird am Klettergerüst, an der Wand oder einem Baum erhöht aufgehängt. Die Kinder werfen nun Tennisbälle in die Wanne und lassen sich überraschen, wo diese wieder auftauchen.

☐ Zollstockkonstruktionen
Sobald die Kinder einige Spielerfahrungen mit Zollstöcken gesammelt haben, bauen sie damit auch kleine Türme, legen Linien, über die sie balancieren, oder Straßen, durch die sie mit Rollern und Rollbrettern fahren. Zwei in der Mitte geklappte Zollstöcke ergeben ein Indianerzelt, das natürlich auch mit leichten Tüchern noch bunt gestaltet werden kann. Die Konstruktion eines größeren Hauses, in das zwei Kinder passen, bedarf der Geduld und zu Anfang auch der Unterstützung durch die Erzieherin.

Variante:
Zollstöcke, die über Stühle gelegt werden, ergeben Tunnel oder Hindernisse.

☐ Flizziparcours
Kinder, die schon Grunderfahrungen auf dem Rollbrett (Flizzi) gemacht haben, suchen sich neue Herausforderungen, wie z.B. einen Parcours. Hier sind Pylonen (Kunststoffhütchen), Zollstöcke, Gymnastikstäbe mit Stabhaltern und -klammern gute Hilfsmittel. Aber auch aus Tischen mit einer Decke für die Seiten entsteht schnell ein Tunnel. Wichtig ist, dass die Kinder selbstständig ihren Weg entwickeln und die Erzieherin ihnen bei Bedarf hilft. Die individuelle Bewältigung des Weges ist wichtig, nicht die Zeit, die dafür benötigt wird.

☐ Der Autotunnel
Aus einem Fachgeschäft wird eine lange Papprolle (ca. 3 Meter) besorgt, auf der Teppichboden aufgerollt war. Diese Rolle wird so aufgestellt, dass ein leichtes Gefälle entsteht. Die Kinder experimentieren jetzt mit kleinen Gegenständen, die sie in die Röhre stecken, und erfahren, was am unteren Ende ankommt. Rollen sie Tennisbälle durch die Röhre, werfen diese einen Turm am Ende um, kleine Steine bleiben zum Teil stecken. Beim „Autotunnel" fahren kleine Fahrzeuge durch den Tunnel und kommen am unteren Ende mit so viel Schwung an, dass sie noch durch eine Straße, die mit Bauklötzen abgegrenzt wird, rasen.

Varianten:
- Eine schiefe Ebene aus Tischen wird gebaut, indem zwei Tischbeine auf große Holzklötze gestellt werden, ein zweiter, evtl. auch dritter Tisch bietet den Auslauf.
- Ballstau: Die Kinder füllen die Röhre mit vielen Bällen, indem sie zunächst den Ausgang blockieren. Nach dem Öffnen gibt es einen richtigen „Ballregen"."

Textarbeit/Strukturlegen zu „Bauen und Konstruieren als lustvolles Lernen“

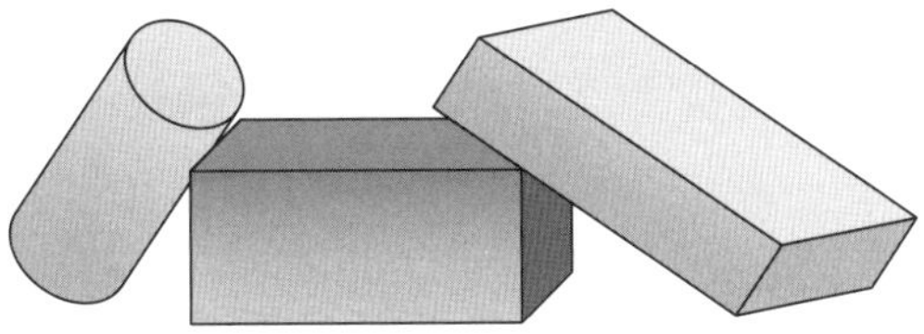

Material: Fachtext von Hans-Jürgen Beins (S. 96–98), farbige Papierstreifen, große Plakate mit den Bildungsbereichen für die frühe Kindheit, Stifte, Papierkleber oder Klebefilm

Arbeitsauftrag

1. Wählen Sie einen Textabschnitt des Textes von H.-J. Beins.
2. Lesen Sie diesen und markieren Sie zentrale Aussagen im Hinblick auf themenbezogene Erziehungs- und Bildungsziele (aus Ihrem Bildungsplan für Kitas).
3. Schreiben Sie diese auf farbige Papierstreifen entsprechend der unterschiedlichen Bildungsbereiche.
4. Ordnen Sie diese den Bildungsbereichen auf den in der Klasse ausliegenden Plakaten zu.
5. Finden Sie sich an einem Bildungsbereich/Plakat ein und bilden Sie ein Team.
6. Legen Sie eine sinnvolle Struktur mittels der Aussagen auf den Papierstreifen, indem Sie diese im Team diskutieren und absprechen.
7. Bilden Sie Zusammenhänge, Abhängigkeiten, Voraussetzungen u. Ä. mittels der Anordnungen der Papierstreifen (oder ihrer Entfernungen) ab, fügen Sie mit Stiften auch Pfeile dazu.
8. Wenn alle Teammitglieder einverstanden sind, kleben Sie die Aussagen auf.
9. Stellen Sie als Gruppe dem Plenum Ihre Erkenntnisse zu Ihrem Bildungsbereich zur Verfügung.

Anlage auf CD-ROM

Plakate mit Bildungsbereichen für die frühe Kindheit
(diese können je nach landeseigener Formulierung modifiziert werden)

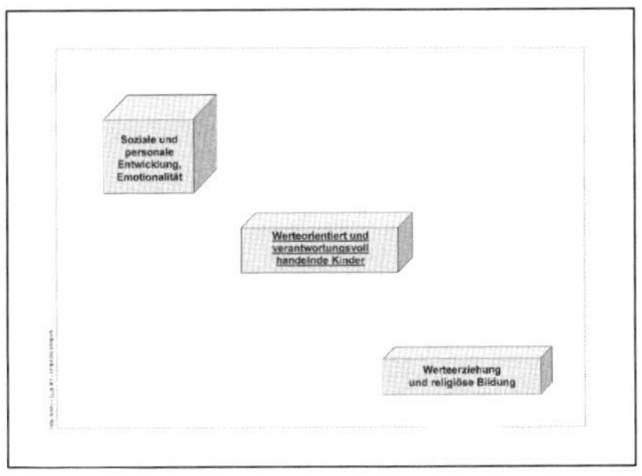

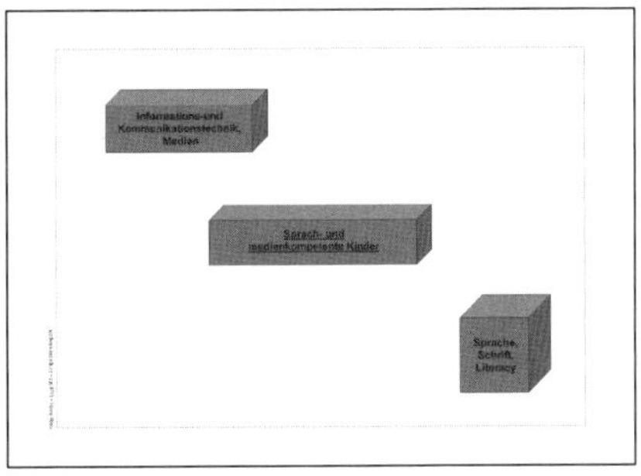

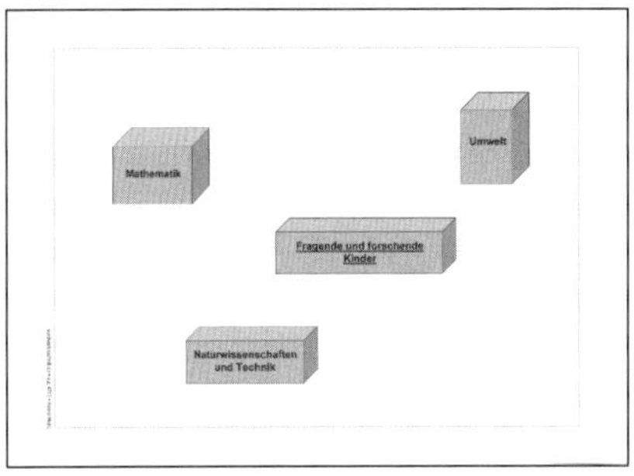

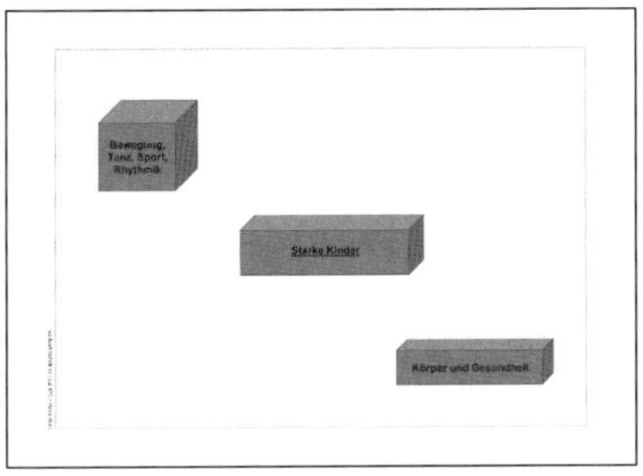

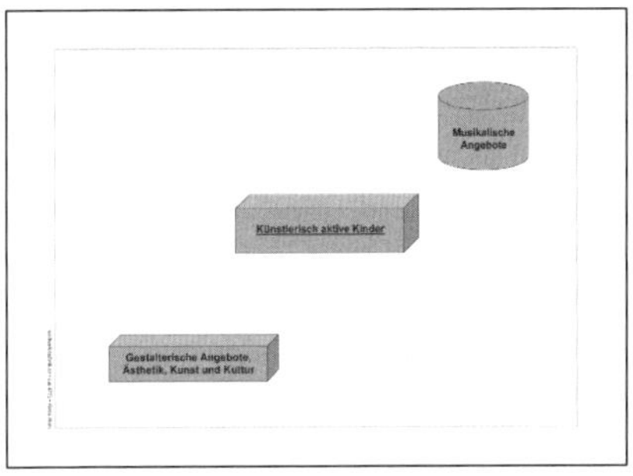

LERNTHEKE: Das kindliche Bauen

Arbeitsauftrag

Die Lerntheke als Variante des selbst organisierten Lernens (SOL) bietet Ihnen verschiedene Lernangebote in Form von Arbeitsblättern an.
Alle Arbeitsblätter werden in der Klasse übersichtlich präsentiert (z. B. an einer Pinnwand) und erlauben somit einen Überblick. Sehen Sie sich die Arbeitsaufträge in Ruhe an und überlegen Sie sich, was Sie schon gut können, was Sie noch lernen möchten, mit wem Sie arbeiten wollen.
Wählen Sie nun selbst ein Lernangebot nach dem anderen aus, d. h., nehmen Sie die vorbereiteten Kopien der gewählten Arbeitsblätter zu sich und lösen Sie die Aufgaben. (Die Kopfzeile macht Angaben zur vorgesehenen Sozialform sowie zu Arbeitsmitteln.)
Haben Sie die Aufgabe gelöst, wählen Sie eine weitere aus. Sie haben die freie Wahl. Seien Sie nicht besorgt, nicht alle Arbeitsaufträge „erledigt", die „falschen" ausgewählt oder eine „falsche Lösung" zu haben – Sie selbst wissen am besten, was Sie für Ihren Lernprozess brauchen und verschiedene Aufgaben können Sie weder richtig noch falsch lösen: Sie bedürfen einer individuellen, authentischen Lösung auf der Basis fachlicher Erkenntnisse – ganz wie im erzieherischen Alltag. Eigenverantwortlichkeit, Ideenreichtum, methodische Vielfalt u.v.m. sind neben der fachlichen wichtige Kompetenzen in der Begleitung von Lernprozessen.

Dokumentieren Sie die Arbeitsaufträge der Lerntheke in einem Dokumentationsheft.

	**Lerntheke 1** **Kindliches Bauen**
Sozialform	Einzelarbeit
Arbeitsmittel	Grundlagentext „Das kindliche Bauen“ S. 1

BAUEN ist ...

Bitte im Dokumentationsheft ablegen.

	**Lerntheke 2** **Kindliches Bauen**
Sozialform	Einzelarbeit
Arbeitsmittel	Grundlagentext „Das kindliche Bauen“ S. 1

Notwendige Grundlage des kindlichen Bauens ist das

— — — — — — —

Es erfolgt in verschiedenen Stufen:

➔ ______________________________

____

➔ ______________________________

____

➔ ______________________________

____

Bitte im Dokumentationsheft ablegen.

	**Lerntheke 3** **Kindliches Bauen**
Sozialform	Kollegial (zu zweit)
Arbeitsmittel	Grundlagentext „Das kindliche Bauen“ S. 96

Letztendlich führt das

_ _ _ _ _ _ _ **zum** _ _ **-** _ _ _ _ _ _ _

Das bedeutet für die Entwicklung des Kindes:

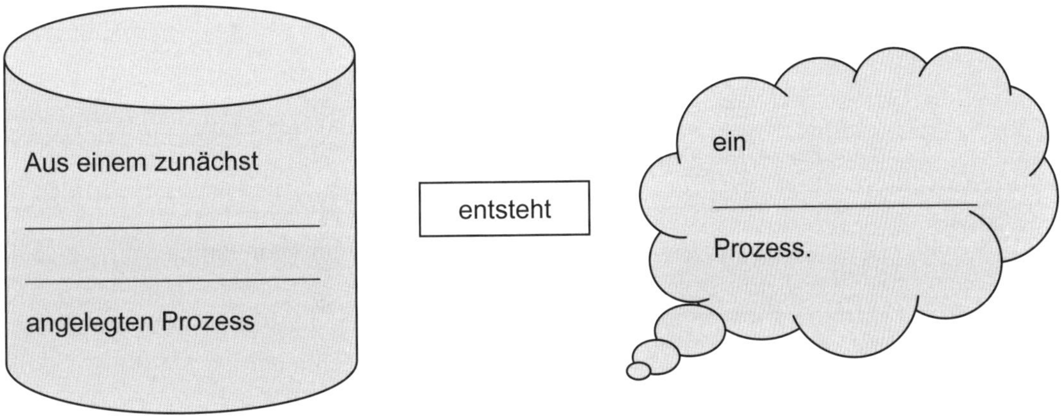

Bitte im Dokumentationsheft ablegen.

	**Lerntheke 4** **Kindliches Bauen**
Sozialform	Kollegial (zu zweit)
Arbeitsmittel	Arbeitsblatt „2. Zur Entwicklung des Bauens“

Die Vorstufen des kindlichen Bauens sind

Das Kind	im Alter von ca.

Das Kind → →	im Alter von ca. → →

Bitte im Dokumentationsheft ablegen.

	**Lerntheke 5** **Kindliches Bauen**
Sozialform	Kollegial (zu zweit)
Arbeitsmittel	Arbeitsblatt „2. Zur Entwicklung des Bauens“

Die Entwicklungsstufen des kindlichen Bauens sind

⇩ (Bitte malen)

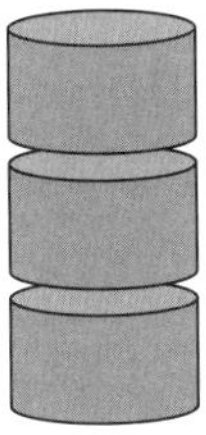

_ _ _ _bauen

1. Stufe: ____________________

____

2. Stufe: ____________________

____

3. Stufe: ____________________

____

_ _ _ _ _bauen

Bitte im Dokumentationsheft ablegen.

(Fortsetzung →)

	**Lerntheke 5** **Kindliches Bauen**
Sozialform	Kollegial (zu zweit)
Arbeitsmittel	Arbeitsblatt „2. Zur Entwicklung des Bauens“

(Fortsetzung)

Die Entwicklungsstufen des kindlichen Bauens sind

⇩ (Bitte malen)

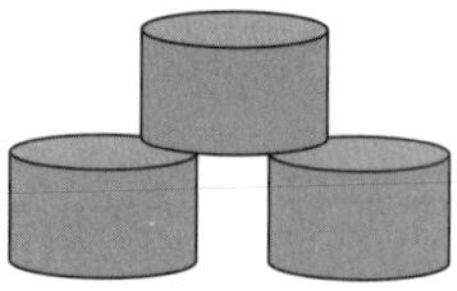 **_ _ _ _ _ _ _bauen** *1. Stufe:* ____________________ ____________________ *2. Stufe:* ____________________ ____________________	
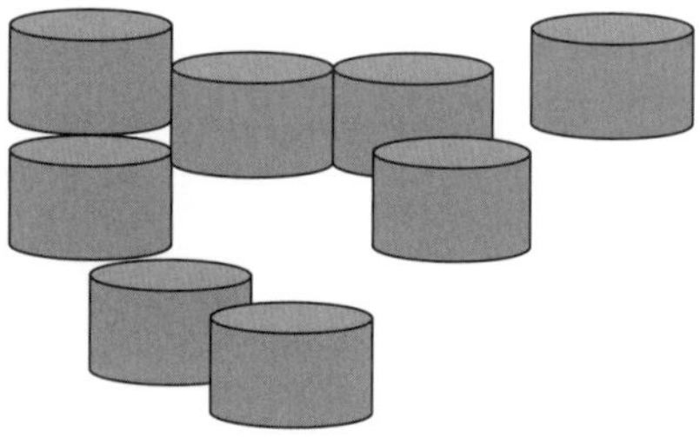 **_ _ _ _bauen**	

Bitte im Dokumentationsheft ablegen.

	Lerntheke 6 **Kindliches Bauen**
Sozialform	Kollegial (zu zweit)
Arbeitsmittel	• Bausteine • Fotoapparat • Arbeitsblatt „2. Zur Entwicklung des Bauens“

Entwicklungsstufen

SOL

Bauen Sie die im Unterricht besprochenen Entwicklungsstadien beim kindlichen Bauen in Partnerarbeit nach. Dokumentieren Sie diese anhand von Fotos im Dokumentationsheft.

Bausteine werden Ihnen im Klassenzimmer gestellt.

Bitte im Dokumentationsheft ablegen.

	Lerntheke 7
	Kindliches Bauen
Sozialform	Einzelarbeit
Arbeitsmittel	Arbeitsblatt „2. Zur Entwicklung des Bauens“

Entwicklungsstufen

1. Welche Entwicklungsstufen des Bauens erkennen Sie auf dem Bild?

____

____

____

____

____

____

2. Dokumentieren Sie per Foto weitere Entwicklungsstufen des Bauens aus Ihrer Praxiseinrichtung. Beschreiben Sie Ihre Wahrnehmungen. (Beachten Sie den Datenschutz.)

Foto 1

____

____

____

____

____

____

____

____

Foto 2

____

____

____

____

____

____

____

____

Bitte im Dokumentationsheft ablegen.

	**Lerntheke 8** **Kindliches Bauen**
Sozialform	Einzelarbeit
Arbeitsmittel	Beobachtungsbogen

SOL

Beobachtungsaufgabe

Welche Beobachtungen können Sie beim Bauen/Konstruieren Ihres Beobachtungskindes in der Praxisgruppe machen? Verwenden Sie folgenden Beobachtungsbogen:

➔ Welches Thema wird häufig bespielt?

➔ Wie ist die Spielgruppe zusammengesetzt?

➔ Wie lässt sich der Spielort beschreiben

➔ Wie lange ist die durchschnittliche Spieldauer?

➔ Welches Baumaterial erfreut sich besonderer Beliebtheit?

Lernort-kooperation

➔ Was sind Spielanlässe?

Bitte im Dokumentationsheft ablegen. *(Fortsetzung →)*

	**Lerntheke 8** **Kindliches Bauen**
Sozialform	Einzelarbeit
Arbeitsmittel	Beobachtungsbogen

(Fortsetzung)

Beobachtungsaufgabe

➔ Was stört das Spiel?

➔ Welche Spielregeln schaffen den äußeren Rahmen?

➔ Welche Hemmungen sind beim Kind beobachtbar?

➔ Welche Entwicklungsstufe des Bauens hat das Kind erreicht?

Bitte im Dokumentationsheft ablegen.

	**Lerntheke 9** **Kindliches Bauen**
Sozialform	Team
Arbeitsmittel	• Gesammelte Fotos • Großes Poster • Klebematerial

Themen des kindlichen Bauens

Sammeln Sie im Praktikum Fotos zu Themen, die Kinder bauen, und kleben Sie diese auf einem Poster zu einer Collage zusammen.

SOL

Lernort-kooperation

Bitte im Dokumentationsheft ablegen.

	**Lerntheke 10** **Kindliches Bauen**
Sozialform	Einzelarbeit
Arbeitsmittel	Beobachtungsnotizen

Spiel: Impulse geben

1. Erproben Sie am nächsten Praxistag in der Bauecke folgende verschiedene Impulsarten.
2. Fixieren Sie Ihre Beobachtungen schriftlich und bringen Sie Ihre Erfahrungen im Unterrichtsgespräch ein.

❖ Wortlos selbst bauen und schauen, was die Kinder übernehmen

❖ Vorschläge machen wie „Ihr könntet … bauen“

❖ Direkte Spielideen geben: „Ich möchte gerne mit meinem Flugzeug landen, aber ich sehe noch keine Landebahn ...“

Bitte im Dokumentationsheft ablegen.

	Lerntheke 11 **Kindliches Bauen**
Sozialform	Kollegial (zu zweit)
Arbeitsmittel	Arbeitsblatt „3. Erzieherisches Verhalten beim Bauen“

Förderliches Verhalten der Fachkraft

Diskutieren Sie darüber und benennen Sie in persönlich-hierarchischer Form förderliche erzieherische Verhaltensweisen beim kindlichen Bauen. Tragen Sie sie auf dieser Skala ein:

Sehr wichtig

____

____

____

____

____

____

____

____

____

____

____

____

____

____

____

____

____

____

Auch wichtig

Bitte im Dokumentationsheft ablegen.

	**Lerntheke 12** **Kindliches Bauen**
Sozialform	Kollegial (zu zweit)
Arbeitsmittel	• Arbeitsblatt „4. Zur Auswahl des Baumaterials“

Baumaterial auswählen

Was wissen Sie zur Auswahl von Baumaterial?

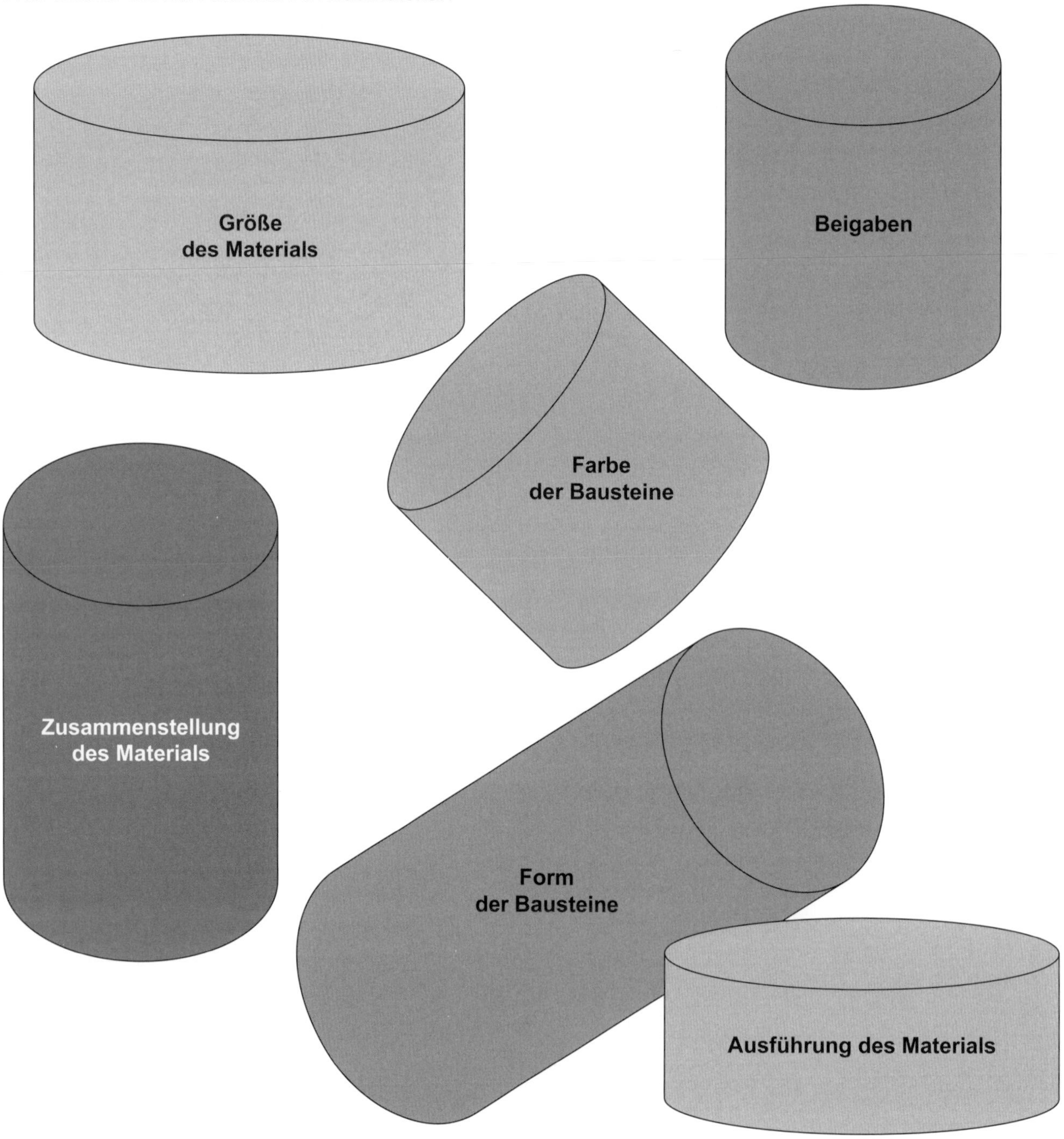

Bitte im Dokumentationsheft ablegen.

	**Lerntheke 13** **Kindliches Bauen**
Sozialform	Einzelarbeit
Arbeitsmittel	• Ein Fachkatalog für Spielmaterial • Präsentationsbogen

Präsentation von Spielmaterial

Nutzen Sie einen Spielmaterial-Fachkatalog, in dem Materialien zum Bauen und Konstruieren enthalten sind. Suchen Sie sich ein Material aus, das Sie in Ihrer Kindertagesstätte vorfinden und im Klassenzimmer ausstellen können.
In einer vereinbarten Unterrichtsstunde stellen Sie das Material nach folgenden Kriterien Ihren Mitschülern (Kleingruppen) vor.

SOL

Präsentationsbogen Spielmaterial zum Bauen und Konstruieren

Name des Spielmaterials:
Genaue Bezeichnung

Hersteller:
Genaue Angaben zur Bezugsquelle

Beschreibung des Spielmaterials:
Genaue Beschreibung des Materials von außen nach innen vorgehend;
Verpackung, einzelne Spielobjekte (Farben, Formen, Material, Qualität u. a.)

Spielidee:
Beschreibung des Spielverlaufs (Schritte des Spielverlaufs), Angaben zur Spielanleitung

---

Sachbezug:
Thematischer, inhaltlicher Bezug zum täglichen Leben

Dauer des Spiels:
Angaben zur Spielzeit bzw. Spieldauer

Lernort-kooperation

Spielort:
Angaben zum „idealen" Spielort, äußere Rahmenbedingungen für einen guten Spielverlauf (Raum-/Sitzordnung o.a.)

Bitte im Dokumentationsheft ablegen.

(Fortsetzung →)

(Fortsetzung Lerntheke 13)

Präsentation von Spielmaterial zum Bauen und Konstruieren

Spieldarbietung:
Angaben zu einer günstigen Darbietung des Spielmaterials im Freispiel; „vorbereitete Umgebung"

Pädagogische Zielsetzungen des Spiels:
Welche pädagogischen Zielsetzungen aus den verschiedenen Bildungsbereichen werden durch das Spielen mit diesem Material angestrebt, und wodurch im Einzelnen? (Begründungen)

Zielgruppe:
Angaben zur angestrebten Zielgruppe (Alters-, Geschlechtsprofil, Gruppenstärke, individuelle Merkmale der Spieler)

Methodisch-didaktische Überlegungen:
Angaben zur methodischen Vorgehensweise und Einführung des Spielmaterials; Aufbau und Anordnung unterschiedlicher Spielvarianten.
Thematische Hinführung zum Spiel, Möglichkeiten eines sinnvollen Abschlusses und mögliche Anschlussbeschäftigungen

Mögliche Schwierigkeiten:
Welche Schwierigkeiten sind innerhalb des Spielverlaufs zu erwarten? Wie sind diese zu umgehen?

Pädagogische Würdigung:
Wert des Spielmaterials (Zusammenfassung)

Persönliche Würdigung:
Persönliche Wertschätzung des Spielmaterials, eigene Erfahrungen

Bitte im Dokumentationsheft ablegen.

	**Lerntheke 14** **Kindliches Bauen**
Sozialform	Team
Arbeitsmittel	• Arbeitsblatt „4. Zur Auswahl des Baumaterials“ • PC, Präsentationssoftware

Auswahl sinnvoller Spielmaterialien

Bereiten Sie eine Powerpoint-Präsentation für einen Elternabend vor. An dem (fiktiven) Abend sollen Sie den Eltern sinnvolle Kriterien für die Auswahl von Spielmaterial zum Bauen und Konstruieren an die Hand geben.

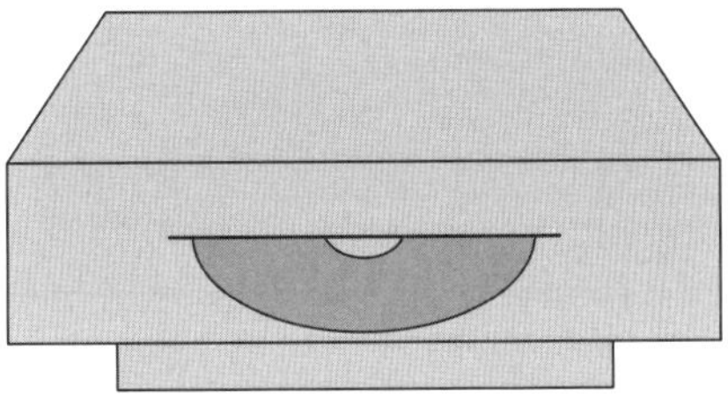

Bitte auf CD gebrannt oder auf USB-Stick bei Ihrer Lehrkraft abgeben.

Bitte im Dokumentationsheft ablegen.

	**Lerntheke 15** **Kindliches Bauen**
Sozialform	Kollegial (zu zweit)
Arbeitsmittel	• Ländereigener Bildungsplan für Kitas (z. B. bayerischer BEP S. 54 ff., URL: *www.ifp.bayern.de/projekte/curricula/BayBEP.php* • PC, Präsentationssoftware

Kompetenzerwerb der Kinder

Welche Basiskompetenzen können Kinder beim Bauen und Konstruieren erwerben?
Beziehen Sie sich konkret auf Aussagen Ihres Bildungsplans für Kitas.

➔ Personale Kompetenzen

➔ Kompetenzen zum Handeln im sozialen Kontext

Bitte im Dokumentationsheft ablegen.

	**Lerntheke 16** **Kindliches Bauen**
Sozialform	Kollegial (zu zweit)
Arbeitsmittel	• Ländereigener Bildungsplan für Kitas (z. B. bayerischer BEP S. 54 ff., URL: *www.ifp.bayern.de/projekte/curricula/BayBEP.php* • PC, Präsentationssoftware

Kompetenzerwerb der Kinder

Welche themenübergreifenden Bildungs- und Erziehungsperspektiven erkennen Sie im kindlichen Bauen und Konstruieren bezogen auf

➔ Mathematik, Naturwissenschaft, Technik, Umwelt (fragende und forschende Kinder)?

➔ musikalische und gestalterische Angebote (künstlerisch aktive Kinder)?

Beziehen Sie sich per Zitate auf den Bildungsplan.

Bitte im Dokumentationsheft ablegen.

	Lerntheke 17 **Kindliches Bauen**
Sozialform	Kollegial (zu zweit)
Arbeitsmittel	Arbeitsblatt „5. Was wirkt hemmend auf das kindliche Bauen?“

Hemmende Faktoren

Welche Aspekte können hemmend auf das kindliche Bauen und Konstruieren wirken? Studieren Sie die Grundlagen und verknüpfen Sie mit Ihren Erfahrungen an der Praxisstelle.

Bitte im Dokumentationsheft ablegen.

	**Lerntheke 18** **Kindliches Bauen**
Sozialform	Kollegial (zu zweit)
Arbeitsmittel	Fachtext „Bauen und Konstruieren als lustvolles Lernen“ von Hans-Jürgen Beins (S. 96 ff.)

Zum Grundlagentext I

SOL

1. Lesen Sie den Fachbeitrag von H.-J. Beins aufmerksam.
2. Welchen pädagogischen Wert erkennt der Autor im kindlichen Bauen?

3. Welche methodischen Hinweise erfahren Sie zur Gestaltung einer Bewegungsbaustelle? Dokumentieren Sie in den einzelnen Bausteinen:

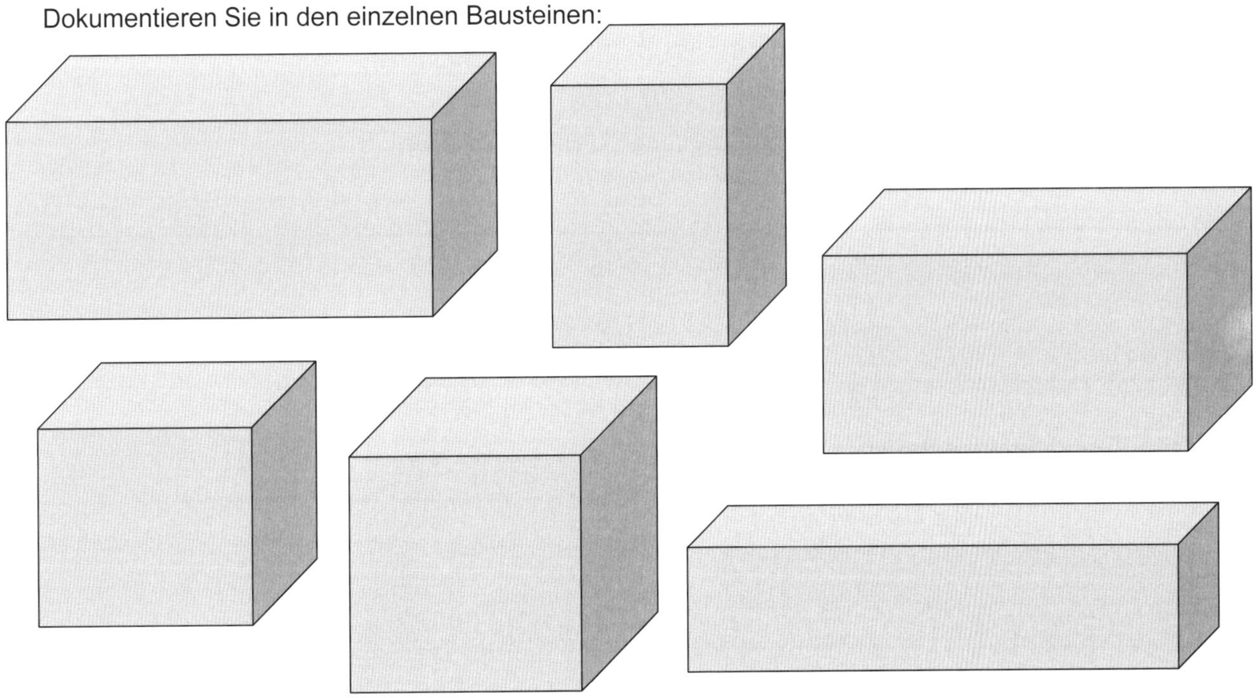

Lernort-kooperation

Bitte im Dokumentationsheft ablegen.

	**Lerntheke 19** **Kindliches Bauen**
Sozialform	Kollegial (zu zweit)
Arbeitsmittel	• Fachtext „Bauen und Konstruieren als lustvolles Lernen“ von Hans-Jürgen Beins (S. 96 ff.) • Text „Praxisbeispiele“ von Hans-Jürgen Beins (S. 103 f.)

Bauen mit Kindern / Zum Grundlagentext II

1. Lesen Sie den Fachbeitrag von H.-J. Beins sowie folgendes Praxisbeispiel aufmerksam:

Praxisbeispiel „Die wackligen Türme“...

2. Bauen Sie mit Kindern verschiedener Zielgruppen in Ihrer Praxisgruppe Türme mit unterschiedlichen Baumaterialien und beobachten Sie altersspezifisch. Notieren Sie Ihre Beobachtungen und tauschen Sie sich mit der Praxisanleitung aus.

3. Definieren Sie auf dem Hintergrund Ihrer Erfahrung die Begrifflichkeiten

a. prozessorientiertes Bauen

b. produktorientiertes Bauen

Bitte im Dokumentationsheft ablegen.

	**Lerntheke 20** **Kindliches Bauen**
Sozialform	Kollegial (zu zweit)
Arbeitsmittel	• Fachtext „Bauen und Konstruieren als lustvolles Lernen“ von Hans-Jürgen Beins (S. 96 ff.) • Text „Praxisbeispiele“ von Hans-Jürgen Beins (S. 103 f.)

Bauen mit Kindern / Zum Grundlagentext III

SOL

1. Lesen Sie den Fachbeitrag von H.-J. Beins sowie folgendes Praxisbeispiel „Die wackligen Türme“ aufmerksam:
2. Wählen Sie aus den Praxisbeispielen ein für Ihre Praxisgruppe geeignetes aus:

3. Spielen Sie es mit den Kindern nach und dokumentieren Sie Ihre Beobachtungen. Worin stimmen diese mit den im Fachbeitrag geschilderten Beobachtungen überein?

Lernort-kooperation

Bitte im Dokumentationsheft ablegen.

Beurteilung zum Dokumentationsheft „Das kindliche Bauen“

für (Name): ______________________________ Abgabe am: ______________

	Sehr gut bis gut	zufriedenstellend bis verbesserungsfähig	verbesserungswürdig bis unzureichend
Äußere Form/ästhetische Gestaltung der Arbeit (Übersichtlichkeit, Deckblatt, ansprechende Gestaltung, besondere Abbildungen/Skizzen, Bebilderung/Fotos, Gestaltung der Zeichnungen o. a.)			
Sprachlicher Ausdruck (Grammatik, Rechtschreibung, Ausdruck, Fachbegrifflichkeit u. a.)			
Anwendung von Fachwissen (Fachliche Richtigkeit, Präzision, Vollständigkeit, thematische Bezüge und Zusammenhänge, Transfer von Fachwissen u. a.) • PowerPoint-Präsentation: Wissen anwenden • Zusammenhang mit dem Bildungsplan für Kitas herstellen • Fachbeitrag analysieren			
Praxisbezug (Umsetzen der Aufgaben, Präzision der Beschreibungen, Vielfältigkeit, Vollständigkeit, Fachbegrifflichkeiten, Kausalitäten, differenzierte Beobachtung, Reflexionsfähigkeit u. a.) • Beobachtungsaufgabe • Impulsaufgabe • Fachbeitrag umsetzen in praktische Erfahrungen			

Persönliche Empfehlung an den Herausgeber/die Herausgeberin	Beurteilung

_______________ _______________________________

Datum *Unterschrift Lehrkraft*

METHODEN-WORKSHOP zu Bildungsprozessen

Ziele

LERNFELD 4

Bildungsprozesse anregen und begleiten

Kompetenzerwerb Erzieherpraktikant/-in

- Der/die Erzieherpraktikant/-in begreift Bildung als individuellen, lebenslangen, kulturschaffenden Prozess.
- Er/sie akzeptiert die Abhängigkeit von Bildung und Wertesystem einer Gesellschaft.
- Er/sie unterscheidet Bildungsaufträge unterschiedlicher Einrichtungen auf der Basis ihrer Konzeptionen.
- **Er/sie lässt individuelles Bildungsgeschehen zu, begleitet es, regt es an.**
- **Er/sie berücksichtigt bei der Durchführung von Bildungsprozessen Schritte methodischen Handelns und Grundprinzipien ganzheitlichen und erfahrungsreichen Lernens.**
- **Er/sie erlebt Schwierigkeiten in individuellen Bildungsprozessen und fördert die Fähigkeit der Edukanden, mit solchen konstruktiv und resilient umzugehen.**
- Er/sie reflektiert die eigene Bildungsbiografie.
- Er/sie entwickelt eigene Bildungs- und Entwicklungsziele.
- Er/sie erkennt die Notwendigkeit von Fort- und Weiterbildung.

Methoden-Workshop – Die Organisation

[Hinweis: Dies ist ein erprobter Workshop, der jedoch in Abfolge und Inhalt variiert werden kann.]

→ **Einführung in die Grundlagen: Ziele und Methoden in der sozialpädagogischen Praxis**
– Grundlagen sozialpädagogischer Praxis –

(Lehrkraft1 ____________________, Lehrkraft 2 ____________________, Datum: ____________________)

→ **Erarbeitung der Handlungssituation „Bauecke"**
Beobachtungssequenz interpretieren – Anwendung von Zielfindung – Methodenwahl

(Lehrkraft1 ____________________, Lehrkraft 2 ____________________, Datum: ____________________)

→ **Hospitation von Lehrbeispielen in den Bildungsbereichen**

Datum: ____________	**BILDUNGSBEREICH**	**Lehrkräfte** aus unterschiedlichen Fachbereichen (es wird immer in Team-Teaching gearbeitet)
	Starke Kinder	
8:00 – 9:30 Uhr	Häusliches Angebot ____________________	L1 / L2
9:30 – 11:30 Uhr	Bewegungsangebot ____________________	L1 / L2
	Fragende und forschende Kinder	
11:30 – 13.00 Uhr	Naturwissenschaftliches Experiment ____________________	L1 / L2
Externer Termin	Rhythmik mit Bausteinen	L1 / L2
	Künstlerisch aktive Kinder	
13:45 – 15:15 Uhr	Werkschaffendes Angebot ____________________	L1 / L2
15:15 – 16:45 Uhr	Musikalisches Angebot ____________________	L1 / L2
	Sprach- und medienkompetente Kinder	
8:00 – 9:30 Uhr	Einführung eines Fingerspiels ____________________	L1 / L2
	Werteorientiert und verantwortungsvoll handelnde Kinder	
9:30 – 11:00 Uhr	Erzählen einer biblischen Geschichte ____________________	L1 / L2

→ **Dokumentation & Reflexion im Hinblick auf die Handlungssituation**

- Möglichkeiten der Dokumentation
- Reflexion der Zielsetzungen
- Reflexion von Methoden und methodischen Grundprinzipien
- Ausblick
- Evaluierung des Workshops

(Lehrkraft1 ____________________, Lehrkraft 2 ____________________)

Methoden-Workshop – Inhalte: Die Grundlagen

Drei Ebenen des didaktischen Prozesses

3. Ebene – Dokumentation und Reflexion

2. Ebene – Planung und methodisches Vorgehen

1. Ebene – Zielgruppe und Zielsetzungen

(Folie im Verbund mit S. 134 verwenden)

Schritte methodischen Vorgehens: Überblick

WAS?

Dokumentation

- Individuelle
- institutionelle Prozesse in unterschiedlichen Dokumentationsformen

WIE?

Reflexion

✓ Ziele
✓ Inhalte
✓ Methoden

→ Evaluierung

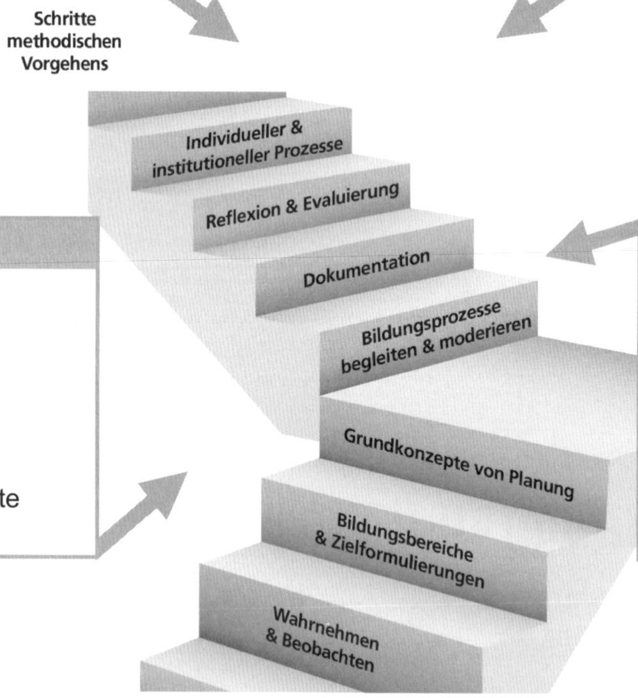

WIE?

Verlauf

Planung:

- Funktion
- Ablauf
- Kennzeichen
- Inhalte
- Planungsinstrumente

WIE?

Methodisches Vorgehen

WOMIT? WO? WANN?
Begleiten, moderieren, philosophieren

→ Ko-Konstruktion/SOL

WER?

- Situationsanalyse des Edukanden
- Ressourcen u. a.
- Familiäre Situation – Lebensumfeld
- Wohnsituation – soziales Umfeld
- Situation des Kindes/Jugendlichen in der Einrichtung/Gruppe

WARUM? WAS?

Leitziel → Grobziele → Feinziele

↙ ↓ ↘

Operationalisierte Ziele

- Fähigkeits-, Fertigkeits-, Erkenntnis-, Einstellungsziele
- SMARTE Ziele

Startfrage: Wie ist mein methodisches Vorgehen?

Grundlagentext: Methoden und Methodenvielfalt

Definition

Methoden sind Wege zum Ziel.

Methode bedeutet im ursprünglichen (griechischen) Wortsinn „Weg“, d. h., durch die Wahl einer Methode wird ein Weg gesucht, um ein vorgegebenes Ziel zu erreichen, denn:

> *„Wer vom Ziel nichts weiß, kann den Weg nicht finden.“*
>
> Christian Morgenstern

Methodenvielfalt bedeutet also, den Weg des Lernens vielfältig zu gestalten, ohne das Ziel aus dem Auge zu verlieren, immer wieder andere Wege zu beschreiten, um es zu erreichen. Jedes Kind hat einen anderen Lernzugang, braucht also möglicherweise einen anderen Weg zum Ziel; deshalb macht es Sinn, unterschiedliche Vorgehensweisen zu berücksichtigen, um den Kindern individuelle Lernwege zu gewähren.

Dies gilt für die Arbeit im **Freispiel** mit den verschiedenen Möglichkeiten ko-konstruktiver Spielbegleitung ebenso wie für die Durchführung unterschiedlicher **Bildungsangebote**.

Die Auswahl orientiert sich grundsätzlich an der Situation des Kindes/der Kinder: Was sind die aktuellen Interessen, Bedürfnisse, Ressourcen, Wünsche u. a. der Kinder? Dies stärkt die intrinsische Motivation. Aktuelle Bezüge erfahren wir in einer feinfühligen fachlichen Beobachtung, die ein situatives Vorgehen erlauben.

Auch innerhalb dieser Bildungsangebote sind **Möglichkeiten von Methodenvielfalt** zu erschließen, um dort den mitwirkenden Kindern einen möglichst ganzheitlichen Zugang zu einem Thema zu eröffnen.

Zielführend, d.h. intentional (mit Absicht) zu arbeiten, heißt nicht „ergebnisorientiert“ im Sinne von produktorientiert zu arbeiten: Der Weg, d.h. der Prozess ist das Ziel. Wir begleiten die Kinder/Jugendlichen in einer ko-konstruktiven erzieherischen Haltung, die Präsenz voraussetzt und den Kindern ein höchstmögliches Maß an Partizipation erlaubt. Die Kinder selbst sind gehalten, nach Lösungen zu streben, Fehler sind wichtig in einem sozialen Kontext, d.h., in Interaktion mit anderen Kindern bzw. Erwachsenen eigene Lernwege zu gehen. Der Erzieher/die Erzieherin ist Lernbegleiter.

Die erzieherische Grundhaltung ist geprägt von einem Bild des Kindes als kompetentes Kind, das seinen eigenen Lernweg konstruiert. Wir begegnen diesem Kind mit Empathie und Wertschätzung sowie Akzeptanz seiner Person. Grundlage eines jeden methodischen Vorgehens ist die fachliche Beobachtung.

Grundsätzlich kann bei einem Bildungsangebot …

- **induktiv** vorgegangen werden; d.h., durch eine gezielte Vorgehensweise wird das Kind an ein Thema herangeführt. Das kann auf sehr unterschiedliche Weise geschehen, z. B. durch ein Gespräch, ein Rätsel;
- **deduktiv** vorgegangen werden; d.h. es wird „ableitend“ gearbeitet. Das kann in verschiedener Weise geschehen, z. B. mittels einer Geschichte, einer Bildbetrachtung.

Dabei ist die Vorgehensweise entscheidend: Die Art der Ausgestaltung einer Geschichte, eines Gesprächs o.a. macht die Methode induktiv oder deduktiv.

Methodische Grundprinzipien sind unter anderem:

- Sensible Phasen in der Entwicklung der Kinder nützen (vgl. Auswahl des Bildungsangebotes für das Kind/die Kind/er).
- Ganzheitliches Lernen ermöglichen, d.h., in verschiedenen Bildungsbereichen und mit allen Sinnen lernen.
- Sinnvoller Aufbau der Lernschritte
- Vom Leichten zum Schweren, vom Konkreten zum Abstrakten, vom Nahen zum Fernen
- Anschaulichkeit schaffen.
- Motivation halten.
- Selbsttätigkeit der Kinder anregen (mit Maria Montessori: „Hilf mir, es selbst zu tun“) und Selbstkontrolle ermöglichen.
- Sinnvolle Wiederholungen schaffen.
- Wechsel in der Sinnestätigkeit der Kinder anregen.
- Dynamik und Abwechslung schaffen.
- Methodenwechsel bewusst einbauen, d.h., ausgewogene Vielfalt der Methoden, um jedem Menschenkind seinen individuellen Lernweg zu ermöglichen.
- Umsichtiger Umgang mit Lob
- Formale wie inhaltliche Grenzen und Einschränkungen (weniger ist mehr) können bedeutungsvolle Entwicklungsimpulse sein.

Weitere methodische Elemente können sein:

- ✓ **Vor Beginn des Bildungsangebotes**: Kinder erst auffordern zum Fertigspielen, Wartezeiten vermeiden bzw. bewusst gestalten (Verse, Fingerspiele o.a.), Kinder zum Toilettengang ermuntern. **Führung übernehmen,** z. B. welche Position/Haltung nimmt Erzieher/-in ein. Alle Kinder mit Blickkontakt auf sich ziehen, dann erst beginnen. Aufmerksamkeit der Kinder einfordern, klare Ansagen machen.
- ✓ **Raumgestaltung**: Vorbereitete Umgebung, gestaltete Mitte, ungestörter Raum, frische Luft, gute Beleuchtung, alle Kinder betreten gleichzeitig/nacheinander/einzeln aufgefordert den Raum.
- ✓ **Äußere Ordnung gleich innere Ordnung:** Ein unaufgeräumter Raum lenkt die Aufmerksamkeit der Kinder vom eigentlichen Geschehen ab, weil unterschiedliche Wahrnehmungseindrücke beeinträchtigen.

- ✓ Kinder saugen Eindrücke aus der Umgebung auf wie ein nasser Schwamm. Montessori spricht vom „absorbierenden Geist" des Kindes: Wir schaffen Ordnungssysteme, die es dem Kind ermöglichen, seine Eindrücke zu ordnen und damit eine Sicherheit zu erfahren, z.B. Darbietung von Materialien in einem bestimmten räumlichen Kontext (Bauecke, Maltisch), auch Abgrenzung des Spielplatzes im Raum durch Spielteppiche, Spielsets u.Ä., ein spielspezifischer Kontext (z.B. Spielutensilien für eine Aufgabe auf einem Tablett). Ein solcher Rahmen ermöglicht dem Kind eine hilfreiche Abgrenzung und damit Schutz seines Spiels ohne Störung durch Dritte.
- ✓ **Sitzordnung** bezüglich der Sicht der Kinder (evtl. spiegelverkehrt sitzen), Lichtverhältnisse, Nähe zum Geschehen und Zugriff auf Spielmaterial, Platzwahl für einzelne Kinder/mehrere Kinder. Bezüglich Sitzplatz des Erziehers (Sicht und Nähe einzelner Kinder, Zugriff auf benötigtes Material). Art der Sitzplätze für die Kinder (Stühle, Kissen, freier Sitzkreis o.a.).

- ✓ **Vorbereitung des Materials**: In einzelnen Schalen für jedes Kind, nach Material sortiert, für Kinder frei zugänglich, auf einem Materialtisch o.a.
- ✓ Die Art/Größe des Materials wirkt sehr direkt auf die praktische Arbeit, vgl. z. B. Format des Papiers, dicke/dünne Pinsel, Art der Malstifte (dicke, dünne Stifte, Menge von Farben), Art der Knetmasse, Wahl der Bälle, Art und Größe eines Bildes zur Betrachtung (Details!), Art eines Bildes: Bei einem Bild mit recht freien Techniken bleibt mehr Raum für die Vorstellung als bei einer detailreichen Federzeichnung. Größe des Faltpapiers: vgl. manuelle Fertigkeiten der Kinder; Grundsatz: Je jünger die Kinder, desto größer die Materialien wie Papier, Stifte.
- ✓ Die Wahl des Materials muss sich gut verbinden mit der Zielführung. Z. B. beim Turnen: Welches Gerät eignet sich, um das Hauptziel zu erreichen?
- ✓ Material wird detailliert erarbeitet/wird als bekannt vorausgesetzt.
- ✓ Mit Material wird experimentiert, weil es neu/unbekannt ist.
- ✓ Neue Materialien werden immer eingeführt.
- ✓ Materialien sind immer vollständig, geordnet und in gepflegtem Zustand anzubieten; nur dann kann vom Kind ein sorgfältiger Umgang erwartet werden.
- ✓ **Themenwahl,** z. B. beim Malen/Plastizieren: Bewusst einschränken, um den Kindern mehr Orientierung zu gewähren, oder ganz frei formulieren.
- ✓ Mit **Vorbild und Nachahmung** arbeiten (vorzeigen – nacharbeiten, vorsprechen – nachsprechen) – alle Kinder arbeiten gleichzeitig nach, Kinder arbeiten aufgefordert nacheinander nach.
- ✓ Das eigene Vorbild, z. B. in der Sprache (Dialekt, Grammatik), ist hoch wirksam!
- ✓ Sprachliche Begleitung bewusst einsetzen, z. B. bei neuen Begriffen, unklaren Vorstellungen, Handlungsanweisungen.
- ✓ Mitarbeiten oder „nur" anleiten, vgl. Malen und Zeichnen, eigene Vorstellungen der Kinder blockieren?
- ✓ **Hilfestellung/Scaffolding** im Sinne einer ko-konstruktiven erzieherischen Haltung als Lernbegleitung allgemein oder individuell anbieten, direkt und indirekt, vom eigenen Platz aus oder in Bewegung gehen. Wichtiges Ziel ist es, die Selbsttätigkeit des Kindes anzuregen, nur Entwicklungsimpulse zu geben für die eigene Kompetenz des Kindes.
- ✓ Konstruktive Hilfen anbieten, z. B. in die Luft malen lassen, Vorstellungen wecken oder festigen, mit dem Finger auf das Papier o.a.
- ✓ Kinder gegenseitig zu Hilfestellung aufzufordern.
- ✓ **Lob:** Kinder individuell und konkret und nachvollziehbar loben (nicht undefiniert wie „toll", „super"); dabei beachten: Das Lob, an ein Kind gerichtet, kann ein anderes Kind zurücksetzen.
- ✓ Bewusst, d.h. sparsam loben: Lob schafft auch Abhängigkeit vom Lobenden. Besser: Das Kind soll lernen, sich von sich aus und für sich selbst über Gelungenes zu freuen (was anteilnehmende Mitfreude des Erziehers nicht ausschließt).
- ✓ Lob nur authentisch einsetzen: Der Erzieher muss ehrlich und aufrichtig loben, selbst überzeugt sein von der Aufrichtigkeit des Lobes, kein inflationäres Lob.
- ✓ **Individualisierend** arbeiten: Bewusst einzelne Kinder ansprechen, vgl. auch unterschiedliche Lernzugänge.
- ✓ Durch **sprachliche Mittel** wie variierende Lautstärke, Betonung o.a. Spannungsbogen aufbauen.
- ✓ Sprachlich wie inhaltlich klare Ansagen machen (weniger ist auch hier oft mehr). Selbst einen klaren Plan im Kopf haben, um klare Aufträge, Handlungsanweisungen u. a. an die Kinder geben zu können.
- ✓ Klar formulierte Grenzen sind für die Kinder ein hilfreicher Rahmen: Sie geben Halt und Sicherheit; dies führt zu einem kraftvollen Tun beim Kind.
- ✓ Endlose Begründungen und Diskussionen sind zu vermeiden; die Kinder werden dadurch oft zu früh und zu weitgehend in einen Intellektualismus gebracht, der nicht entwicklungsgemäß ist. Schon junge Kinder fühlen sich dann zeitweise in einer beurteilenden Haltung wieder, die ihrem altersgemäßen Urteilsvermögen nicht entsprechen kann. Die Folge: Überforderung beim Kind.
- ✓ Kinder müssen durchaus erwachsene Entscheidungen ohne Begründungen akzeptieren lernen; dadurch kann ein respektvoller Umgang mit Anderen erwachsen.
- ✓ **Mimik und Gestik** bewusst einsetzen, um eine lebendige Gestaltung zu unterstreichen.

- ✓ Gestik und Bewegungen einbauen, um die Kinder aktiv gestalterisch einzubinden, Vorstellungen zu vertiefen (z. B. Formen).
- ✓ **Pausen** zum Nachdenken, zum Motivationsaufbau o.a. einsetzen, vgl. auch Abschluss.
- ✓ Mittels gezielter offener **Fragen** die Kinder zielorientiert leiten, die Kinder mit eigenen Erlebnissen/Erfahrungen einbinden.
- ✓ Offene Fragen bevorzugen. Alternativ-, Suggestiv-, Kollektivfragen und sogenannte „Glatteisfragen" vermeiden.
- ✓ **Anschauung/Demonstration/Darbietung (Montessori)** nützen, um den Kindern eine konkrete Vorstellung zu ermöglichen.
- ✓ Bestimmte Gestaltungselemente wie Gegenstände, Bilder verbergen, um Motivation zu schaffen, Spannung aufzubauen.
- ✓ Auch mal auf eine sprachliche Begleitung bewusst verzichten, um die volle Aufmerksamkeit des Kindes auf die Beobachtung zu lenken.
- ✓ **Sinnliche Wahrnehmungen** bewusst ausschalten (visuelle durch Augenschließen, auditive durch Flüstern, taktile durch Verstecken unter einem Tuch), um Motivation aufzubauen, andere Sinne zu mobilisieren, Vorstellungen zu wecken.
- ✓ Unterschiedliche Lernwege bewusst einsetzen, z. B. über verschiedene Sinneswahrnehmungen (fühlen, sehen, hören, riechen, schmecken). Oder:
- ✓ **Verschiedene Lernkanäle** wie Sprache, Musik, Bewegung einsetzen (z. B. Liedeinführung: Text des Liedes, Melodie, Rhythmus in Bewegung umsetzen).
- ✓ **Motivation** entsteht, wenn Interesse und Teilhabe vorhanden sind – im höchsten Maße ist das im Spiel der Fall: Eine „Spielidee" trägt über weite Strecken die Motivation („Tempo, kleine Schnecke": Nicht, wer gewinnt, ist für das Kind wichtig, sondern die, ach-so-langsamen Schnecken müssen angefeuert werden).
- ✓ Motivation entsteht sowohl durch das Material wie auch den Prozess, z.B. das Rieselgeräusch beim Umschütten in ein anderes Gefäß: Den „Punkt des Interesses" erkennen (M. Montessori).
- ✓ Motivation schaffen durch kindliche Partizipation: Zeigen lassen, um Kinder in ihren Kompetenzen, ihrem Selbstvertrauen u. a. zu stärken und andere Kinder zur Nachahmung zu motivieren.
- ✓ **Wiederholungen** einsetzen, um Wissen/Fähigkeiten/Fertigkeiten zu sichern, zusammenzufassen, zu vertiefen.
- ✓ Schwierige Teilaufgaben bewusst selbst oder durch Kinder wiederholen lassen.
- ✓ Kinderbeiträge bewusst wiederholen, z. B. um inhaltlich oder sprachlich zu verbessern, Wichtigkeit zu unterstreichen, für alle hörbar zu machen. Keine Papageiensprache!
- ✓ **Nutzen der 3- Stufen-Lektion (nach Montessori):** Stufe **Assoziation.** Der Erzieher führt vor, wie mit dem Material gearbeitet wird. Dabei geht er genauso vor, wie das Kind später mit dem Material arbeiten soll, und benennt die Materialien entsprechend. z. B. beim Perlenmaterial „Das ist eine rote Perle."
  Stufe **Reproduktion**. Der Erzieher prüft, ob sich das Kind die unter Stufe 1 erarbeiteten Begriffe gemerkt hat und auf das Material zeigen kann. Z. B. beim Perlenmaterial: „Wo ist die rote Perle?" Oft auch in Verbindung mit bei Kindern sehr beliebten Hol- und Bringspielen: „Leg die rote Perle unter den Teppich; bring die blaue Perle zu A". Durch die Verbindung mit Bewegung bleiben die Begriffe sehr nachhaltig.
  Stufe **Abstraktion**. Der Erzieher zeigt das erarbeitete Material und fragt nach dessen Bezeichnung. Z. B. beim Perlenmaterial: „Was ist das?" und zeigt dabei die rote Perle.
- ✓ Betrachtung u. Ä. als bewusste und möglichst individuelle **Wertschätzung** geleisteter Tätigkeit der Kinder.
- ✓ Einbringen des Ergebnisses in den Kita-Alltag, z. B. etwas aufhängen, der Gruppe vorzeigen, den Jahreszeitentisch damit gestalten, beim Elternfest tanzen.

- ✓ Der **Abschluss** sichert, vertieft, stellt Wichtiges heraus.
- ✓ Dabei soll ein neuer Impuls zum Thema an die Kinder herangetragen werden, z. B. ein bereits bekanntes Lied zum Thema. Dabei öffnet sich ein anderer Lernweg als der bisherige.
- ✓ Beim Abschluss keine ausgiebige Wiederholung des erarbeiteten Inhalts!
- ✓ Moralisierende Auswertungen oder Quintessenzen („die Moral von der Geschichte") unbedingt vermeiden, besonders bei ethischen Angeboten, bei Märchen u. a. Bei einer inhaltlich-methodisch gelungenen Arbeit dürfen wir darauf vertrauen, dass die Kinder die Aussage verstanden haben, auch wenn sie diese vielleicht noch nicht bewusst verbalisieren können. Zudem gibt es ein nächstes Mal. Jedes Kind soll die Freiheit haben, sich das aus einem Bildungsangebot „mitzunehmen", was es im Augenblick für seine Entwicklung braucht – **diese Weisheit trägt jedes Kind zutiefst in sich**. Mutig darauf zu vertrauen, ist unsere erzieherische Haltung, die mit dem Bild vom Kind zu tun hat.
- ✓ Eine kurze Pause nach dem Erzählen, dem Gespräch schafft für die Kinder die Chance, ihre Eindrücke sprachlich auszudrücken und der Erzieherin zu zeigen, wo sie inhaltlich gerade angebunden sind, was sie beschäftigt. Diese Gedanken des Kindes dann aufzugreifen und in ein Gespräch, ein anschließendes Malen o.a. zu integrieren, macht Sinn.

✓ Als Abschluss eignen sich grundsätzlich alle Ausdrucksformen, bei denen sich die Kinder mit dem Erlebten, dem Erfahrenen aktiv auseinandersetzen können und die „Ein-drücke aus-drücken" (z. B. Szenen nachspielen, malen).
✓ Ausblick auf **Weiterführung** des Themas in alltäglichen Bereichen, z. B. „Morgen können wir zu diesem Lied einen Tanz lernen."
✓ **Rückführung** der Kinder in das aktuelle Kindergartengeschehen nach vorheriger Absprache mit Kollegen, sowie gelenkt/begleitend. Dazu gehört eine gelenkte/begleitete Übergabe.

Mögliche Bildungsangebote
- Falten
- Reißen (formal, Mosaik)
- Schneiden
- Plastizieren mit Wachs, Ton u.Ä.
- Malen (in verschiedenen Techniken)
- Didaktische Spieleinführung
- Fingerspiel/Gedicht
- Kreisspiel
- Kreissingspiel
- Stimmbildungsgeschichte
- Liedeinführung
- Liedbegleitung erarbeiten
- Klangbild, Klangszene, Klanggeschichte
- Tanzen
- Rhythmik
- Turnen
- Sinnesübung
- Experimentieren
- Häusliches Bildungsangebot (Zubereitung von Speisen, Getränken, Kuchen / Wäschepflege / Spielmaterialpflege / Säen & Pflanzen / Raumpflege u. a.)
- Gesundheitserzieherisches Bildungsangebot (Zähne putzen / Hände waschen / gesundes Frühstück)
- Rollenspiel
- Religiöse Erzählung
- Bildbetrachtung
- Bilderbuchbetrachtung
- Rätselstunde
- Märchenerzählung
- Problemgeschichte
- Sach-/Problemgespräch

Dabei können die Bildungsangebote z. T. ganz unterschiedlichen Bildungsbereichen zugeordnet werden, je nach Schwerpunkt. So kann die Zielsetzung (das Hauptziel) z. B. bei der Bilderbuchbetrachtung „Freunde" von Helme Heine in **Sprache & Literacy** liegen, falls Hauptziel sein soll, die Kinder in ihrer Dialogfähigkeit zu begleiten. Andererseits könnte ein Hauptziel im Bereich von Empathie und Wertschätzung liegen, d.h. aus dem Bildungsbereich **Werteerziehung/ Soziale Entwicklung**. Entsprechend der Zielsetzungen gestalten sich die methodische Durchführung sowie die Gestaltung von Hinführung und Abschluss.

Methoden-Workshop – Inhalte: Handlungssituation

Beobachtungssequenz

Name des Kindes *S. (m)*	**Alter** *2;6 Jahre*	**Beobachtende/r** *A. S.*
Datum ____________	**Zeit** *von 8.45 bis 8.57 Uhr*	

Beschreibung der Handlungssituation

„In der Bauecke"

S betritt den Gruppenraum. Er steht an der Tür und schaut sich um. Nach 5 Minuten geht er in Richtung Bauecke und bleibt erneut stehen. Die spielenden Kinder K (4;10, m) und R (2;11, w) schauen ihn an. K rutscht ein Stück zur Seite. S setzt sich auf den Bauteppich, nimmt mehrere Bauklötze aus der Kiste im Regal und stellt diese vor sich auf. Dann nimmt er den Holzzug, mit dem R spielt, um ihn um seine Bausteine fahren zu lassen. Dabei beginnt er zu summen: „Tschtschtsch, die Eisenbahn ...". R nimmt ihm daraufhin den Holzzug weg. K sagt zu R: „Er will doch nur mit dir spielen!" S steht auf. Dabei fällt der von R gebaute Turm um. R fängt an zu weinen, läuft aus der Bauecke und versteckt sich hinter dem Vorhang. K zu S: „Du musst schon aufpassen, dass du nichts kaputtmachst; guck mal, jetzt weint R."

Interpretation der Handlungssituation (anhand der Anlage 1 „Engagiertheit")

Was war der Beobachtungsanlass?	*Die Beobachtung wurde vorgenommen, weil sich ähnliche Situationen derzeit häufig im Freispiel an verschiedenen Spielorten zeigen.*
Was war typisch an der beobachteten Situation?	*Ich erkenne sich wiederholende Spielereignisse, die mich wie die betroffenen Kinder unzufrieden sein lassen.*
Was löst die Beobachtung bei mir aus (Gedanken, Gefühle, Erinnerungen, Erfahrungen), bezogen auf das Kind und mich selbst?	*Typisch an der Situation ist, dass es mehreren Kindern in der Gruppe, die neu aufgenommen wurden und sich im Alter von S und R befinden, schwerfällt, sich zu verbalisieren. Ihr Spiel ist gekennzeichnet von einem Nebeneinander, das basiert auf der gemeinsamen Nutzung von Spielgeräten u.Ä.*
Wie hat sich das Kind (nach meiner Einschätzung) gefühlt in der Situation? Welche Motivationen waren erkennbar? Was waren die Motive des Kindes?	*Die Kinder R und S wollen „nur" in der Bauecke spielen. Dabei besorgen sie sich Raum und Material, um für sich bauen zu können. Alle Kinder interessiert das Thema Eisenbahn. Sie sind mehr oder weniger engagiert, d.h. unterbrechen noch häufig ihr Spiel. S und R können den Herausforderungen noch nicht adäquat begegnen. Beide Kinder empfinden sich noch nicht als Lerngemeinschaft. K versucht, zwischen den Kindern zu (er-)klären, erkennt ein „Problem".*
Welche Ressourcen wurden sichtbar?	*R und S hantieren gern mit den Bausteinen, haben Freude am Führen des Zuges. Sie lieben die Bewegung, S liebt das Singen. Sie lassen sich dann für kurze Zeit nicht ablenken, sind mit ihren Blicken ganz auf die Aktivität gerichtet. R ist in solchen Momenten auch offen für neue Spielimpulse. Sie können Spielsituationen fantasievoll gestalten. K zeigt sich kooperativ, will vermitteln. Dabei nimmt er verbale und non-verbale Zeichen seines Gegenübers wahr, Bedürfnisse anderer erkennt er und drückt Gefühle selbstbewusst aus, steht auch für andere Kinder ein.*

Anlage 1: Zur Leuvener Engagiertheitsskala

ENGAGIERTHEIT: Um zu erkennen, welche Stufe der **Engagiertheit** erreicht ist, können das Verhalten und die Handlung des Kindes anhand der folgenden **Merkmale** gedeutet werden:

Konzentration: Der Blick des Kindes ist auf seine Aktivität gerichtet. Es lässt sich nicht ablenken.

Energie: Diese lässt sich an roten Wangen, hohem körperlichen Engagement, großem Redefluss ablesen.

Komplexität und Kreativität: Das Handeln geht über Routineverhalten hinaus. Soziale und kognitive Fähigkeiten werden gut genutzt.

Gesichtsausdruck und Körperhaltung: Der Blick ist konzentriert, der Körper zeigt eine gewisse Spannung.

Ausdauer: Das Kind vergisst die Zeit und lässt sich nicht ablenken.

Genauigkeit: Das Kind handelt detailgenau.

Reaktion: Das Kind ist aufnahmebereit für neue Impulse und kann sie schnell umsetzen.

Verbale Äußerungen: Das Kind drückt seine Gefühle, sein Erleben aus.

Zufriedenheit: Das Kind verdeutlicht seine Zufriedenheit mit dem, was es erreicht hat.

WOHLBEFINDEN: Um engagiert zu sein, muss sich ein Kind wohlfühlen. Es gibt verschiedene Möglichkeiten, Wohlbefinden auszudrücken, wenngleich nicht alle **Merkmale** gleichzeitig erfüllt sein müssen als Voraussetzung für Engagiertheit:

Offenheit/Aufgeschlossenheit: Das Kind kann verbale und non-verbale Zeichen seines Gegenübers wahrnehmen. Es zeigt ein Bedürfnis, zu erkunden und zu erfahren.

Flexibilität: Das Kind reagiert auf seine Umwelt. Es lässt sich durch Unvorhergesehenes kaum aus der Fassung bringen.

Selbstwertgefühl und Selbstbewusstsein: Das Kind kann seine Gedanken und Gefühle ausdrücken und lässt sich durch Fehler nicht aus der Ruhe bringen.

Fähigkeit, sich selbst zu behaupten und zu verteidigen: Das Kind steht für seine Rechte ein und verteidigt sich selbst.

Vitalität: Das Kind macht einen wachen und energischen Eindruck. Entspannung und innere Ruhe: Das Kind ist entspannt, wirkt in sich ruhend. Es hat keine angespannten, hastigen Bewegungen.

Freude: Das Kind zeigt echte Freude und äußert sich ganz für sich.

Kontakt zu sich selbst: Das Kind ist mit sich im Reinen und kennt seine Bedürfnisse.

(Vgl. Leuvener Engagiertheitsskala, in Jeannot u.a., 2014)

Bewertung der Beobachtungssequenz
Bildungs- und Entwicklungsbegleitung der Kinder

Arbeitsauftrag 1

Nehmen Sie für sich eine Bewertung der Beobachtungssequenz entsprechend der vermerkten Inhalte vor:

1. Welche Erziehungs-/Bildungsbereiche sind relevant?

2. Beschreiben Sie die entwicklungstypischen Merkmale der Zielgruppe(n).

3. Formulieren Sie entsprechend dieser Grob- und Feinziele für die Kinder.

4. Welche spielbegleitenden Maßnahmen bieten Sie im Freispiel an?

5. Hospitieren Sie bei den Fachkollegen/-kolleginnen bei Bildungsangeboten in den verschiedenen Bildungsbereichen, unter Verwendung von Hospitationsbögen (s. z. B. Band 3, LF 3).

6. Dokumentieren Sie mit dem „Reflexiven Konzept zur reflexiven Erarbeitung von Bildungsangeboten“ (s. Seite 42):
- Welche Ziele sind für die einzelnen Kinder relevant?
- Welche methodischen Abläufe erkennen Sie?
- Welche methodischen Grundsätze wurden verwirklicht?
  Beschreiben Sie die Zielgruppe(n) unter Berücksichtigung von Entwicklungsleitgedanken.

Interpretation der Handlungssituation (anhand der Anlage 1 „Engagiertheit“)	
Beschreiben Sie die Zielgruppe(n) unter Berücksichtigung von Entwicklungsleitgedanken.	
Was waren die Interessenschwerpunkte/Bildungsthemen bezogen auf die Bildungs- und Entwicklungsbereiche?	
Welche Zielsetzungen sind in den Bildungsbereichen anzustreben (Grobziele/operationale Feinziele)? Zielebenen ergreifen!	
Wie können die Ziele methodisch didaktisch umgesetzt werden?	
Welche spielbegleitenden Maßnahmen kommen infrage?	
Welche Bildungsangebote sind für das Kind/die Kinder anzubieten?	

Anlage auf CD-ROM

Musterlösung zu Arbeitsauftrag 1

Methoden-Workshop – Inhalte: Dokumentation & Reflexion von Bildungsangeboten

Reflexives Konzept zur methodischen Bearbeitung von Bildungsangeboten:

Bildungsangebot

______________________________ (Titel)

Bezug zu themenbezogenen Bildungsbereichen
(vgl. Bildungsplan für Kitas, z. B. bayerischer BEP Punkt 7)

Bezug zu Basiskompetenzen
(vgl. Bildungsplan für Kitas, z. B. bayerischer BEP Punkt 5)

Operationalisierung der Bildungsziele über die Zielebenen:

→ *Richtziel/Kompetenz*
☐ *Grobziel*
○ *Feinziel (SMART)* *erreicht durch* } ______________________________

➔ } ______________________________

➔ } ______________________________

➔ } ______________________________

Methodisches Vorgehen
(vgl. Bildungsplan für Kitas, z. B. bayerischer BEP Punkt 7)

➔ in Bezug auf äußere Gegebenheiten
- Raum (Licht, Raumklima u.a.)

- Sitzordnung (Skizze)

➔ in Bezug auf Zeitstruktur

➔ in Bezug auf Material und Materialvorbereitung

Zum methodischen Ablauf
(vgl. Bildungsplan für Kitas, z. B. bayerischer BEP Punkt 7)

➔ Hinführung

➔ Einleitung

➔ Hauptteil

➔ Abschluss

Wichtige methodische Grundprinzipien

Querverbindungen zu anderen Bildungsbereichen
(Weiterführung des Themas, vgl. Bildungsplan für Kitas)

Arbeitsauftrag 2

Dokumentieren Sie mithilfe einer Lerngeschichte die Bildungs-/Entwicklungssituation eines in der Handlungssituation beschriebenen Kindes. Verwenden Sie die Anlage 2.

Liebe/r ...

Anlage 2: Zum Schreiben einer Lerngeschichte

„**Lerngeschichten** sind Geschichten, die vom Lernen eines Kindes während seiner Zeit in der Kindertagesstätte erzählen. Da sie für das jeweilige Kind geschrieben werden, wählen die meisten Fachkräfte als Anrede die Du-Form. Die Texte, die dabei entstehen, sind persönlich geschrieben und wie eine Art Brief an das Kind formuliert.

So erleben die Kinder, dass ihre Aktivitäten von den Fachkräften wertgeschätzt und anerkannt werden, und Eltern erfahren etwas über die Bildungsprozesse ihrer Kinder in der Kindertageseinrichtung."

(Leu 2007, S. 74)

Lerngeschichten sind eine Form der Dokumentation von Entwicklungsbeobachtungen, oft in Verbindung mit dem Entwicklungsportfolio. Sie dienen neben der Entwicklungsdokumentation und damit der didaktischen Planung auch als Basis der Kooperation mit den Eltern.

Folgende Aspekte sollen bei der Erarbeitung einer Lerngeschichte berücksichtigt werden:

✓ Beobachtungssituationen werden möglichst zeitnah und real zusammengefasst, um dem Kind ein Erinnern an die Situation zu ermöglichen. Dabei helfen Mitteilungen über eine direkte Rede: Sie fördern den Erinnerungsprozess und regen weiterführende Gespräche mit dem Kind über die jeweilige Situation an.

✓ Um eine für das Kind nachvollziehbare Dokumentation zu ermöglichen, wird eine klare, einfache, für das Kind verständliche Sprache gewählt. Die Begrifflichkeiten sind dem Kind bekannt, die Formulierungen eindeutig, die Sätze kurz.

✓ Die Entwicklungsschritte werden in der Lerngeschichte mittels kurzer Beschreibungen konkretisiert (Beispiele), um damit die Kinder anzuregen, über ihr eigenes Lernen nachzudenken.

✓ Einschätzungen/Interpretationen der Fachkräfte werden als solche formuliert („ich vermute ..., ich meine ..."), um dem Kind entweder ein Gefühl des Verstandenwerdens oder aber die Möglichkeit zur Korrektur derselben zu geben.

✓ Eine Lerngeschichte ist immer ressourcenorientiert: Die Formulierungen sind wertschätzend und anerkennend, Interessen und Kompetenzen werden herausgearbeitet, um dem Kind den Aufbau eines positiven Selbstbildes zu ermöglichen und auch eigene Schwächen annehmen zu können.

Methoden-Workshop – Inhalte: Ausblicke

Kleines pädagogisch-didaktisches Glossar zur Methodik der Bildungseinheit

Begriff	Erläuterung
Bildungsangebot (BA) (oder gezielte Beschäftigung oder pädagogisches Angebot)	Organisationsform methodischen Vorgehens: von der Fachkraft vorbereitetes und geplantes Angebot für eine Kinder-/Jugendlichengruppe, z. B. Bilderbuchbetrachtung, Liedeinführung
Freies Angebot	Die Kinder entscheiden frei, ob sie am Angebot teilnehmen, z. B. im Freispiel.
Gebundenes Angebot	Die Fachkraft setzt die Gruppe zusammen.
Entwicklungsbereich	Förderbereiche unter Berücksichtigung der gesamten Persönlichkeit des Menschen, z. B. emotionaler, sozialer, kognitiver und motorischer Entwicklungsbereich.
Bildungsbereich/ Lernbereich	Differenzierte Entwicklungsbereiche, z. B. Bewegungserziehung, Sprachförderung, ethisch-religiöse Erziehung, musikalische Bildung.
Thema	Ein Bildungsangebot findet statt zu einem bestimmten Thema. Dieses orientiert sich an den aktuellen Bedürfnissen und Interessen der Kinder. Evtl. findet es Niederschlag in der Planung.
Rahmenplan	Umfasst einen längeren Planungszeitraum, gilt für die gesamte Einrichtung und soll möglichst alle Bildungsbereiche erfassen. Gibt die Entwicklungsrichtung an.
Wochenplan	Stellt einen Arbeitsplan für eine Woche dar, gilt für eine bestimmte Kindergruppe und ist dem Rahmenplan entnommen.
Tagesplan	Enthält Ziele und Vorhaben für einen bestimmten Tag und eine bestimmte Gruppe. Soll für Vorbereitung und Organisation des Tages hilfreich sein.
Methoden	Sind Wege, die der Entwicklung der Kinder dienlich sein sollen. Mit ihrer Hilfe lassen sich Zielsetzungen verwirklichen, z. B. ist Spielbegleitung eine Methode innerhalb des Freispiels, eine Bilderbuchbetrachtung eine Methode innerhalb der Bildungsangebote. Es gibt mehrere Methoden (z. B. Freispiel, Bildungsangebote, Elternkooperation), um ein Ziel zu erreichen. Sie werden individuell ausgewählt.
Methodisches Vorgehen	Stellt die Frage, **wie** innerhalb einer Methode vorgegangen wird, z. B.: Wie wird bei einer Bilderbuchbetrachtung das Buch gehalten? Wird erst von der pädagogischen Fachkraft erzählt oder erzählen die Kinder erst, was sie auf dem Bild sehen?
Methodische Prinzipien/ Grundsätze	Es gibt allgemeingültige methodische Grundsätze wie „vom Einfachen zum Schweren", „vom Konkreten zum Abstrakten". Dazu gibt es Grundsätze auch für einzelne Bildungsangebote, z. B. beim Falten: „nicht in der Luft falten, von sich weg falten".
Situationsanalyse	Hier: Die gegenwärtige Situation des Kindes/der Kinder wird beobachtet und beschrieben: äußere Gegebenheiten (z. B. in der Familie, in der Kita), Verhalten, Gefühle, Ressourcen und Defizite o. a.
Richtziel (BZ)/ Kompetenz (LZ)	Mit einem Richtziel/einer Kompetenz werden übergeordnete Bildungs-/Lernziele im Verhalten des Kindes beschrieben, zu denen das Kind gelangen kann: Fertigkeiten, Kenntnisse, Fähigkeiten, Haltungen u. a.
Grobziel (GZ)	Es gibt ein Bildungsziel innerhalb eines Bildungsbereichs an. Beispiel: Innerhalb der Bewegungserziehung ist ein Grobziel die Körperbeherrschung.
Feinziel (FZ)	Es wird vom Grobziel abgeleitet und konkretisiert dieses. Beispiel: Körperbeherrschung → das Kind hält das Gleichgewicht, indem es auf dem Reifen balanciert → das Kind reagiert auf ein Signal und unterbricht seinen Bewegungsablauf entsprechend Man spricht auch von einem „operationalisierten Ziel"; der gesamte Prozess wird Operationalisierung genannt.

Begriff	Erläuterung
Operationalisiertes Ziel	Hier: ein Feinziel, welches SMART ist. Die SMART-Formel lautet: **S** = spezifisch Ein Ziel wird durch sogenannte W-Fragen konkretisiert: was, wann, wo, wer mit wem und wie? **M** = messbar Das Ziel kann von jedem Mitarbeiter selbst überprüft werden (Reflexion). Woran können Mitarbeiter erkennen, dass das Ziel -verwirklicht ist? **A** = akzeptabel Haben alle pädagogischen Mitarbeiter/Beteiligten am Erziehungsprozess dieses Ziel fokussiert? Ist es für alle im Team „tragbar“, d. h. akzeptiert? Wie kann diese Akzeptanz evtl. hergestellt werden? **R** = realistisch Kann das Ziel von dem/den Mitarbeiter/n aus eigener Kraft und den verfügbaren Mitteln gestemmt werden? Kann das Ziel in die pädagogische Arbeit integriert werden, ohne Mitarbeiter/Kinder zu überfordern? **T** = terminiert Wann ist das Ziel erreicht? Definiert wird dies durch einen fixierten Zeitpunkt oder ein beschriebenes Verhalten, an dem das Ziel -ablesbar wird.
Individuelles Ziel	Feinziel, das für ein einzelnes Kind (oder Kinder) besonders wichtig erscheint innerhalb der individuellen Entwicklung. Individuelle Ziele sind immer „operationalisierte“, d. h. überprüfbare Feinziele.
Lerninhalt	Geht der Frage nach: **Was** ist geeignet, um das angestrebte Ziel zu erreichen?
Gruppenkontext	Zusammensetzung der Gruppe
Heterogene Gruppe	Verschiedenartige Gruppe, z. B. in Bezug auf das Alter oder Geschlecht der Kinder. Beispiel „altersheterogene Gruppe“: Kinder verschiedenen Alters.
Homogene Gruppe	Gleichartige Gruppe, z. B. in Bezug auf das Alter oder Geschlecht der Kinder. Beispiel „geschlechts-homogene Gruppe“: nur Jungen oder Mädchen.
BEP	„Bayerischer Erziehungs- und Bildungsplan für Kinder in Tageseinrichtungen bis zur Einschulung“. Kostenlos einsehbar hier: www.ifp.bayern.de/imperia/md/content/stmas/ifp/bildungsplan.pdf Jedes Bundesland hat seinen individuellen Bildungsplan für die frühe Kindheit.
Kompetenz	Hier: Fähigkeit oder Fertigkeit
Basiskompetenz	Grundlegende Kompetenz, z. B. Selbstkompetenz
Ganzheitlichkeit	Hier: Berücksichtigung aller Persönlichkeitsbereiche des Menschen, Förderung des Kindes in allen Bildungsbereichen/Erziehungsbereichen
Medien/Materialien	Hier: alle Hilfsmittel, die dem Zweck dienen, Lerninhalte zu veranschaulichen bzw. diese umzusetzen
Hinführung	Hier: Dient der Hinführung zum Thema, soll die Kinder an das Thema anbinden, Interesse wecken, kurz: Motivation schaffen.

Begriff	Erläuterung
Einleitung	Hier: Stellt den Kindern das Ergebnis des Bildungsangebots vor (z. B. Titel und Titelbild des Bilderbuchs, fertiggestellte Faltarbeit); benennt Titel des Märchens oder das Gerät, mit dem geturnt werden soll; Vorsingen des ganzen Liedes, das gelernt werden soll.
Durchführung	Hier: Einzelne Arbeitsschritte des Bildungsangebots werden folgerichtig geplant.
Abschluss/Beendigung	Hier: Soll das Bildungsangebot beenden, einen inhaltlich-thematischen Abschluss herstellen, dabei zusammenfassen, wiederholen, vertiefen im Sinne des Lernziels. Evtl. einen Ausblick geben auf weitere Angebote zum Thema.
Reflexion	Hier: Nachbesinnung und Auswertung des Bildungsangebots anhand gezielter Fragestellungen. Beste Vorbereitung für die Durchführung weiterer Angebote.
Ko-konstruktive Haltung	Hier: Beobachtend präsente Bildungsbegleitung durch die Fachkraft, welche ausgeht von einem kompetenten Bild vom Kind: Das Kind kennt seinen eigenen konstruktiven Bildungsweg, der Erzieher/Kinderpfleger begleitet es auf diesem Weg interaktiv.
Partizipation	Beteiligung, Teilhabe, Teilnahme, Mitwirkung, Mitbestimmung der Kinder
Ressourcenorientierte Arbeit	Anknüpfung an bereits bestehende Fähigkeiten/Fertigkeiten der Kinder
Spielbegleitungsmaßnahme	Zielgerichtetes Angebot innerhalb des Freispiels für einzelne Kinder oder kleinere Kindergruppen, z. B. Memory®-Spiel mit jeweils unterschiedlichen Zielperspektiven der teilnehmenden Kinder (vgl. Merkfähigkeit, Begriffsbildung, Farbkompetenz, Zählen u. Ä.)
Resilienz	Psychische Widerstandskräfte der Kinder gegenüber Entwicklungsrisiken
Individualisierend	Auf das einzelne Kind bezogen
Sozialisierend	Gruppenbezogen
Binnendifferenzierung	Innerhalb der Lerngruppe Zielsetzungen auf einzelne Kinder abstellen
Entwicklungs-angemessenheit	Gestaltung der Lernumgebung entsprechend der sozialen, körperlichen, kognitiven und emotionalen Entwicklung der Kinder.
Scaffolding	Hier: Unterstützung des Lernprozesses z. B. durch Anleitung, Impulse, Hilfestellung, vorbereitete Umgebung u. Ä.

Arbeitsauftrag 3

Führen Sie das obige pädagogisch-didaktische Glossar im Rahmen Ihres Ausbildungsportfolios weiter, indem Sie wichtige fachliche Begrifflichkeiten dort verankern und mithilfe von Fachliteratur definieren. Sie haben so immer wieder die Möglichkeit, auf diese Fachbegriffe zurückzugreifen.

Evaluierung des Methoden-Workshops vom ____________ mit der Entwicklungsspinne*

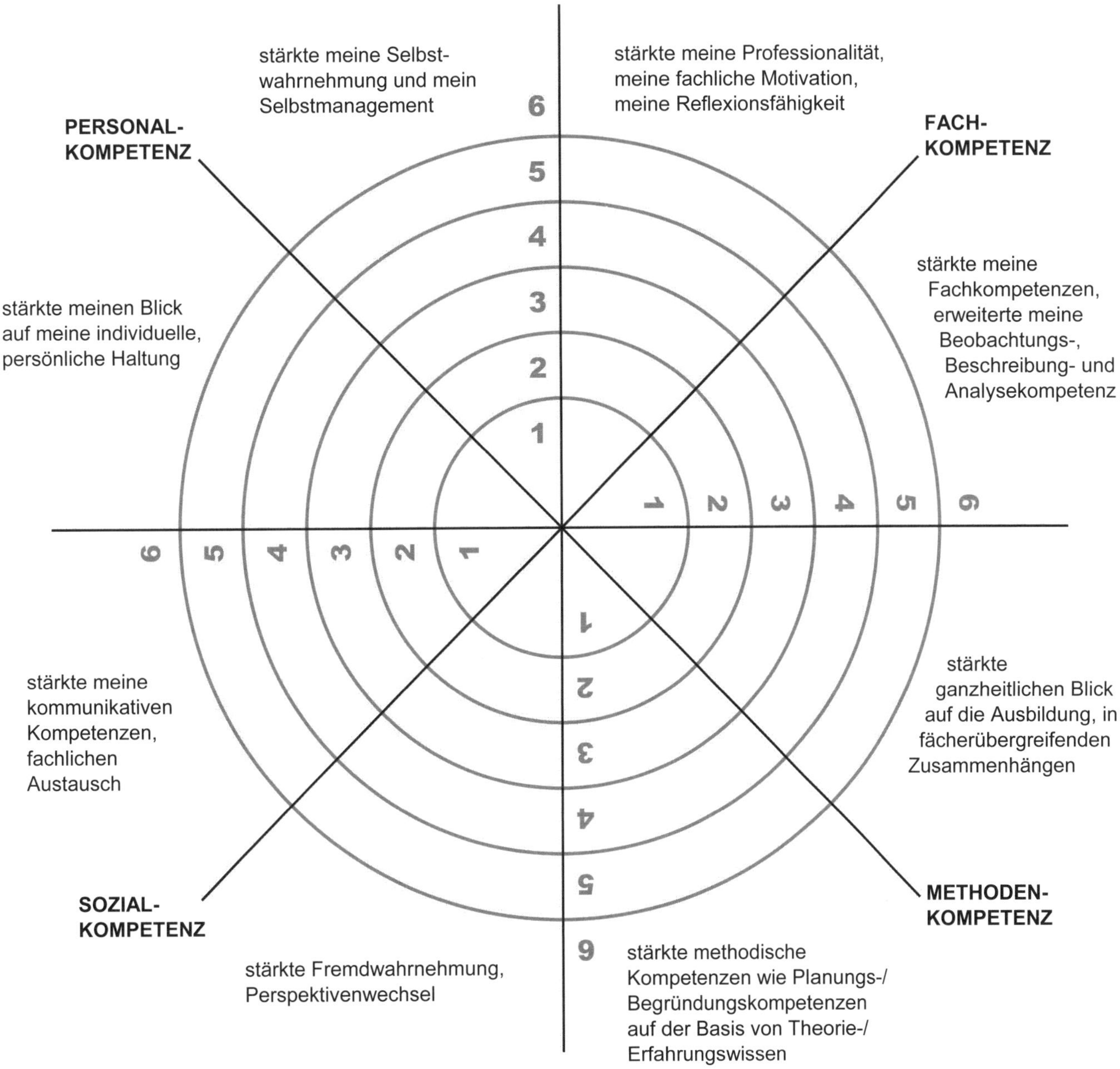

** Bitte in den Kreissegmenten ankreuzen: sehr gut erreichbar 1 bis unzureichend erreichbar 6*

Persönliche Anmerkungen/Wünsche

____

____

____

____

____

Vielen Dank!

Märchen-Memory
Expertengespräche zum Thema „Märchen erzählen“

Stellen Sie sich vor: Sie arbeiten in einer Kindertagesstätte als pädagogische Fachkraft. Immer wieder kommt es vor, dass Eltern Sie ansprechen und Ihnen Fragen stellen in Bezug auf das Erzählen von Märchen. Setzen Sie sich dafür mit möglichen Fragen von Eltern zum Thema „Märchen erzählen“ auseinander. Die folgenden Fragekarten geben Ihnen Impulse.

Arbeitsauftrag

zum Thema Erziehen als Profession

1. Bilden Sie Expertenteams, bestehend aus 2 Expertinnen oder Experten.
2. Dazu liegen die 17 Fragekarten (und Antwortkarten) in der Klasse vor, zur Auswahl.
3. Wählen Sie in Ihrem Expertenteam eine Fragekarte aus und versuchen Sie, unter Zuhilfenahme von Fachliteratur, diese Frage fachkompetent zu beantworten.
   Gehen Sie arbeitsteilig vor.
   Sichten Sie Fachliteratur.
   Notieren Sie Ihre Antwort auf den leeren Karten.
4. Lesen Sie jetzt erst die zu der Frage gehörende Antwort und vergleichen, diskutieren, ergänzen Sie.
5. **Expertengespräche:** Dann führen Sie im Klassenplenum die Expertengespräche im Rahmen eines Rollenspiels durch: „Eltern“ stellen die Kartenfragen. Sie als „Fachkraft“ beantworten Ihre Frage möglichst authentisch, fachlich korrekt und praxisnah.

ELTERN

1

Welche Märchen (Arten/Typen)
sind denn grundsätzlich geeignet
für unsere Kinder im Vorschulalter?

FACHKRAFT

1

Das sind die Volksmärchen – mündlich überlieferte Märchen, die zusammengefasst und aufgeschrieben wurden. Sie sind lebendige Volkstradition; einzelnen Menschen waren die Ursprünge bekannt, sie haben versucht, diese zu erhalten und wenig zu verfälschen.

Beim Volksmärchen lässt sich kein bestimmter Urheber feststellen. Die mündliche Weitergabe war für lange Zeit die ausschließliche und ist bis heute die natürliche Form der Überlieferung.

Dennoch hat auch die schriftliche Überlieferung seit ihren Anfängen auf die traditionelle mündliche Erzählweise mit eingewirkt, fanden doch schon im Mittelalter Märchen Eingang in die Literatur und wurden aus den verschiedensten Gründen schriftlich festgehalten. Mit der Möglichkeit des Buchdrucks in der Neuzeit hat die schriftliche Verbreitung naturgemäß eine größere Position eingenommen.

Aufgrund der mündlichen Erzähltradition besitzt das Volksmärchen keine konstante Form. Vielmehr tritt es in zahlreichen und teils sehr unterschiedlichen Varianten auf. In Deutschland wird mit dem Begriff Märchen in erster Linie die Grimmsche Volksmärchensammlung ,,Kinder- und Hausmärchen“ (von 1812) assoziiert, jedoch gibt es unzählige andere deutsche Volksmärchen.

Auch einfache, kürzere Kunstmärchen (Autorenmärchen), z. B. von H. Ch. Andersen („Das hässliche Entlein"), Bechstein („Der Hasenhüter und die Königstochter") oder Hauff („Der Kalif Storch") können bereits im (Vor-)Schulalter erzählt werden.

ELTERN

2

Ich habe gelesen, dass es auch Märchen gibt, die sogar für Erwachsene wertvoll sind. Ist das nicht überholt?

FACHKRAFT

2

Die Funktion des Märchens hat sich im Lauf der Zeit mehr und mehr von der sozialen zur psychologischen Funktion gewandelt. Eigentlich waren Märchen Geschichten für Erwachsene und nicht, wie heute, fast ausschließlich für Kinder. Aufgrund der noch nicht vorhandenen Medien war dies die einzige Möglichkeit für die Menschen, sich mit einem wichtigen Thema auseinanderzusetzen.

Märchen dienten also nicht, wie man annehmen könnte, in erster Linie der Unterhaltung – diese war nur zweitrangig -, sondern als Hilfe bei schwierigen Lebenssituationen. So zeigt das Märchen ein Kontrastbild zur wirklichen Welt, indem die verwendete ,,Seinsollensdichtung" dem Zuhörer zeigt, wie die Welt eigentlich sein sollte. Aber auch Sozialkritik ist versteckt, für den Empfänger nicht immer direkt erkennbar. Sie stellt die Verbindung zwischen Seinsollensdichtung und den dargestellten schlechten sozialen Bedingungen her.

Heute erfüllen Märchen weniger diese soziale, sondern primär die psychologische Funktion. Dies liegt an der formalen Aufmachung der Märchen, die den Bedürfnissen des kindlichen Denkens so gut entspricht, dass das Märchen heute fast ausschließlich in Kinderzimmern genutzt wird.

Märchen haben bis heute ihren utopischen Charakter nicht aufgegeben, sie sind immer noch gesellschaftlich progressiv, pädagogisch sinnvoll und psychologisch hilfreich.

ELTERN

3

Welchen Wert
haben Märchen für Kinder?

FACHKRAFT

3

Kinder sind fasziniert von den Bildern und Ideen eines Märchens. Sie können sich häufig damit identifizieren und somit ihre innere, noch unstrukturierte emotionelle Welt ein wenig ordnen.

Märchen entsprechen dem anthropomorphistischen Weltbild des Kindes, indem auch leblose Dinge verlebendigt werden (Gegenstände, ebenso Pflanzen, Tiere, vgl. Äpfelchen bei Frau Holle, Tiere bei den Bremer Stadtmusikanten).

Märchen vereinfachen die Welt, indem sie schwarz-weiß zeichnen. Diese schematische, klare Strukturierung ermöglicht den Kindern eine schlichte Einordnung der Gegebenheiten.

Kinder dürfen hier Hoffnung haben. Das dargestellte Ungewöhnliche und Wunderbare beschäftigt das Kind so sehr, dass ein Sinn für Gerechtigkeit entsteht und es sich einprägt, dass das Gute siegen sollte. Märchen können Kinder in ihrer persönlichen Entwicklung unterstützen und wesentlich dazu beitragen, dass sie zum Lesen finden. Somit dienen sie auch der literarischen Entwicklung des Kindes. Märchen sind Kulturgut.

Für Kinder sind Märchenstunden ein wunderbares Erlebnis. In geborgener Runde durchleben sie mit ihren Helden Abenteuer und intensive Gefühlswelten. Daraus schöpfen sie Mut und Selbstbewusstsein.

Die Kinder sollen zur Eigenverantwortlichkeit erzogen werden und in ihnen soll die Bereitschaft geweckt werden, sich in ihrer Umwelt zu erproben sowie diese nach ihren Vorstellungen mitzugestalten.

Märchen dienen der ästhetischen, sittlichen und intellektuellen Erziehungsarbeit. Sie unterstützen die pädagogische Arbeit auf allen Gebieten und fördern ganzheitliche Erziehung und Bildung.

Kinder lernen zu unterscheiden zwischen Recht und Unrecht, Gut und Böse, sie lernen soziale Verhaltensweisen wie Rücksichtnahme, Achtung vor anderen. Im Märchen sind solche urmenschlichen Eigenschaften, Bedürfnisse und Gefühle lebendig.

ELTERN

4

Welche Grundthemen (Motive) zeichnen ein gutes Märchen aus?

FACHKRAFT

4

- **Die Sehnsucht nach Erfüllung von Wünschen** und damit nach Vollkommenheit: Reichtum, Macht, Allwissenheit, Schönheit, Liebe und Erlösung. Der Held/die Heldin im Märchen vermag alle Hindernisse und Schwierigkeiten bis zur Erlösung zu überwinden.
- **Kennzeichnung typischer menschlicher Eigenschaften** in ihrer eindeutigsten Ausprägung: Stolz, Eifersucht, Neid, Geiz, Neugierde, Klugheit, Dummheit, Einfalt, Demut, Opferfähigkeit, Treue, Kraft, Schläue. Die Gestalten sind in ihrer Erscheinung eindeutig geprägt (böse Hexe, schöne Prinzessin u.a.).
- **Die Verkörperung der Seele:** Sie lebt in Tier, Pflanze, Stein, Bild, Spiegel, Blut, Namen u.a.
- **Traumhaftes Erleben:** Das Unbewusste und der Unterbewusste werden lebendig. Es wird keine Unterscheidung zwischen Realität und Traumerleben getroffen, es gibt Verwandlung und Ahnungen, Voraussagen, Nicht-vom-Fleck-Kommen, Fliegen-Können, Tief-Fallen.
- **Der Glaube an die Zauberkraft** bestimmter Dinge: Ring, Stab, Wasser, Mantel, Namen, Sprüche u.a.
- In jedem Märchen, in seinem Geschehen, seinen Gestalten und deren Handlungen sind **symbolhafter Sinn** und tiefe Lebensweisheit verborgen.
- Märchen wollen gedeutet werden – Märchen sind nicht zu Ende zu deuten!

ELTERN

5

In einer Elternzeitschrift habe ich kürzlich gelesen, dass Märchen Kinder stark machen. Ist das wirklich so?

FACHKRAFT

5

Märchen sind Lebenshilfe: Kinder finden sich in ihren aktuellen Situationen im Märchen wieder und bekommen Antworten auf ihre Fragen, z. B. Trennung der Eltern, Eifersucht auf Geschwister, Tod eines geliebten Menschen.

Märchen geben Hoffnung: Der Schwache oder der Kleine siegt – wenn ich mutig bin, erscheint Hilfe – es gibt Helfer in der Not.

Märchen vermitteln ein kindgerechtes Weltbild: Gut und Böse – durch die Polarisierung trainieren Kinder die Unterscheidungsfähigkeit. Schwarz-Weiß-Denken entspricht dem kindlichen Denken, die Einordnung wird erleichtert.

Märchen haben Botschaften, vermitteln Werte: Es gibt Konflikte, Probleme, die man überwinden kann, auch wenn man sich klein und schwach fühlt. Treue wird belohnt, Fleiß, Aufrichtigkeit ... und sie haben immer ein gutes Ende!

Märchen leisten Hilfe bei der Ablösung von den Eltern: z. B. „Der Wolf und die sieben Geißlein“ = Trennung und Rückkehr; z. B. „Hänsel und Gretel“ = Selbstständigkeit, Selbsthilfe.

Kinder identifizieren sich mit den Märchenfiguren: Am liebsten mit den Helden: Stark – mutig – klug – großes Herz, aber auch mit den Bösen und sublimieren auf diesem Weg eigene Ängste, Sorgen u.Ä.: Bestrafung ihrer Widersacher erfolgt in ihrer Fantasie (Freunde, Geschwister, Eltern).

Der durchweg positive Verlauf und das gute Ende: Dies weckt eine lebensbejahende Grundstimmung und begleitet die Kinder ein Leben lang.

ELTERN

6

Ich als Mutter möchte meinem Kind gerne Märchen erzählen, bin aber sehr unsicher, welche Märchen ich auswählen soll.
Gibt es da allgemeingültige Anhaltspunkte?

FACHKRAFT

6

Nicht jedes Märchen ist für jedes Kind und jede Altersgruppe geeignet. Für das vorschulische Alter sind vor allem die Hausmärchen der Gebrüder Grimm geeignet. Neben individuellen Aspekten lauten wichtige Fragen:

- Sind Aufbau und Erzählweise altersgemäß?
- Ist die Sprache kindgemäß? Welche Begriffe sind zu erklären?
- Ist das Märchen in der Länge für die Kinder geeignet?
- Enthält es günstige Erzählinhalte? (aus dem familiären Umfeld, Mutter-Kind-Thematik, Wundermärchen, Kurzmärchen von Tieren, z.T. auch Heldenmärchen)

ELTERN

7

Also, unsere Tochter hört am allerliebsten Märchen – lieber als alle anderen Geschichten. Woran liegt das?

FACHKRAFT

7

Märchen behandeln die Gestalten als Typen: Sie verkörpern eine bestimmte Wesensart (gut–böse) und sind meist nicht in Einzelheiten beschrieben (Kleidung, Name, Bezeichnung, Beschreibung der Umgebung). Das Kind hat damit die Möglichkeit, sich selbst ein inneres Bild mittels seiner Fantasiekräfte zu malen.
Raum und Zeit sind ebenfalls nicht festgelegt: Jedes Märchen beginnt mit „Es war einmal" oder „In einem tiefen, tiefen Wald". Damit fehlen dem Märchen die historische Einordnung, die Landschaft- oder Ortsbeschreibung, festgelegte Zeitspannen und Entfernungen – es werden keine realistischen Verhältnisse zum Geschehen beschrieben (vgl. hundertjähriger Schlaf, in kurzer Zeit werden Riesenstrecken zurückgelegt oder Hundert auf einen Streich erlegt). Diese Weise entspricht dem Kind.
Die Handlung ist dramatisch und spannend: Märchen haben einen Höhepunkt und ein befriedigendes Ende. Durch häufige Wiederholungen, verbunden oft mit gleichlautenden Sätzen oder Wörtern, sind Märchen besonders einprägsam. Die Vorstellungskraft des Kindes wird angeregt, sein Verständnis für Handlungsabläufe und das sprachliche Auffassungsvermögen werden nicht überfordert.
Der Inhalt kommt den naiven Vorstellungen und Sehnsüchten der Kinder entgegen: Sich alles wünschen dürfen, alles besitzen, König sein, den Kräften und Fähigkeiten sind keine Beschränkungen auferlegt.
Geisteshaltung: Das Kind ist in seiner Geisteshaltung den „frühen Menschen" ähnlich, bei denen die Quellen des Märchens zu suchen sind. Es wertet das Geschehen in seiner Umwelt noch nicht sachlich und kritisch. Es unterscheidet noch nicht bewusst zwischen Wirklichkeit und Vorstellung. Die Pädagogin Conradine Lück schreibt: „Das Kind lebt in einer Märchenwirklichkeit. Es geht durch eine Welt, in der Wandel und Wunder das Alltägliche sind, in der Alltägliches sich zum Wunder wandelt. (...) Des Kindes Erfassungsorgan ist das Gefühl. Darum ist diese kindliche Wirklichkeit vielgestaltiger, wandelbarer als unsere und voller unbegrenzter Möglichkeiten". (Zitat aus: Märchen und kindliche Wirklichkeit, Lück)
Ethische Werte: Die Handlung des Märchens stellt klar die ethischen Werte heraus: Das Gute siegt, das Böse wird bestraft. Alles hat ein Gesicht: gut und böse, finster und froh, freundlich oder feindlich. Das entspricht dem naiven Gerechtigkeitssinn des Kindes.

ELTERN

8

Also, ich möchte meinen Kindern keine Märchen erzählen, das ist ja alles erlogen. Ich will meine Kinder nicht belügen! Eigentlich möchte ich auch nicht, dass Sie hier im Kindergarten den Kindern Märchen erzählen. Wo gibt es denn noch Könige und Feen?

FACHKRAFT

8

Viele Märchen handeln von Themen, die „unrealistisch, aber nicht unwahr" sind, wie der Psychoanalytiker Bruno Bettelheim meint. „Jedes Märchen ist ein Zauberspiegel, in dem sich gewisse Aspekte unserer inneren Welt und der Stufen spiegeln, die wir in unserer Entwicklung von der Unreife zur Reife zurücklegen müssen." (in B. Bettelheim: Kinder brauchen Märchen, 1980)

Darum sind Märchen für Kinder eine „wichtige Lebenshilfe, um die chaotischen Spannungen ihres Unbewussten zu bewältigen" (Bettelheim). Weil alle Kinder nach seiner Erfahrung an Zauber glauben und in ihrem kindlichen Animismus z. B. zuschlagenden Türen ein böses Wesen oder flüsternden Bäumen eine Lebendigkeit zustehen, wird sowohl ihrem Wunsch nach Wunderbarem ebenso wie ihrer Angst vor dem Schrecklichen entsprochen.

ELTERN

9

Wissen Sie, ich finde Märchen so brutal.
Denken Sie bloß an Aschenputtels Schwester, die sich die Ferse abschnitt, um in den Schuh zu passen – so was erzähl ich doch nicht Kitakindern!
Oder Schneewittchen: Der Jäger sollte sie töten und der Königin ihre Eingeweide als Beweis bringen.
Ich erzähle meinen Kindern keine Märchen.
Sie sind durch und durch von Vorurteilen durchzogen.

FACHKRAFT

9

Der bedeutende Psychoanalytiker Bruno Bettelheim erläutert: Ein Kind ist in seiner eigenen Fantasie „gewaltig, destruktiv und sogar sadistisch", es hegt manchmal sogar „mörderische Wünsche" – man denke nur, wie grausam Kinder kleine Tiere quälen können – über dieses „Ungeheuer, als das es sich fühlt", darüber macht sich das Kind Sorgen, es beschäftigt sich damit.

(Zitate aus B. Bettelheim, Kinder brauchen Märchen, 1980)

In den Bildern der Märchen kann ein Kind Erklärungen für die eigenen negativen Seiten finden. Beispielhaft lässt sich der ‚Geist in der Flasche' nennen, der in der Geschichte seinen Finder erst mit Reichtum belohnt und sehr viel später töten will. Dies mag der Moral von Erwachsenen widersprechen. Aus (alleingelassener) Kindersicht kann es aber verständlich sein, wenn man sich nach jemandem sehnt (Eltern), dass sich Gefühle in Aggressionen verwandeln können. Und dass man Listen anwenden muss, um das Monster in die Flasche zurückzubringen.

Mit anderen Worten: Über die Identifikation mit den handelnden Personen können die Kinder ihre ureigenen negativen Seiten wie Aggression, Neid u.a. auf der Ebene des Märchens „ausleben" – das nennt man „Sublimierung".

Experte sein

ELTERN

10

Wir leben in einer Patchwork-Familie – also bin ich für meinen Sohn ja „Stiefmutter".
Ich möchte keinesfalls, dass er Vorurteile von der bösen Stiefmutter, die ihn vielleicht im Wald aussetzt [Hänsel und Gretel], auf mich überträgt!
Deshalb bin ich in Sorge, wenn Sie solche Märchen erzählen – wie sehen Sie das?

FACHKRAFT

10

Die böse Stiefmutter hat auch ihre guten Seiten, erklärt der Psychoanalytiker Bruno Bettelheim: Ähnlich wie das Schwarz-Weiß-Zeichnen in den Märchen herrscht auch im kindlichen Weltbild die „Polarisierung". So wie einem noch unreifen Menschen/Kind differenzierte Gefühle fehlen, genauso geht es den symbolischen Figuren in der Erzählung.

Ein Kind erlebt möglicherweise die eigene Mutter von einem zum anderen Augenblick entweder als gut oder als böse. Es kann dann wegen dieses Gefühlsumschwungs Schuldbewusstsein empfinden. Durch die Erzählung des Märchens kann das Kind es besser verkraften, da es seinen Zorn auf eine Ersatzfigur richten kann (wie Schneewittchens böse Stiefmutter, die in glühenden Schuhen tanzen muss).

Die Kinder übertragen die Märchensituation nicht auf ihre reale Situation. Sie erleben das Märchen als eine eigene Welt.

ELTERN

11

Ich erinnere mich noch gut:
Als ich als Kind das Märchen vom „Wolf und den 7 Geißlein“ im Fernsehen sah, konnte ich nächtelang nicht schlafen. Immer dachte ich an den bösen Wolf, traute mich nicht allein zum Spielen raus. Wenn jemand an der Tür klingelte (meine Mutter erzählt das heute noch), versteckte ich mich unter dem Tisch!

FACHKRAFT

11

Nach Bruno Bettelheims Urteil haben traditionelle Märchen einen wichtigen Vorteil gegenüber modernen, „sicheren“ Erzählungen, gerade weil sie Aspekte von Grausamkeit oder Drohung enthalten. Diese fehlen in den modernen Geschichten, was daher für Eltern pädagogischer, sicherer wirken mag.

Bettelheim erläutert: Ein Kind ist in seiner eigenen Fantasie „gewaltig, destruktiv und sogar sadistisch", es hegt manchmal sogar „mörderische Wünsche" – man denke nur, wie grausam Kinder kleine Tiere quälen können – über dieses „Ungeheuer, als das es sich fühlt", darüber macht sich das Kind Sorgen, es beschäftigt sich damit.

(Zitate aus B. Bettelheim, Kinder brauchen Märchen, 1980)

Was mögliche Ängste beim Kind angeht: Unser Leben, auch das Leben der Kinder, ist nicht frei von Ängsten. Wichtig ist, dass Kinder lernen, wie sie mit ihren Ängsten umgehen können, sie überwinden. Dabei leistet das Märchen einen ganz wesentlichen Beitrag: Das Kind erlebt an den handelnden Personen im Märchen, wie Ängste überwunden werden (vgl. Hänsel und Gretel). Über diesen Identifikationsprozess bereitet es sich darauf vor, Ängste, mit denen es im wirklichen Leben konfrontiert wird, überwinden zu können.

ELTERN

12

Doch, ich finde Märchenfilme echt schön.
Wenn die Zwerge im Wald gezeigt werden
oder die süßen Feen ...
Zeigen Sie solche Filme im Kindergarten auch?

FACHKRAFT

12

Märchen sind **Erzählgut**, d.h., sie werden mündlich erzählt:

- Filme dagegen bebildern die Märchen zu sehr in Einzelheiten und legen das Kind auf eine bestimmte Vorstellung fest. Damit behindern sie die Fantasie des Kindes, z. B. wie die Zwerge, die Feen aussehen. Die Kinder sollten sich besser ihr eigenes Bild machen dürfen.
- Die gesprochene Sprache, der Erzählfluss und die Lebendigkeit vom Erzähler zum Zuhörer sind im mündlichen Vortrag besonders wichtig.
- Beim Erzählen ist der Kontakt zu den Kindern bedeutungsvoll: Die Kinder sollen durch die Erzählung in die Handlung mit eingebunden werden, eine Resonanz soll entstehen: z. B. Erschrecken, Entsetzen erkennbar werden lassen.
- Beim Erzählen herrscht eine Atmosphäre von Geborgenheit, Sicherheit und menschlicher Nähe. Sie schützt die Kinder.

Märchen werden deshalb möglichst nicht über CDs, Kassetten, Filme u.a. weitergegeben.

ELTERN

13

Also, ich finde, Sie könnten auch moderne Medien einsetzen in der Kinderkrippe: Meine Zweijährige hört so gern die Märchenkassetten, danach schläft sie gut ein. Das wäre doch eine Anregung für die Mittagszeit bei Ihnen in der Kindertagesstätte?

FACHKRAFT

13

- Märchen sind **Erzählgut**, d.h., sie werden mündlich erzählt, nicht vorgelesen oder vom Tonträger gehört.
- Die gesprochene Sprache, der Erzählfluss und die Lebendigkeit vom Erzähler zum Zuhörer sind im mündlichen Vortrag besonders wichtig.
- Beim Erzählen ist der Kontakt zu den Kindern bedeutungsvoll: Die Kinder sollen durch die Erzählung in die Handlung mit eingebunden werden, eine Resonanz soll entstehen: z. B. Erschrecken, Entsetzen erkennbar werden lassen.
- Märchen werden deshalb möglichst nicht über CDs, Tonträger u.a. weitergegeben.

ELTERN

14

Unsere zweijährige Tochter ist begeistert, wenn ich ihr eine DVD mit einem Märchenfilm einlege.
Da ist sie 90 Minuten ganz still – ich kann dann mal in Ruhe die Hausarbeit machen. Und sie lernt noch etwas dabei – das finden Sie doch auch, oder?

FACHKRAFT

14

- Märchen sind **Erzählgut**, d.h., sie werden mündlich erzählt, nicht vorgelesen oder vom Tonträger gehört.
- Die gesprochene Sprache, der Erzählfluss und die Lebendigkeit vom Erzähler zum Zuhörer sind im mündlichen Vortrag besonders wichtig.
- Beim Erzählen ist der Kontakt zu den Kindern bedeutungsvoll: Die Kinder sollen durch die Erzählung in die Handlung mit eingebunden werden, eine Resonanz soll entstehen: z. B. erschrecken, Entsetzen erkennbar werden lassen.
- Beim Erzählen herrscht eine Atmosphäre von Geborgenheit, Sicherheit und menschlicher Nähe. Sie schützt die Kinder.
- Märchen werden deshalb möglichst nicht über CDs, Filme oder Tonträger weitergegeben.

ELTERN

15

Wenn Sie im Kindergarten ein Märchen erzählen,
worauf achten Sie beim Erzählen?
Was ist Ihnen dabei wichtig?
Wie kann ich das daheim machen?

Experte sein

FACHKRAFT

15

- Märchen sind **Erzählgut**, d.h., sie werden erzählt, nicht vorgelesen. Der zauberhafte, mythische Charakter soll beim Erzählen zum Tragen kommen.
- Die gesprochene Sprache, der Erzählfluss und die Lebendigkeit vom Erzähler zum Zuhörer sind im mündlichen Vortrag besonders wichtig.
- Beim Erzählen ist der Kontakt zu den Kindern bedeutungsvoll: Die Kinder sollen durch die Erzählung in die Handlung mit eingebunden werden, eine Resonanz soll entstehen: z. B. Erschrecken, Entsetzen erkennbar werden lassen.
- Beim Erzählen herrscht eine Atmosphäre von Geborgenheit, Sicherheit und menschlicher Nähe. Sie schützt die Kinder.
- Märchen werden immer in der gleichen Originalfassung erzählt. Veränderungen, die den Inhalt nicht wesentlich verändern, sind begründet duldbar; z. B. heute unbekannte Begriffe können durch Synonyme ersetzt werden; auch inhaltliche Grausamkeiten können abgeschwächt erzählt werden. Wesentliche Wortwendungen werden wörtlich übernommen.
- Bei der Vorbereitung den Gehalt der Erzählung erfassen. Sich den Handlungsablauf einprägen, Höhepunkte, Einzelheiten kennen.
- Nicht auswendig lernen, um die Lebendigkeit zu erhalten: Nicht einlernen, sondern einleben! Nicht einstudieren, sondern einfühlen.
- Am Ende nicht abrupt abbrechen, sondern die Kinder in die Wirklichkeit zurückführen: Die Kinder stehen nach einer guten Erzählung unter dem Eindruck selbiger; sie brauchen Zeit und Möglichkeiten zur Aussprache oder zum Ausdruck des Erlebten. Dazu eignen sich offene und freie Gespräche, das Malen, ein Lied zum Märchen, szenische Spiele, einfache Puppenspiele.
- Das Märchen soll Ausgangspunkt sein für weitere Bildungsangebote: Spiele, Lieder, gestalterische Arbeiten, häusliche Beschäftigungen, Legearbeiten, Sinnesbeschäftigungen u.a.
- Keinesfalls am Ende des Erzählens moralisieren, d.h. das Märchen deuten oder interpretieren, kein belehrendes Gespräch über den Sinn und sittlichen Wert des Märchens. Märchen wirken durch die Kraft ihrer Inhalte und Sprache auch ohne eine verstandesmäßige Bewertung auf die moralische Entwicklung der Kinder. Auf die Kraft des Märchens kann vertraut werden!

ELTERN

16

Mir gefällt, wenn Kinder Märchen hören, da kann man ihnen Werte vermitteln: Danach lassen sich moralische Aspekte an die Kindern weitergeben, z. B. du sollst nicht lügen oder wer nicht hilfsbereit ist, der bekommt auch keinen Lohn [Frau Holle]. So was lernen Kinder heute ja kaum noch! Deshalb möchte ich, dass Sie in der Kita am besten jede Woche ein Märchen erzählen ... Könnten Sie das machen?

FACHKRAFT

16

Keinesfalls soll am Ende des Erzählens moralisiert werden:

- Das Märchen soll nicht gedeutet oder interpretiert werden.
- Kein belehrendes Gespräch über den Sinn und sittlichen Wert des Märchens.

Märchen wirken durch die Kraft ihrer Inhalte und Sprache auch ohne eine verstandesmäßige Bewertung auf die moralische Entwicklung der Kinder. Auf die Kraft des Märchens kann vertraut werden!

ELTERN

17

Ich habe in der Buchhandlung ein wunderschönes Märchenbilderbuch gekauft – das bringe ich morgen mit in den Kindergarten!
Dann können Sie es mal mit den Kindern anschauen.
Wie gehen Sie mit bebilderten Märchenbüchern um?

FACHKRAFT

17

Märchen sind **Erzählgut**, d.h., sie werden erzählt, nicht vorgelesen oder als Bilderbuch gezeigt:

- Schon mit den Bildern eines Bilderbuches fixiert man die Vorstellungswelt des Kindes auf die Vorstellung des Autors oder Künstlers, der das Bilderbuch gestaltet hat. Es ist seine Vorstellung des Märchens, die dort dargestellt wird, nicht die des Kindes.
- Damit wird die Fantasie des Kindes tendenziell reduziert und festgelegt.
- Kommen Märchenbilderbücher überhaupt zum Einsatz, dann sollen es solche sein, die in ihrer künstlerischen Darstellung wenig differenziert sind, nicht jede Einzelheit abbilden, sondern mittels der Bilder der kindlichen Vorstellung Raum lassen.

METHODE
Reflexives Klassenmanagement

Unter dem Namen Classroom Management wurde die Bedeutung guter Klassenführung durch Klassen- und Fachlehrer/-innen – anfangs vor allem im englischsprachigen Raum – erforscht. Ziel ist dabei, durch geschickte Organisation und Führung einer Klasse, zusammen mit gutem Unterricht, ein störungs- und ablenkungsfreies Lernen und ein Klima auch für individuelle Förderung zu schaffen.

Dabei wird Classroom Management konkretisiert in den Aufgaben (Beispiele):

- Allgegenwärtigkeit der Lehrkraft (registriert alles, aber reagiert nicht auf alles sofort)
- Vermeidung unnötiger Unterbrechungen, Reduzierung von Leerlauf und Hektik
- Gute Vorbereitung von Organisationskram, Medieneinsatz, Gruppeneinteilungen, Klassenraum u. a.
- Stofforientierung
- Pünktlicher Unterrichts- und Pausenbeginn
- Hoher Anteil echter Lernzeit
- Transparenz der Leistungserwartungen
- Entwicklung von Regeln, Verdeutlichung im Klassenzimmer und konsequente Durchsetzung
- Festlegung von Konsequenzen
- Sofortige Reaktion auf unangemessenes Schülerverhalten (konsistent beenden, durch Verweis auf die Regeln begründen)
- Einbau von Regeln in die Unterrichtseinheiten am Schuljahresbeginn
- Aktivitäten für das Zusammengehörigkeitsgefühl in der Klasse
- Rechtzeitige Planung von Strategien für potenzielle Probleme
- Unauffällige Behebung von Störungen
- Überwachen und Beaufsichtigen des Schülerverhaltens, v. a. bei Arbeitsbeginn
- Vorbereitung des Unterrichts für verschieden leistungsfähige Schüler
- Entwicklung und Förderung der Verantwortlichkeit von Schülern
- Unterrichtliche Klarheit (klare und strukturierte Anweisungen und Informationen, geschickte und logische Übergänge zwischen den einzelnen Phasen, klar erkennbare Stundenanfänge und -schlüsse)
- Effektive Nutzung von Zeit (keine „Verluste" durch z. B. fehlendes Material und nicht funktionierende Ausstattung; gut strukturierte Lehrervorträge, „Lehrer kommt zügig zur Sache.")
- Bevorzugung schüleraktiver Unterrichtsformen
- Klassenvertrag, Management-Jobs (Material verwalten, Unterlagen für abwesende Schüler sammeln u. a.)

(Lehrerfortbildung Baden-Württemberg o. J.)

Definitionen

„Klassenmanagement meint nichts anderes als die Steuerung oder Koordination unterschiedlicher Handlungsimpulse von normalerweise 20 bis 30 Schülerinnen und Schülern in einer Schulklasse. Diese Koordination geschieht mit dem Ziel der Maximierung der Lernzeit – möglichst für alle Schülerinnen und Schüler.“
(Ophardt/Thiel 2013, S. 7)

Dabei trifft die Instruktion des Lehrers auf die „soziale Ordnung“ der Klasse (Neuenschwander). Eben diese braucht ein Management, i.S.v. „Klassenführung in der Dimension des Lehrerhandelns, welches auf die soziale Ebene des Unterrichtsgeschehens gerichtet ist, und sich unterscheidet vom didaktischen und methodischen Lehrerhandeln, welches das sachliche Lernen fokussiert.“ (Neuenschwander, in: Schönbächler 2008, S. 20). Dabei werden bei Neuenschwander die Perspektiven von Lehrer und Schüler deutlich unterschieden, s. Abbildung:

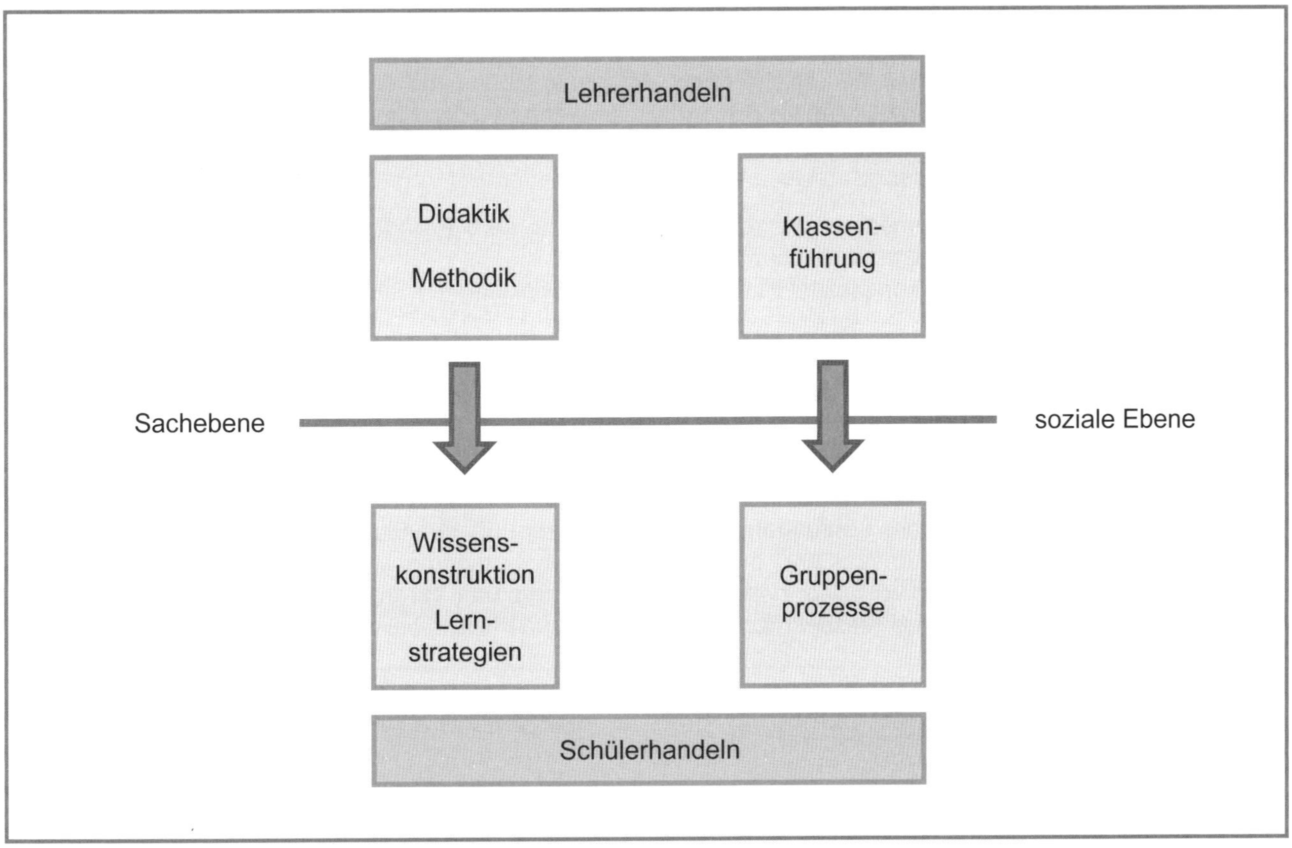

Perspektiven Lehrer / Schüler (nach Neuenschwander)

Mit seiner **Didaktik** nimmt der Lehrende also Einfluss auf die Wissenskonstruktion des Schülers, mit der **Klassenführung** auf die Gruppenprozesse innerhalb der Klasse. Damit „steht Klassenmanagement im Unterricht doch in engem Zusammenhang mit der Anregung und Unterstützung der Informationsverarbeitung oder Wissenskonstruktion (kognitive Aktivierung) und mit der Stimulierung der Bereitschaft zur Aneignung des Lerngegenstands (Motivierung)“ (ebd., S. 7).

So weit, so gut: Jede Lehrperson wird diese Vorstellungen von Organisation der Lehr- und Lernprozesse, mit mehr oder weniger individuellen Schwerpunkten versehen, für sich bzw. den eigenen Unterricht in Anspruch nehmen wollen. Dabei sind die operationalen Aufgaben nicht selbstverständlich und auch nicht einfach umzusetzen. Sie fordern die Lehrkraft vor allem in ihrer Komplexität, müssen schnell und pragmatisch, oft aus dem Stegreif gelöst werden. Sie bedürfen so ganz „nebenbei“, d. h. neben der eigentlichen Fachkompetenz, einer Fülle **personaler wie sozialer Kompetenzen** beim Lehrenden. In der Rolle des Klassenlehrers verdichten sich die Ansprüche bezüglich der fächerübergreifenden Führung einer Gruppe mit all ihren Facetten wie Üben von Kommunikation, Förderung der Gruppenkohäsion, Umgang mit Konflikten u. a.

Konstruktivistisch orientierter Unterricht

Als wäre das nicht schon genug, ist es im Zuge eines konstruktivistischen Vorgehens notwendig, die beschriebenen Ziele und Aufgaben von Klassenmanagement mit Blick auf eine erwachsenengerechte und vor allem kompetenzorientierte Lerndidaktik zu erweitern, indem die reflektierende Sicht auf die Lernprozesse durch die Studierenden selbst, also die Meta-Ebene, bewusst als Lernebene eingesetzt wird. Im Ergebnis das **reflexive Klassenmanagement**.

Dabei wird die Lehrerzentrierung auch im Klassenmanagement aufgelöst zugunsten eines offenen, mehrdimensionalen und reflektierenden Prozesses, der vor allem durch die Studierenden selbst getragen wird. Der Lehrende wird entsprechend einer konstruktivistischen Unterrichtsdidaktik zum Lernbegleiter, d. h., er gibt aus seiner Wahrnehmung der beobachtbaren (Gruppen-)Prozesse in der Klasse heraus konstruktive Impulse, die von der Klasse, einer Teilgruppe oder/und einzelnen Studierenden selbst bearbeitet werden. So wird einerseits erlerntes Fachwissen, z. B. aus der Gruppenpädagogik, erfahrbar, vielmehr aber werden im laufenden Prozess soziale und personale Kompetenzen individuell weiterentwickelt.

Jede/jeder Studierende hat so die Chance, individuelle Kompetenzen in den verschiedenen Kompetenzbereichen voranzubringen: Wie könnten solche hoch wirksamen Übungsmöglichkeiten in einer bereits vorhandenen Sozialform, nämlich der Klasse, außer Acht gelassen werden? Hier wird die Theorie wie selbstverständlich zur Praxis, die Inhalte geraten zur Anwendung. Möglichkeiten und Grenzen eigener personaler und sozialer Entwicklung werden im Gegenüber erfahrbar.

Der Wandel im Klassenmanagement ist damit eng verknüpft mit dem **Paradigmenwechsel** des Lernbegriffs vom behavioristischen zum konstruktivistischen:

- Die Ziele des Unterrichts sind komplex im Hinblick auf die Entwicklung der Studierenden in verschiedenen Kompetenzbereichen.
- Instruktion und Management sind wechselseitig ausgerichtet.
- Lehren und Lernen bedingen sich.
- Lernen wird zu einem aktiven, selbst gestalteten Prozess.
- Die Meta-Ebene wird bewusst genutzt für den Lernprozess.
- Eine reflektierende Haltung wird intentional angelegt.

Die äußere wie innere Präsenz des Lehrenden bleibt unabdingbar und ist anspruchsvoll. Er erfährt aber in seiner veränderten Rolle als „Ko-Konstrukteur“ auch beim Klassenmanagement ähnlich wie den offenen Unterrichtssequenzen eine Entlastung vor allem bezüglich des Transfers von Verantwortung. Die Gestaltungshoheit über den Lernprozesses sowie des Klassenmanagements liegt zunehmend bei den Lernenden selbst.

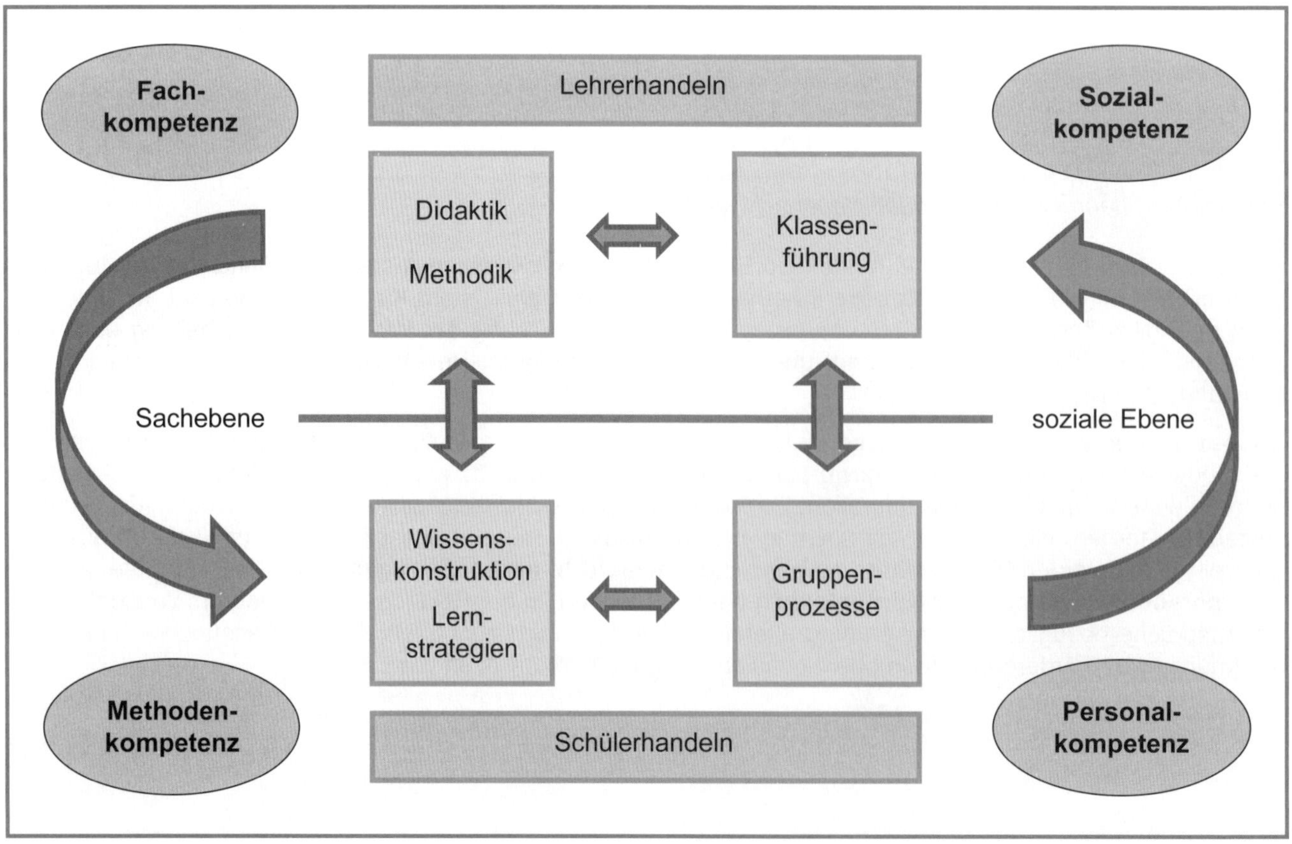

(nach Neuenschwander)

„Dazu bedarf es Beziehungsstrukturen zwischen Lehrpersonen und Schülern, welche durch (...) Vertrauen geprägt sind. Management kann nicht länger als ‚a bag of tricks' betrachtet werden, sondern als 'body of knowledge and a set of practices that require thoughtful decision-making and reflection' " (Weinheim 1999, in: Schönbächler 2008, S. 23).

Handlungsfelder der Klassenführung

Mit der Frage von Dr. J. Bastian, Professor der Erziehungswissenschaften, nach den Handlungsfeldern und Handlungsmöglichkeiten von Klassenführung wird anschaulich: Es gibt unterschiedliche Bereiche von Handlungsfeldern, in denen mit unterschiedlichen Handlungsoptionen agiert werden kann:

Handlungsfeld: LERNGRUPPE

Dieses Handlungsfeld zielt auf eine lernförderliche Gestaltung der Lehrer-Schüler-Interaktion sowie der Interaktion der Schülerinnen und Schüler untereinander.

Handlungsmöglichkeiten

- Der Aufbau eines vertrauensvollen und respektvollen Verhältnisses
- Interesse an genauen Informationen über Lernvoraussetzungen und Lernentwicklungen
- Unterstützung von Selbstdisziplin und Selbstregulation
- Gemeinsame Aushandlung und Pflege von Routinen und Ritualen
- Konsequenter Umgang mit Störungen, Beachtung der Einhaltung von Vereinbarungen und Konsequenzen
- Entwicklung einer eigenständigen Interaktion der Lernenden untereinander beispielsweise in Helfersystemen und bei der Gestaltung des Klassenrats
- Klassenführung und Interaktionssteuerung eng miteinander verknüpfen
- ...

Handlungsfeld: LERNRAUM

Dieses Handlungsfeld zielt auf eine bewusste Gestaltung und Nutzung der räumlichen Lernumgebung, der Routinisierung von Abläufen bei der Veränderung der Sitzordnung, der Bereitstellung und Nutzung von Aufgaben und Arbeitsmaterialien sowie der Nutzung von Beratungsstrukturen.

Handlungsmöglichkeiten

- Eine übersichtliche Raumgestaltung, die inhaltliche Ergebnisse, methodisches Vorgehen und soziale Regelungen dokumentiert
- vom Lehrer festgelegte oder gemeinsam ausgehandelte Sitzordnung, die je nach Lernform reibungslos verändert werden kann
- Regelungen zur Vorbereitung und Nutzung des Arbeitsplatzes beispielsweise am Ende der vorangehenden Stunde
- Bereitstellung von Aufgaben und Materialien in dafür vorgesehenen Regalen oder Systemen
- Regelungen der Möglichkeiten und Wege zur Beratung der Lernenden durch den Lehrer oder durch die Lernenden untereinander
- Beachtung eines guten Verhältnisses von Strukturiertheit und Offenheit – je nach Bedürfnissen der Gruppe und der Einzelnen
- Klassenführung und Raumregie eng aufeinander abstimmen
- ...

Handlungsfeld: LERNARRANGEMENTS

Dieses Handlungsfeld zielt auf eine bewusste Nutzung unterschiedlicher Lernarrangements zur Anleitung, Aktivierung, Beratung und Ermöglichung von Lernprozessen; beispielsweise von Instruktionsarrangements, individualisierten und selbstregulierten Arrangements oder erfahrungsorientierten Arrangements.

Handlungsmöglichkeiten

- Eine am Lerngegenstand orientierte Nutzung unterschiedlicher Lernarrangements für Varianten des Lernens, beispielsweise für systematisches, entdeckendes oder erfahrungsorientiertes Lernen
- Eine an den Lernvoraussetzungen orientierte Steuerung des Lernens in einem Spektrum von Fremd- und Selbststeuerung
- Eine kontinuierliche Entwicklung von arbeitsmethodischen Kompetenzen zur eigenverantwortlichen Gestaltung von Lernprozessen
- Eine Bereitstellung von Aufgaben und Materialien, die einen differenzierten Zugang und eine differenzierte Bearbeitung ermöglichen
- Strukturiertheit der Abläufe, Rollenklarheit, Aufgabenklarheit
- Leistungsbeurteilung in Kombination von Lehrerbeurteilung, Selbsteinschätzung und gegenseitiger Beurteilung
- Gestaltung einer lernprozessorientierten Feedbackkultur in klarer Abgrenzung von Leistungsbeurteilung
- Klassenführung und die Nutzung von Lernarrangements zusammen denken
- ...

(Bastian 2012, S. 9)

Dabei wird auch nachvollziehbar, dass Klassenführung mehr meint, als gelungene Organisation von Unterricht. Deutlich wird, dass es um die **aktive Arbeit mit einer Gruppe von Lernenden** geht und um eine bewusste Gestaltung des Lernraumes *(vgl. Lernlandschaften in Band 1 und 2 Lehrerhandbuch Erzieherausbildung)*.
In diesem Zusammenhang sei nochmal hingewiesen auf die Bedeutung einer förderlichen, anregenden Lernumgebung, die eine optimierte Gestaltung des Lernprozesses allein oder in Teams, also kooperative Lernformen, ermöglicht. Die Bereitstellung geeigneter Materialien, z. B. eines fächerübergreifenden Handapparats und Medien, ist dabei ebenso selbstverständlich wie die Präsenz bzw. der prompte Zugang zu selbigen. Hier kann die „vorbereitete Umgebung" für Studierende auf der Meta-Ebene ebenso erfahrbar werden wie beispielsweise eine hilfreiche Gestaltung des Arbeitsplatzes. Die offene Gestaltung von Lernarrangements ist ebenfalls bereits fokussiert worden *(vgl. Lernarrangements Lernfeld 1-6/ Bd. 1 bis 4)*.

Eine schülerzentrierte Unterrichtsdidaktik gestattet nicht nur einen aktiven Lernprozess, sondern forciert die **Selbstregulation beim Studierenden**: „Management of Self-Management" wie Woolfolk (2001, in: Schönbächler 2008, S. 23 f.) es bezeichnet. Studierende gestalten ihre individuellen Lernprozesse entsprechend ihrer fachlichen, personalen und sozialen Bedürfnisse in einem selbst gesteckten zeitlichen wie örtlichen Setting innerhalb des vorgegebenen Unterrichtsrahmens.

Neben äußeren Gestaltungselementen sind es vor allem funktionale, die auch beim reflexiven Klassenmanagement wirksam sind und nachfolgend behandelt werden sollen:
1 Lernen in sozialen Bezügen
2 Lernen durch Partizipation
3 Lernen im Prozess
4 Lernen durch Motivation und Emotion
5 Lernen und Selbstwirksamkeit
6 Lernen durch Engagement
7 Lernen durch Metakommunikation

1 Lernen in sozialen Bezügen

Der länderübergreifende Lehrplan Erzieher/-in (2012) fordert im Zusammenhang mit Lernen in Handlungsbezügen „kooperatives Lernen im Team, zunehmende Steuerung des Lernprozesses durch die Schülerinnen/ Studierenden" (S. 13) als Unterrichtsprinzip. Kooperatives Lernen wird als Merkmal handlungsorientierten Unterrichtens benannt (S. 8).

Nun ist **die Klasse,** in der die Studierenden lernen, **ein soziales System**, das als sozialer Erfahrungsraum dienlich ist und als solcher genutzt werden kann. Die Entwicklung sozialer wie personaler Kompetenzen braucht Möglichkeiten der Erprobung, gerade innerhalb des beruflichen Lernprozesses: In der Kooperation an den verschiedenen Lernorten, an den Praxisstellen als auch im Rahmen des schulischen Lernprozesses, also in der Klasse.

Die Klasse unterscheidet sich dabei von anderen sozialen Gruppierungen wie z. B. der Familie. Die **Gruppengröße** erlaubt in einer Familie oder der Peer-Group eine deutlich spürbare Individualisierung im Umgang miteinander, während die Klassengröße in vielerlei Prozessen mehrheitlich ausgerichtet ist. Die Familienmitglieder erleben sich im Alltag und in ganz unterschiedlichen Lebenssituationen, während sich in der Klasse die Wahrnehmung der Personen untereinander weitgehend auf die Lernsituationen beschränken.

Parsons und Dreeben (in Ophardt/Thiel 2013, S. 12) beschreiben den sozialen Erfahrungsraum der Schule mit folgenden Merkmalen und entsprechend anderen, besonderen Sozialisationserfahrungen: „Jenseits des Erwerbs fachlicher Kompetenzen lernen Schülerinnen und Schüler – so die These der strukturfunktionalistischen Theoretiker – wichtige Orientierungen und Erwartungen kennen, die für die Teilhabe an modernen Gesellschaften unverzichtbar sind. Die Internalisierung dieser Orientierungen ist eine notwendige Voraussetzung, um in der modernen Gesellschaft bestehen und in Berufsrollen erfolgreich handeln zu können."

Die Zusammensetzung einer Klasse erfolgt nach dem Prinzip der **Homogenisierung** (nach Ophardt/Thiel 2013, S. 11) durch Eingangsvoraussetzungen wie Alter, Vorbildung, Interessen u. Ä. Im Vergleich zur Familie beispielsweise ergibt sich eine weitere Einschränkung des sozialen Miteinanders auch aus den Themen, die fokussiert und thematisiert werden: In der Familie oder auch der Peer-Group werden in der Regel eine Vielfalt an Themen besprochen. Die Lernprozesse sind oft zeitlich stark reglementiert und organisiert und auch **zeitlich begrenzt**: In der Familie besteht eine Beziehung der Mitglieder untereinander, die lebenslänglich angelegt ist; in der Ausbildung ist die Dauer von Anbeginn zeitlich festgelegt.

Das hat bedeutsame Auswirkungen auf die affektive Bindung der Mitglieder, welche je nach Gruppenphase einer Klasse unterschiedlich spürbar wird. Das Verhalten der Interaktionspartner ist durch die **Rollenerwartungen** weitgehend fest - zum Teil im Lehrer-Schüler-Verhältnis auch asymmetrisch - angelegt.

Damit werden Lehrkräfte wie Schüler als Rollenträger immer nur in einem Teilaspekt ihres Verhaltens wahrnehmbar. Durch die Tatsache, dass erbrachte Leistungen beurteilt werden müssen, braucht es klare, starre Prinzipien für die Beurteilung bzw. Normwerte, die Leistungsgerechtigkeit garantieren sollen, während es in der Familie primär um Bedürfnisgerechtigkeit und damit um Fürsorge geht.

Aus Sicht des symbolischen Interaktionismus geht es hingegen bei der Interaktion in der Schulklasse für die Schülerinnen und Schüler immer auch um die Frage, wie **der eigene Identitätsentwurf** in die unterrichtliche Kommunikation eingebracht werden kann (nach Tillmann 2000, in Ophardt/Thiel 2013, S. 14).

Eigener Identitätsentwurf der Schüler

Neben fachlichen und methodischen Kenntnissen sind soziale und personale Fertigkeiten grundlegende Kompetenzen eines jungen Erwachsenen für jegliche Art von formeller und informeller Aus- und Weiterbildung. Darüber hinaus sind sie wesentlich für die Entwicklung und Festigung der individuellen sozialen und kulturellen Identität.

Einen besonderen Stellenwert für den eigenen Identitätsentwurf hat die Auseinandersetzung mit leistungsthematischen Situationen. Anders formuliert: Wie Erfolge und Misserfolge verarbeitet werden, ist in hohem Maße identitätsrelevant.

Deshalb lernen Schülerinnen und Schüler in Schulklassen, dass
- „Handlungserwartungen für alle Schülerinnen und Schüler ohne Ansehen der Person in derselben Weise gelten,
- sozialer Status auf Leistung und nicht auf askriptiven Merkmalen wie soziale Herkunft, Geschlecht oder Alter beruht und dass Leistungsorientierung mit sozialen Vergleichsprozessen und damit Wettbewerbsorientierung einhergeht,
- Rollen immer spezifische Erwartungen mit sich bringen und alle Gesellschaftsmitglieder in unterschiedlichen Rollen agieren und demnach Widersprüche zwischen diesen Rollen aushalten oder bearbeiten müssen,
- in vielen, vor allem beruflichen Interaktionen, affektiv neutrales Verhalten und gerade keine persönliche Zuwendung erwartet wird und
- sie selbst für die Gestaltung ihres Lebenslaufs Verantwortung übernehmen müssen."
  (Ophardt/Thiel 2013, S. 14)

Heterogenität

Einerseits ist die Klasse grundsätzlich einer Homogenisierung unterworfen, andererseits prägt ethnische, kulturelle, konfessionelle und soziale Vielfalt unsere Gesellschaft. Im Zuge von Globalisierung, Einwanderung und Integration, gesteigerter Mobilität, demografischem Wandel, Individualisierung und Wertewandel hat die Vielfalt der Kulturen und der Lebensformen deutlich zugenommen. Heterogenität ist Normalität - auch in unseren Klassenzimmern, s. Abbildung:

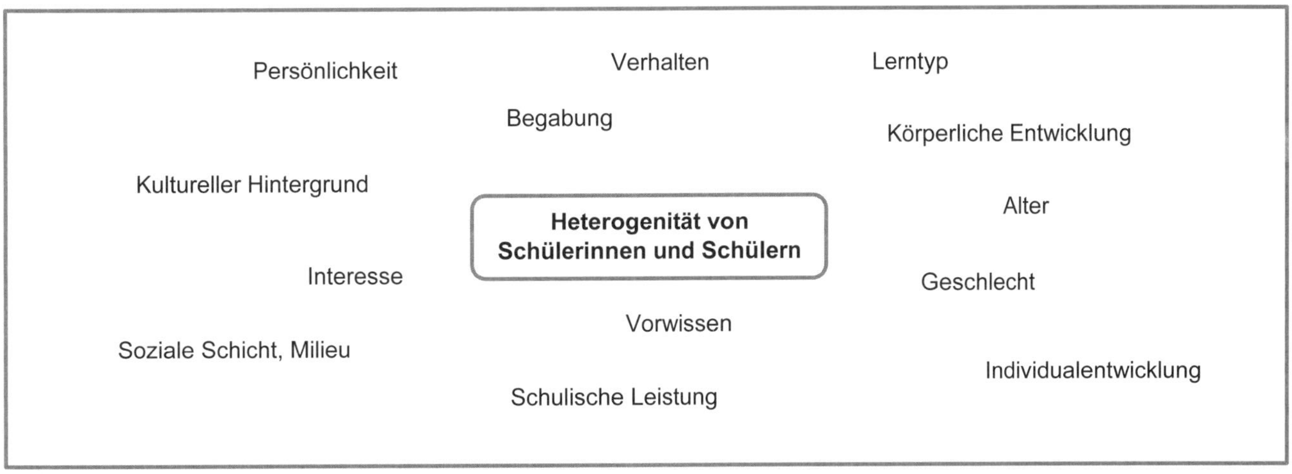

Heterogenität im Klassenzimmer *(nach Peek, http://vielfalt-lernen.zum.de)*

Interaktionen

Diese Heterogenität kann außerordentlich wertvoll sein, wenn es darum geht, die **Interaktionen** als „Prozess sozialer Beziehungsbildung“ (Stein 2010) zwischen 2 oder mehr Menschen im Unterricht zu nutzen. Dabei handeln im Unterricht Lehrende und Lernende miteinander (Beziehung A, s. Abbildung) sowie die Lernenden untereinander (Beziehung D). Letzteres erlaubt im Unterricht ein Lernen voneinander und ein Probehandeln zu nützen.

Mit Interaktion kann im Unterricht aber auch die Beschäftigung mit einem Text durch den Leser gemeint sein oder das Bearbeiten einer Aufgabe. Dazu gehört ebenso die Arbeit mit sogenannten interaktiven Medien wie z. B. digitalen Tafeln (engl.: interactive whiteboard) oder Computern (Beziehung C).

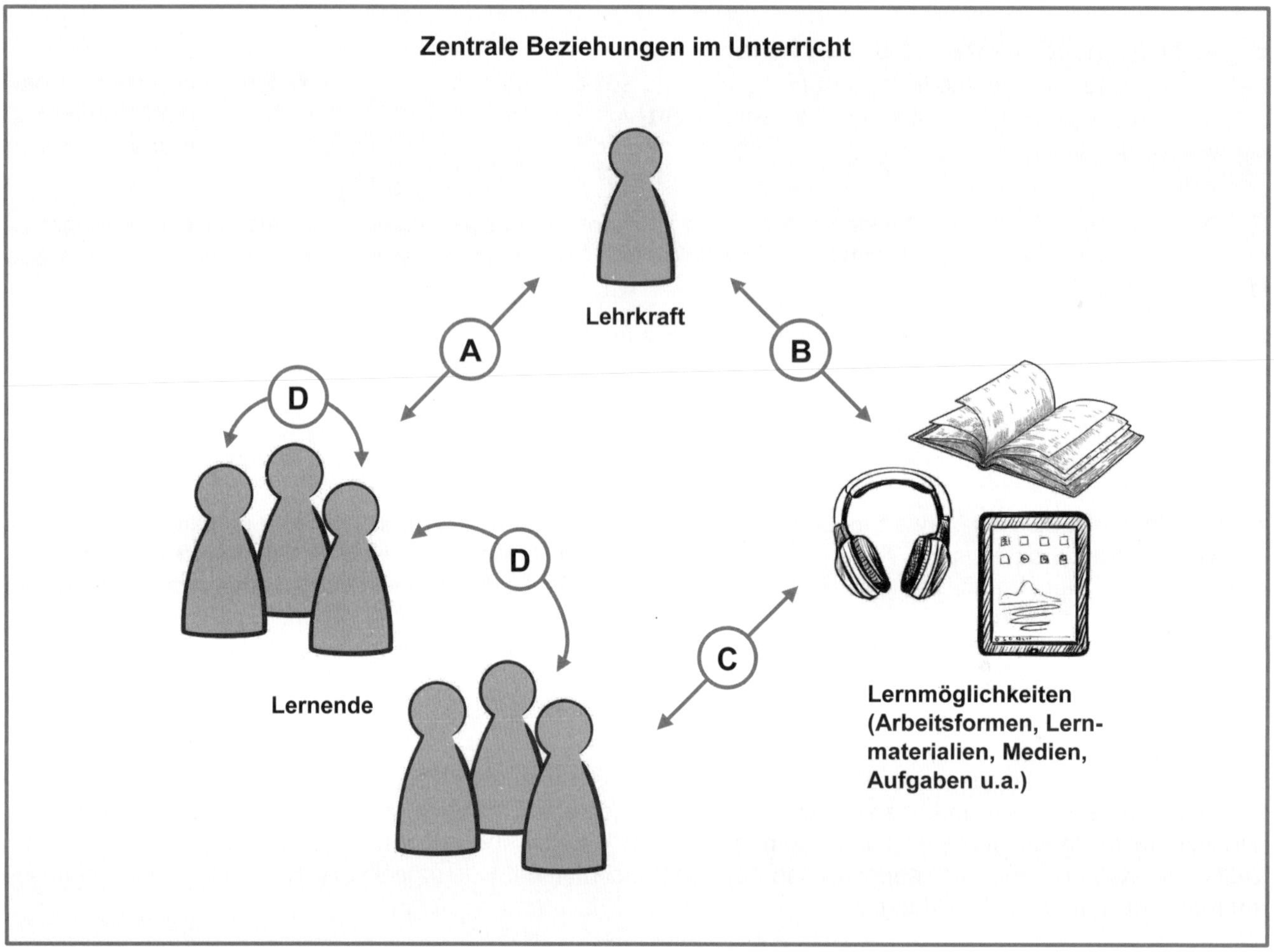

Zentrale Beziehungen A, B, C, D (nach: lernplattform.goethe.de)

Interaktion bezeichnet somit alle Kommunikationsprozesse im Unterricht. Dabei führen kooperative Sozialformen wie beispielsweise Gruppenarbeit im Unterricht zur aktiven Teilnahme der Lernenden. Es geht aber um mehr: Einem konstruktivistischen Bildungsverständnis folgend sei dem Lernenden wie dem Lehrenden die **Interaktion als Motor von Entwicklung** gegönnt: Sie lässt beide profitieren vom Wissen, Verständnis und von der Perspektive des jeweils anderen. Damit erfährt „Gruppe“ oder „Klasse“ durch Ko-Konstruktion noch einmal eine weitere Dimension.

Ein fachbezogener Lernprozess erfährt durchaus legitim eine Einschränkung, wenn eine Interaktion zwischen Lernenden oder Lehrenden einen Schnitt sinnvoll erscheinen lässt, indem reflektierend z. B. auf einen Kommunikationsprozess, einen offenen oder verborgenen Konflikt geschaut werden soll. Dabei tritt die Erweiterung der *Fachkompetenz* in den Hintergrund, zugunsten beispielsweise der Entwicklung von *Sozialkompetenz*, wenn eventuell die Rollenerwartungen in der Interaktion reflektiert werden, wenn die *Methodenkompetenz* sich erweitert, indem Gesprächsverhalten analysiert wird oder auch persönliche Ressourcen von den Beteiligten betrachtet werden.

Beispiel

Situation: Die Klassengemeinschaft ist seit einigen Wochen beobachtbar angespannt. Verschiedene Studierende geraten immer wieder in Konflikt miteinander. Es bilden sich Untergruppen, die sich abbilden in den verschiedenen Lerngruppen, z. B. an der Lerntheke (LF2: Gesprächsführung). Bei einem Rollenspiel zum Thema „So nicht ...“ (LF2: Kommunikation) bricht bei der gemeinsamen Auswertung ein Konflikt auf, weil eine Studierende in ihrer Mimik destruktiv auf den Beitrag einer Mitstudierenden reagierte. Dabei erhalten beide Studierenden lebhafte Unterstützung aus ihren jeweiligen „Lagern“.

In der Situation kann es wichtig sein, die fachliche Auswertung des Rollenspiels zurückzustellen und die aktuellen Interaktionen zu betrachten: Von der wahrnehmenden Beobachtung ausgehend werden die Studierenden begleitet in einer sachlichen Analyse, z. B. der Gruppenprozesse. Die bewusste Wahrnehmung der Klasse ihres eigenen Gruppenprozesses (Storming-Phase) erlaubte in den kommenden Wochen einen durchaus gelasseneren Umgang mit gruppendynamischen Prozessen, sogar manchmal ein Lächeln bei einzelnen Studierenden, wenn eine Situation zu eskalieren drohte. Auch die Übung einer professionellen erzieherischen Haltung wurde anhand des Vorfalls reflektiert und vereinbart. Die Verbindlichkeit von Gesprächsregeln führte die Gruppe letztlich wieder zurück zum Rollenspiel. Die vermeintliche Störung des Unterrichts wurde genutzt für einen sozial-personalen Lernprozess.

Die Klasse wird zum sozialen Erfahrungsraum, Vielfalt ist spürbar. Der „Adlerblick“ objektiviert die Situation aus der Distanz heraus. Die „Gunst der Stunde“ wird für einen übergeordneten Lernprozess genützt.

Kooperatives Lernen

Die Qualität der Interaktionen zwischen den am Unterrichtsgeschehen beteiligten Personen hängt wesentlich von der Beziehungsqualität ab: Ein wertschätzender Umgang der Akteure sollte eine Selbstverständlichkeit sein. Kooperative Sozialformen wie beispielsweise Gruppenarbeit im Unterricht führen dabei nicht nur zur aktiven Teilnahme der Lernenden. Aktive Teilnahme führt wiederum zu einer tieferen Wissensverarbeitung und damit zum dauerhaften Speichern des Gelernten. Kommunikation zwischen Menschen ist nicht nur ein einfacher Austausch von Informationen, sondern ein Austausch über Inhalte, die für die Lernenden von Bedeutung sind (vgl. lernplattform.goethe.de).

Definition: „Kooperatives Lernen bezeichnet dabei Lernarrangements wie Partner- und Gruppenarbeiten. Es verlangt in der Regel eine zeitgleiche (synchrone) oder auch zeitversetzte (asynchrone), koordinierte, ko-konstruktive Aktivität der Teilnehmer. Kernziel kooperativen Lernens ist immer die gemeinsame Lösung eines Problems oder die Entwicklung eines geteilten Verständnisses einer Situation.
Bei kooperativen Lernsituationen wird die Aufgabe geteilt, wobei jeder Teilnehmer – respektive jede Kleingruppe - eine Teilaufgabe löst und die Ergebnisse aller Einzelpersonen bzw. Kleingruppen zu einem Gesamtergebnis zusammengetragen werden“ (Bergo 2006, S. 18) (vgl. *Planspiele, Lerntheken-Arbeit, Placemat* u.v.m.).

Beispiele: Methoden kooperativen Lernens

Think-Pair-Share

Dies ist eine einfaches Methode des kooperativen Lernens. Es besteht aus 3 Schritten:

1. Schritt: Jede/r Studierende denkt zunächst (für kurze Zeit) allein über eine Fragestellung/eine Aufgabe nach.

2. Schritt: Es tauschen sich immer 2 Studierende miteinander aus (zum Beispiel Sitznachbarn), teilen ihre Gedanken und erarbeiten ein gemeinsames Ergebnis.

3. Schritt: Erst zum Schluss bringen die Studierenden ihre Antworten/Gedanken in die Diskussion mit der gesamten Lerngruppe oder Klasse ein.

Vorteile: Jede/r Studierende wird aktiv in den Lernprozess eingebunden. Auch unsichere Studierende werden zur Beteiligung ermutigt: Sie können ihre Gedanken erst einmal für sich selbst sortieren und im Schutz der Zweiergruppe besprechen. Think-Pair-Share ist ohne große Vorbereitung zu fast allen Fragen oder Aufgabenstellungen einsetzbar. (Seifert u. a., o. J., S. 214)

Beispiele *(Fortsetzung)*

Gruppenpuzzle

Die Studierenden kommen zu viert oder fünft in Teams zusammen. Jedes Team bearbeitet die gleiche Aufgabe/das gleiche Lernthema, aber unterteilt in so viele Teilaufgaben/Unterthemen, wie es Teammitglieder gibt (Beispiel: 4 Studierende im Team → 4 Teilaufgaben A, B, C, D). Nach der Aufgabenverteilung löst sich die Gruppe („Stammgruppe") auf und es kommen jeweils alle As, Bs, Cs und Ds, also alle, die dieselbe Teilaufgabe haben, zusammen. In diesen „Expertengruppen" erarbeiten sich die Studierenden nun Wissen zu ihrem spezifischen Unterthema bzw. beschäftigen sich mit ihrer spezifischen Teilaufgabe – zunächst individuell, dann im Austausch mit den anderen. Anschließend geht jede/r Studierende in seine Stammgruppe zurück und gibt die Ergebnisse und Erkenntnisse aus der Expertengruppe an die Teammitglieder weiter (Prinzip „Lernen durch Lehren"). Eine Präsentation aller Gruppen in der Klasse kann sich anschließen. Besonders geeignet ist die Methode für die Erarbeitung komplexer Themen oder größerer gemeinsamer Aufgaben. (ebd.)

Dabei übernehmen die einzelnen Mitglieder eines Teams die individuelle **Verantwortung** für ihr eigenes Lernen, das Team übernimmt Verantwortung für das Gesamtarbeitsergebnis. Die Studierenden üben sich in Kommunikationskompetenzen wie Zuhören, konstruktive Fragestellungen entwickeln, Vorstellungen verbalisieren und diskutieren u. a. Selbstverständlich entwickeln sie kooperative Fähigkeiten wie unterschiedliche Meinungen respektieren, Perspektivenübernahme, Erfahrungen teilen, gemeinsame Lösungen finden u. a. Die aktive Gestaltung des Lernprozesses schafft Motivation und Selbstwirksamkeitserfahrungen.

Zudem ist eine **Lernatmosphäre** nötig, in der die Lernenden sich trauen, ihre Gedanken zu äußern und zu vertreten. Das Geschehen im Unterricht schließt auch nonverbale Kommunikation, Kommunikationsverweigerung und das Schweigen ein. Eine wiederkehrende Reflexion ist hilfreich, sollte jedoch methodisch sorgsam den Bedürfnissen der Lernenden angepasst werden. Methodenbeispiele dazu:

Die Regel-Ampel

Die Regel-Ampel kann immer mal wieder gemeinsam vereinbarte Regeln bzw. deren Einhaltung prüfen und reflektieren: Werden Vereinbarungen eingehalten und fühlen sich alle wohl damit?

Ablauf: An einer Wandzeitung oder auf einem Poster werden die gemeinsam erarbeiteten Regeln notiert und für alle sichtbar und dauerhaft aufgehängt, dazu farbige Klebepunkte in Grün, Gelb und Rot vorbereitet.

Schritt 1: Die Studierenden werden eingeladen, darüber nachzudenken, wie gut die Gruppe zurzeit die Regeln einhält (ca. 5 Minuten Zeit).

Schritt 2: Dann darf jede/r Studierende die Regeln jeweils mit einem Klebepunkt versehen: Grün steht für: Alles in Ordnung, das läuft gut, an diese Regel halten sich alle! Gelb steht für: Kleines Warnlicht, auf diese Regel sollten wir mehr achten! Rot steht für: Achtung – diese Regel wird zurzeit verletzt. Redebedarf!

Schritt 3: Nachdem die Klebepunkte verteilt sind, schauen sich alle das entstandene Meinungsbild an und überlegen gemeinsam: Was fällt uns auf? Was läuft gut? Welche Regeln müssen wir besprechen? Je nach Ergebnis kann sich eine kurze oder längere Reflexion in der Klasse anschließen. (Seifert u. a., o. J., S. 213)

Schneller Teamcheck

Solch ein Teamcheck kann zu Beginn und/oder am Ende von Unterrichtsstunden, Reflexionssitzungen oder Arbeitseinheiten zum „Ankommen" oder „Ausläuten" stattfinden:

→ eine Kurzabfrage in der Klasse/Gruppe:
- Werden alle Ideen und Meinungen gehört?
- Wie gehen wir miteinander um?
- Wir schlagen wir uns als Team?
- Geben wir alle unser Bestes?

Alle Studierenden sollen zu jeder Frage eine schnelle Einschätzung abgeben: entweder durch das Hochhalten von 0 bis 5 Fingern (0 = läuft ganz schlecht; 5 = klappt sehr gut) oder per Daumenabfrage (hoch, waagerecht, runter).

→ eine Blitzlichtrunde: Jede/r soll in nur einem Wort benennen, wie sie/er gerade die Zusammenarbeit im Team wahrnimmt.

Beispiele *(Fortsetzung)*

➔ einen Mini-Fragebogen zum Ankreuzen	☹	😐	☺
Wir haben einander gut zugehört.	☐	☐	☐
Jede/r konnte sich beteiligen.	☐	☐	☐
Jede/r konnte ihre/seine Meinungen und Ideen offen äußern.	☐	☐	☐
Wir sind konzentriert bei der Aufgabe geblieben.	☐	☐	☐
Wir haben uns gegenseitig ermutigt.	☐	☐	☐
Wir haben Entscheidungen als Team getroffen. (ebd.)	☐	☐	☐

Merkmale kooperativen Unterrichts: „Die kooperative, durch den ‚Coach' zu gestaltende Lernumgebung zeichnet sich dadurch aus, dass sie

- positive Abhängigkeiten realisiert: Es gibt ein gemeinsames Gruppenziel oder ein gemeinsames Produkt; Materialien, Ressourcen und Informationen werden gerecht verteilt;
- individuelle Verantwortlichkeit ansteuert: Der Einzelne übernimmt Verantwortung für das Lernen und Verstehen der gesamten Gruppe;
- direkte Interaktionen ermöglicht: Die Teilnehmer arbeiten eng und direkt zusammen, sodass sie voneinander lernen können;
- soziale Fertigkeiten entwickelt: Die Gruppenmitglieder kommunizieren, tauschen Informationen aus, treffen gemeinsam Entscheidungen;
- Reflexion der Gruppenarbeit beinhaltet: Die Gruppenmitglieder denken gemeinsam über ihr Lernen nach und machen Verbesserungsvorschläge." (Bergo 2006, S. 19).

Der länderübergreifende Lehrplan Erzieher/-in (2012, S. 11, 16) sieht „kooperatives Lernen: problemlösendes, relativ selbstständiges und entdeckendes Lernen in Gruppen" als Teil der Handlungsorientierung sowie „kooperatives Lernen im Team, zunehmende Steuerung des Lernprozesses durch die Studierenden und selbstreferenzielles Lernen" als wichtige Elemente der Unterrichtsgestaltung.

Sitzordnung: Schon mit einer **dem Lernprozess angemessenen** Sitzordnung als Teil der gestalteten Lernumgebung wird eine bedeutsame Grundlage für das Lernen im Sozialraum Klasse gelegt: Entscheidend für diese sollten weniger persönliche Befindlichkeiten sein als eine professionelle Einstellung zum Lernprozess. Gemeinsam zu arbeiten ist in professionellen Settings notwendig - und nicht personenbezogen wählbar. Dieser Anspruch sollte auch für das Lernen in der Klasse erwachsener Lernender als einer Art Probelernen gelten. Eine flexible Sitzordnung (vgl. Winkelsitzordnung nach Klippert) ermöglicht eine unkomplizierte und wenig aufwendige Umgestaltung entsprechend der Notwendigkeiten des Lernprozess, z.B. von einer kollegialen Kooperation hin zu einer Teamaufgabe und umgekehrt. Dabei ist es wichtig, auch die Bereitschaft zu einer in bestimmten zeitlichen Abständen (z. B. nach einem Lernfeld) veränderten Sitzordnung zu initiieren. Diese erlaubt ein gegenseitiges Kennenlernen und eine Kooperation mit ganz unterschiedlichen Kolleginnen und Kollegen, die letztlich alle bereichert. Die Erfahrungen in den verschiedenen Lernkonstellationen werden regelmäßig reflektiert, z. B. in einem *Selbsteinschätzungsbogen* zum Unterricht (s. ***Anlagen 1*** und ***2***).

Anlage 1: Selbsteinschätzung I

SELBSTEINSCHÄTZUNG unterrichtlichen Verhaltens

Name: ____

im Fach: ____________________ Woche vom: ____________ bis: ____________

Äußere Präsenz	**Sehr gut**	**gut**	**befriedigend**	**ausreichend**	**mangelhaft**	**ungenügend**
Anwesenheit	☐ ☐	☐ ☐	☐ ☐	☐ ☐	☐ ☐	☐ ☐
Pünktlichkeit	☐ ☐	☐ ☐	☐ ☐	☐ ☐	☐ ☐	☐ ☐
Arbeitsmaterial	☐ ☐	☐ ☐	☐ ☐	☐ ☐	☐ ☐	☐ ☐
Äußere Haltung	☐ ☐	☐ ☐	☐ ☐	☐ ☐	☐ ☐	☐ ☐

Verhalten im Unterricht	**Sehr gut**	**gut**	**befriedigend**	**ausreichend**	**mangelhaft**	**ungenügend**
Aufmerksamkeit	☐ ☐	☐ ☐	☐ ☐	☐ ☐	☐ ☐	☐ ☐
Mitarbeit	☐ ☐	☐ ☐	☐ ☐	☐ ☐	☐ ☐	☐ ☐
Konstruktive Beiträge	☐ ☐	☐ ☐	☐ ☐	☐ ☐	☐ ☐	☐ ☐
Störungen	☐ ☐	☐ ☐	☐ ☐	☐ ☐	☐ ☐	☐ ☐
Sozialkompetenz	☐ ☐	☐ ☐	☐ ☐	☐ ☐	☐ ☐	☐ ☐

Vorbereitungen	**Sehr gut**	**gut**	**befriedigend**	**ausreichend**	**mangelhaft**	**ungenügend**
Motivation	☐ ☐	☐ ☐	☐ ☐	☐ ☐	☐ ☐	☐ ☐
Selbstständigkeit	☐ ☐	☐ ☐	☐ ☐	☐ ☐	☐ ☐	☐ ☐
Reflexionsfähigkeit	☐ ☐	☐ ☐	☐ ☐	☐ ☐	☐ ☐	☐ ☐
Hausaufgaben	☐ ☐	☐ ☐	☐ ☐	☐ ☐	☐ ☐	☐ ☐

(Bitte unter den Adjektiven ankreuzen: Schüler/-in mit Farbe Rot – Lehrkraft mit Farbe Grün)

Anleitung zur Beobachtung eigenen unterrichtlichen Verhaltens

Die **Beobachtung** ist das zentrale Instrument zur Vorbereitung und Durchführung erzieherischer Maßnahmen. So erarbeiten wir die Beobachtung als Instrument pädagogischen Wirkens in Bezug auf die zu Erziehenden als Lerngegenstand innerhalb des Unterrichts.

Ohne die Anwendung erziehlicher Mittel und Möglichkeiten auf uns selbst als pädagogische Fachkräfte verlieren wir die Glaubwürdigkeit und Authentizität in der Erziehung. Das gilt vor allem für das Vorbild- und Nachahmungsprinzip. Deshalb ist Beobachtung auch das zentrale Medium, uns selbst zu erziehen und zu entwickeln: Selbsterziehung ist und bleibt ein lebenslanger Prozess!

Selbsteinschätzung ist nicht nur Mittel zum Zweck, sondern ein wichtiges Lernziel. Deshalb versuchen wir die erarbeiteten Inhalte zur (Selbst-)Beobachtung auf das unterrichtliche Geschehen anzuwenden. Da zwischen der Selbstwahrnehmung und jeder Fremdwahrnehmung häufig eine große Diskrepanz auftritt, vergleichen wir die „Schülerbeobachtung“ (Selbstbeobachtung) mit der „Lehrerbeobachtung“ (Fremdbeobachtung) nach dem sehr nützlichen „Mehraugenprinzip“ im Ankreuzverfahren als Basis für (mögliche, erwünschte) Auswertungsgespräche (vgl. Selbsteinschätzung I).

Folgende Ausführungen können bei der Einschätzung in den 3 Kategorien helfen:

ÄUSSERE PRÄSENZ

Regelmäßige und kontinuierliche Anwesenheit, entschuldigtes Fehlen, unumgängliches Fehlen u. a.,

Einhalten von Unterrichtszeiten, Unterbrechungen durch Abwesenheit/Einnahme von Getränken/Essen innerhalb des Unterrichts, frühzeitiges Beenden des Unterrichts

Bereitstellen notwendiger Arbeitsmaterialien wie Schreibpapier, Stifte, Ordnung auf dem Tisch, systematische Ordnung erstellter Arbeitsunterlagen, schnelle und präzise Aufnahme von ausgeteilten Materialien, Unterbringung unnötiger Utensilien am Arbeitsplatz (Mappen, Garderobe, Handtaschen), Umgang mit unerlaubten Medien wie Handy, MP3-Player

Äußere Haltung gegenüber den Unterrichtsinhalten wie Mimik, Gestik, Körperhaltung, Sitzhaltung, Zugewandtheit zum Unterrichtsgeschehen, Blickkontakt

VERHALTEN IM UNTERRICHT

Aktive Mitarbeit durch Mitdenken, Beteiligung am Unterricht durch Aufmerksamkeit, Beteiligung am Unterrichtsgespräch, Einbringen eigener Ideen, Interesse zeigen am Unterrichtsgegenstand, Erkennen logischer Zusammenhänge, kritische Nachfragen, reflektierende Gedanken, selbstständige Überlegungen zu gelehrten Inhalten, Lernmotivation zeigen durch engagiertes Verhalten, Vorwissen einbringen, Anfälligkeit für Störungen durch äußere Gegebenheiten und Mitschüler/-innen, Aufmerksamkeitsdefizit durch Übermüdung u. a., Hilfsangebote erkennen und wahrnehmen, Selbstkompetenz in der Steuerung eigenen Lernverhaltens, Disziplin, Zuhören

Soziale Kompetenz in der Zusammenarbeit mit Mitschülern, Hilfestellung für andere Studierenden anbieten, soziale Fähigkeiten in unterrichtlichen Sozialformen wie Gruppenarbeit, Zielgerichtetheit durch innere Präsenz

VORBEREITUNGEN

Vorerfahrungen bedenken und einbringen, regelmäßige, vollständige, genaue und sorgfältige Ausführungen bei Arbeitsaufträgen und Hausaufgaben, Wissen selbstständig erweitern (Infos, Materialien), Hilfen zur Vorbereitung und zum Verständnis des Unterrichtsinhalts ergreifen, Motivation für den Unterricht herstellen und außerschulische Informationsquellen nutzen, Hilfsangebote für Mitstudierende anbieten

Anlage 2: Selbsteinschätzung II

SELBSTEINSCHÄTZUNGSBOGEN zum individuellen Arbeitsverhalten

Name: ______________________________

im Lernfeld: ____________________ Zeitraum vom: ____________ bis: ____________

Welche Erwartungen hatte ich an das Lernfeld?

____

____

Welche Themen/Fragen interessieren mich zum Lernfeld?

____

____

Welche fachtheoretischen Inhalte konnte ich gut ergreifen?

____

____

Welche weiteren Kompetenzen erwarb ich?

____

____

Welche Lernmethoden halfen mir dabei?

____

____

Was fällt mir noch schwer/woran möchte ich noch arbeiten?

____

____

Was kann ich dazu beitragen? Wer kann mich unterstützen?

____

____

Gruppenentwicklungsphasen

Jede Gruppe durchläuft einen Gruppenprozess, auch eine Klasse. Diese Gruppenentwicklungsphasen (nach Lowy/Bernstein 1969) in Sicht zu nehmen und konstruktiv-reflexiv zu bearbeiten, ist sehr bedeutsam: Vor allem in der *Orientierungsphase* kommen Schüler und Studierende mit großen Erwartungen in die Klasse. Gleichzeitig ist ihr Verhalten oft gesteuert von einer „sozialen Angst", sich in der Klasse nicht zu bewähren, keine Akzeptanz zu gewinnen: Werde ich ernst genommen? Wer ist besser als ich? Wie viel kann ich von mir preisgeben? usw.

Um die eigene Integrität zu wahren und sich vor Verletzungen in dieser neuen, vermeintlich gefährlichen Situation zu schützen, muss der einzelne Schüler/der Studierende ein gewisses Maß an Distanz und Kontrolle über seine Handlungen und ebenso über die äußere Situation wahren. Das Verhalten der vorsichtigen Annäherung oder einer betont ruppigen und aggressiven Art ermöglicht es dem Schüler/Studierenden mit einem Minimum an Risiko die Befriedigung zu erreichen, die er/sie als erreichbar erkennt (nach Großmann 2002, S. 69).

Dieser Druck bezüglich des sozialen Status kann sich auch über weitere Gruppenphasen ausdehnen und lässt Studierende oftmals während der gesamten Ausbildungszeit nicht los. Dann ist ihr Verhalten schwer auf die eigentlichen fachlichen Aspekte der Ausbildung zu richten, blockiert den Lernprozess sogar. Hilfreich ist die Bearbeitung, d.h. anfangs die **Bewusstwerdung dieser Fragen und Ängste**. Erst wenn in einem offenen Klassenklima solche zur Sprache gebracht werden können, ist eine konstruktive Bearbeitung möglich. Es ist notwendig, dass Studierende erkennen, dass die Zugehörigkeit zur Klasse ungefährlich ist und sich lohnt. Dazu bedarf es Einzel-, Gruppen- und Klassengespräche in einer **wertschätzenden, begleitenden Gesprächsführung**. Eben diese ist im sozialpädagogischen Unterricht vermittelt worden und hat hier Anwendungsbezüge. Theorie und Praxis verschmelzen wieder - welche Chance! Wird die Klasse in dieser Phase allein gelassen und nicht angeleitet, zerfällt sie in kürzester Zeit in Untergruppen, die sich oft erbittert bekämpfen. Die Kräfte werden für offene oder verdeckte Konflikte verbraucht. Welche vertane Chance.

Auch in den weiteren Gruppenphasen ergeben sich immer neue Möglichkeiten zur Reflexion und Entwicklung, z.B. wenn es in der *Machtkampfphase* verstärkt zu Konflikten kommt.

Konflikte in der Gruppe

Konflikte gehören zu jedem Gruppenprozess, auch in die einer Klasse. Besonders häufig treten sie in der *Machtkampfphase* auf. Konflikte sind anstrengend und fordernd, sie machen vielen Menschen Angst. Die Frage von Schuld verbindet sich oft mit einem Konflikt. Die Konfliktvermeidung ist die Folge. Sie verhindert allerdings eine Entwicklung der Gruppe/Klasse über die Machtkampfphase hinaus. Deshalb sollten Konflikte gemeinsam bearbeitet werden.

Selbstbestimmte Konfliktbearbeitung: Das Konfliktlösungsverfahren orientiert sich vor allem bei erwachsenen Studierenden an der Maßgabe der selbstbestimmten Konfliktbearbeitung. Auch hier ist die Lehrkraft Konfliktlösungsbegleiter. Wichtig ist bei ihr die Bewusstheit, dass sich oftmals hinter einem Konflikt eine „Statusfrage" der Konfliktpersonen verbirgt.
Grundsätzlich sind die unmittelbaren Konfliktpartner die handelnden Personen: Sie stellen den Auslöser für den Konflikt fest. Hinzugekommene Konfliktpartner sollten sich erst zurückhalten. Ist die Konfliktursache benannt, können Lösungsvorschläge erarbeitet werden. Hierbei kann der Lernbegleiter sowie die weiteren Konfliktpartner hilfreich mitwirken. Der Lernbegleiter unterstützt die Klärung der Beziehungen der Gruppenmitglieder, unterstützt den Aufbau der Gruppe und schützt im Zweifelfall vor Übergriffen auf die Person. Immer gelten für alle Beteiligten wertschätzende Umgangs- und Kommunikationsformen.
Das Erreichen der *Vertrautheitsphase* ist dann möglich: Die Gruppenmitglieder fühlen sich wohl, kommen gern zum Unterricht. Ideale Voraussetzungen für einen günstigen Lernprozess.

Werden Konflikte nicht innerhalb der Klassengemeinschaft bearbeitet, verselbstständigen sie sich häufig im außerschulischen Bereich, zunehmend in den sozialen Netzwerken. Dann sind sie kaum noch greifbar und die unglückliche Basis für Mobbing, insbesondere Cyber-Mobbing. Eine sehr unheilvolle Entwicklung für eine Klasse, die durchaus droht, „aus dem Ruder zu laufen". Dann sind vor allem vermeintlich „schwächere" Studierende Opfer und durchsetzungsstarke Studierende bestimmen das Klassenklima. Auch das kooperative Lernen ist in Gefahr.

Anders, wenn die Klasse in die *Differenzierungsphase* eintritt: Die Sachebene ermöglicht ein kooperatives Lernen von Ausbildungsinhalten. Die Gruppenmitglieder bringen ihre personalen, sozialen und fachlichen Kompetenzen entsprechend ihrer Fähigkeiten und Fertigkeiten ein, Führungsrollen wechseln, alle Beteiligten werden mit ihren Ressourcen gesehen und wertgeschätzt. Es geschehen keine Übergriffe auf der Beziehungsebene. Im Gegenteil: Auf der Fachebene wird kooperiert, während sich die Beziehungsebene (Watzlawick u. a. 1980) in einer angemessenen Kommunikation zeigt.
Die *Trennungsphase* kann sich dann als letzte Herausforderung im gesamten Prozess zeigen, wenn sie durch die Perspektive auf neue Herausforderungen eine mangelnde Wertschätzung der Verabschiedung zur Folge hat. Die Bewusstheit, dass eine konstruktive Haltung bei der Trennung die Basis für einen guten Neuanfang in der Zukunft sein kann, steigt mit dem gelungenen Vorankommen in den vorherliegenden Gruppenphasen.

Die Lehrkraft in den Gruppenphasen

Der Lehrende steht während des gesamten Gruppengeschehens in einer verantwortungsvollen Rolle, auf die er oft nur unzureichend vorbereitet bzw. dafür ausgebildet ist. Gruppendynamische Prozesse, obwohl grundlegend für das Lernen in der Klasse, werden selten thematisiert und bewusst fachlich begleitet; Methoden der sozialen Gruppenarbeit gehören (noch) nicht in das fachliche Repertoire der Lehrkraft. Die Unwissenheit führt zwangsläufig in die Unsicherheit, auch beim Lehrenden: Wie führe ich eine Klasse? Wie löse ich Konflikte? Wie stelle ich mich der Klasse als Person? U. a. Folgen können unzureichende Wahrnehmungen bis hin zu einer Negierung der Gruppenprozesse sein. Eine fehlende oder schlecht gemachte fachliche Vorgehensweise führt zur Verselbstständigung von sozialen Prozessen und einhergehend einer sozialen Verwahrlosung von Klassen.

Eine verantwortliche Klassenführung weiß um die Bedeutung der Gruppenprozesse, ihrer Möglichkeiten und Risiken. Dabei ist die Lehrkraft selbst Vorbild, Modell für die Lernenden. Sie zeigt Stärke und Klarheit, wo diese notwendig ist, auch zum Schutz vor sozialen Ängsten bei Studierenden, und lässt Selbstwirksamkeit und Selbstgestaltung zu, wo diese geleistet werden kann.

Während des gesamten Gruppenprozesses verändert sich die Rolle des Lehrenden, indem er sich zunehmend **als Lernbegleiter versteht** und seine Verantwortung an die Gruppe gibt. Die Partizipation wird sukzessive erweitert: Die Studierenden übernehmen Verantwortung für ihren Lernprozess, lernen den Umgang mit Konflikten, diskutieren und formulieren Verhaltensregeln, bauen vertrauensvolle Beziehungen auf.

Dabei kommt es auch zu Situationen, wo Lehrkräfte in ihrem Verhalten und/oder in ihrer Person von der Gruppe oder einem Teil der Gruppe hinterfragt werden: Dann ist es wichtig, mit Transparenz und Offenheit den Fragen aufrichtig zu begegnen, fachliche Antworten zu geben. Oftmals werden vermeintliche „Ungerechtigkeiten“ als Fehlverhalten ausgemacht. Hier kommt es darauf an, aus einer übergeordneten, nicht aber überheblichen Perspektive Transparenz herzustellen, z.B. über die Heterogenität der Gruppe und der daraus resultierenden individuellen Vorgehensweisen der Lehrkraft. Dabei begegnen sich Lehrkraft und Studierende auf Augenhöhe.

Strukturen helfen soziale Situationen zu gestalten: Verbindliche **Regeln**, am besten gemeinsam verabschiedet, helfen Transparenz und Nachvollziehbarkeit zu gewährleisten. Klare **Grenzen** zu setzen und vor Verletzungen zu schützen ist wichtig. Studierende wie Lehrkräfte sind als Personen nicht verhandelbar, d. h., sie bedürfen eines Schutzraumes: Schüler und Studierende durch ihre Lehrer, Lehrer durch ihre Schulleitung.

Wie in der sozialpädagogischen Arbeit schlechthin, sind solche Grundsätze gültig und entsprechende Erfahrungen auf der Meta-Ebene im Kontext Schule hilfreich.

Kommunikation

Gute Kommunikation lebt von einem professionellen Verständnis und einer ebensolchen Umsetzung. Die Ebenen von Kommunikation (Schulz von Thun) werden nicht nur gelehrt, sondern im Gespräch erlebt und bewusst gemacht: Sach- und Beziehungsebene vermischen sich gegenseitig und auch das Lehrer-Schüler-Verhalten sowie das der Studierenden untereinander bedingen sich gegenseitig im Sinne einer zirkulären Kommunikation. Dabei ist die Beziehungsebene von verschiedenen Faktoren beeinflusst: Sachzwänge stehen im Weg, die Beziehungen sind mehr oder weniger von strukturellen Gegebenheiten vorbestimmt, systemische Zwänge engen Lehrer wie Studierende ein ... schon die Verbalisierung solcher „Systeme“ schafft Transparenz und besseres Verstehen.

Die Spannungsfelder in der Schule sind vielfältig: Inwiefern kann Schule Vielfalt wertschätzen ohne ihren universalistischen Anspruch aufzugeben, z. B. in der simplen Forderung „Regeln gelten für alle“? Die Gratwanderung zwischen Inklusion und Exklusion ist eine anfordernde: Alle gleich, alle gleichwertig, alle gleichermaßen? Wie oft wird Zugehörigkeit zu bestimmten gesellschaftlichen, religiösen, kulturellen Gruppen deklariert, ohne eine individuelle Wahrnehmung der Person?

Die Klasse ist eben eine Gruppe und als solche **komplex in ihren Situationen**.
Schulz von Thun bildet Situationen wie folgt ab:

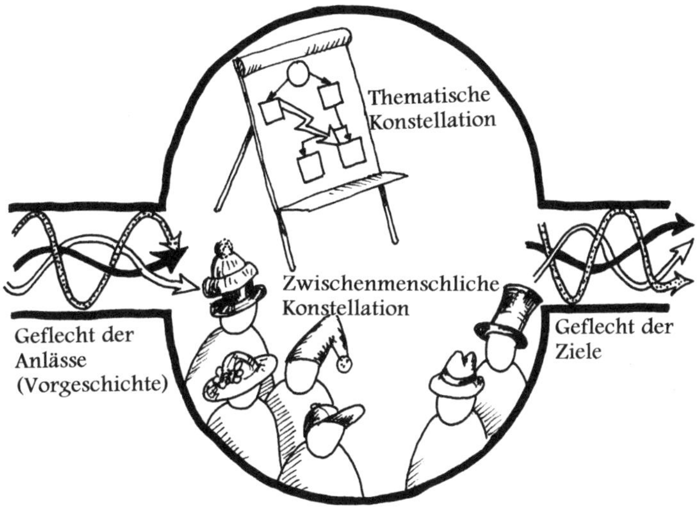

Situationsmodell mit 4 Komponenten (aus: Schulz von Thun 1998, S. 279 ff.)

Jede/r (Studierende) kommt mit einer/seiner Vorgeschichte (Erfahrungen, Gespräche, Wissen) in die Situation. Es stellt sich erstens die Frage, welches Thema steht an (sollte möglichst mit dem Anlass und dem Ziel der Situation korrellieren) und welche Personen treffen in der Situation aufeinander. Schließlich stellt sich die Frage nach dem Ziel: Warum kommt man zusammen? Was soll vereinbart werden, welche Entscheidungen stehen an? Auch die Zielfrage ist meist nicht einheitlich für alle anwesenden Personen.
Das Modell soll also die Summe all jener Umstände erfassen, die in der Situation enthalten sind, um ein besseres Verständnis für diese zu entwickeln und sie im Verlauf besser handhaben zu können, z. B. indem eine Möglichkeit geschaffen wird, die Vorgeschichten der einzelnen Personen zu hören, das Thema zu klären, zwischenmenschliche Konstellationen zu moderieren, Ziele gemeinsam zu generieren.

Sozialformen

Der Unterricht nützt bewusst unterschiedliche Sozialformen: die kollegiale Zusammenarbeit sowie die Teamarbeit. Beides wird innerhalb verschiedener Settings für die berufliche Realität als Arbeitsform geübt. Außerdem werden durch abwechselnde Sozialformen nicht nur die Kommunikationsfähigkeit der Lernenden gefördert, sondern auch soziale Kontakte in der Klasse. Diese wiederum schaffen Motivation. Dabei können Teams über einen längeren Zeitraum konstant sein oder sich mit jeder neuen Arbeitsaufgabe verändern. Sinnvoll sind überschaubare Teams, die einen intensiven fachlichen Austausch ermöglichen und Zusammenarbeit erlauben. Heterogene Lerngruppen sind sinnvoll und erwünscht, vor allem bezogen auf das Leistungsniveau. Hat sich ein Team gebildet, ist dieses Format verbindlich und wird nur in Ausnahmefällen unter Mitwirkung aller Beteiligter verändert. Es kann ein Teammitglied als Sprecher benannt werden oder alle im Team sind gleichberechtigt.

Teamarbeit

Die Teamarbeit organisiert sich in verschiedenen Schritten, die den Studierenden bekannt sind und deren Einhaltung notwendig ist: Das Team erstellt einen **Arbeitsplan** (s. ***Anlage 3***), der einzelne Arbeitsschritte erkennbar macht. Anschließend werden diese unter den Teammitgliedern aufgeteilt. Dabei sollen persönliche Ressourcen genutzt werden. Der Zeitplan schafft eine sinnvolle Orientierung, die Teams sollten auch ungestört in verschiedenen räumlichen Bereichen arbeiten können.

Beispiel: Placemat

Besonders geeignet für Teamarbeit ist die **Placemat-Methode**: Sie differenziert in sich Aufgaben oder macht unterschiedliche Perspektiven auf einen fachlichen Sachverhalt sichtbar (s. ***Anlage 4***).

Zur Methode Placemat vgl. http://methodenpool.uni-koeln.de/download/placemat.pdf

Am Ende der Teamarbeit werden die Ergebnisse zusammengetragen und im Plenum allen Studierenden präsentiert. Verschiedene Präsentationsmethoden schaffen nicht nur Abwechslung, sondern sind auf den Präsentationsgegenstand abzustellen.

Gelingt es dem Lehrenden im Rahmen der Vorbereitung einer Teamarbeit, unterschiedliche Dimensionen (in Anlehnung an Großmann 2002, S.128 ff.) der Aufgaben einzubringen, wird durch unterschiedliche Lernzugänge ein ganzheitlicher Lernprozess angelegt, wird die Teamarbeit besonders effektiv: Lernen über Arbeitsschritte,

- die die Arbeitsorganisation betreffen (z. B. Umgang mit Materialien, Medien),
- solche, die werkschaffende Bereiche fördern (musisch-gestalterische Aufgaben);
- solche, die kognitive Prozesse befördern (z. B. Interpretationsaufgaben, Zusammenfassungen);
- solche, die soziale Kompetenzen fordern wie Präsentieren, Moderieren, Konflikte lösen.

Mit einer reflektierenden Aufgabe bezogen auf die erfahrene Teamarbeit wird diese abgeschlossen. Das kann in einem Evaluierungsverfahren schriftlich oder mündlich geschehen, manchmal reicht auch ein kurzes Blitzlicht oder ein Satzanfang, der den Prozess der Teamarbeit fokussiert, z. B. „Bei der Teamarbeit heute habe ich gelernt“ oder „Im Team waren wir stark, weil“. Die Studierenden werden angehalten, über den Fachinhalt hinaus ihren Lernprozess zu beobachten, die Methode zu hinterfragen, das Arbeitsverhalten zu optimieren u. a. Dabei bilden sie ihre **Reflexionskompetenzen** aus und lernen auf der Meta-Ebene (s. ***Anlage 5***), welche Methoden in welchem Zusammenhang mehr oder weniger hilfreich sind: beste Vorbereitung für die kollegiale Zusammenarbeit am späteren Arbeitsplatz.

Beispiel: Schülermentorat

Eine einfache Form der Teamarbeit bzw. kollegialen Zusammenarbeit ist das Angebot von Schülermentoraten: In einem bestimmten Zeitraum bietet der Lernbegleiter die Durchführung von Lernpartnerschaften in einem bestimmten Fach/Lernfeld/zur Prüfungsvorbereitung u.a. an. Die Studierenden unterstützen sich gegenseitig, dokumentieren ihre Kooperation und werden in Kleingruppengesprächen von der Lehrkraft begleitet (s. ***Anlage 6***).

Ein Bildungsverständnis der Lehrenden, das abstellt auf individuelle Lernbegleitung, ein aktives, ressourcenorientiertes Lernen, ist grundlegend für eine offene und vertrauensvolle Beziehung, die als optimale Basis für die Entwicklung von Personal- und Sozialkompetenzen dient. Sie bedient sich qualifizierter Methoden der sozialen Gruppenarbeit sowie gruppendynamischer Übungen (in Anlehnung an Großmann 2002, S.105 ff.), um den Studierenden Erfahrungen zur Klasse als Gruppe, dem vorrangigen Rollenverständnis, verdeckten Hierarchien oder Positionen u. a. zu ermöglichen. Sie bietet Möglichkeiten und Methoden an, die es den einzelnen Studierenden erlauben, biografische Erkenntnisse zu gewinnen und eigene Bedürfnisse aufzuspüren.

Abhängigkeiten, wie das Motiv der „sozialen Angst“ u. Ä. werden sichtbar und überwindbar, Einstellungen und Verhaltensweisen verändert, die Studierenden erreichen persönliche Autonomie. Bei der Bewältigung konstruierter sozialer Situationen und Aufgaben treten die Studierenden unweigerlich in einen emotionalen Kontakt, sie erfahren Selbst- und Fremdwahrnehmung, das Zusammenwirken der Gruppe bzw. die gegenseitige Beeinflussung der Gruppenmitglieder. Dabei geht es um eine individualisierende Arbeit, die abweicht von einer zwingenden Gleichbehandlung aller Studierenden, eine Gleichstellung jedoch grundsätzlich anerkennt.

Die abschließende Auswertung der Erfahrungen führt zu einer reflektierten Normenfindung, an der alle Beteiligten gleichberechtigt partizipieren.

Dabei laufen solche Übungen in aufeinanderfolgenden Schritten ab (nach Großmann 2002, S. 134):

- Den Beginn macht ein Vorgespräch, das sich entsprechend der Gruppenphasen, in der sich die Klasse befindet, unterschiedlich darstellt: Die Übung wird vorgestellt, ggf. werden Erwartungen und Befürchtungen der Studierenden besprochen.
- Die Durchführung der Übung bedarf wesentlicher Grundprinzipien: Freiwilligkeit und Schutz der Person bzw. deren Eigentums.
- Im Abschlussgespräch werden Erfahrungen ausgetauscht und festgelegte Regeln reflektiert. Auf persönliche Bewertungen wird verzichtet. Die emotionale Befindlichkeit kann thematisiert werden.

Beispiel: Gruppen-Aquarium

Ziel: Thematische Auseinandersetzung mit der eigenen Klasse, Gruppe, dem Team. Aufdecken von Hierarchien und Positionen einzelner Personen in der Gruppe.

Dauer: ca. 90 Minuten

Eignung: Jugendliche ab 10 Jahren, Erwachsene - die Gruppe muss sich kennen und schon länger miteinander arbeiten.

Material: Arbeitsblatt „Aquarium“ (zum Download hier: www.super-sozi.de/wp-content/uploads/aquarium-1.pdf), Stifte für die Teilnehmer

Jede/r Studierende erhält ein Arbeitsblatt mit einem leeren Aquarium. In diesem Fischbecken sollen alle Teilnehmer der Gruppe als Fische gemalt werden. Jeder Fisch bekommt eine Nummer, die im unteren Feld mit einem Namen versehen wird.

1. Phase: ca. 30 Min. (je nach Gruppengröße) - jeder Teilnehmer malt sein Aquarium fertig.
2. Phase: ca. 15 Min. - Kleingruppenarbeit: Gibt es Übereinstimmungen in den Bildern? Sind Teilnehmer vergessen worden - woran liegt das vielleicht?
3. Phase: ca. 45 Min. - Alle Aquarien werden in die Mitte gelegt - es dürfen Fragen gestellt werden, wenn etwas unklar oder nicht zu erkennen ist. Gibt es Parallelen? Was fällt auf?
4. Phase: Frage an jeden Einzelnen: Fühlt ihr euch auf einem der Bilder falsch dargestellt? Wie geht es euch damit? Woran kann das liegen? Welche Erwartungen haben die anderen an mich?

Hinweis: Es kann evtl. zu emotionalen Ausbrüchen kommen, weil Außenseiter ihre Position verdeutlicht bekommen, Freundschaften infrage gestellt werden oder Hierarchien offensichtlich anders gedeutet werden. Hier ist Sensibilität und Vertrauen in der Gruppe wichtig und es erfordert eine klare und wertschätzende Gesprächsführung.

(Runge 2015, www.super-sozi.de)

Anlage 3: Zur Teamarbeit

Arbeitsplanung zur Teamarbeit

Team: ______________________________

Teammitglieder:

______________________ ______________________

______________________ ______________________

______________________ ______________________

Arbeitsauftrag

____

____

____

Arbeitsschritte In welcher Reihenfolge ist WAS zu tun?	**Umsetzung der Arbeitsschritte** WER macht was?

Ergebnis der Teamarbeit (Zusammenfassung)

____

____

____

____

____

____

Präsentation der Teamarbeit

Einstieg – Motivation

WAS?	WIE?	WER?

Inhalte

WAS?	WIE?	WER?

Abschluss - Quintessenz

WAS?	WIE?	WER?

Anlage 4: Placemat

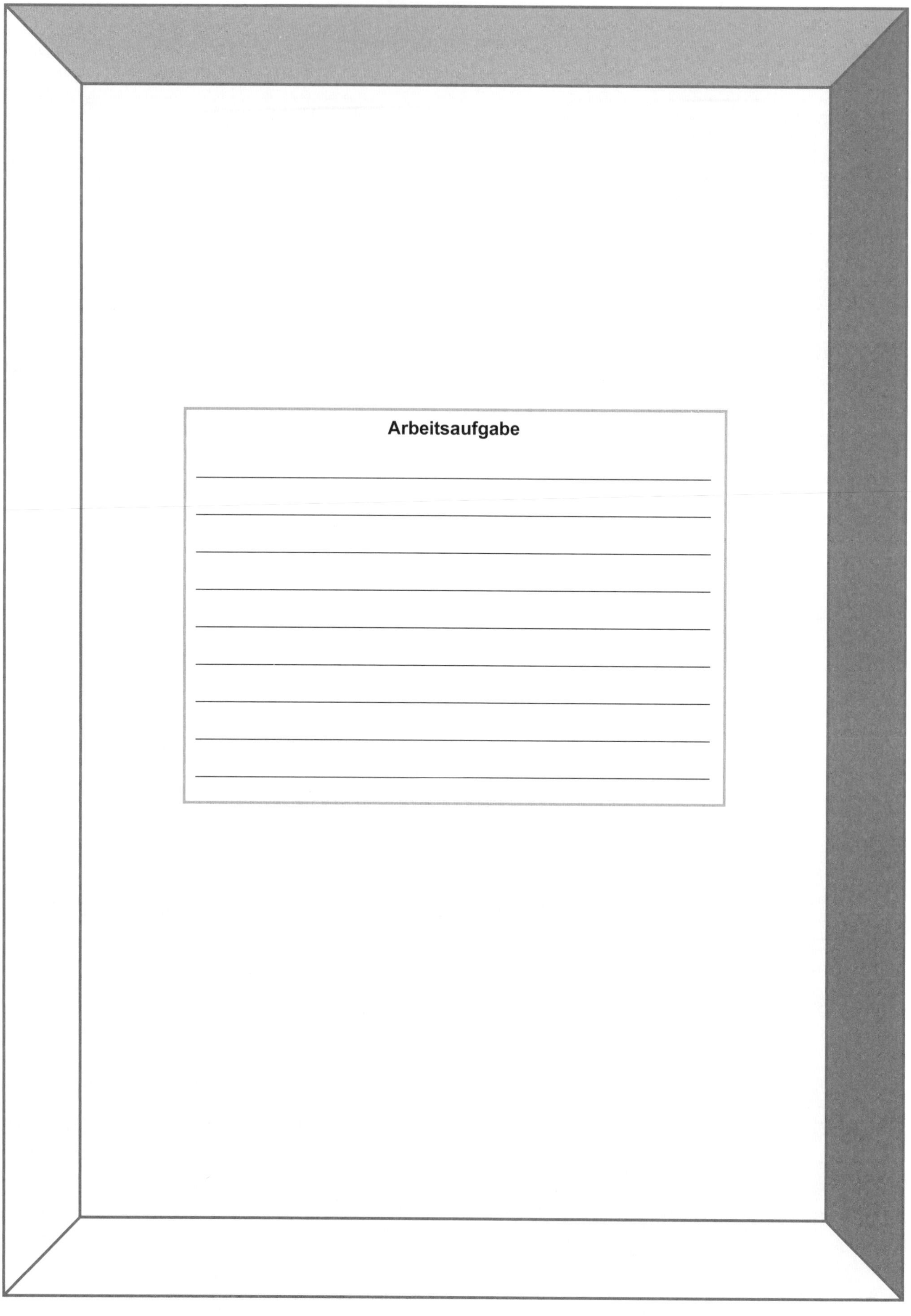

Anlage 5: Reflexion der Teamarbeit (Meta-Ebene)

SELBSTEINSCHÄTZUNGSBOGEN zum Arbeitsverhalten im Team

Name: ______________________________ im Lernfeld: ____________________

zum Arbeitsauftrag: ____

☐ War der Arbeitsauftrag für alle gleichermaßen verständig?

☐ Welche Inhalte Ideen/Vorstellungen/Meinungen u.a. brachte ich zum Thema mit?
Welche davon konnte ich den anderen Teammitgliedern verständlich machen?

☐ Wurde ich gehört? Wurde ich verstanden?

☐ Mit den fachlichen Ergebnissen der gemeinsamen Arbeit bin ich …

☐ Meine Kommunikation mit den Kollegen/Kolleginnen war …

☐ Schwer fiel mir, …

☐ Konstruktiv war mein Beitrag, als ich …

☐ Mein Umgang mit Meinungsunterschieden war …

☐ Auftretende Konflikte konnte ich …

☐ Meine personalen Kompetenzen konnte ich erweitern, weil …

Anlage 5: SCHÜLERMENTORAT

SCHÜLERMENTORAT

„Was ist das?", werden Sie sich fragen. Ein Mentor, das ist aus verschiedenen Bereichen bekannt, ist ein Berater. Ein Schülermentor – ein Berater für Schüler?

Ja, aber keine Lehrkraft in diesem Falle. Ein Schüler als Berater? Genau! Schüler helfen Schülern. Hier ist Augenhöhe gefragt, ähnliche Erfahrungen, ähnliche Ziele, ähnliche Anliegen ... eine gute Voraussetzung für einen hilfreichen Lernprozess. Ja, aber hat ein Schüler wirklich die Kompetenz, zu helfen? Bestimmt! Jeder kann etwas anderes gut, hat da oder dort sich bereits Wissen oder Können angeeignet, das einem anderen vielleicht noch fehlt. Das ist das Eine.

Andererseits erleben wir beim Lernen miteinander und voneinander, wie ein anderer Mensch sich auf den Weg des Lernens begibt und können so auch nützliche Lernstrategien abschauen. Bei einer gemeinsamen Arbeit unter Schülern lernen wir, uns auf einen anderen Menschen einzustellen, seine Gedanken, auch seine Nöte zu teilen; dabei entwickeln wir unsere sozialen Kompetenzen und üben uns in Empathie. Gemeinsame Verantwortung trägt uns, indem wir sie gemeinsam tragen.

Der gegenseitige Austausch über einen Sachverhalt nützt nicht nur der sprachlichen Ausdrucksfähigkeit, sondern ermöglicht einen Blick aus verschiedenen Perspektiven auf einen Lerngegenstand und einen Lernprozess. Und nicht zu vergessen: Gemeinsam einen beschwerlichen Weg zu gehen, erleichtert diesen. Hürden werden einfacher genommen. Der eine zieht den anderen mit; wer schwächelt, wird wieder aufgebaut, gegenseitig kann man sich motivieren, Mut zusprechen, Trost spenden. Nicht zuletzt: Gemeinsam lernen macht mehr Spaß! Warum sollten wir uns das Lernen nicht erleichtern, uns gegenseitig unterstützen und selbst dabei profitieren? Im Übrigen: Wir üben all die Kompetenzen, die wir im Berufsleben für Teamarbeit gut brauchen können.

Jetzt überzeugt? Dann füllen Sie bitte nachfolgenden Abschnitt aus, vergleichen Sie mit Mitschülern und Mitschülerinnen und bilden Sie Lernpartnerschaften: Versuchen Sie weniger nach Sympathiekriterien vorzugehen, sondern sortieren Sie sich zunächst nach Themenbereichen.

Anschließend achten Sie auf Ihre gewünschte „Rolle" und versuchen Sie jemanden zu finden, der Ihnen ein geeignetes Gegenüber bildet.

Ich, ______________________________ (Name eintragen),

möchte mich am SCHÜLERMENTORAT beteiligen. Dabei wünsche ich mir

- ☐ vor allem Unterstützung für meinen eigenen Lernweg;
- ☐ dass ich erfolgreich Unterstützung geben kann.

Mögliche(r) inhaltliche(r) Schwerpunkt(e) der Arbeit könnte(n) sein:

____

____

____

____

____

____

____

SCHÜLERMENTORAT: Es kann losgehen

Sie wollen also am SCHÜLERMENTORAT mitwirken – gut so! Ihr/e Kooperationspartner ist/sind gefunden.

Sie sollen sich in den nächsten Arbeitswochen in gegenseitiger Kooperation üben und sich gegenseitig unterstützen! Bevor wir uns so richtig in die sachbezogene Arbeitsphase stürzen können, müssen Sie sich miteinander vertraut machen, eine Be-zieh-ung herstellen (da darf auch noch jeder an einem anderen Ende ziehen!). Dafür braucht es einige Regeln, an die Sie sich halten sollen:

- ✓ Es ist sehr wichtig, zunächst in möglichst großer Offenheit dem „Gegenüber" zu begegnen, um daraus ein wirkungsvolles „Miteinander" entstehen zu lassen. Versuchen Sie, sich als Mentoren gegenseitig anzunehmen. Leben Sie Akzeptanz: Du bist so, wie du bist und ich darf anders sein!
- ✓ Denken Sie vom anderen nur positive Dinge. Versuchen Sie zunächst ganz bewusst, positive Aspekte zu sehen. Schulen Sie Ihre Wahrnehmung!
- ✓ Jede Beziehung, auch eine Arbeitsbeziehung, braucht ihre Entwicklung, ihren Prozess. Schaffen Sie eine Atmosphäre des Ver-trauens – auch ohne die Sicherheit, nicht enttäuscht zu werden. Vertrauensvorschuss ist nötig!
- ✓ Versuchen Sie, Ihrem Mentor/Ihrer Mentorin, ohne Be-urteil-ung gegenüber zu treten. Ihre Haltung: Ich sehe, was ich sehe und muss dich nicht ändern!
- ✓ Legen Sie in der nächsten Woche eine Art „Organisationsplan" miteinander fest, der für Sie beide realisierbar und auch bindend ist. Es gibt dann keine Entschuldigung – die Vereinbarungen müssen dann sein! (Ort, Zeit, Dauer, Erwartungen, Ziel(e), Inhalte, Bedenken u. a.)
- ✓ Schreiben Sie Ihre Ideen, Erfahrungen, immer auch die Ziele (o. a.) dazu auf und „hinterlegen" Sie diese ggf. in Ihrem Portfolio oder Lerntagebuch.
- ✓ Suchen Sie sich fachliche Begleitung und Unterstützung bei einer Fachlehrkraft, um fachliche Qualität zu sichern: Fragen sind immer gut!
- ✓ Treffen Sie sich mit Studierenden aus einem anderen Schülermentorat: Tauschen Sie sich im Team aus über die „Regeln", Ihre Erfahrungen, evtl. Veränderungen. Bis dahin: Sich einfach an die „Regeln" halten, ohne sie zum Gespräch zu machen. Die Regeln sind so, wie sie sind und unbedingt einzuhalten! Überwinden Sie Widerstände bei sich, Vor-Urteile, Bedenken u. a.
- ✓ Wer mag, kann seine eigenen Erfahrungen in einem privaten Mentorentagebuch aufschreiben: Wie erlebe ich unsere Mentorenarbeit gerade in dieser Phase, an dem Tag u. a. Das entlastet und bleibt Ihnen als „Erfahrungsschatz" in den kommenden Wochen. Es bleibt ganz vertraulich in Ihren Händen.
- ✓ Auch können Sie verschiedene Reflexionsmethoden zu verschiedenen Kompetenzbereichen innerhalb Ihres Mentorats aufgreifen: Achten Sie dabei auf Ihre individuellen Lernbedürfnisse und Lernziele:
  - Kompetenzraster zu personalen Kompetenzen
  - Kann-Listen zu verschiedenen Kompetenzen
  - Entwicklungsspinne

Nützen Sie die verfügbaren Formblätter (vgl. Anlagen).Sie beginnen unsere Aufgabe in hoffnungsvoller Erwartung und mit einem Lächeln im Gesicht.

Haben Sie eine erfolgreiche Zeit und freuen Sie sich über ein gutes Gelingen. Respekt gebührt Ihnen schon jetzt für Ihre Bereitschaft, sich auf den Weg gemacht zu haben – einen für alle schwierigen Weg der Selbsterziehung: Nur wer immer bereit ist, sich selbsterzieherisch zu bewegen, kann auch sinnvoll Fremderziehung leisten. Alles andere ist wenig glaubwürdig!

SCHÜLERMENTORAT
Zur Dokumentation der Lernpartnerschaft

Lernfeld	
Thema	

Lernpartner (Initiator)	**Lernpartner (gewählt)**

Beschreibung der Lernpartnerberatung

Schwerpunktthema

SMARTE Zielplanung

S Spezifische Zielbeschreibung:

M Messbarkeit: Daran werden wir erkennen, dass wir unser Ziel erreicht haben ...

A Ausführbarkeit: Dafür werden wir folgenden Einsatz bringen …

R Relevanz: Zur Erreichung der Ziele ist für uns wichtig, … weil ...

T Termin: Wir werden unser Ziel erreichen bis: ____________________

Fertiggestellt am: ____________________ *Abgezeichnet von:* ____________________

KANN-Liste

Beschreibt, was man am Ziel der Erzieherausbildung alles können könnte

Name: ______________________________

FACHKOMPETENZ	Taxonomie	Tätigkeitsbeschreibung	Erledigt?
Ich kann ...	☺	**Ich habe ...**	✓
Fachbegriffe wie • … • … erklären			
Schritte methodischen Vorgehens • Wahrnehmen • Beobachten • Zielperspektiven entwickeln • Bildungsprozesse aufbauen • Dokumentieren verstehen			
Methodische Prinzipien • definieren • verstehen • in der Praxis anwenden			
Ziele von • … • … erläutern			
Organisationsformen methodischen Vorgehens wie • … • … • … • … • … anwenden			
Berufliche Sozialisation reflektieren Bildungsauftrag erfassen			
Bedeutung von • … • … erkennen			

☺ Reproduktion = Kennen	☺ ☺ Reorganisation = Verstehen	☺ ☺ ☺ Anwendung = Transfer in Praxis	☺ ☺ ☺ ☺ Problemlösung = Bewertung

KANN-Liste

Beschreibt, was man am Ziel der Erzieherausbildung alles können könnte

Name: ____________________

SOZIALKOMPETENZ	Taxonomie	Tätigkeitsbeschreibung	Erledigt?
Ich kann ...	☺	**Ich habe ...**	✓
Andere Meinungen • erkennen • verstehen			
Mit anderen • Austausch pflegen • kooperieren • Kompromisse schließen • Konflikte lösen			
Andere/n • wertschätzen • respektieren • motivieren • führen • helfen			
Mit anderen • zielorientiert planen • konsensorientiert arbeiten • ressourcenorientiert arbeiten • Standpunkte klären • empathisch sein			
Kommunikation • aufbauen • auf verschiedenen Ebenen pflegen • leiten			
Konflikte • aushalten • verbalisieren • deuten • moderieren • lösen			

☺	☺☺	☺☺☺	☺☺☺☺
Reproduktion = Kennen	Reorganisation = Verstehen	Anwendung = Transfer in Praxis	Problemlösung = Bewertung

KANN-Liste

Beschreibt, was man am Ziel der Erzieherausbildung alles können könnte

Name: ____

PERSONALKOMPETENZ	Taxonomie	Tätigkeitsbeschreibung	Erledigt?
Ich kann ...	☺	**Ich habe ...**	✓
Meine Lernprozesse • entwickeln • steuern • strukturieren • vernetzen • systematisieren • situativ anpassen • bedürfnisorientiert gestalten			
Mein Arbeitsverhalten • ausdauernd • kreativ • freudvoll • motiviert • leistungsorientiert gestalten			
Eigenverantwortung • erkennen • kontrollieren • verbessern • reflektieren			
Selbstbewusstsein • empfinden • entwickeln • vermitteln • darstellen			
Selbstständigkeit • erleben • entwickeln • reflektieren • wertschätzen			
Meine Gefühle • bewusst empfinden • steuern • anderen mitteilen • reflektieren • nutzen			
Gefühle anderer • empfinden • spiegeln • beeinflussen			

☺ Reproduktion = Kennen	☺ ☺ Reorganisation = Verstehen	☺ ☺ ☺ Anwendung = Transfer in Praxis	☺ ☺ ☺ ☺ Problemlösung = Bewertung

MENTORENTAGEBUCH

Name: ____________________

	Tagebucheintrag
Am:	
Zum Thema:	

	Tagebucheintrag
Am:	
Zum Thema:	

Reflexionsgespräch mit Kompetenzraster

Thema: ______________________________

Mentoren: ______________________________ am: ______________

LF 1 Berufliche Identität und professionelle Perspektiven entwickeln	
Dokumentation des Lernweges: Kompetenzraster (Regelmäßigkeit, Vielfalt, Engagement und Sorgfalt, Eigenständigkeit, eigene Ideen, Problembewältigung, Transparenz, Kooperation und Austausch mit anderen Studierenden/Lehrkraft)	
Zielorientierte Rückschau (sachliche Richtigkeit der Informationen, Vielfalt, fachliche Schwerpunkte, Einschätzung des eigenen Lernprozesses, Fachbegrifflichkeit, Kausalität und Nachvollziehbarkeit, Übersicht)	
Eigenständige Erkenntnisse und Einsichten (sachliche und individuelle Begründetheit, objektive Wahrnehmungen, Vielfalt der Erkenntnisse, Erkennen von Lernbedürfnissen, Sicherheit in den Verbalisierungen)	
Einschätzung eigener Lernprozesse und Lernerfolge (bezogen auf Kompetenzbereiche: fachliche, soziale, personale, methodische; unter dem Aspekt individueller Entwicklung)	
Verbesserungsmöglichkeiten (Ideen, neue Strukturen, individuelle Möglichkeiten, Hilfsangebote erkennen und praktikabel nutzen wollen, Kooperationen/Vernetzungen erkennen und annehmen)	
Kommunikativer Umgang (Offenheit, Freude an der Kommunikation über eigene Lernerfolge, engagierter Austausch, Klarheit im Ausdruck, Anwendung von Fachbegrifflichkeiten)	

Bitte zuerst einzeln von jedem Mentor/jeder Mentorin ausfüllen lassen; dann im gemeinsamen Gespräch besprechen: Wo sind Übereinstimmungen, wo Abweichungen? Welche Möglichkeiten der Veränderung, der Verbesserung sehen wir? Wo sind Unterstützer?
Welche Strukturen machen die fachliche Arbeit einfacher, überschaubarer, verbindlicher?

Entwicklungsspinne

zum Thema: ______________________________

von: ______________________________ am: ______________

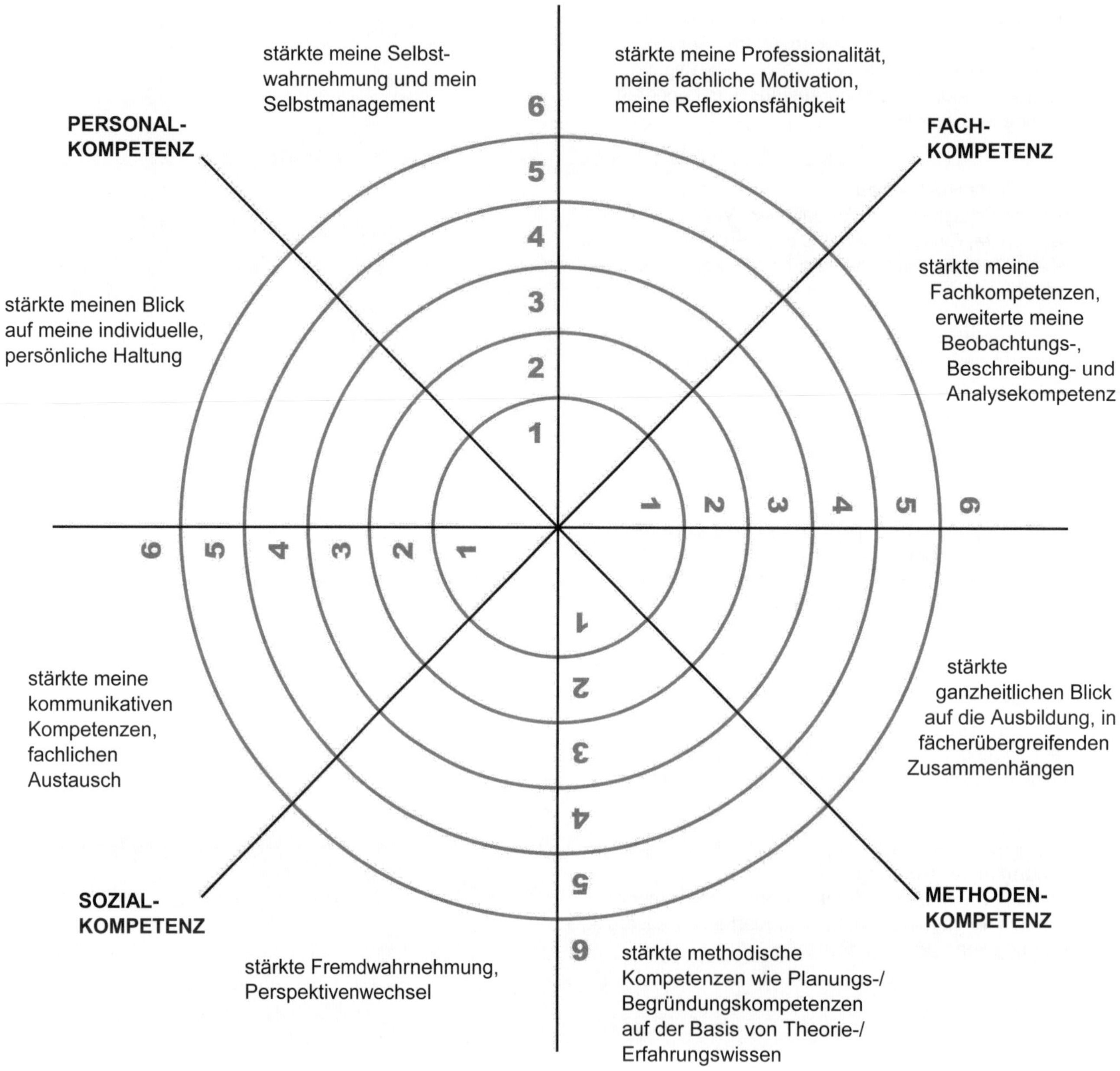

Nehmen Sie sich mithilfe des Kompetenzquadrats die verschiedenen Kompetenzbereiche der Entwicklungsspinne vor. Setzen Sie Kreuze in die Entwicklungsspinne: Je mehr Sie die Kompetenzen zum angegebenen Thema erreicht haben, umso weiter in der Mitte des Kreises wird das Kreuz platziert.
Vergleichen Sie jetzt mit Mitstudierenden - gibt es ähnliche Einschätzungen? Wodurch könnten Abweichungen begründet sein?

Kompetenzraster Selbstkompetenz

für: ____________________

H A N D L U N G S F E L D … … …

Taxonomie / Kompetenz	Wissen und Verstehen	Analyse und Bewertung	Planung und Konzeption	Durchführung	Reflexion
Selbstkontrolle	Ich beginne und erledige einfache Aufgaben selbstständig, wenn sie klar umrissen sind. Häufig bin ich aber auf Anweisungen und Ermahnungen angewiesen. Während der Arbeit konzentriere mich jeweils für kurze Zeit, wenn ich ab und zu darauf hingewiesen werde.	Ich sehe die mir übertragenen Arbeiten und setze mich gedanklich damit auseinander, wenn ich weiß, was von mir erwartet wird und wenn ich dabei unterstützt werde. Wenn ich einmal angefangen habe, bleibe ich bei einer Arbeit und lasse mich nicht ablenken.	Ich lasse mich rasch auf eine Aufgabe ein, strukturiere sie gedanklich und lasse mich von meinem Vorhaben leiten. Dabei erkenne ich mögliche Schwierigkeiten und Hindernisse und überwinde sie meist, auch wenn es mir manchmal schwer fällt. Dinge, die ich mir vorgenommen habe, bringe ich meist zu einem guten Ende.	Ich erkenne selber, was zu tun ist und es fällt mir leicht, die Dinge nach dem Prinzip „grad mache ich" in Angriff zu nehmen. Wenn ich mich mit etwas beschäftige, vertiefe ich mich gut und bleibe dran, auch wenn nicht alles auf Anhieb gelingt und ich mehrere Anläufe unternehmen muss. Dabei macht es mir keine Mühe, allfällige Störquellen auszublenden und über längere Zeit beharrlich ein Ziel zu verfolgen. Dinge, die ich beginne, führe ich in der Regel auch zu Ende und dabei schenke ich auch den Details Beachtung.	Ich erlebe mich als kontrolliert und selbstbestimmt; ich kann meine Einstellungen, meine Pläne und Handlungen reflektieren.
Engagement	Ich nehme mich dann in die Pflicht, etwas zu tun oder zu lernen, wenn eine Konsequenz droht oder eine Belohnung wartet. Es sind aber Kontrollen nötig, damit ich es nicht beim erstbesten Resultat bewenden lasse.	Ich befasse mich mit Dingen, wenn sie mich interessieren. Manchmal nehme ich Aufgaben auch in Angriff, unabhängig davon, ob ich etwas kriege dafür. Es hilft mir, mich von den Ideen anderer anregen zu lassen. Und wenn mich etwas fasziniert, bin ich aktiv dabei.	Wenn es mir wichtig ist, verfolge ich motiviert ein Ziel und tue mehr als das, was verlangt wird. Das ist eigentlich häufig der Fall. Ab und zu ist es aber nötig, dass ich mir einen Ruck gebe, um den Erwartungen (auch den eigenen) gerecht zu werden. Gerne lasse ich mich von anderen und deren Enthusiasmus anstecken.	Ich bringe mir und der Welt um mich herum ein echtes Interesse entgegen. Dinge zu wissen, zu können, gut zu sein, in dem was unternehme, ist mir ein Anliegen. Entsprechend stelle ich mir und anderen Fragen und gehe den Dingen auf den Grund. Ich gestalte die Arbeit so, dass sie mir Spaß macht und ich eigentlich nie das Gefühl habe, gestresst zu sein. Meist mache ich mich denn auch mit Freude ans Werk und stecke andere mit dieser Begeisterung an.	Ich erkenne wofür ich mich mit meinen Ideen und Handlungen einbringen möchte.
Verlässlichkeit	Ich werde Aufträgen gerecht, wenn ich hin und wieder darauf aufmerksam gemacht werde und man mich an mögliche Konsequenzen erinnert.	Ich erledige klar umrissene Aufträge und halte wiederkehrende Pflichten meist ein, bin dabei aber auf Hinweise und Kontrolle angewiesen. Auch an Vereinbarungen halte ich mich an in Regeln, wenn sie eingefordert werden.	Ich treffe Abmachungen und ich halte sie in der Regel auch ein, wenn die Bedingungen (Zeiten, Qualität, etc.) klar geregelt sind. Mit Aufträgen und Pflichten gehe ich meist zuverlässig um, auch wenn kleinere Hindernisse zu überwinden sind. Ich nehme Verantwortlichkeiten ernst.	Was ich tue, tue ich nach bestem Wissen und Gewissen. Als jemand, auf den man sich verlassen kann, gehe ich Vereinbarungen ein und halte mich an die Verbindlichkeiten. Das betrifft auch Details wie Pünktlichkeit und Ordnung. Ich übernehme Verantwortungen für mich und andere und fühle mich entsprechend zuständig. Wenn etwas nicht läuft, wie vorgesehen, schaue ich zuerst, wie ich es anders machen könnte.	Ich weiß, wo und wann ich verlässlich sein möchte und wer mich braucht.
Zuversicht	Ich kann mir vorstellen, erfolgreich zu sein bei dem, was ich tue, wenn ich nicht auf mich alleine angewiesen bin. Wenn mir etwas gelingt, macht mir das Mut.	Ich stelle mich auf Situationen und auf Arbeiten ein, die mir vertraut sind. Es macht mir Freude, wenn Dinge gelingen. Wenn ich keine Angst vor dem Scheitern haben muss, wage ich mich auch an schwierigere Dinge heran und schätze es, wenn die Stimmung entspannt ist.	Wenn ich mich sicher fühle (z.B. wenn ich nicht alleine bin) gehe ich offen auf Menschen und Situationen zu und lasse mich mit einem gewissen Selbstvertrauen ein auf das, was kommt. Ich finde meist Lösungen. Mit Menschen, die ich kenne, gehe ich humorvoll um und unterstütze so eine gute Atmosphäre.	Ich glaube zuversichtlich an mich und meine Fähigkeiten und lasse mich entsprechend auf Menschen und Dinge ein. In den meisten Situationen suche ich zuerst nach Lösungen – und finde sie auch häufig. Das bestärkt mich jeweils. Meist bin ich mit mir zufrieden und trage diese entspannte Art auch nach außen. Ich gehe auch gut mit Humor um, lache gerne, auch über mich und trage so zu einem entkrampften Klima bei.	Meine Zuversicht stärkt mich und ist Antrieb für mein weiteres Denken und Wirken
Achtsamkeit	Ich akzeptiere Grenzen (z.B. mein/dein, nein) und gehe sorgfältig mit Dingen um, wenn mir jemand klar sagt, was ich darf und was nicht. Wenn es darauf ankommt, verhalte ich mich anständig und freundlich (z.B. grüßen, bitte und danke sagen).	Mit anderen, die ich gut mag, arbeite ich zusammen, höre zu und zolle ihren Anliegen Respekt. Ich kenne die wichtigsten Anstandsregeln und wende sie meist an. Dazu gehört auch, dass ich hilfsbereit bin und mich nützlich mache. Mit Dingen gehe ich sorgfältig um. Manchmal brauche ich bei alledem noch etwas Unterstützung.	Ich beteilige mich aktiv am Lerngeschehen und setze mich für gemeinsame Lösungen und positive Entwicklungen ein, wenn ich merke, dass andere mich dabei unterstützen. Ich erkenne die Bedürfnisse der anderen, respektiere sie und ich gehe sorgfältig um mit Dingen und Informationen, die mir anvertraut sind. Den meisten Menschen gegenüber verhalte ich mich höflich, freundlich und anständig.	Ich suche aktiv die Zusammenarbeit mit anderen und mache mich in Gruppen nützlich. Ich setze mich offen und konstruktiv mit anderen und mit Konflikten auseinander. Dabei spielt es keine Rolle, ob es sich um persönliche Belange oder um Sachfragen handelt. Ich übernehme Verantwortung, auch wenn es unpopulär ist. An die Spielregeln halte ich mich ohne Probleme. Höflichkeit und Respekt sind für mich selbstverständlich. Das zeigt sich im Umgang mit den anderen, mit den Dingen und auch in meiner äußeren Erscheinung.	Ich erlebe mich als einfühlsam und wertschätzend mit Menschen und Sachen in meiner Umgebung. Beziehungen, die ich eingehe sind nachhaltig.

(in Anlehnung an Kompetenzraster, Institut Beatenberg)

Kompetenzraster Selbstkompetenz

für: ______________________

	Taxonomie / Kompetenz	Wissen und Verstehen	Analyse und Bewertung	Planung und Konzeption	Durchführung	Reflexion
HANDLUNGSFELD … … …	Selbstkontrolle					– – / – / + / + +
	Engagement					– – / – / + / + +
	Verlässlichkeit					– – / – / + / + +
	Zuversicht					– – / – / + / + +
	Achtsamkeit					– – / – / + / + +

2 Lernen durch Partizipation

Dem konstruktivistischen Bildungsverständnis folgend, baut der Lernbegleiter auf die Ressourcen der Lernenden, ihre aktive Teilnahme und Verantwortungsübernahme am bzw. für den Lernprozess. In der Folge lässt er sie partizipieren sowohl am didaktischen Prozedere wie auch an der Klassenführung.

Definition: „Der Begriff Partizipation stammt von den lateinischen Wörtern ‚pars' (= Teil) und ‚carpere' (= fassen, nehmen) ab. Heute wird Partizipation allerdings nicht als formale Teilnahmeform verstanden, sondern als eigenverantwortlicher Beteiligungs- und Gestaltungsprozess, der eine Handlungsorientierung beinhaltet." (*Vielfalt-lernen.zum.de*)

Ziele von Schülerpartizipation

„(...) die Ermöglichung von Partizipation [ist] ein wesentlicher Bestandteil des Bildungs- und Erziehungsauftrags. Eine entsprechende Verordnung ist in vielen Schulgesetzen verankert (z. B. SchulG M-V, §80). Schülerpartizipation verfolgt dabei den Anspruch, Schüler in die Planung, Gestaltung und Reflexion von schulischen Prozessen umfassend mit einzubeziehen und sie nicht als passive Objekte ihres Lernprozesses anzusehen. Idealerweise wird in der Schule die Demokratie der Gesellschaft gelebt, indem Schüler die Möglichkeit erhalten, durch Erfahrungen zu lernen, an Entscheidungen teilzuhaben und Mitverantwortung zu tragen. Die Partizipation von Schülern muss im Schulalltag eine tragende Rolle einnehmen, damit

- sich Schüler als selbstwirksam wahrnehmen können,
- sich Schüler mit ihrer eigenen Schule stärker identifizieren können,
- sich Schüler selbst entfalten und Anerkennung erfahren,
- Schüler ihre Selbst-, Sozial-, Sach- und Methodenkompetenz entwickeln können,
- sich Schüler als aktive Gestalter erleben und die Zuversicht gewinnen, Aufgaben eigenständig und ergebnisbezogen zu gestalten,
- demokratisches Handeln erlernt und ermöglicht wird,
- das Gemeinschaftsgefühl innerhalb der Schule und Schülergemeinschaft gestärkt wird,
- Schule zu einem Lern- und Lebensort wird" (vgl. Schweder 2005; Sturzenhecker 2005; Wildfeuer 2009, in: *http://vielfalt-lernen.zum.de*)

Stufen der Partizipation

Grob gefasst können 3 Stufen der Partizipation festgehalten werden, die sich durch eine zunehmende Selbstbestimmung der involvierten Schüler voneinander abheben (nach *http://vielfalt-lernen.zum.de*):

Beteiligung
Beteiligung erfolgt entweder indirekt als vorgeschaltete oder nachgeschaltete Information; oder sie erfolgt direkt, wenn eine Person unmittelbar anwesend ist, zuhört, informiert und gefragt wird.

Mitwirkung
Schüler wirken an Diskussionen und an der Gestaltung des Unterrichts aktiv mit. Ihre Meinungen und Perspektiven werden aufgenommen, sie erhalten für die Vorbereitung und weitere Auswertung des Unterrichts allerdings keine Entscheidungsbefugnis.

Mitbestimmung

Alle Prozesse des Unterrichts werden von Schülern und Lehrern gemeinsam ausgehandelt, Entscheidungen werden nur mit Zustimmung der Schüler getroffen. Partizipation ermöglicht hierbei den realen Einfluss der Schüler und hebt deren Status im Unterrichtsgeschehen an (vgl. Schweder 2005).

Soll Partizipation mehr sein als eine Alibi-Teilhabe, bei der sich der eröffnete Freiraum lediglich auf die Entscheidung für oder gegen die Teilnahme bezieht, müssen Schüler in Schule und Unterricht etwas für sie Bedeutsames mitgestalten können. Die Inhalte und Themen können den Alltag der Lebensgestaltung (z. B. Regeln, Räume, Bedürfnisse, Freizeitgestaltung, Konflikte) und/oder die Formen des Lernens betreffen (z. B. Methoden, Inhalte, Leistungsbewertungen). Partizipation kann aber auch bei der Umsetzung übergreifender Projekte (Projektwochen, Feiern, Schulhofgestaltung u. Ä.) und in Verbindung zu anderen (Kommune, Kreis, Welt) verwirklicht werden.

Linktipp: Methodenkompendium Demokratieerziehung an Schulen
http://www.sn.schule.de/~sud/methodenkompendium/

Partizipation durch Klassenführung

Die Art der **Klassenführung** hat ein breites Gestaltungspotenzial und lässt grundsätzlich Beteiligung, Mitwirkung und Mitbestimmung zu:

Sie ist besonders in der Anfangszeit des Schuljahres bedeutsam, weil sie ein Fundament bilden kann für die kommenden Zeiten gemeinsamer Arbeit in der Klasse. Der Stil und die Regeln der Kooperation innerhalb der Klasse werden möglichst gemeinsam festgelegt.

Zunächst erlaubt eine kompetente Klassenführung der neu installierten Klasse, sich räumlich wie zeitlich zu orientieren. Es macht z. B. Spaß, wenn sich die Studierenden mit einem **Steckbrief** (s. ***Anlage 7***) gegenseitig vorstellen, der dann auch in der sozialpädagogischen Praxis hilfreich ist, um sich z. B. den Eltern bekannt zu machen. Ein Beispiel für Orientierungshilfe in den ersten Schultagen könnte z. B. die Wahrnehmung der Schule als Lebensumfeld sein, wenn die Klasse eine **Schulhaus-Rallye** veranstaltet (s. ***Anlage 8***).

Anlage 7 auf CD-ROM
Steckbrief „Das bin ich"

METHODE

Klassenmanagement

Anlage 7: Steckbrief

Name: ______
Anschrift: ______
______
E-Mail-Adresse: ______
Geburtstag: ______

Das bin ICH

Mein Lebensmotto in einem Satz: ______

Hobbys: ______

Mein Lieblingsort in meiner Stadt/meinem Dorf ist ______,
weil ______
Dort würde ich gern mal leben: ______

Ich mag gern (Lieblingsessen/-musik/-buch): ______

Wenn ich mich heute für einen Beruf entscheiden müsste, würde ich ______,
weil ______

Meine Lieblingsfächer sind: ______

Themen, die mich zurzeit besonders interessieren: ______

Eine Frage, über die ich gerne mal in Ruhe diskutieren würde: ______

Wenn ich auf die letzten Schuljahre zurückblicke, dann erinnere ich mich besonders gern an: ______

Außerdem möchte ich sagen: ______

(Friedrichs/Schubert 2013, S. 97)

handwerk-technik.de • aus 4713 • Hanna Heinz

– I –

Anlage 8 auf CD-ROM

Beispiel für eine (erprobte) Schulhaus-Rallye;
Materialien und Kopiervorlagen, Laufzettel zur Schulhaus-Rallye (22 Seiten)

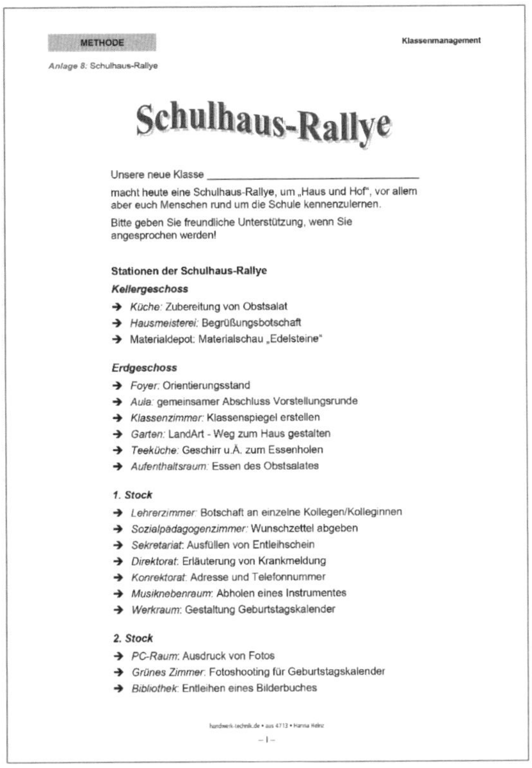

METHODE — Klassenmanagement

Anlage 8: Schulhaus-Rallye

Schulhaus-Rallye

Unsere neue Klasse ______________________

macht heute eine Schulhaus-Rallye, um „Haus und Hof", vor allem aber euch Menschen rund um die Schule kennenzulernen.

Bitte geben Sie freundliche Unterstützung, wenn Sie angesprochen werden!

Stationen der Schulhaus-Rallye

Kellergeschoss

- ➔ *Küche:* Zubereitung von Obstsalat
- ➔ *Hausmeisterei:* Begrüßungsbotschaft
- ➔ Materialdepot: Materialschau „Edelsteine"

Erdgeschoss

- ➔ *Foyer:* Orientierungsstand
- ➔ *Aula:* gemeinsamer Abschluss Vorstellungsrunde
- ➔ *Klassenzimmer:* Klassenspiegel erstellen
- ➔ *Garten:* LandArt - Weg zum Haus gestalten
- ➔ *Teeküche:* Geschirr u.Ä. zum Essenholen
- ➔ *Aufenthaltsraum:* Essen des Obstsalates

1. Stock

- ➔ *Lehrerzimmer:* Botschaft an einzelne Kollegen/Kolleginnen
- ➔ *Sozialpädagogenzimmer:* Wunschzettel abgeben
- ➔ *Sekretariat:* Ausfüllen von Entleihschein
- ➔ *Direktorat:* Erläuterung von Krankmeldung
- ➔ *Konrektorat:* Adresse und Telefonnummer
- ➔ *Musiknebenraum:* Abholen eines Instrumentes
- ➔ *Werkraum:* Gestaltung Geburtstagskalender

2. Stock

- ➔ *PC-Raum:* Ausdruck von Fotos
- ➔ *Grünes Zimmer:* Fotoshooting für Geburtstagskalender
- ➔ *Bibliothek:* Entleihen eines Bilderbuches

handwerk-technik.de • aus 4713 • Hanna Heinz
– I –

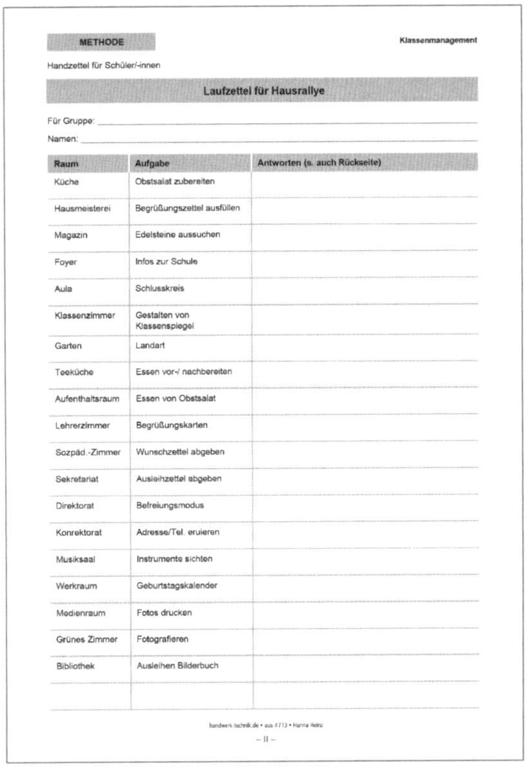

METHODE — Klassenmanagement

Handzettel für Schüler/-innen

Laufzettel für Hausrallye

Für Gruppe: ______________________

Namen: ______________________

Raum	Aufgabe	Antworten (s. auch Rückseite)
Küche	Obstsalat zubereiten	
Hausmeisterei	Begrüßungszettel ausfüllen	
Magazin	Edelsteine aussuchen	
Foyer	Infos zur Schule	
Aula	Schlusskreis	
Klassenzimmer	Gestalten von Klassenspiegel	
Garten	Landart	
Teeküche	Essen vor-/ nachbereiten	
Aufenthaltsraum	Essen von Obstsalat	
Lehrerzimmer	Begrüßungskarten	
Sozpäd.-Zimmer	Wunschzettel abgeben	
Sekretariat	Ausleihzettel abgeben	
Direktorat	Befreiungsmodus	
Konrektorat	Adresse/Tel. eruieren	
Musiksaal	Instrumente sichten	
Werkraum	Geburtstagskalender	
Medienraum	Fotos drucken	
Grünes Zimmer	Fotografieren	
Bibliothek	Ausleihen Bilderbuch	

handwerk-technik.de • aus 4713 • Hanna Heinz
– II –

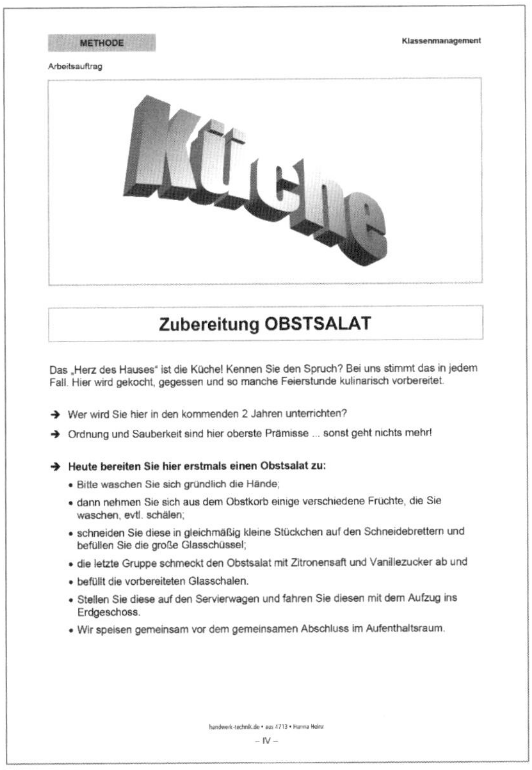

METHODE — Klassenmanagement

Arbeitsauftrag

Küche

Zubereitung OBSTSALAT

Das „Herz des Hauses" ist die Küche! Kennen Sie den Spruch? Bei uns stimmt das in jedem Fall. Hier wird gekocht, gegessen und so manche Feierstunde kulinarisch vorbereitet.

- ➔ Wer wird Sie hier in den kommenden 2 Jahren unterrichten?
- ➔ Ordnung und Sauberkeit sind hier oberste Prämisse ... sonst geht nichts mehr!

➔ **Heute bereiten Sie hier erstmals einen Obstsalat zu:**

- Bitte waschen Sie sich gründlich die Hände;
- dann nehmen Sie sich aus dem Obstkorb einige verschiedene Früchte, die Sie waschen, evtl. schälen;
- schneiden Sie diese in gleichmäßig kleine Stückchen auf den Schneidebrettern und befüllen Sie die große Glasschüssel;
- die letzte Gruppe schmeckt den Obstsalat mit Zitronensaft und Vanillezucker ab und
- befüllt die vorbereiteten Glasschalen.
- Stellen Sie diese auf den Servierwagen und fahren Sie diesen mit dem Aufzug ins Erdgeschoss.
- Wir speisen gemeinsam vor dem gemeinsamen Abschluss im Aufenthaltsraum.

handwerk-technik.de • aus 4713 • Hanna Heinz
– IV –

METHODE — Klassenmanagement

Arbeitsauftrag

Hausmeisterei

Begrüßungsbotschaft

An dieser Tafel können unserem Hausmeister

Herrn

Mitteilungen gemacht werden.

Merken Sie sich seinen Namen – er hilft immer gerne!

- ➔ Heute dürfen Sie hier einen „Willkommensgruß" hinterlassen.
- ➔ Falls kein Platz an der Tafel mehr ist, bitte die bunten Zettel beschriften und im Flur auslegen.

handwerk-technik.de • aus 4713 • Hanna Heinz
– V –

Der Klassenkodex und das Briefing

In den Klassenstunden ist es sinnvoll, einen **Klassenkodex** gemeinsam zu erarbeiten, der den individuellen Bedürfnissen bzw. der Situation in der Klasse angemessen ist. Dazu kann es gehören, dem Klassenleben einen Rahmen zu verleihen und der Frage nachzugehen, wie wir unser Zusammenleben gestalten wollen: Wie gehen wir achtsam miteinander um? Wie vermeiden wir gegenseitige Störungen im Unterricht? Wie gestalten wir unser Klassenzimmer, den jeweiligen Arbeitsplatz? Welche Ordnungsvereinbarungen sind uns wichtig? Welche Kommunikationsregeln sollen gelten? Welche Rituale können unser gemeinsames Leben und Arbeiten stützen und bereichern? Welche verbindlichen Ämter, welche Regeln braucht unser Zusammenleben, unsere Kooperation? Werden die Aspekte gleichzeitig verbunden mit unterrichtlichen Inhalten, so geschieht das Lernen auf verschiedenen Ebenen und damit nachhaltig, z. B. Kommunikation. Es schafft Anwendungsbezug, verbindet Unterricht mit Leben.

Nach geraumer Zeit kann dann ein **gemeinsames Briefing für die Klasse** erarbeitet werden (s. ***Anlage 9***): Darin können Gemeinsamkeiten dokumentiert werden, die den Klassenzusammenhalt, die Klassenidentität steigern. Wer kann was? Auch eine wichtige Frage innerhalb der Klassengemeinschaft: Ein **Talente-Interview** (s. ***Anlage 10***) oder ein kleiner Workshop helfen, dieser Frage nachzugehen. Es geht darum, sich als Gemeinschaft zu erleben, in der jede/r eigene Ressourcen zum Wohle der Gruppe einbringen kann. Außerdem ist es aus fachlicher Perspektive wichtig, den Blick für Ressourcen zu schulen, Vielfalt wertzuschätzen und dabei das Selbstwertgefühl zu stärken. Alle genannten Ziele werden hier auf der Meta-Ebene erfahrbar und sind für die sozialpädagogische Praxis grundlegend.

Der Klassenlehrer/die Klassenlehrerin

Zur Klassenführung gehören nicht zuletzt kompetente, ausgebildete Klassenlehrer bzw. -lehrerinnen. Klassenstunden in Form von **Team-Teaching** scheinen unerlässlich. Das Vier-Augen-Prinzip ist nur einer von vielen Vorteilen. Außerdem ist der kollegiale Austausch besonders in der Klassenführung hilfreich. Klassenlehrer als Einzelkämpfer fühlen sich schnell allein gelassen. Team-Teaching erlaubt dann auch, das eigene Lehrerverhalten kollegial zu reflektieren, und dient schließlich der Qualitätssicherung. Arbeitsteilig vorzugehen ist entlastend für den einzelnen Lehrer. Die Führung von Klassen im Team, aber zumindest kollegial/zu zweit ist (noch) selten und doch so unumgänglich. Die kollegiale Arbeit schließt ein, sich als Kollegen wahrzunehmen und dann in den Aufgaben zu vereinbaren: Wer bin ich als Lehrkraft an dieser Schule? Wie werde ich wahrgenommen und was sind meine Rollen? Ein gegenseitiges Spiegeln hilft auch, beim Lehrer den notwendigen Abgleich von Selbst- und Fremdwahrnehmung vorzunehmen. Ideal ist eine dementsprechend an Ressourcen orientierte Aufgabenverteilung, die durchaus wechseln kann.

Eine gängige Aufgabe des Klassenlehrers ist die Gestaltung der wichtigen **Klassenstunden**. Sie sind in Kooperation mit allen Lehrkräften, die in der Klasse lehren, abzuhalten. Hilfreich ist, wenn sie im Sinne einer pädagogischen Konferenz gehalten werden (vgl. Methode Schülerbesprechung und Methode kollegiale Fallbesprechung, s. Material auf CD) und damit über das unvermeidlich Organisatorische hinausführen.

Anlage auf CD-ROM

Methode Schülerbesprechung und Methode kollegiale Fallbesprechung –
eine Methode von reflexivem Klassenmanagement (5 Seiten)

Anlage 9: Individuelles Klassenbriefing

planen demnächst …

brauchen für uns …

WIR

die Klasse ______________________________

können besonders gut …

haben folgende Vereinbarungen:

Anlage 10: Interview

INTERVIEW: Unsere Talente

Kannst du Kuchen backen?

Hast du schon mal gezeltet?

Warst du in den letzten 10 Tagen schwimmen?

Kannst du ein Lied pfeifen?

Kannst du ein Lied singen?

Welches Gedicht magst du besonders gern?

Was ist deine Lieblingsbeschäftigung?

Spielst du ein Instrument?

Wohin reist du gerne?

In welchen Sprachen kannst du sprechen?

Was ist dein Lieblingsfach?

Machst du gern Fahrradtouren?

Bist du gern im Wald?

u.v.m.

Mit den Eltern zusammenarbeiten

In der sozialpädagogischen Erstausbildung mit eventuell noch minderjährigen Schülern ist es eine pädagogisch wichtige Aufgabe, die **Zusammenarbeit mit den Elternhäusern** zu pflegen. Regelmäßige Elterngespräche sind hilfreich in der dann oft noch erzieherischen Arbeit mit dem Schülerklientel. Auch interessant gestaltete Elternabende oder die Partizipation an Schülerpräsentationen erlauben Transparenz. Haben die Eltern Vertrauen in die Schule und die Lehrerschaft, wird diese Vertrauensbasis oft direkt auf die Schüler übertragen. Auch schwierige Prozesse werden unter Mitwirkung der Eltern leichter getragen.

Der Klassenrat

Eine weitere Aufgabe kann die Leitung des Klassenrats sein: Der Klassenrat (nach den Ausführungen K. Reichs) „geht auf grundlegende demokratische Überlegungen zur Erziehung insbesondere bei John Dewey und auf reformpädagogische Ansätze, wie sie sich z. B. insbesondere bei Célestin Freinet finden, zurück. Als Methode ist er häufig Bestandteil des offenen Unterrichts. [...]
Für den Pädagogen John Dewey ist Demokratie keine Theorie oder Praxis, die bloß repräsentativ ausgeübt oder abstrakt erörtert werden sollte. Demokratie beginnt immer im Kleinen, d. h. vor allem in der Erziehung vor Ort. Hier ist es schon ein Widerspruch in sich, wenn wir Demokratie bloß lehren statt konkret leben wollten. Demokratische Mitbestimmung kann auch nicht warten, bis die Kinder angeblich groß genug geworden sind, sondern muss von vornherein auf allen Altersstufen – den Möglichkeiten der Altersgruppe entsprechend – praktiziert werden. Daraus folgt ein grundsätzlich partizipativer pädagogischer Ansatz, den auch die konstruktivistische Didaktik vertritt.
Ziel der Pädagogik Freinets ist es ebenfalls, eine möglichst hohe Selbsttätigkeit der Schüler zu erreichen. Der Klassenrat hat hier die politische Aufgabe, ein hohes Maß an Selbstbestimmung zu ermöglichen. Diese Unterrichtsmethode (Freinet verwendet anstelle von ‚Methode' den Begriff der ‚Technik') ist dazu geeignet, auch in der traditionellen Schule eine innere Reform des Unterrichts zu realisieren. Der Klassenrat eignet sich dabei nicht nur zur Abstimmung und Planung klassenbezogener Aktivitäten, sondern sollte auch hier wie bei Dewey dazu dienen, **Demokratie als Prozess erfahrbar zu machen**. Die Schüler erfahren dadurch eine umfassende Selbstverantwortung eigener Entscheidungen und eigenen Handelns, die sie auch dazu motivieren können und sollen, politisch autonomer zu handeln." (Reich 2008 ff., S. 3 f.)

Definition Klassenrat: „Eine Gruppe oder Klasse bildet einen gemeinsamen Rat, in dem alle Mitglieder gleichberechtigt diskutieren und abstimmen (einschließlich des Lehrenden). Der Klassenrat dient zur gruppen-, klassen- und schulbezogenen Entscheidungsfindung, Konfliktlösung und fördert basisdemokratische Entscheidungsprozesse" (ebd., S. 1).

Zur Methode Klassenrat

„Der Klassenrat sollte regelmäßig zur gleichen Zeit am gleichen Ort tagen, um Kontinuität zu sichern und die Ernst- und Regelhaftigkeit des Vorgehens zu bestärken. Neben den Regeln, Aufgaben und Kompetenzen des Rates werden die Termine und die Länge der Sitzungen gemeinsam festgelegt und sind verbindlich. Alle Mitglieder des Klassenrats, auch Lehrer, sind gleichwertig zu behandeln.
Als günstig hat es sich erwiesen, 2 Schüler in die Ämter des Diskussionsleiters und des Protokollanten zu wählen (sofern dieses Amt den Fähigkeiten und dem Reifegrad der Schüler entspricht). Dies geschieht zu Beginn jeder Sitzung neu, um **Rotation** zu ermöglichen. Das Amt des Protokollanten wechselt von Sitzung zu Sitzung, das des Diskussionsleiters sollte auch regelmäßig neu besetzt werden, damit jeder aus der Gruppe Verantwortung übernehmen kann und sich verantwortlich für den Rat fühlt. Eine geeignete Sozialform für den Klassenrat ist der Sitzkreis.

Die Themen der Klassenratssitzung (z. B. gemeinsame Vorhaben und Belange, allgemeine positive und negative Kritikpunkte, aktuelle Ereignisse, Konflikte, Schul- oder Klassenprojekte) sollten in einer für alle sichtbaren Tagesordnung festgehalten und nacheinander bearbeitet werden. Zum Sammeln von diesen Tagesordnungspunkten eignet sich beispielsweise die Wandzeitung oder ein Plakat. Welche TOPs in der Sitzung behandelt werden, wird zu Beginn durch Abstimmung festgelegt. Es werden nur solche Themen behandelt, die die Klassengemeinschaft betreffen, um nicht von dem engeren Anliegen der Mitbestimmung abzulenken. Andere Themen können und sollten in anderen Organisationsformen besprochen werden.
Der Diskussionsleiter eröffnet die Sitzung und das Protokoll des letzten Klassenrats wird verlesen. Der einzelne Tagesordnungspunkt/TOP wird zunächst von dem Schüler vorgelesen und erklärt, der ihn eingebracht hat. Hier ist es auch denkbar, dass solche TOPs aus einem Beschwerdekasten oder einer Tafel mit Bemerkungen im Gruppenraum gewonnen werden. Nun kann sich reihum jeder Schüler dazu äußern, bevor die Klasse nach eingebrachten Vorschlägen mit Mehrheitsbeschluss darüber abstimmt. Ergibt sich aus der Abstimmung eine

Sanktionierung eines Studirenden oder des Lehrers, so hat dieser zunächst das Recht, einen eigenen Vorschlag, z. B. zur Wiedergutmachung oder Behebung eines Schadens, einzubringen. Wird dieser per Mehrheitsbeschluss abgelehnt, werden reihum weitere Vorschläge gesammelt und anschließend wird darüber abgestimmt.

Der Klassenrat darf aber keinesfalls zum bloßen Instrument einer Sanktionierung werden. Er kann als eine Methode zur gemeinsamen Problem- und Konfliktlösung eingesetzt werden, doch hauptsächlich dient er der **gemeinsamen Entscheidungsfindung**. Er soll vor allem die Entwicklung kreativer Selbsttätigkeit der Klassengemeinschaft fördern. Die Ergebnisse der Klassenratssitzungen und die daraus resultierenden Ereignisse, Tätigkeiten, Veränderungen usw. sollten in einer späteren Sitzung kritisch evaluiert und die entsprechenden Konsequenzen sollten gezogen werden.

Es empfiehlt sich, für den Klassenrat gemeinsam eine feste Gesprächsform zu definieren und **Gesprächs- und Diskussionsregeln** zu erarbeiten:
- Jeder hat Rederecht,
- man lässt den anderen ausreden,
- jeder Beitrag ist gleichwertig zu behandeln,
- aufmerksam zuhören,
- keine Beleidigungen oder persönlichen Angriffe,
- Förderung des Beteiligungsgleichgewichtes in der Diskussion.

Weitere Regeln sind nach Bedarf zu vereinbaren. Diese sind so lange verbindlich, bis der Klassenrat neu darüber entscheidet. Ferner sollte festgelegt werden, mit welcher Mehrheit einzelne Beschlüsse angenommen werden und ab welcher Personenzahl der Klassenrat beschlussfähig ist. Jeder Teilnehmer des Klassenrats hat eine Stimme. Der Klassenrat kann auch darüber beschließen, ohne den **Lehrer** zu tagen. In solchen Fällen sollte dieser aber immer erreichbar sein. Generell hat der Lehrer eher beratende Funktion und sollte darauf achten, die Schüler den Prozess selbst steuern zu lassen. Er ist ein Moderator, der sein Mehrwissen zur Verfügung stellt, ohne besserwisserisch zu agieren, denn es ist ebenso möglich, dass die Klasse in vielen Bereichen als Mehrwisser auftritt.

Der Mehrheitsbeschluss des Klassenrates ist von jedem zu akzeptieren. Sofern der Lehrer ein Veto ausübt (was eigentlich durch vorherige Diskussion vermieden werden sollte), muss er die Gründe dafür erklären und mit dem Klassenrat diskutieren. In der Praxis zeigt sich, dass die Lerner fast immer sehr einsichtig im Klassenrat auf Kontexte achten und zu viablen Lösungen in der Lage sind. Allein das Vertrauen, das in sie gesetzt wird, ist schon ein entscheidender Gewinn, selbst Vertrauen in die Viabilität eigener Entscheidungen zu setzen und hieraus Selbstwert und Selbstbewusstsein zu gewinnen." (Reich 2008 ff., S. 4 f.)

Für den Ablauf bzw. das Verhalten in einer Klassenratssitzung gibt es ein Regelwerk. Das Vorgehen im Klassenrat bzw. die Inhalte werden protokolliert und allen Studierenden in einem Order in der Klasse zugänglich gemacht, um Orientierung z. B. bei Abwesenheit zu ermöglichen.
Wichtig erscheint darauf hinzuweisen, dass auch diese Methode *interdependent* ist, d. h. mit anderen partizipatorischen und kompetenzorientierten Methoden kompatibel ist (vgl. Klassenforum/Bildungshaus).

Beispiel zu einer Klassenratssitzung

In einer Klasse gab es immer konfliktträchtige Diskussionen zum Thema Störungen im Unterricht, einhergehend mit einer zum Teil wenig hilfreichen Sitzordnung. In der oben beschriebenen Methode wurde ein Klassenrat abgehalten, in dem die Wahrnehmungen der Klasse von einzelnen Mitgliedern sowie den anwesenden Lehrkräften geschildert bzw. dann auch kontrovers diskutiert wurden. Lösungszentriert wurden im weiteren Verlauf Vorschläge zur Behebung der Störungen verbalisiert und an einem Aushang dokumentiert. In einer Bewertungsphase gaben alle Anwesenden mit farbigen Punkten eine Bewertung der Vorschläge ab, sodass sich am Ende eine Hierarchie der Maßnahmen abbildete. Diese wurden zunächst in reduzierter, weil überschaubarer Anzahl als gemeinsames und verbindliches Regelwerk verabschiedet. Lehrer wie Studierende hielten sich an die Vereinbarungen bis zur nächsten Klassenratssitzung, z. B.: Studierende halten sich an die vereinbarte Sitzordnung; Lehrkräfte setzen Studierende im Unterricht nicht mehr um, weil dies als diskreditierend empfunden wurde. Dann sollte erneut auf die Situation geschaut werden (s. ***Anlage 12*** Plakate für die Klassenzimmerwand zum Ablauf).

Umsetzungsformen

Die Formen der Umsetzung sind vielfältig und lassen sich nach Sturzenhecker (2005, *in http://vielfalt-lernen.zum.de*) in **9 Gruppen klassifizieren**.

- Individuumsbezogene Formen der Partizipation
  Bsp.: Klassenkonferenz, Krisenkonferenz, Lernpläne, Klassenforum
- Partizipation auf der Ebene von Personen und Gruppen (Mediation)
  Bsp.: Streitschlichter, Pausen-Konflikt-Lotsen, Mediationsinseln, Runder Tisch
- Partizipation in Klassen und Gruppen (Basisdemokratie)
  Bsp.: Klassenrat, Montagskreis, Ausflugskomitee
- Repräsentativdemokratie für die ganze Schule
  Bsp.: Stufen- oder Schülerparlament, SMV
- Punktuelle, alltägliche Formen von Partizipation
  Bsp.: Meckerkasten, Dialog, offene Raumnutzung, alternatives Tagesangebot, Zukunftswerkstatt
- Offene Versammlungsformen
  Bsp.: Schulversammlungen
- Projektorientierte Partizipationsformen
  Bsp.: Raumgestaltung, Projektinhalte
- Mediengestützte Artikulation
  Bsp.: Wandzeitungen, Schülerzeitungen, Interviews, Umfragen, Jahresbericht
- Advokatorische Entscheidungen durch pädagogisches Personal
  Bsp.: öffentliche Begründungen, z. B. zu Minderheitenschutz und Personalentscheidung
  (*http://vielfalt-lernen.zum.de*)

Inhaltsbezogene Formen der Partizipation
Während die Partizipation im basisdemokratischen Verständnis mittels Klassensprecher, Schulsprecher, Schülerkonferenz u. a. eher weit verbreitet genutzt wird, auch mediative Formen der Partizipation im Sinne von Konfliktmanagement sich zunehmend etablieren, bleiben die *inhaltsbezogenen Formen der Partizipation* eher hinter den Erwartungen zurück. Gerade sie sind es aber, die im Rahmen der Erwachsenenbildung sowie entsprechend dem kompetenzorientierten Lernen eine Rolle spielen sollten:

Wohl sind die zu erlernenden Kompetenzen im Lehrplan, die Lernthemen in den Lernfeldern festgelegt und somit auch nicht verhandelbar. Partizipation findet im länderübergreifenden Lehrplan (S. 6) vor allem als Querschnittsaufgabe für zukünftige Erzieher und Erzieherinnen ihren Niederschlag. Damit eben ein Verständnis dieser Aufgabe erwachsen kann, braucht es Erfahrung.

Das Klassenforum

Mit der Methode des Klassenforums kann eine Partizipation im Sinne von Mitwirkung am Unterrichtsgeschehen umgesetzt werden. Diese Beteiligung erscheint besonders in der Übergangsphase von einem lehrerzentrierten Unterrichtsgeschehen hin zu einem offenen Lernprozess mit Lernbegleitung hilfreich: Die Studierenden erfahren mehr von den Intentionen des veränderten Lerngeschehens. Dabei werden in der Klasse in mehreren Gruppen „Abgesandte“ beordert, die in zum Teil regelmäßigen Abständen (z. B. vor Beginn eines neuen Lernfeldes) die Klasse im Klassenforum vertreten.

Das Klassenforum ist ein **Gesprächskreis** von Lehrkräften und den „Abgesandten der Klasse“. Besprochen werden mögliche Inhalte des Lernfeldes, vorgestellt und diskutiert werden auch Herangehensweisen wie Lehr- und Lernmethoden, Sozialformen u. a., die die Lehrenden der Klasse anbieten können. Die Studierenden bringen dabei ihre Erfahrungen und auch die **Wünsche der Klasse** ein. Die Gruppe der Abgesandten wechselt in den Personen (rotierendes Prinzip), sodass idealer Weise jede/r Studierende daran teilnimmt. Die Ergebnisse gibt die Gruppe jeweils kurz in die Klasse zurück, z. B. mit einem standarisierten Kurzprotokoll, das den Prozess im Klassenzimmer dokumentiert (s. ***Anlage 12*** dritte Seite).

Ein auf Partizipation hin ausgerichtetes Klassenmanagement ermöglicht den Studierenden nicht nur Teilhabe an Organisation und Inhalten im Sinne von Mitgestaltung, sondern es gibt intentional Verantwortung an sie ab; d. h. die Studierenden selbst reflektieren ihre Wege der Mitgestaltung und Mitverantwortung.

Verschiedene Methoden der Partizipation werden erfahrbar und erweitern die *Methodenkompetenz*. Die Kooperation und Kommunikation, das Konfliktmanagement usw. stärkt die *Sozialkompetenz* – und in der Erfahrung von Selbstwirksamkeit im Umgang mit eigenen Stärken und Schwächen entwickelt sich *Personalkompetenz*.

Beispiel: Klassenforum „Bildungshaus"

Gerade in der Anfangsphase des Unterrichts ist es außerordentlich wichtig, die Studierenden nicht nur über die Didaktik des länderübergreifenden Lehrplans zu informieren (vgl. *Einführung in die Kompetenzorientierung*, Präsentationsdatei auf CD), sondern ihnen von Anfang an ein Mitspracherecht in der Unterrichtsplanung und -gestaltung einzuräumen. Mit dem **KLASSENFORUM „BILDUNGSHAUS"** (s. ***Anlage 13***, inkl. Material auf der beigelegten CD) werden die tragenden Säulen der konstruktivistischen Unterrichtsdidaktik transparent gemacht.

Gleichzeitig werden fachliche Grundbegrifflichkeiten eingeführt, die auch im Unterrichtsprozess von Bedeutung sind bzw. die Meta-Ebene bedienen. Die Erfahrung, eigene Bedürfnisse und Wünsche einbringen zu dürfen, nimmt die Schwellenangst vor Neuem und vermittelt den Studierenden Akzeptanz und Wertschätzung. Die Botschaft: Wir werden ernst genommen.

Anlage 12: Ablauf einer Klassenratssitzung

Klassenrat

– Ablauf –

TOP 1 Eröffnung

TOP 2 Berichte aus der Schulversammlung

TOP 3 Protokoll zum vergangenen Klassenrat
Beschlüsse

TOP 4 Aktuelle Themen
(max. 3; Rangfolge abstimmen)

- Fragestellung/Wünsche/Pläne vorstellen
- Erörterung der Möglichkeiten
- offene Diskussion
- Beschluss durch Abstimmung
- Ergebnissicherung im Protokoll

TOP 5 Beenden/Ausblick

Regeln für den Klassenrat

Wenn ich etwas sagen möchte, melde ich mich – ich rufe nicht dazwischen.

Ich höre zu und bin aufmerksam.

Ich verhalte mich ruhig und führe keine Seitengespräche.

Ich spreche die andere/den anderen direkt an („du“) und spreche nicht über sie oder ihn.

Besprochen wird nur, was auf der Wandzeitung/dem Plakat steht.

Wenn ich mich über jemanden ärgere, spreche ich sie/ihn darauf an – nur falls das nichts nützt, kann ich meine Kritik an die Wandzeitung schreiben.

Wenn ich etwas zum Gesprächsverlauf sagen möchte, melde ich mich mit 2 Fingern – dann werde ich als Nächste/r drangenommen.

Wir sprechen nur über Personen, die anwesend sind.

(Friedrichs/Schubert 2013, S. 45)

Protokoll zum Klassenforum/zur Klassenratssitzung

Leitung: ______________________________
____

Datum: ______________
Beginn: ______________
Ende: ______________
Raum: ______________

Teilnehmer: ______________________________
____
____
____
____

Protokollführer/-in: ______________
____
____

Tagesordnung	Protokoll vom: ______________	Ergebnis/Termin/Verantwortung
TOP 1 ______ ______	______ ______ ______	→ ______ ______ ______
TOP 2 ______ ______	______ ______ ______	→ ______ ______ ______
TOP 3 ______ ______	______ ______ ______	→ ______ ______ ______
TOP 4 ______ ______	______ ______ ______	→ ______ ______ ______
TOP 5 ______ ______	______ ______ ______	→ ______ ______ ______

Für das Protokoll ______________________________

______________ ______________________
Datum *Unterschrift*

Anlage 13: Klassenforum

Klassenforum

Einstieg in ein Klassenforum – am Beispiel „Bildungshaus“

Die Textbausteine können mit den Studierenden als „Bildungshaus“ an der Klassenraumwand aufgebaut werden und im Klassenzimmer verbleiben. Sie visualisieren die Anliegen des aktuellen Lehrplans und fördern die Transparenz der „neuen“ Lehr- und Lernmethoden. (Quelle der Texte: Länderübergreifender Lehrplan Erzieher/-in 2012)
Ziel ist es, diese Inhalte mit den Studierenden zu Beginn eines (wiederkehrenden) **Klassenforums** als Basis zu erarbeiten. Ein Klassenforum kann einen Rahmen schaffen für eine aktive Partizipation an der Unterrichtsgestaltung. Die Transitionsphase von einer lehrerzentrierten hin zu einer für die Studierenden noch ungewohnten kompetenzorientierten Didaktik kann so begleitet werden.
Dabei „entsendet“ die Klassengemeinschaft einige Studierende mit ihren Anliegen in eine **Gesprächsrunde mit der Lehrkraft**. Die Studierenden rotieren, d. h., im Laufe des Schuljahres wird jede/r Studierende einmal am Forum für die Klasse teilnehmen.
Inhaltlich kann das Forum den Studierenden die Möglichkeit bieten, ihre Schwierigkeiten zu formulieren, Fragen zur Meta-Ebene des Unterrichtsverfahrens zu stellen, Wünsche für die Gestaltung des Unterrichts einzubringen, Unterrichtsstunden vorbereitend mitzugestalten u. a.

Anlage auf CD-ROM

Klassenforum „Bildungshaus“
(5 Seiten Kopiervorlage für Plakate)

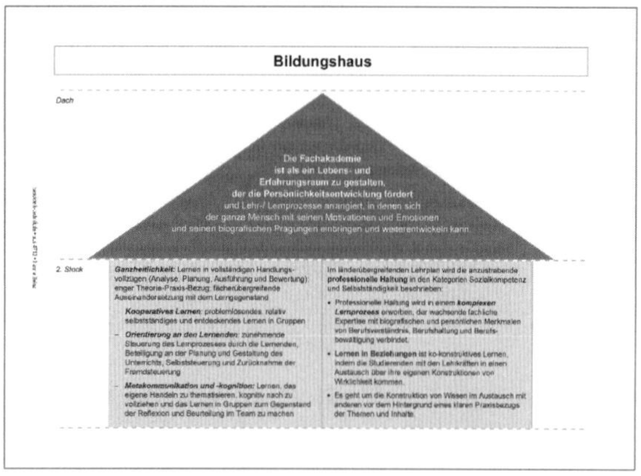

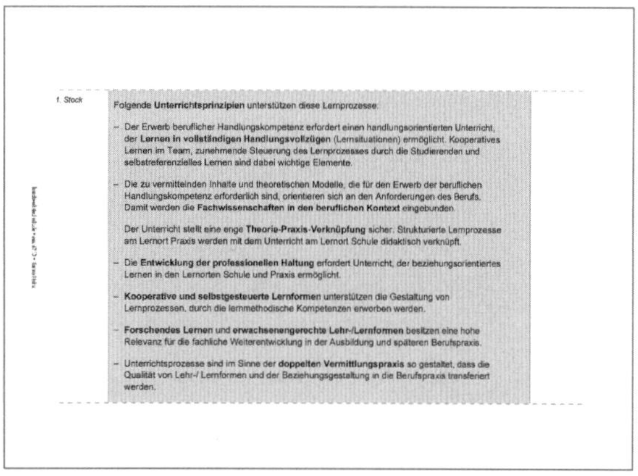

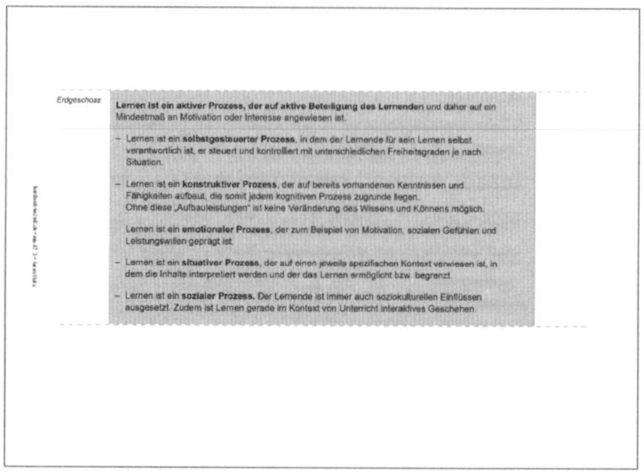

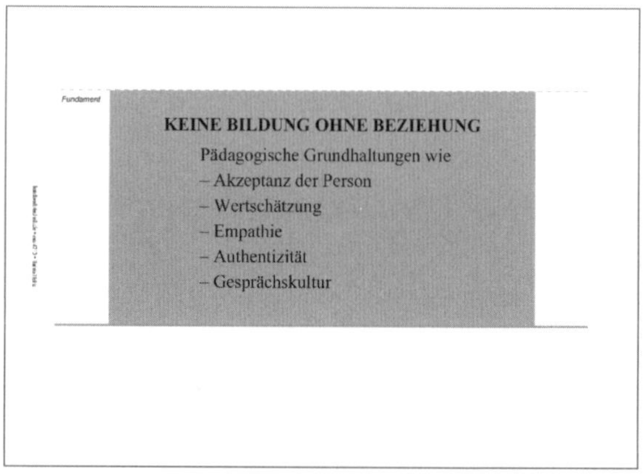

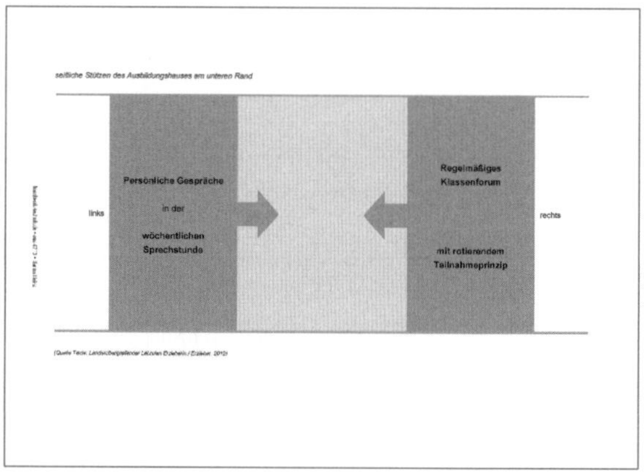

3 Lernen im Prozess

Der länderübergreifende Lehrplan Erzieher/-in (2012, S. 7/8) bezieht sich in seinem Grundverständnis zur Kompetenzorientierung auf den Deutschen Qualifikationsrahmen für lebenslanges Lernen (Beschluss der KMK vom 10. März 2011, S.16).

Das **allgemeine Kompetenzmodell** nach Fröhlich-Gildhoff (2011, s. S. 246) macht anschaulich, dass auf der Basis beständiger Selbstreflexion in der wiederkehrenden Performanz (bestehend aus dem Handeln in der Situation und der folgenden Evaluation) die Disposition aus Wissen, Situationswahrnehmung und -analyse sowie Motivation und Fertigkeiten immer neu Handlungsstrategien? und damit ein neues Handeln entwickelt werden.

Die Ausbildung strebt laut Lehrplan (S. 3) eine Grundqualifikation an, „die den Zugang zu unterschiedlichen Arbeitsfeldern öffnet, einen Wechsel des Arbeitsfeldes im Laufe des Berufslebens ermöglicht und die Grundlage für lebenslanges Lernen legt."

Definitionen

Lebenslanges Lernen ist „ alles Lernen während des gesamten Lebens, das der Verbesserung von Wissen, Qualifikationen und Kompetenzen dient und im Rahmen einer persönlichen, bürgergesellschaftlichen, sozialen bzw. beschäftigungsbezogenen Perspektive erfolgt." (Europäische Kommission für Allgemeine und Berufliche Bildung 2007)

Diese Definition umfasst eine weite Spanne von Lernsettings, -methoden und -zielen.

„Lebenslanges Lernen (...) beinhaltet sowohl theoretisches Wissen wie auch praktische Fertigkeiten, es umschließt jede Art des Erwerbs, der Verbesserung und Erweiterung jeglicher Kompetenz. Das Konzept des lebenslangen Lernens umfasst nahezu jede Art der Erkenntnis. Dadurch sind die Lernbiografien sehr individuell auf die Bedürfnisse, Interessen und die Lebenssituation des einzelnen Lerners zugeschnitten." (Bergo 2006, S. 8)

Dieser Prozess des Lernens umfasst *formales* Lernen in Bildungseinrichtungen aller Art verbunden mit klar formulierten Bildungszielen samt geeigneten Methoden ebenso wie *non-formales* Lernen, welches außerhalb von Bildungseinrichtungen mit einer bestimmten Intention stattfindet. Lernprozesse erstrecken sich aber auch auf *informelles* Lernen, welches im Alltäglichen mehr oder weniger zufällig geschieht.

Basiskompetenzen und Schlüsselkompetenzen

„Wie kann das Ziel des lebenslangen Lernens erreicht werden? Lebenslanges Lernen ist ein sehr komplexer Prozess, **der grundlegender Basiskompetenzen bedarf.** Ohne personale und soziale Kompetenzen und entsprechender Ressourcen wie Selbstmanagement ist die Organisation und Umsetzung offener, aktiver Lernprozesse sehr schwierig oder gar unmöglich, denn sie nehmen Einfluss auf die Motivation zu lernen, sich aktiv in und für die eigene Lebensumwelt zu engagieren." (ebd., S. 10).

Hier sei verwiesen auf die Methode des ***Lerntagebuchs*** sowie die ***Lernentwicklungsgespräche***. Auch die ***Praktikumsvereinbarungen*** bzw. deren Revision eignen sich, den Lernprozess in konkreten Vereinbarungen (Anwendung der SMART-Formel) zu gestalten und die Kompetenzbereiche in individuellen Gesprächen zu dokumentieren. Dabei sind möglicherweise immer wieder Rückgriffe auf Basiskompetenzen nötig, um weitere Entwicklungen realisierbar werden zu lassen.

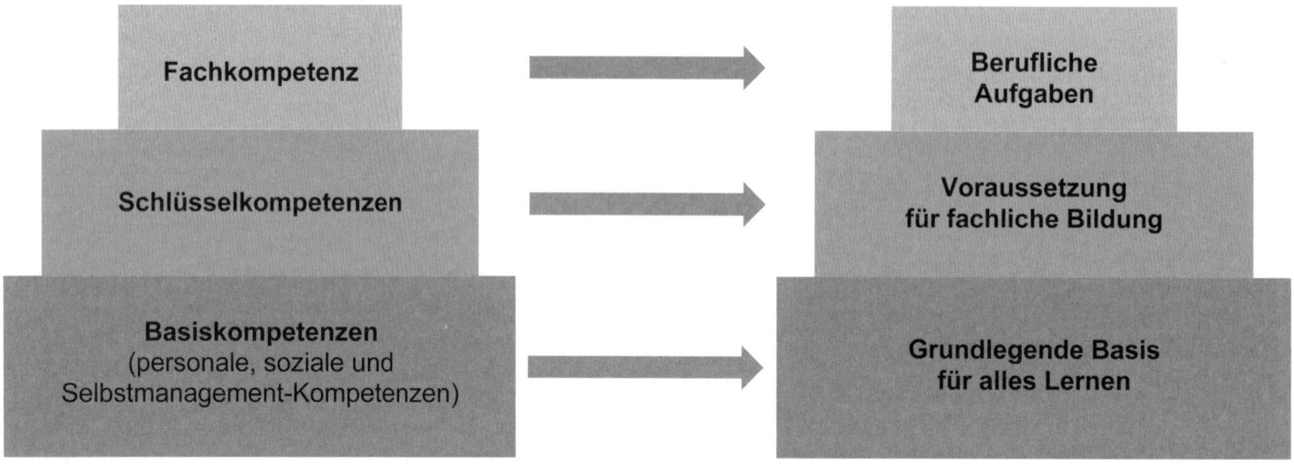

Basis-, Schlüssel- und Fachkompetenzen (nach Bergo 2006)

Gerade an den **Basiskompetenzen** wie realistische und sinnvolle Ziele für sich entwickeln, entsprechende Möglichkeiten des Lernens entdecken und auswählen, Kontakte zu kompetenten Institutionen bzw. Lehrenden knüpfen, zeichnet sich zunehmend ein Mangel bei den Studierenden ab. Defizite entstehen oftmals schon in der frühen Kindheit, weil soziale Bedingungen dies nicht erlauben, die Erwachsenen ein unzureichendes Vorbild abgeben u. a. Soziale und personale Kompetenzen wie Selbstmanagement, Kommunikation, Umgang mit eigenen Ressourcen aber auch mit Schwächen sind grundlegend für gesellschaftliche Teilhabe, werden aber mit der Methode eines lehrerzentrierten Vorgehens an den Vorgängerschulen oft (noch) nicht ausreichend fokussiert.

Erst wenn solche Basiskompetenzen ausgebildet sind, können **Schlüsselkompetenzen** wie Anwendung von Kulturtechniken, Umgang mit Medien u. a. anschließen. Eine spezifisch fachliche Aus- und Weiterbildung kann erst auf diesen beiden grundlegenden Kompetenzbereichen aufbauen.

Es muss also darum gehen, eben diese grundlegenden Kompetenzen im Auge zu behalten und in allen Lernsettings als „lebenslanges Lernen" einzubringen, um individuelle Grundlagen des Lernens zu verbessern. Sie sind es nämlich, die Motivation schaffen für ein engagiertes, aktives Lernen.

„**Motivation** ist eine komplexe Interaktion von emotionalen und kognitiven Prozessen. Neue Situationen können Gefühle wie Neugier oder Ängstlichkeit hervorrufen. Der Mensch bewertet seine Kompetenzen und Ressourcen im Hinblick auf die zu erwartenden Anforderungen und wägt die Erfolgschancen für potenzielle Handlungsmöglichkeiten ab (Selbstwirksamkeit). Auch der Wert einer erfolgreichen Umsetzung wird bedacht: Lohnt es sich, Zeit und Energie zu investieren? Ist das Ergebnis wichtig für mich? Welche Bedeutung hat es für die eigene Identität? Sobald der Entschluss gefasst ist, ein bestimmtes Ziel in Angriff zu nehmen, werden Fertigkeiten benötigt, die Intention in konkrete Handlungen umzusetzen und die Motivation während des gesamten Handlungsprozesses aufrechtzuerhalten" (ebd., S. 11).

Beispiel: Expertenforum

Erfahrungsbericht: Mit einer Fachschulklasse wurde am Ende des 1. Ausbildungsjahres (mit vielen gesammelten Erfahrungen zum offenen Unterricht) ein schul- und klassenübergreifendes Lernsetting in Form eines **EXPERTENFORUMS** vereinbart und inhaltlich bereits vorbereitet: Die Klasse sollte in Teams die Schüler/-innen einer neu an die Schule kommenden **Kinderpflegeklasse ins Praktikum einführen**. Ein entsprechendes Grundlagenpapier erschloss die fachlichen Inhalte. Die Teams wählten ihre untergeordneten Themen aus und sollten diese in möglichst interaktiven Methoden für die Schüler/-innen der neuen Klasse vorbereiten und in **Lernstationen** anbieten. Lernberatung wurde von der Lehrkraft angeboten.

Ein Nachmittag, an dem beide Klassen vor Ort sind, war vereinbart. Die Organisation des Stationenlaufs übernahm die Lehrkraft: Schilder aufstellen, Laufzettel planen und kopieren. Am Vormittag desselben Tages schickte die Fachschulklasse ihre Klassensprecher zur Lehrkraft mit der Mitteilung, die Klasse fühle sich überfordert und habe sich deshalb nicht vorbereitet. Die Klasse möchte den Stationenlauf absagen.

Nach vielfältigen und unergiebigen Diskussionen wurde der Nachmittag wie geplant abgehalten: Es stellt sich schnell heraus, dass fast alle Studierenden (im Übrigen sehr gut) vorbereitet waren. Sie konnten aus eigener Erfahrung den ankommenden Schülern hilfreiche Erkenntnisse zum kommenden Begleitpraktikum anbieten; diese Schüler waren begeistert. Es war ein lebendiger Austausch, bei dem alle Beteiligten einen Gewinn hatten. Vor allem musste die vorbereitende Klasse lernen, sich an Vereinbarungen zu halten. Sie erlebte sich letztendlich fachlich gut aufgestellt und kompetent im Umgang mit den Neuankömmlingen. Dabei reflektierten die Studierenden ihre eigenen Praktikumserfahrungen. Die neuen Schüler/-innen konnten mutig Fragen stellen, begegneten den Studierenden auf Augenhöhe und erhielten Informationen aus erster Hand.

Eine starke prozessbezogene **Lernbegleitung** konnte die Umsetzung der nachhaltig vereinbarten, gemeinsam geplanten Arbeit sicherstellen, einerseits mit starken fachlichen Argumenten, einer fachlich adäquaten und sehr strukturierten Vorgehensweise, aber auch weil am Ende die Schulleitung Verbindlichkeit von der Klasse einforderte. Neben einer fachlichen Lernerfahrung wurden soziale Prozesse in der Klasse angestoßen: Es wurde gegensätzlich diskutiert und argumentiert, die Klasse konnte sich nicht hinter den Klassensprechern verstecken, gemeinsam stand die Klasse dann zur Aufgabe und erfüllte diese prompt und fachlich gut. Personale Kompetenzen (wie: ich traue mir etwas zu, habe keine Angst vor Blamage oder Niederlagen, lerne mit meinen Stärken und Schwächen zu arbeiten) konnten neben der fachlichen Reflexion entwickelt werden.

So wird die Hauptsache zur Nebensache – oder umgekehrt! Die Lehrkraft entwickelte im übergeordneten Blick auf die Arbeit Stärke, solche und ähnliche Settings zu etablieren, weil sie für alle Lernenden eine Win-Win-Situation darstellen. Allerdings erforderte die standhafte Umsetzung an dem entsprechenden Tag unangemessen viel Kraft.

(S. ***Anlage 14*** Expertenforum zur beruflichen Identität und Sozialisation im Praktikum)

Anlage 14

EXPERTENFORUM
zur beruflichen Identität und Sozialisation im Praktikum

am: ______________________________

von: ____________ bis: ____________ Uhr

in den Räumen ______________________

unserer Schule

Die Studierenden der Erzieherklasse ______ führen in Expertengesprächen die Schüler/-innen der Klasse Kinderpflege ______ thematisch in das **Block- bzw. Begleitpraktikum** ein.

Dabei verbinden sie bewusst fachliche Inhalte mit persönlichen Perspektiven und reflektierten Erfahrungen.

Es stehen 8 Gesprächskreise zu folgenden Themen an (vgl. Fachliteratur):

- Berufliche Identifikation, was ist das?
- Berufliche Sozialisation, wie geht das?
- Beziehungen im Beruf
- Aufgaben der Praxisanleiter
- Praktikum als ganzheitlicher Lernprozess
- Phasen des Praktikums
- Probleme im Praktikum
- Konflikte als Lernimpuls

Die Schüler/-innen der Erstausbildung wechseln in Gruppen zwischen den 8 Expertenrunden zu den einzelnen Themen – **offene Türen laden zum Eintreten ein.**

Gemeinsamer Beginn und Abschluss im Raum ____________________ (z. B. Aula)

Interessierte Kolleginnen und Kollegen der Lehrerschaft sind herzlich eingeladen.

Organisationsplan zum Expertenforum

Um _______ Uhr (15 Minuten) im Raum: ______________________________

- Begrüßung der Klassen
- Lagebesprechung – Organisation

Um _______ Uhr (ca. 90 Minuten):

Gesprächskreise an 8 Stationen zu folgenden Themen (s. Wegweiser):

- Berufliche Identifikation, was ist das?
- Berufliche Sozialisation, wie geht das?
- Beziehungen im Beruf
- Aufgaben der Praxisanleiter
- Praktikum als ganzheitlicher Lernprozess
- Phasen des Praktikums
- Probleme im Praktikum
- Konflikte als Lernimpuls

Die Schüler/-innen der Erstausbildung Kinderpflege wechseln in offenen Gruppen zu den Stationen in den vorgesehenen Räumen (s. Türschilder/Wegweiser). Offene Türen laden ein zum Gespräch mit den Studierenden der Fachschule Sozialpädagogik, freie Stühle zeigen an, wo noch Teilnahme möglich ist.

Arbeitszeit pro Station ca. 10–15 Minuten.

Um _______ Uhr (15 Minuten) im Raum: ______________________________

- Evaluierung des Expertenforums mit dem Formblatt Entwicklungspinne
- Gemeinsame Abschlussrunde: Rückblick und Dank

Gesprächskreise

Situation: Sie arbeiten in einer großen Kita und erwarten zu Beginn des neuen Kindergartenjahres wieder mehrere Praktikantinnen und Praktikanten, die/der gerade ihre Erstausbildung zur/zum Kinderpfleger/-in oder zur sozialpädagogischen Assistenz begonnen haben.

Da Sie selbst noch nahe an schulischen Erfahrungen sind, werden Sie von der Kitaleitung beauftragt, die fachliche Einführung in die berufliche Sozialisation durch das Praktikum in einem Gesprächskreis zu übernehmen:

Arbeiten Sie dabei mit den fachlichen Inhalten aus Fachliteratur und Ihrem Schulbuch zu Lernfeld 4 Bildungsarbeit gestalten und bereichern Sie, wo immer möglich, die Fachinhalte mit Ihren Erfahrungen aus der Praxis. Achten Sie auf Anschaulichkeit und ggf. interaktive Zugänge zum Thema.

Geben Sie den Praktikanten/Praktikantinnen einen Einblick, was es bedeutet, als berufliche Aufgabe „Bildung und Erziehung" zu haben: Was bedeutet es, eine berufliche Identität zu entwickeln? Welche beruflichen Kompetenzen brauchen Kinderpfleger/-innen?

Erläutern Sie den zukünftigen Kinderpflegern/Sozialassistenten, was berufliche Sozialisation bedeutet: Was sind deren Merkmale, was deren Bedeutung, wie kann sie erreicht werden?

Erarbeiten Sie mit den zukünftigen Praktikanten/Praktikantinnen, wie sich Beziehungen im beruflichen Kontext darstellen:
Praktikant/-in – Kind – Ausbilder/-in – Schule – Eltern

Stellen Sie den angehenden Praktikanten/Praktikantinnen die Aufgaben der Praxisausbilder/-innen vor.

Stellen Sie den angehenden Praktikanten/Praktikantinnen das Praktikum als ganzheitlichen Lernprozess vor.

Geben Sie den zukünftigen Praktikanten/Praktikantinnen sowie deren Ausbildern/Ausbilderinnen einen Überblick über die verschiedenen Praktikumsphasen sowie deren konkrete Zielsetzungen.

1. Phase

2. Phase

3. Phase

4. Phase

In jedem Praktikum gibt es mal Probleme. Bereiten Sie die angehenden Praktikanten/Praktikantinnen auf mögliche, häufige Probleme in verschiedenen Bereichen vor: Welche Ursachen kennen Sie, welche Hilfen gibt es?.

Konflikte sind oft Lernimpulse – das haben Sie schon erfahren. Vermitteln Sie den angehenden Praktikanten/Praktikantinnen eine konstruktive Sichtweise auf Kontroverse.

Anlage auf CD-ROM

Zuordnungsliste von Themen zu Studierenden, Vorlagen zur Ziehung der Themen, Türschilder für das Expertenforum

Evaluierung zum Expertenforum
mit der Entwicklungsspinne

Bitte kreuzen Sie die 4 Kompetenzen in den 8 Segmenten an, die Sie durch die Durchführung des Expertenforums für die neuen Schüler/-innen erworben haben: „Sehr gut gelungen" = **1**, also nahe des Zentrums der Spinne ankreuzen; „nicht gelungen" wird mit **6** bewertet und außen angekreuzt.

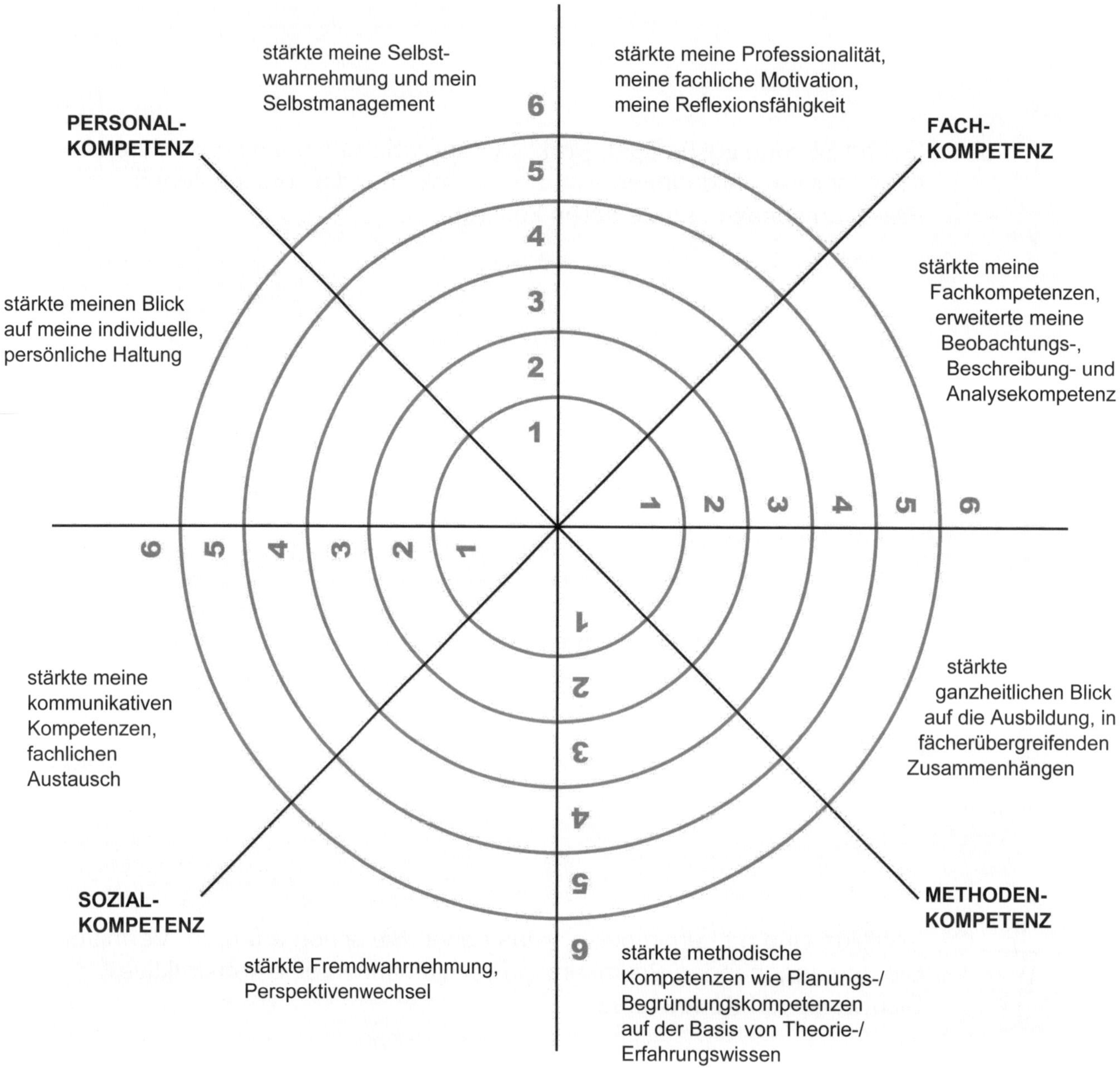

Die Expertengespräche haben mir aus der Sicht der zukünftigen Praktikantin/des Praktikanten geholfen

____

____

____

____

4 Lernen durch Motivation und Emotion

„Die Motivation zu lebenslangem Lernen erwächst aus den Motiven und Bedürfnissen einer Person. Diese sind von Mensch zu Mensch sehr unterschiedlich und können sich über die Zeit hinweg verändern.

Die wichtigste Voraussetzung für die **Entstehung von Motivation** ist daher, dass der Mensch seine Bedürfnisse und Ziele entdeckt und für sich selbst definiert. Manche Menschen reflektieren weder ihre Wünsche noch haben sie eine Vorstellung, welche Möglichkeiten für sie von Interesse sein könnten. Für diese Personen kann es hilfreich sein, zunächst eigene Wünsche und Bedürfnisse zu reflektieren." (Bergo 2006, S. 13).

Motivation ist jedoch nicht nur ein kognitiver, sondern auch ein emotionaler Vorgang: „Jede neue Situation wird im Hinblick auf unser Vermögen, sie zu bewältigen, bewertet. Die Bewertung dieser Situation wird von unserer Selbstwirksamkeitserwartung und den Chancen auf erfolgreiche Bewältigung der Anforderungen beeinflusst. Sie beruht auf der Bewertung der eigenen Fertigkeiten, der verfügbaren materiellen und sozialen Ressourcen sowie auf früheren Lebenserfahrungen in ähnlichen Situationen. Dieser Bewertungsvorgang kann von sehr unterschiedlichen **Gefühlen** begleitet sein. Je stärker eine Person davon ausgeht, dass sie die Anforderungen nicht bewältigen kann, desto stärker wird sie sich unsicher und ängstlich fühlen. Hingegen wird eine Person, die überzeugt ist, dass sie eine neue Situation bewältigen kann, sich angeregt fühlen und die neue Situation als positive Herausforderung sehen." (ebd., S. 14)

Der länderübergreifende Lehrplan Erzieher/-in (2012, S. 13) fordert deshalb im Rahmen der Entwicklungsorientierung, „die Fachschule ist als ein Lebens- und Erfahrungsraum zu gestalten, der die Persönlichkeitsentwicklung fördert und Lehr-/Lernprozesse arrangiert, in denen sich der ganze Mensch mit seinen Motivationen und Emotionen und seinen biografischen Prägungen einbringen und weiterentwickeln kann" - und benennt somit die beiden Entwicklungsmotoren: **Motivation und Emotion.**

An anderer Stelle weist dieser Lehrplan (S. 15) darauf hin, dass bei den Studierenden „ein Mindestmaß an Motivation" vorhanden sein müsse, als Voraussetzung einer kompetenzorientierten Ausbildung.

Weiter wird bei den Unterrichtsprinzipien (Lehrplan S. 15) hingewiesen auf die Tatsache, dass „Lernen ein emotionaler Prozess ist, der zum Beispiel von Motivation, sozialen Gefühlen und Leistungswillen geprägt ist." Damit wird Unterricht auch ausgemacht als eine Situation in einem sozialen Kontext: In einer Situation gemeinsam mit anderen Menschen werden auch *andere* das Verhalten beobachten und bewerten. Diese Tatsache kann Menschen je nach Veranlagung und Selbsteinschätzung sowohl beflügeln als auch verängstigen. Gleichzeitig stellen andere Personen eine Ressource zur Bewältigung von Aufgaben und Situationen dar. Wie soziale Situationen wahrgenommen werden, hängt also wiederum von subjektiven Bewertungsprozessen ab. Berücksichtigt man dies, so ist es notwendig und hilfreich, die eigenen Emotionen erkennen, verstehen und im jeweiligen (sozialen) Kontext damit umgehen zu können.

Beispiel

Bei der Vorbereitung von Spielaktivitäten beim örtlichen Stadtfest zeigten sich die Studierenden der Erzieherausbildung offen und engagiert in der Vorbereitung und Durchführung ihrer Spielstationen. Die Erlebnisse mit den Kindern, die Rückfragen der Eltern gaben Feedback zu ihrer Arbeit und zeigten den Studierenden offenkundig, wie sie mit ihren Fähigkeiten und Fertigkeiten, persönlichen Ressourcen eine Aufgabe konstruktiv lösen konnten. Die emotionale Anbindung war ebenso zu erkennen, wie die die Identifikation mit Klasse, Schule und letztendlich Berufsbild.

Neben der Motivation braucht es ein hohes Maß an Selbstwirksamkeitserfahrung, die einen Lernprozess über längere Epochen erfolgreich werden lässt, s. Abbildung. Mehr dazu im folgenden Punkt 5.

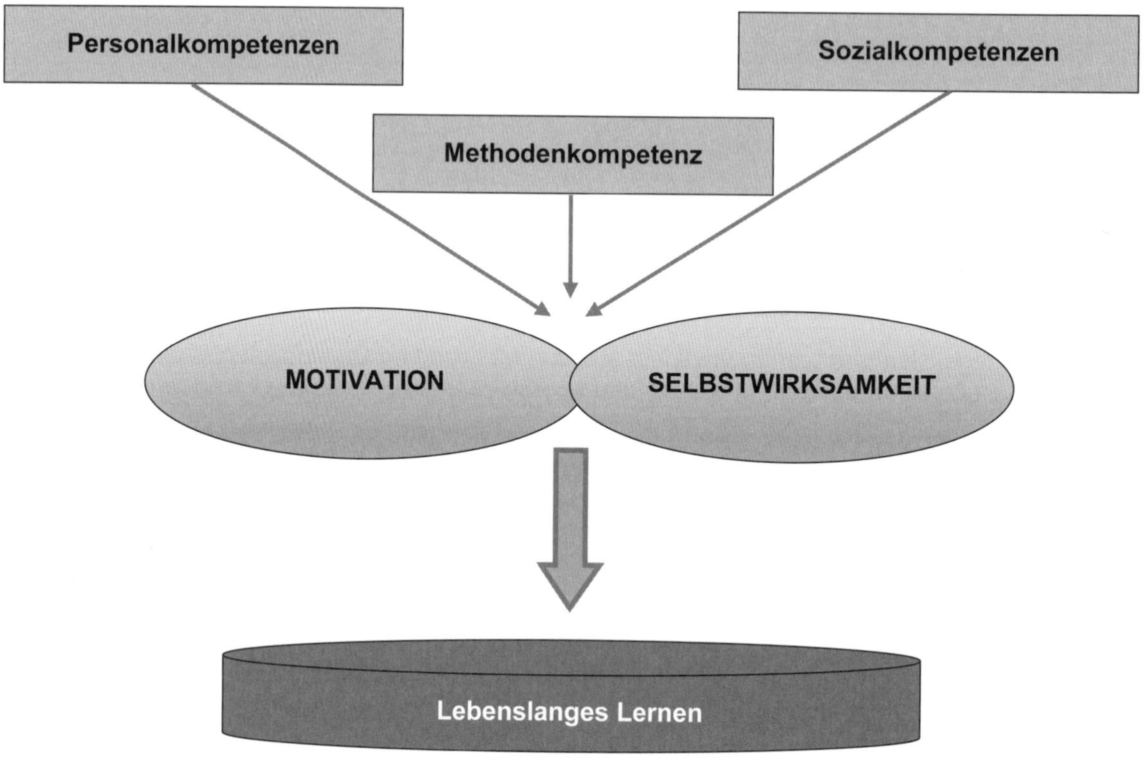

Motivation und Selbstwirksamkeit im Zusammenspiel mit Kompetenzen (in Anlehnung an Bergo 2006, S. 12).

5 Lernen und Selbstwirksamkeit

Die Motivation zu lebenslangem Lernen erwächst aus den Motiven und Bedürfnissen einer Person. Diese sind von Mensch zu Mensch sehr unterschiedlich und können sich über die Zeit hinweg verändern.

Der länderübergreifende Lehrplan Erzieher/-in (2012, S. 21) beschreibt unter „**Selbstkompetenz**" eine breit angelegte Aufzählung von Zielperspektiven der Ausbildung:
„Die Studierenden

- reflektieren die eigene Sozialisation und Berufsmotivation,
- sind sich bewusst, dass sie für Kinder, Jugendliche und junge Erwachsene eine Vorbildfunktion haben,
- reflektieren und bewerten die Subjektivität eigener Wahrnehmungen im Spannungsfeld von Selbst- und Fremdwahrnehmung,
- haben eine kritische und reflektierende Haltung zu Handlungen ihres beruflichen Alltags (...).
- Diese Ziele zu entwickeln, ist Aufgabe des Unterrichts und bedarf vieler operationaler Entwicklungsmöglichkeiten, d. h. vieler Selbstwirksamkeitserfahrungen."

Selbstwirksamkeit

Definition: „Selbstwirksamkeit ist definiert als die Überzeugung und Erwartung, aufgrund der eigenen Fähigkeiten und Ressourcen Aufgaben und Pläne erfolgreich umsetzen zu können." (Bergo 2006, S. 12).

„Die wahrgenommene Selbstwirksamkeit ist eine sehr subjektive Kognition, die mit den tatsächlichen Kompetenzen einer Person nicht übereinstimmen muss! Menschen können aufgrund eines geringen Selbstwertgefühls oder früherer Misserfolgserfahrungen eine sehr negative Einschätzung ihrer eigenen Fähigkeiten und Möglichkeiten entwickeln. Die Selbstwirksamkeitserwartung bestimmt jedoch weitgehend die Wahl von Handlungsalternativen, das Ausmaß der Anstrengung und Ausdauer und dadurch auf indirekte Weise auch das Ausmaß des Erfolgs ... Es ist offensichtlich, dass die Stärkung der subjektiv wahrgenommenen Selbstwirksamkeit einen entscheidenden Beitrag auf dem Weg zu Lebenslangem Lernen leisten kann. Ohne Selbstwertgefühl und Selbstwirksamkeitserwartung ist nahezu jeder Lernprozess zum Scheitern verurteilt" (ebd.).

Deshalb bedarf es in einem kompetenzorientierten Unterricht **selbstorganisierter Lernprozesse**. Studierende sollen ihren Lernprozess eigenständig, d. h. in eigener Verantwortung organisieren und regulieren.

„Die Fähigkeit zu selbst reguliertem Lernen ist eine grundlegende Voraussetzung für erfolgreiches lebenslanges Lernen. Nur wenn der Lerner selbst in der Lage ist, alle Schritte des Lernprozesses autonom und unabhängig von Lehrern oder anderen leitenden Personen umzusetzen, kann er seine Pläne und Bemühungen wechselnden Rahmenbedingungen und Entwicklungen seiner Lebenssituation anpassen" (ebd., S. 15).

Für die Berufsausbildung kann hier gesprochen werden von Anpassung an die Lernsituation wie persönliche Bedarfe aufgrund unterschiedlicher beruflicher und persönlicher Vorerfahrungen, wie auch persönlicher Befindlichkeiten in der Lernsituation u. Ä.

Mit einem derart selbst reguliertem Lernen wird einem gesellschaftlichen Wandel durch Digitalisierung und damit verbunden beschleunigter „Wissensexplosion" Rechnung getragen. Fort- und Weiterbildung sind notwendige Vorgänge, um der Schnelllebigkeit und damit verbundenen Veralterung des Wissens entgegenzutreten.

Eine multimediale Gesellschaft ermöglicht ferner einen schnellen und umfänglichen Zugang zu Wissen, mit immer neuer Informations- und Kommunikationstechnik. Dabei muss der Einzelne entscheiden können, was für seinen Kontext wesentlich oder weniger wichtig ist. Lernen wird außerdem zunehmend unabhängig von Raum und Zeit; der Lernende selbst organisiert seine Lernprozesse.

„Selbst reguliertes Lernen entspricht den Ansprüchen erwachsener Lerner: Erwachsene wollen nicht von außen gesteuert werden. Sie möchten ihren Lernprozess selbst organisieren und gestalten (...) und bedeutet, dass er/sie die dazu notwendigen Entscheidungen zu folgenden Aspekten des Lernens eigenverantwortlich trifft/treffen:

- Lernziele (Warum und wozu?)
- Lerninhalte (Was? Welche Inhalte?)
- Ressourcen und Materialien (Womit?)
- Lernmethoden und -strategien (Wie?)
- Zeit (Wann und wie lange?)
- Überprüfung (Zielerreichung und mögliche Anpassung der Lernstrategie)" (Bergo 2006, S. 16)

Auch der länderübergreifende Lehrplan Erzieher/-in (2012, S. 16) fordert im Zusammenhang mit Unterrichtsprinzipien, dass „kooperative und selbst gesteuerte Lernformen (...) die Gestaltung von Lernprozessen [unterstützen], durch die lernmethodische Kompetenzen erworben werden".
Hilfreich für einen derart angelegten Lernprozess sind wie erwähnt Motivation, hier definiert als intrinsische Motivation sowie Selbstwirksamkeitserwartungen und -erfahrungen.

„Selbst reguliertes Lernen ist ein wichtiger Schritt des Empowerments. Der Lerner wird befähigt, sich selbst zu organisieren und für seine Rechte und Interessen einzustehen" (ebd., S. 16).

Es sollen eigene Ressourcen aufgespürt und eingesetzt werden können, die soziale Interaktion im Sinne eines konstruktivistischen Bildungsverständnisses als „soziale Ressource" verstanden werden. „Kognition, also Strategien des Lernens, der Anwendung und des Transfer" (Bergo 2006, S. 16) sind ebenso notwendig für ein produktives, effektives Lernen.

Handlungsorientierung

Das zugrundeliegende Prinzip ist das Lernen aus Erfahrungen in Situationen des realen Lebens (nach Böhm et al. 1992, in: Bergo 2006, S. 16). Auf diese Weise wird ein direkter Bezug zwischen dem Lernprozess und dem Berufsfeld der Studierenden hergestellt, Transformation ermöglicht und die Sinnhaftigkeit betont: Lernen auf der Meta-Ebene.

Der länderübergreifende Lehrplan Erzieher/-in (2012, S. 11) legt das Fundament für ein handlungsgeleitetes Lernen in den Lernfeldern und fordert: „Handlungsorientierung zielt auf eine konstruktive Lehr-/Lernprozessgestaltung, die auf die Interdependenz von Denken und Handeln aufbaut. Ein wesentliches didaktisches Element in der Ausbildung beruflicher Handlungskompetenz bildet die Orientierung des Unterrichts an der Bearbeitung komplexer beruflicher Aufgabenstellungen."

Das produktive Lernen möchte (nach Bergo) 3 wichtige Bezüge des Lernenden herstellen:

- „Personenbezug zum Lernenden selbst: Die Bedeutung des Lernens und der Lerninhalte für die Persönlichkeit und Entwicklung des Lerners, für seine Stärken und Bedürfnisse soll herausgestellt werden; der Lernende wird vom Objekt zum aktiv handelnden Subjekt, das seinen eigenen (beruflichen) Bildungsprozess selbst gestaltet; diese Art des Lernens bietet einen sehr persönlichen, praxisrelevanten und daher sehr erfolgreichen Zugang zum Lernen;
- Praxisbezug: Lernen erwächst aus produktiver Aktivität und führt wieder zu ihr zurück; das Lernen wird dadurch mit Prozessen und Strukturen des alltäglichen Lebens und spezifischer Tätigkeitsfelder in Bezug gestellt; dies unterscheidet das produktive Lernen von traditionellen Lernsettings, in denen häufig rein theoretisches Wissen vermittelt und kein Bezug zum realen (Berufs-)Leben hergestellt wird;
- Kulturbezug: Über die fachlichen Vorgänge hinaus birgt jede Lernsituation auch soziale, gesellschaftliche und kulturelle Aspekte, aus welchen der Lerner Nutzen ziehen kann; das Herstellen dieser kulturellen Bezüge kann zur Integration des Einzelnen in die Gesellschaft beitragen (...) [und in der Erzieherausbildung] eine Mitgestaltung von Erziehung und Bildung als zentrale gesellschaftliche Aufgaben vorbereiten."
(Bergo 2006, S. 18)

Erfahrungsgeleitetes Lernen

Effektives Lernen gelingt auch auf der Ebene erfahrungsgeleiteten Lernens, d. h., die Studierenden bringen konkrete persönliche wie fachliche Erfahrungen ein in den Lernprozess: Sie nutzen erworbenes Wissen und gemachte Erfahrungen.

Von David A. Kolb und Roger Fry (1975) wurde der Kreislauf des erfahrungsbasierten Lernens entwickelt, der zum Verständnis des Lernens von Erwachsenen beitragen kann. Das Modell nennt 4 Phasen des Lernens, s. Abbildung:

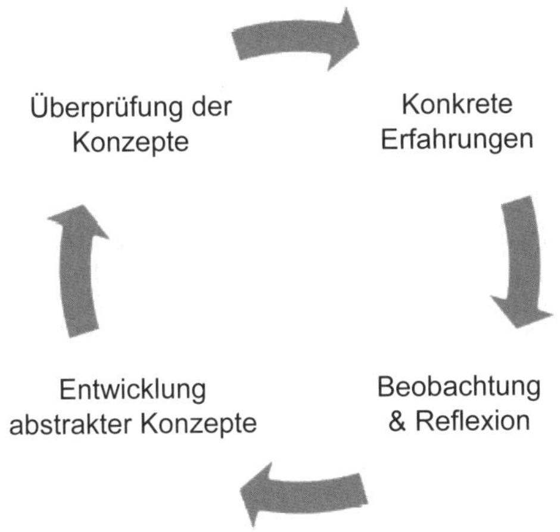

Die 4 Phasen im Kreislauf erfahrungsbasierten Lernens (nach Kolb/Fry 1975)

Nach Kolb (1984) unterliegt der Lernprozess einer **zirkularen Entwicklung**. Der Lerner überprüft seine Konzepte aus vergangenen Erfahrungen in neuen Situationen und verändert sie gemäß den neu gesammelten Erfahrungen. Bergo (2006, S. 20) führt dazu aus:

„**Konkrete Erfahrungen:** Zu Beginn des Lernprozesses führt die Person meist eine Handlung aus und erfährt die Folgen ihres Handelns in einer konkreten Situation.

Beobachtung & Reflexion: Die Person beobachtet und reflektiert die Situation aus der Retrospektive und erkennt dabei Ursachen und Zusammenhänge. In dieser Phase des Lernprozesses ist die Person fähig, die Folgen gleichen Handelns in gleichen Situationen vorauszusehen.

Entwicklung abstrakter Konzepte: Sammeln sich mehrere ähnliche Erfahrungen an, so beginnt die Person aufgrund der Übereinstimmungen zu generalisieren. Die gewonnenen Erkenntnisse können auch auf neue Situationen übertragen werden.

Überprüfung und Transfer der Konzepte: Wenn die Person das zugrundeliegende Prinzip verstanden hat, beginnt sie aktiv zu experimentieren, zu variieren und das Konzept in andere Situationen und Gegebenheiten zu übertragen. Wenn tatsächlich ein Lernprozess stattgefunden hat, ist die Person nun in der Lage, die möglichen Folgen einer Handlung unter verschiedensten Rahmenbedingungen vorherzusagen. Der Lerner wird zum Handelnden, der gemäß seinen eigenen Zielen und Interessen Einfluss auf die Situation nimmt.

Der Ansatz von Kolb und Frey zielt auf Lernende, die konkrete Erfahrungen im Hier und Jetzt benötigen, um neue Erkenntnisse oder Fertigkeiten zu erwerben.

Ausgehend von dem Kreislauf des erfahrungsbezogenen Lernens weisen Kolb und Fry darauf hin, dass es **verschiedene Typen von Lernenden** gibt: Personen, die selbst aktiv werden und ‚handfeste' konkrete Erfahrungen sammeln müssen, und Personen, die eher kognitiv an neue Inhalte herangehen, die sehr stark reflektieren und abstrahieren.

In jedem Fall sind konkrete Erfahrungen sowie die Verknüpfung neuer Inhalte und Fertigkeiten mit bereits bestehendem Vorwissen sehr förderlich für den Lernprozess und werden von den Lernenden stärker akzeptiert als konventionelle Lernmethoden."

6 Lernen durch Engagement

Lernen durch Engagement (kurz LdE) oder das sogenannte „**Service-Lernen**" - die Idee dahinter ist, dass gelernte Inhalte mit der Praxis verknüpft werden. Selbstverständlich sind Studierende durch vielfältige Praxisaufgaben gehalten, ihr erworbenes Wissen im Praktikum anzuwenden – und das geschieht auch.

Beim Lernen durch Engagement werden Fach- und Methodenkompetenzen nicht nur in der Lernortkooperation eingebracht, sondern sie werden **für ein gesellschaftliches Engagement verfügbar**. Fachliche Kompetenz und soziales Engagement verbinden sich in der Übernahme von Verantwortung in realen Handlungsfeldern. Die Studierenden machen z. B. beim örtlichen Stadtfest gezielt Spielangebote für Kinder; im Rahmen der Feriengestaltung beim örtlichen Jugendamt bieten Studierende eine „Lernakademie" für Grundschulkinder bei Sommerferienbeginn zu einem bestimmten Thema an; Studierende bieten regelmäßig wöchentlich Sprachenunterricht für Flüchtlingskinder.

Es sind vielfältige und ortsnahe Möglichkeiten gegeben: Mitarbeit in einem lokalen Jugendzentrum, Mentoratsarbeit mit Grundschulkindern aus Familien mit Migrationshintergrund, Nachhilfeprogramme für Kinder, Kinderprogramm am Samstagvormittag, um Eltern einen stressfreien Einkauf zu ermöglichen u.v.m.

Es kann auch schon ein Gewinn für die Schulkultur sein, wenn Klassen intern in wechselnder Verantwortung ein gesundes Pausenfrühstück für andere Studierende anbieten oder den Rahmen für die Abschlussfeier einer anderen Klasse gestalten.

Ein Unterschied zu Praktikumserfahrungen ist, dass Studierende ihre eigenen Konzepte erarbeiten und im Alltag erproben. Außerdem kann der Impuls für Angebote durchaus von allgemeinbildenden Fächern ausgehen, beispielsweise Deutsch- oder Sozialkunde, Mathematik oder Ethik, damit werden eben gerade diese Fächer in ihrer Relevanz erfahrbar in einem handlungsgeleiteten Tun.

Die Methode „Lernen durch Engagement" mitsamt Praxishinweisen, Formblättern und Checklisten findet sich in der umfangreichen ***Anlage 15*** und auf CD.

Beispiele für Lernen durch Engagement

Kindervernissage
Eine Klasse des 2. Ausbildungsjahrs der Berufsfachschule für Kinderpflege veranstaltete eine Kindervernissage mit Bildern einer ortsansässigen Malerin zum Thema „Bilder zu den Märchen von Hans-Christian Andersen". Dabei wurde im Umfeld der Ausstellung ein weitreichendes Rahmenprogramm geboten: Neben speziell angeleiteten Bildbetrachtungen für Kinder (Verzahnung von Theorie und Praxis: vgl. LF3 Die Kinderzeichnung/Methode Bildbetrachtung in diesem Band) konnten die Besucher selbst Bilder malen und gestalten; zudem wurde für das leibliche Wohl der Besucher gesorgt, auch dafür zeigte sich die Klasse verantwortlich.

Engagiertheitsprojekt „Ein Koffer auf Friedensreise"
Eine andere Klasse übernahm in Kooperation mit dem örtlichen Friedensmuseum FriedensRäume Lindau ein Engagiertheitsprojekt, bei dem die Teilnehmer/-innen mitwirkten an der Ausgestaltung eines „Friedenskoffers", der für umliegende Grundschulen zur Ausleihe bereit steht: Die erarbeiteten Unterrichtsentwürfe sollen es den Lehrkräften an der Grundschule erleichtern, unkompliziert einige Stunden Friedenserziehung in den Klassen zu leisten

S. dazu ***Anlage 16*** Engagiertheitsprojekt – Ein Koffer auf Friedensreise, sowie die umfangreichen Materialien auf CD.

Was sind die Ziele über das Arbeiten im Praktikum hinaus?

☺ „(Studierende) lernen, dass sich ein Einsatz für das Gemeinwohl lohnt und sie sich mit ihren Talenten in die Gesellschaft einbringen können. Sie erwerben demokratische Handlungskompetenz und stärken ihr Selbstbewusstsein.

☺ Schulen erweitern ihr pädagogisches Profil, bauen ein Klima von Kooperation und Anerkennung auf, öffnen sich nach außen und vernetzen sich stärker in Stadtteil und Gemeinde.

☺ Lehrer/-innen nutzen eine neue Lehr- und Lernform, unterrichten praxisnah und handlungsorientiert und erproben sich in einer neuen pädagogischen Rolle. Sie erleben ihre Schüler/-innen in anderen Kontexten und können neue Seiten an ihnen entdecken.

☺ Engagement-Partner und Gesellschaft erfahren konkrete Unterstützung durch den Einsatz (...), erhalten Aufmerksamkeit für wichtige Themen und gewinnen eine engagierte Generation, die gelernt hat, dass ihr Handeln einen Unterschied machen kann." (Seifert u. a., o.J., S. 179)

Neben der Sozialraumanalyse weiten Studierende wie Lehrkräfte ihren Blick über die Schulgrenzen hinaus, sie engagieren sich im Umfeld der Schule, machen ihre Arbeit transparent. Dabei erfahren sie Selbst- und Fremdwahrnehmungskompetenzen. Im Austausch mit Engagement-Partnern erweitern sie Kompetenzen in Kooperation und Kommunikation und bei der Durchführung der Angebote kommen Teamarbeit und Methodenvielfalt zur Anwendung.

Im Verlauf stehen die Lehrkräfte in einer ko-konstruktiven Haltung als Lernbegleiter zur Verfügung.

Immer sollten die Ergebnisse der engagierten Arbeit in einer internen **Reflexion** bewertet und **der Schulgemeinschaft präsentiert** werden. Die gegenseitige Wahrnehmung der Studierendeninitiativen ist oft Impuls für neue Angebote und stärken den Zusammenhalt der Schule bzw. Schulgemeinschaft. So entstehen oft über Jahre getragene Projekte, die Studierende von Vorgängern übernehmen und entwickeln. Die gegenseitige Wahrnehmung führt zu Wertschätzung und ist ein zentraler Beitrag zu einem positiven Schulklima und einer konstruktiven Schulkultur. Engagierte Eltern bzw. der Elternbeirat sind konstruktiv einzubeziehen, die lokale Presse sorgt für die nötige Öffentlichkeitsarbeit der Schule. Nicht selten kommen aus der Kenntnis oder der Erfahrung mit solchen Initiativen zukünftige Engagement-Partner von sich aus auf die Schule zu und wünschen sich eine Kooperation.

In seinen Grundsätzen zur Ausbildung geht der länderübergreifende Lehrplan Erzieher/-in (S. 11 f.) auf Handlungsorientierung (im Unterricht) mit folgenden Merkmalen ein:

- **Ganzheitlichkeit:** Lernen in vollständigen Handlungsvollzügen (Analyse, Planung, Ausführung und Bewertung); enger Theorie-Praxis-Bezug; fächerübergreifende Auseinandersetzung mit dem Lerngegenstand
- **kooperatives Lernen**: problemlösendes, relativ selbstständiges und entdeckendes Lernen in Gruppen
- **Orientierung an den Lernenden**: zunehmende Steuerung des Lernprozesses durch die Lernenden, Beteiligung an der Planung und Gestaltung des Unterrichts, Selbststeuerung und Zurücknahme der Fremdsteuerung
- **Metakommunikation und -kognition**

→ Alle Merkmale sind auch beim Lernen durch Engagement wirksam. Auf letzteres Merkmal wird im Folgenden speziell abgezielt (s. ***Anlage 15*** Lernen durch Engagement).

Anlage 15

Lernen durch Engagement – die Methode

Anlage auf CD-ROM

Hinweis: Auf der CD befinden sich die folgenden Kopiervorlagen zur Umsetzung (A4-Format, 24 Seiten).

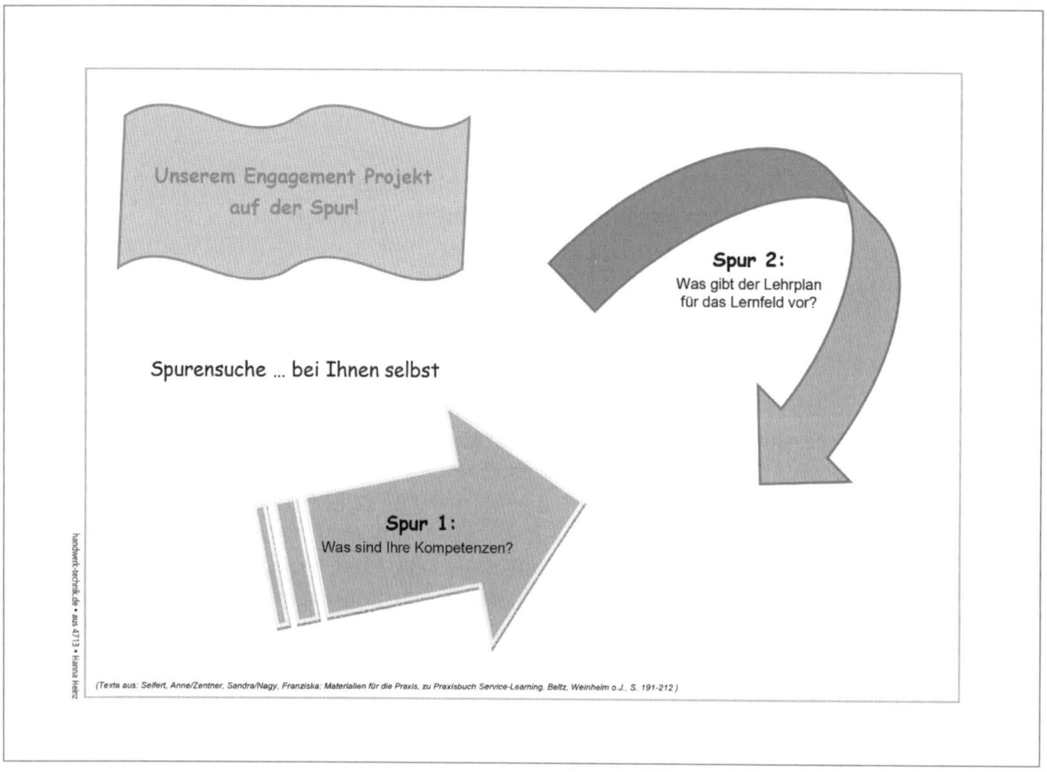

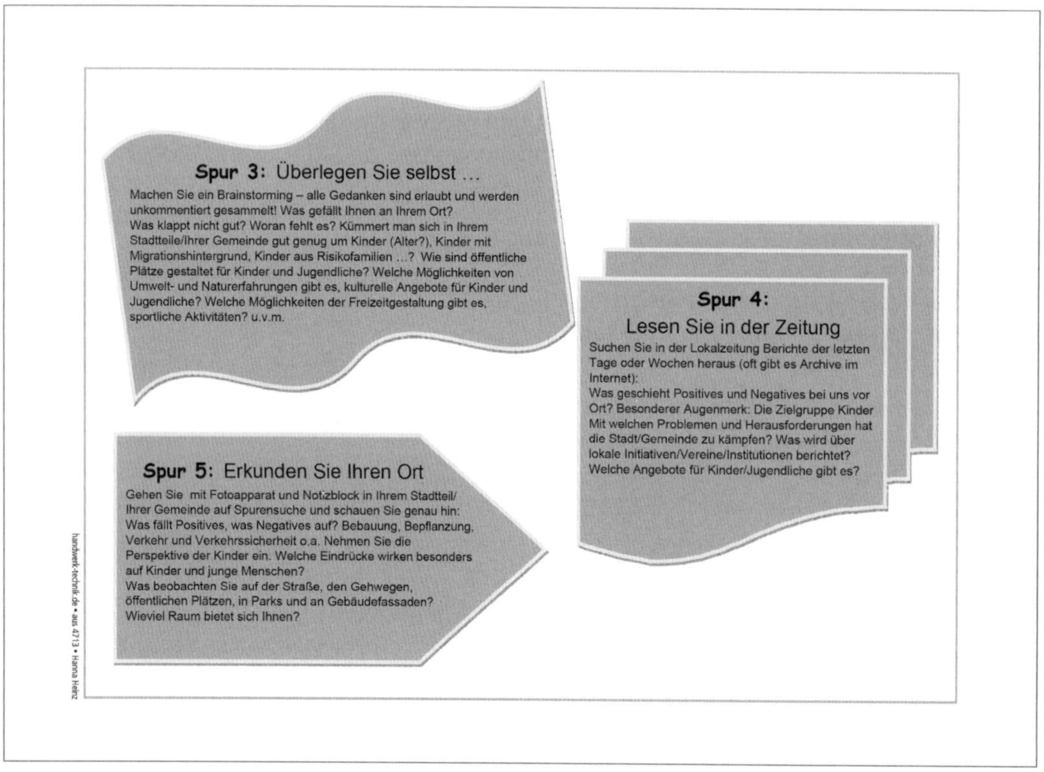

Spur 6: Fragen Sie die Menschen vor Ort

Z. B. durch eine Umfrage unter Anwohnern/Anwohnerinnen, Eltern, Jugendlichen, Lehrkräften, Erziehern/Erzieherinnen, Polizisten/Polizistinnen u.a.
(Wie sehen diese Personen das Stadtviertel/die Gemeinde? Was gefällt ihnen, was nicht? Welche Probleme und Unterstützungsbedarfe nehmen sie wahr?)

Z. B. durch Interviews mit Menschen, die einen Überblick über die Gemeinde oder den Stadtteil haben (Bürgermeister/-in, Pfarrer u.a.)

Z. B. durch Interviews mit Menschen in gemeinnützigen Institutionen oder Vereinen
(Welchen Unterstützungsbedarf haben sie konkret? Was könnten Sie als Erzieher/-innen in Ausbildung beitragen?)

Sortieren Sie Ihre Ergebnisse:

1. Was haben Sie bei sich, im Lehrplan und vor Ort entdeckt? Erstellen Sie einen Forschungsbericht (zum Beispiel in Form einer Wandzeitung, einer schriftlichen Notiz, einer Mindmap).
2. Welche Ideen für ein Engagement leiten Sie daraus ab? Lassen Sie Ihrer Kreativität freien Lauf!
3. Welche der gesammelten Engagement-Ideen kommen in die engere Auswahl?
4. Für welche konkrete Engagement-Idee entscheiden Sie sich schließlich?

Formulieren Sie Ihre Engagement-Idee!

Vernetztes Lernen in Lernfeldern

Das **Lernnetz** ist eine einfache Planungshilfe für die Anbindung des Engagements an Lehrplaninhalte: Studierende und Lernbegleiter können überlegen und im Lernnetz sammeln: Welche Fachinhalte, welche Bildungsstandards, Kompetenzen, die erworben werden sollen, passen zur Engagement-Idee?

Lernfeld ____________________

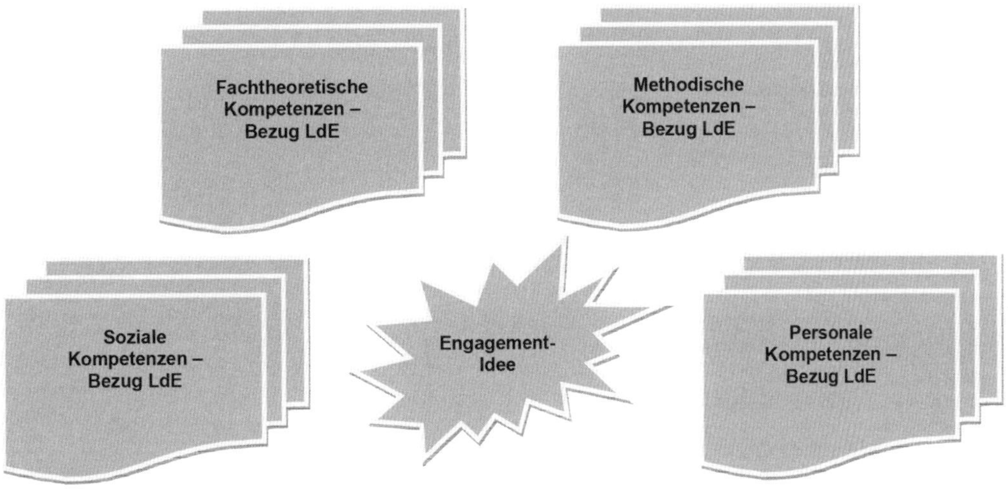

(LdE: Lernen durch Engagement)

Auf der Suche nach Engagement-Partnern

Wer in Ihrer Stadt/Gemeinde/Kirchengemeinde hat einen guten Überblick – wer kann Ihnen bei der Recherche nach Engagement-Ideen und Partnern helfen? Und wer kann Engagement-Partner für Ihr Engagemont sein und/oder Sie bei der Umsetzung dieser Engagement-Idee unterstützen? Die folgende Liste gibt Ihnen Anregungen für die Suche nach Partnern.

Mögliche Engagement-Partner und Partner für die Recherche in Stadtteil und Gemeinde	Interessant für die Engagement-Idee?	Wer recherchiert, nimmt Kontakt auf?	Notizen/Anmerkungen/ Ergebnisse
I. Menschen/Institutionen mit Überblick in Stadtteil und Gemeinde Sie können Ihre Recherche unterstützen, etwa als Interviewpartner und/oder Vermittler, oder auch selbst Engagement-Partner sein. • Rathaus, Bürgermeister/-in, lokale Politiker • Stadt-/Gemeindeverwaltung • Ämter/Behörden (Soziales, Gesundheit, Integration, Umwelt, Stadtplanung u.a.) • Land-/Bundestagsabgeordnete • Polizei • Kirchen & andere religiöse Gemeinden • Stadtteilkonferenzen, Quartiersmanagement • Ehrenamtsbeauftragte, Freiwilligenagenturen/ -zentren • Bürgerinitiativen/Bürgervereine • Hilfsorganisationen, Interessenvertretungen, Vereine für ... • Wohlfahrtsverbände (Paritätischer, Deutsches Rotes Kreuz, Diakonie, Caritas, Arbeiterwohlfahrt, Arbeiter-Samariter-Bund u.a.) • Stiftungen/Bürgerstiftungen			

Mögliche Engagement-Partner und Partner für die Recherche in Stadtteil und Gemeinde	Interessant für die Engagement-Idee?	Wer recherchiert, nimmt Kontakt auf?	Notizen/Anmerkungen/ Ergebnisse
II. Mögliche Engagement-Partner ... **aus dem sozialen Bereich** • Kindergärten, Kindertagesstätten • Grundschulen, andere Schulen • Kinder- und Familienzentren • Jugendtreffs, Kinderclubs, Einrichtungen der offenen Jugendarbeit • Kinder- und Jugendwohnheime • Jugendverbände • Kinder- und Jugendschutzeinrichtungen/ -arbeitsgemeinschaften/-vereine • Seniorenwohnheime, Pflegeheime • Einrichtungen der ambulanten und stationären Kinder- und Jugendhilfe • Krankenhäuser • Freiwillige Feuerwehr, Jugendfeuerwehr, THW Technisches Hilfswerk • Wohnheime/Werkstätten für Menschen mit Behinderung, • Lebenshilfe e.V. • Anlaufstellen für obdachlose Menschen (Notunterkünfte, Essensausgabe u.a.) • Die Tafeln • Sozialkaufhäuser, Kleiderkammern • Sozialstationen, soziale Beratungsstellen • Eine-Welt-Läden • Beratungsstellen für Migranten/Migrantinnen • Migrantenvereinigungen • Flüchtlingswohnheime			

Mögliche Engagement-Partner und Partner für die Recherche in Stadtteil und Gemeinde	Interessant für die Engagement-Idee?	Wer recherchiert, nimmt Kontakt auf?	Notizen/Anmerkungen/ Ergebnisse
aus dem ökologischen Bereich • Umwelt-, Natur- und Tierschutzgruppen bzw. -organisationen: BUND Bund für Umwelt- und Naturschutz, Naturschutzbund NABU, Greenpeace, Vogelschutzbund, Schutzgemeinschaft Deutscher Wald • lokale Umwelt- und Tierschutzgruppen • Tierheime • öffentliche Energieberatungsstellen • Försterei • Gemeinde-/Stadtreinigung **aus dem kulturellen Bereich** • Büchereien, Bibliotheken • Museen, Theater, Konzerthäuser • Musikvereine, Kulturvereine, Sportvereine • Geschichtswerkstätten • Statteil-/Gemeindekulturzentren • Denkmalschutzvereine • Kirchen, Moscheen, Synagogen **aus dem (gesellschafts-)politischen Bereich** [siehe die unter I. genannten Partner!] Je nach Thema sind (gesellschafts-)politische Engagements auch mit vielen der unter II. genannten Partner möglich.			

Zur Umsetzung der Engagement-Idee

Das ist unsere Engagement-Idee:

Auf der Suche nach Engagement-Partnern kann uns helfen

Wer in Ihrer Stadt/Gemeinde/Kirchengemeinde hat einen guten Überblick – wer kann Ihnen bei der Recherche nach Engagement-Ideen und Partnern helfen? Und wer kann Engagement-Partner für Ihr Engagement sein und/oder Sie bei der Umsetzung dieser Engagement-Idee unterstützen? Die folgende Liste gibt Ihnen Anregungen für die Suche nach Partnern.

	Namen der anzufragenden Personen oder Institutionen, der zu recherchierenden Medien/ Webseiten	Ich frage an, lese, kümmere mich bis zum (Datum)	Ergebnis/Vereinbarungen
Eltern, Bekannte, Freunde, Lehrkräfte, die wir fragen können			
Institutionen, Einrichtungen, Fachleute, die wir interviewen können			
Internetadressen für eine Recherche ... **Stichworte für eine Suche im Internet**			
Auswertung von Zeitungen, Zeitschriften, Büchern			

Das könnten unsere Engagement-Partner sein

	1.	2.	3.
Mögliche Engagement-Partner (Namen der Einrichtung, Adresse, Telefonnummer, E-Mailadresse, Webseite)			
Ansprechpartner dort (Name und Funktion, zum Beispiel Frau Mustermann, Kitaleiterin)			

Engagement-Partner gefunden!

Unser Engagement-Partner heißt: Adresse, Telefonnummer, E-Mailadresse, Webseite	
Unser Ansprechpartner dort ist: Wir erreichen sie/ihn am besten (Tag, Uhrzeit, Telefon oder E-Mail):	
Das wollen wir gemeinsam mit unserem Engagement-Partner erreichen (konkrete Projektidee und Ziele unseres Engagements): Uns ist dieses Engagement wichtig, weil:	
Mit wem müssen wir noch sprechen? Wer ist noch wichtig für unser Engagement-Projekt? Wer könnte uns vielleicht noch unterstützen? Womit genau? Wer muss eventuell noch etwas erlauben? Zum Beispiel Eltern oder Schule? Wann und von wem werden diese Gesprächspartner angesprochen, um die Erlaubnis einzuholen?	
Unser Kooperationsvertrag/unsere Vereinbarung mit dem Engagement-Partner wird verhandelt und unterschrieben am (Datum):	

(Formulartexte nach Heike Schmidt, Projekt [You:sful], BürgerStiftung Hamburg. In: Seifert/Zentner/Nagy: Praxisbuch Service-Learning. Beltz, Weinheim o. J., S. 189-191)

Kontakt aufnehmen durch …

Kontakt: Telefonieren, aber wie?

Telefonieren ist nach wie vor einer der wichtigsten Wege, um miteinander in Kontakt zu treten und einen guten ersten Eindruck zu hinterlassen. Mit fremden Menschen zu telefonieren ist allerdings eine aufregende Sache und braucht ein wenig Übung. Bereiten Sie Telefonate gut vor, und proben sie ruhig einmal im Rollenspiel. Damit die Anrufe erfreulich und erfolgreich verlaufen, hier ein paar Tipps für Sie:

- Entwerfen Sie einen Telefonnotizzettel und schreiben Sie vor dem Anruf die Fragen auf, die Sie unbedingt stellen wollen.
- Überlegen Sie, welche Person in einer Einrichtung Ihnen am besten weiterhelfen kann. Die Kitaleitung oder eine Erzieherin? Der/die Vorsitzende des Elternbeirats?
- Notiert Sie den Namen der Person, die sich meldet.
- Melden sie sich mit Vor- und Nachnamen. Ein guter Anfang könnte zum Beispiel sein: „Ich bin M.N., Studierende der Klasse … der …-Schule. Für unser Schulprojekt würde ich mich gerne mit Ihnen über Ihre Einrichtung/Organisation unterhalten. Haben Sie ein paar Minuten Zeit für mich?“
  Denken Sie sich weitere gute Einstiege aus.
- Überlegen Sie sich vor dem Telefonat: Was könnte ich sagen, wenn der Angerufene unwirsch reagiert oder sagt, er habe keine Zeit?
- Sprechen Sie höflich, deutlich und nicht zu schnell – auch, wenn Sie aufgeregt sind.
- Wenn Sie Privatpersonen anrufen, tun Sie das am besten zwischen 10 und 12 Uhr oder zwischen 16 und 18 Uhr – es sei denn, Ihnen wurden andere Anrufzeiten genannt. Einrichtungen und Institutionen können Sie während der Geschäftszeiten immer anrufen.
- Am Ende des Gesprächs versichern Sie sich noch einmal, dass Sie sich den Namen des Gesprächspartners richtig notiert haben.
- Fassen Sie eventuelle Absprachen noch einmal zusammen („Sie schicken mir dann die Materialien an unsere Schuladresse zu.
  Vielen Dank“) oder nennen noch einmal den Termin, den Sie gerade telefonisch abgesprochen haben („Wir kommen dann also am Mittwoch, …. um … Uhr zu Ihnen in die Einrichtung.“)
- Bedanken Sie sich für das Gespräch. Verabschieden Sie sich freundlich.

	Name, Funktion und Telefonnummer des Angerufenen Datum Eures Gesprächs Antworten und Absprachen mit dem Gesprächspartner…

(Texte nach Heike Schmidt, Projekt [You:sful], BürgerStiftung Hamburg. In: Seifert u.a., S. 191)

Kontakt: Ein Interview führen

Um nach Ideen für Ihr Engagement zu recherchieren und die Engagement-Idee gut zu planen, ist es hilfreich, mit den Menschen im Umfeld zu sprechen, um herauszufinden: Wo wird welche Unterstützung gebraucht? Was genau könnten Sie als Studierende beitragen? Erstellen Sie für eine solche Befragung einen übersichtlichen Interviewbogen – mit Platz für Organisatorisches, Kontaktdaten, Ihre Fragen und die Antworten Ihres Interviewpartners. Füllen Sie diesen Bogen vollständig und gut lesbar aus, damit Sie ihn später gemeinsam mit Ihren Mitstudierenden auswerten können.

So gelingt ein Interview:

- Überlegen Sie, wie Sie sich vorstellen und in das Interview einsteigen möchten. Proben Sie dies vorher, zum Beispiel in einem Rollenspiel mit Ihren Mitstudierenden.
- Bereiten Sie sich gut auf das Interview vor: den Zweck des Interviews und die Idee von „Service-Learning – Lernen durch Engagement" erklären können - schreiben Sie dazu am besten 1-2 Sätze auf.
- Bereiten Sie Ihre Fragen schriftlich vor. Stellen Sie sicher, dass die Fragen alle Bereiche abdecken, zu denen Sie Informationen brauchen, um hinterher Ihre Engagement-Idee entwickeln und ausgestalten zu können.
- Stellen Sie Fragen klar und eindeutig. Drücken Sie sich klar aus (auch hier hilft das Üben mit Mitstudierenden). Beenden Sie jeden inhaltlichen Punkt, bevor Sie zum nächsten übergehen. Wenn Sie nicht genau verstehen, was die Person sagt, fragen Sie nach.
- Schreiben Sie Informationen auf. Benutzen Sie Ihren Interviewbogen und legen Sie zusätzliche Blätter bereit, um die Antworten Ihres Interviewpartners notieren zu können. Sie können ergänzend ein Aufnahmegerät benutzen und das Interview aufzeichnen. Aufzeichnen allerdings bitte nur mit Einverständnis des Interviewpartners!
- Haben Sie etwas vergessen? Schauen Sie am Ende noch einmal in Ruhe alle Fragen auf Ihrem Interviewbogen durch, um sicherzugehen, dass Sie alles erfasst haben.
- Fragen Sie nach weiteren Informationen. Viele Organisationen haben Literatur, Broschüren oder eine informative Webseite, die Ihnen nützlich sein könnten, um noch mehr zu erfahren.
- Bedanken Sie sich bei der Person, die Sie interviewt haben. Schreiben Sie einen kurzen Dankesbrief innerhalb einer Woche nach dem Interview. Sie bleiben so in guter Erinnerung: Das erleichtert den weiteren Kontakt und die mögliche Zusammenarbeit.

(nach Sliwka & Frank 2004, in Seifert u.a., S. 194)

Kontakt per Interviewbogen

Interview am ________________ von __________ bis ________ Uhr

Name, Adresse und Telefonnummer der Organisation:

____

Name und Aufgabengebiet der befragten Person:

____

Meine Fragen

____

____

____

____

____

Welche Fragen Sie stellen, hängt ganz davon ab, mit wem Sie sprechen und was Sie genau herausfinden möchten – zum Beispiel, ob Sie allgemeine Informationen zu einer Einrichtung oder spezielle Fragen im Hinblick auf Ihre Engagement-Idee haben (z.B. welche Aufgaben, Bedürfnisse, Wünsche, Schwierigkeiten vorhanden sind, aus denen Sie ggf. Ihre Ideen entwickeln können).

Kontakt in Schriftform

Sehr geehrte/r ... [Ansprechpartner],

wir, eine Gruppe von Erziehern und Erzieherinnen in Ausbildung der … Klassen der … [Schulname], möchten Sie heute um Ihre Unterstützung bitten. In diesem Schuljahr verbinden wir den Schulunterricht mit einem bürgerschaftlichen Engagement von uns Studierenden; diese Art des Lernens wird auch Service-Learning oder Lernen durch Engagement genannt. Dabei wird sich bei uns alles um das Thema „…………………………………………………………………" drehen.

Wir beschäftigen uns in der Schule mit dem Thema im Lernfeld …………. und wollen erforschen , wie es bei uns vor Ort um das Thema bestellt ist, welche Probleme es möglicherweise gibt, welche Institutionen und Einrichtungen sich mit dem Thema befassen, wo und wie wir uns mit unseren Fähigkeiten und Talenten engagieren können.

Im Unterricht sprechen wir über die Erfahrungen, die wir bei unseren Recherchen und später bei unserem praktischen Engagement machen. Wir überlegen zusammen, wie wir Probleme lösen können. Und wir schauen, wie unsere praktischen Erfahrungen „ins große Ganze" passen.

Für unsere Recherche möchten wir Sie gerne … [besuchen/einladen], um Sie zu interviewen: Inwiefern beschäftigen Sie sich mit dem Thema ……? Womit hilft Ihre Einrichtung, um ………………… in …………………….. [Stadtteilname] zu ermöglichen? Welche Probleme sehen Sie in Bezug auf das Thema ………………….. in unserem Stadtteil? Welche Aufgaben gibt es in Ihrer Einrichtung, die noch ungelöst sind, und bei der wir als Studierende vielleicht einen Beitrag leisten können? Vielleicht kennen Sie ja noch andere Menschen oder Institutionen, die viel über ………………………. [Stadtteilname] wissen und mit denen wir reden sollten.

Wir würden uns sehr freuen, wenn Sie sich für uns …[eine halbe Stunde/eine Stunde] Zeit nehmen könnten. ………………
[Die Studierende XY] wird Sie deshalb in den nächsten Tagen einmal anrufen.

Wir stehen Ihnen gemeinsam mit unserer Lehrkraft …………………… [Vorname und Nachname] gerne auch für Rückfragen zur Verfügung. Sie erreichen uns unter …………… [Telefonnummer/Kontaktdaten].

Mit freundlichen Grüßen

Ihre…

P.S.: Diesem Brief liegt ein Infoblatt über Service-Learning für Sie bei.

(Seifert u.a., S. 195)

Welche Engagement-Idee soll es werden?

Haben Sie mehrere Ideen für ein Engagement? Könnten Sie sich mehrere Engagement-Projekte vorstellen, die Sie interessieren, für die Sie sich kompetent fühlen, die zur Problemlösung beitragen könnten?
Dann haben Sie die „Qual der Wahl": Welche Ihrer Ideen wollen Sie umsetzen? Wie wollen Sie sich in der Gruppe einigen? Die folgende Tabelle kann Ihnen bei der Entscheidung helfen. Schreiben Sie in die Kopfzeile Ihre Projektideen (Engagement-Ideen). Bewerten Sie die Ideen dann jeweils auf den links stehenden Kriterien anhand einer Skala von 1 bis 5 (1= wenig, 5= sehr). Schauen Sie als Hilfe für die Bewertung die Fragen auf der folgenden Seite an, um die Kriterien besser zu verstehen. In die freien Felder der linken Spalte können Sie auf Wunsch weitere Bewertungskriterien eintragen, die Ihnen wichtig sind.
Am Ende müssen Sie nur noch für jede Idee die Punkte zusammenzählen: Welcher Vorschlag hat die meisten Punkte bekommen?

Bewertungskriterien	Engagement-Idee 1	Engagement-Idee 2	Engagement-Idee 3
Kriterium 1: Wird diese Projektidee eine echte Hilfe und Unterstützung (für andere/ die Umwelt …) sein?			
Kriterium 2: Ist dieser Vorschlag machbar und realistisch?			
Kriterium 3: Werden wir bei dieser Projektidee neues Wissen und neue Fähigkeiten lernen?			
Kriterium 4: Wie sehr liegt uns diese Engagement-Idee am Herzen? Wie gut gefällt sie uns?			
Kriterium 5 (frei wählbar):			
Anzahl der Punkte			

(Seifert u.a., S. 198)

Zu den einzelnen Kriterien:

Kriterium 1
- Wird die vorgeschlagene Engagement-Idee eine echte Hilfe und Unterstützung (für andere/die Umwelt) sein?
- Was würde diese Engagement-Idee bewirken? Könnten wir damit bei einem echten Problem in Stadtteil/Gemeinde helfen?
- Würde dieses Projekt unserem Engagement-Partner wirklich helfen und seinem Wunsch entsprechen?
- Was sind die Stärken dieses Engagements, was die Schwächen?

Kriterium 3
- Werden wir neues Wissen und neue Fähigkeiten erwerben?
- Was werden wir bei dieser Engagement-Idee lernen?
- Welche Kompetenzen können wir neu lernen oder üben und ausbauen?
- Wie gut passt dieses Engagement in das Lernfeld, zu unseren Lerninhalten im Unterricht?

Weitere Kriterien
- …
- …

Kriterium 2
- Ist die Engagement-Idee machbar und realistisch?
- Haben wir genug Zeit, um diese Engagement-Idee zu planen?
- Können wir dieses Engagement umsetzen? Haben wir die notwendigen Fähigkeiten oder könnten wir sie noch üben?
- Gibt es Experten, die uns dabei helfen könnten? Wer könnte dieses Engagement unterstützen, wer ablehnen?
- Ist die Engagement-Idee mit Kosten verbunden? Haben wir das notwendige Geld? Wenn nicht, wer könnte uns finanziell unterstützen?

Kriterium 4
- Wie sehr liegt uns diese Idee am Herzen? Wie wichtig ist sie uns, wie sehr kümmert sie uns?
- Wird uns dieses Engagement Spaß machen?
- Wird uns dieses Engagement motivieren und herausfordern?
- Erfüllt es unsere Interessen und Vorlieben?
- Können wir damit etwas verändern, was uns wirklich am Herzen liegt?

Die Planung des Engagements

Bevor Sie Ihr Engagement starten, legen Sie als Team genau fest, welches Ziel sie erreichen wollen, wer was zu tun hat und wie Ihr Zeitplan aussieht. Mit diesem Fragebogen können Sie prüfen, ob Sie an alles gedacht haben oder ob noch etwas geklärt werden muss, bevor Sie starten. Um einen schnellen Überblick zu gewinnen, füllen Sie den Fragebogen mit 2 Farben aus: Schreiben Sie alles schwarz oder blau, was gut und problemlos läuft und klar ist. Schreiben Sie alles rot, was noch zu klären ist, gemacht werden muss oder wobei es Probleme gibt.

Die Ziele

Zielbestimmung	
Das wollen wir erreichen: **Wie lautet die Projektidee?** **Was sind die operationalen Ziele des Engagements? (SMART-Formel)**	
Unser Engagement hilft anderen, weil: **Warum ist Ihr Engagement wichtig (Bedarf für das Engagement)?**	
Das möchten wir durch unser Engagement lernen: **Kompetenzen: Wissen, Fähigkeiten, Einstellungen …**	

(In Anlehnung an Heike Schmidt, Projekt [You:sful], BürgerStiftung Hamburg. In: Seifert u.a., S. 200)

Die Aufgaben im Team

Aufgabenstellungen	
Welche Aufgaben müssen erledigt werden? Welche großen Aufgabenpakete gibt es? Welche fallen uns leicht? Welche machen uns Schwierigkeiten? Wie sorgen wir dafür, dass schwierige Aufgaben leichter werden? Nützt es, wenn wir Aufgaben anders verteilen? Wer kann uns helfen? Welche Hilfsmittelbrauchen wir?	
Wer hat welche Aufgabe, wer übernimmt welche Rolle im Team? Wer kann was besonders gut? Wer ist verantwortlich für was? Sind alle zufrieden mit ihrer Rolle?	
Welche Regeln vereinbaren wir für unsere Zusammenarbeit im Team?	
Wie unterstützen wir uns gegenseitig? Welche Unterstützung wünschen wir uns (auch von anderen, wie zum Beispiel Lehrkräften, Engagement-Partnern, Kollegen/Kolleginnen)?	

(Seifert u.a., S. 201)

Die Zeitplanung

Tipp 1: Projekte plant man am besten von hinten nach vorne, also vom Projektabschluss zum Projektbeginn.

Tipp 2: Tragen Sie zuerst die Termine ein, die bereits feststehen (zum Beispiel Zwischenpräsentationen, Ferien, Abschlusspräsentation).

Tipp 3: Wann werden welche konkreten, anstehenden Aufgaben von wem erledigt? Was ist problemlos zu schaffen? (Sternchen einfügen*) Wo könnte es eng werden? (Kreuz einfügen #)

Wann?	Was?	Wer?	* oder #
1. Woche			
2. Woche			
3. Woche			
4. Woche			
5. Woche			

(Seifert u.a., S. 202)

Ergänzen Sie, falls notwendig, weitere Wochen im Zeitplan auf einem Extrablatt.

Kooperationsvereinbarungen beim LdE + Meta-Ebene*

Kooperationspartner

Schule: **Engagement-Team:**	
Ansprechpersonen an der Schule:	**Lernbegleiter/-in:** Kontakt, in dringenden Fällen schnell erreichbar unter: **In Vertretung der Studierenden:** Kontakt, in dringenden Fällen schnell erreichbar unter:
Kooperationspartner:	
Ansprechperson beim Engagement-Partner:	Name: Funktion: Kontakt, in dringenden Fällen schnell erreichbar unter:

Ziele des LdE

Engagement: Was ist/war das konkrete Engagement der Studierenden? Wofür setz(t)en sie sich ein? Welche Aufgaben übernehmen/übernahmen sie? Was wird/wurde durch das Engagement erreicht?

Lernen: Was können/konnten die Studierenden erlernen, welche fachlichen, methodischen und sozialen, personalen Kompetenzen werden/wurden erworben? Welche Ressourcen werden/wurden eingebracht?

Weitere Ziele zum Beispiel für Schule und Engagement-Partner als Organisationen werden/wurden erreicht?

Regeln in der Kooperation

Erwartungen an die Zusammenarbeit ... Umgang miteinander ... Was sollte nicht passieren? So geben/gaben wir Feedback ...
So gestalten/gestalteten wir Kontakt und Austausch im Verlauf von LdE ... So gehen/gingen wir mit Konflikten um ...
Das ist/war uns insgesamt wichtig ...

Rollen der Beteiligten

Die Studierenden **Unsere Rolle ...** **Konkrete Tätigkeiten ...** **So verhalten/verhielten wir uns...**	
Der Engagement-Partner **Die Rolle bei LdE ist/war ...** **So begleite(te)n und unterstütz(t)en wir die Studierenden...** **(Anleitung? Feedback? Bei Konflikten? Beratung? Räume? Material? Expertise? u.a.)**	
Die Lernbegleiter **Die Rolle ist/war...** **So unterstütz(t)en wir das LdE-Vorhaben** **(Vorbereitung der Studierenden, fachlich/sozial? Ansprechpartner bei Konflikten, Organisatorischem?) u.a.**	

Nützliche Absprachen sind/ waren...

* Meta-Ebene: Die vorliegenden Arbeitsmittel zu Kooperationsvereinbarungen können in doppelter Vermittlungspraxis vor und nach dem Engagement angewendet und verglichen werden.

(Seifert u.a., S. 204)

Zum Schluss: 3 attraktive Reflexionsmethoden

Grundsätzliche können alle üblichen Reflexionsmethoden wie Lerntagebuch, Blitzlicht, Kugellager u.Ä. angewendet werden. Zwei spezifische Methoden sollen hier abschließend angeregt werden:

Poesie-Reflexion Die Studierenden sollen (allein, zu zweit, in Kleingruppen) ihre Erfahrungen bei Service-Learning bzw. ihre Antwort auf eine zuvor gestellte Reflexionsfrage in Form eines kurzen **Gedichts** festhalten. Um die Kreativität anzuregen, sollen darin bestimmte vorgegebene Worte vorkommen, zum Beispiel: aktiv, Neugier, Stern, Engagement oder Schule, Einsatz, Gummistiefel, Sonne o.a.

Varianten: Lied ausdenken, Rap verfassen, Kurzgeschichte schreiben, worin die vorgegebenen Worte integriert werden.

Reflexionskarussel Vorbereitung: An unterschiedlichen Stellen im Raum werden größere Papierbögen aufgehängt, auf denen jeweils ein **Satzanfang** steht, der ergänzt werden soll, z. B. für eine Reflexion im Verlauf des Engagements: *Heute habe ich mich am meisten gefreut über … Diesmal habe ich beim Engagement zeigen können, dass … Schwierig beim Engagement ist … Wenn wir das Engagement noch mal von vorne beginnen könnten … Unser Engagement in einem Wort: …*

Ablauf: Die Studierenden teilen sich in so viele Kleingruppen, wie es aufgehängte Papierbögen gibt, und jede Gruppe stellt sich vor einen der Bögen. Jede/jeder schreibt/malt frei assoziierend seine persönlichen Ergänzungen und Antworten auf.

Sind alle fertig, geht jede Gruppe ein Papier weiter und widmet sich dem nächsten Satzanfang. Dabei kann auch auf bereits Geschriebenes der anderen Studierenden Bezug genommen werden. Das geht so lange weiter, bis die Gruppen wieder an ihrem ursprünglichen Papier stehen. Dann erst beginnt die Kleingruppe zu kommunizieren (bis dahin bewegen sich die Studierenden zwar in Gruppen, überlegen, lesen und schreiben, aber jeder für sich): Wenn jede/jeder das Poster gelesen hat, tauscht sich die Gruppe darüber aus und einigt sich auf 3 Botschaften, die sie mit der gesamten Klasse teilen/diskutieren möchte.

Service-Learning-Theater Die Studierenden gestalten zum Ende von Service-Learning ein **Theaterstück** für die Schulgemeinschaft. Mit Sketchen, kleinen Szenen und Pantomime stellen sie Erfahrungen, Erlebnisse, Emotionen und Lernerfolge dar, die sie (mit-)teilen möchten. Den Raum, in dem das Theater stattfindet, gestalten sie mit Fotos, die von Geschichten aus ihrem Engagement erzählen. Zur Vorbereitung des Service-Learning-Theaters reflektiert die Klasse: Was haben wir bei LdE erlebt? Was hat uns besonders bewegt, was besonders gut gefallen? Was haben wir für andere bewirkt? Was haben wir selbst dabei gelernt? Was waren Hürden und Herausforderungen bei Service-Learning und wie haben wir sie bewältigt? Was erwarten die Studierenden wohl und wie kann unser Theater jene Klasse gut vorbereiten, die im nächsten Schuljahr Service-Learning haben wird? Welche Motivation kann weitergegeben werden?

Variante: Die Aufführung kann Teil der Abschluss- und Anerkennungsfeier bei Service-Learning sein.

(In Anlehnung an Heinz-Brandt-Oberschule Berlin, in: Seifert u.a., S. 207, 210, 212)

Anlage 16

Engagiertheitsprojekt – „Ein Koffer auf Friedensreise"

Ein Beispiel für ein Engagiertheitsprojekt einer Erzieherschulklasse ist das Projekt zur Friedenserziehung an Grundschulen, „Ein Koffer auf Friedensreise". Die Klasse übernahm in Kooperation mit dem örtlichen Friedensmuseum Lindau das Projekt, bei dem die Teilnehmer/-innen mitwirkten an der Ausgestaltung eines „Friedenskoffers", der an Grundschulen verliehen wird.

Die erarbeiteten Unterrichtsentwürfe in dem Koffer sollen es den Lehrkräften an Grundschulen der Region erleichtern, schnell und unkompliziert in einigen oder mehreren Stunden Friedenserziehung in den Klassen zu leisten. Alle Materialien und Kopiervorlagen zur Umsetzung finden sich auf der beigelegten CD unter „Engagiertheitsprojekt".

Anlage **auf CD-ROM**

Engagiertheitsprojekt zur Friedenserziehung (34 Seiten)

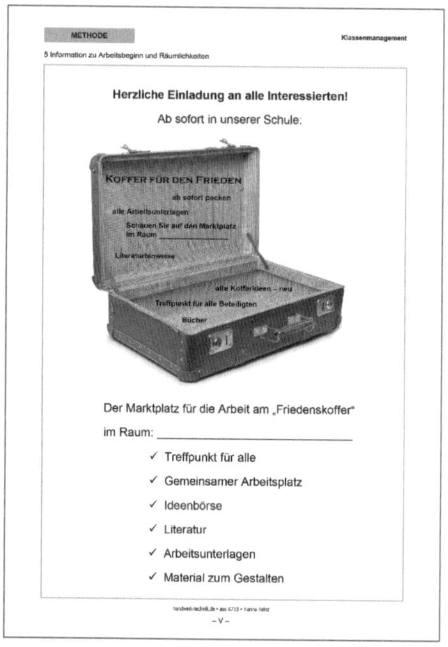

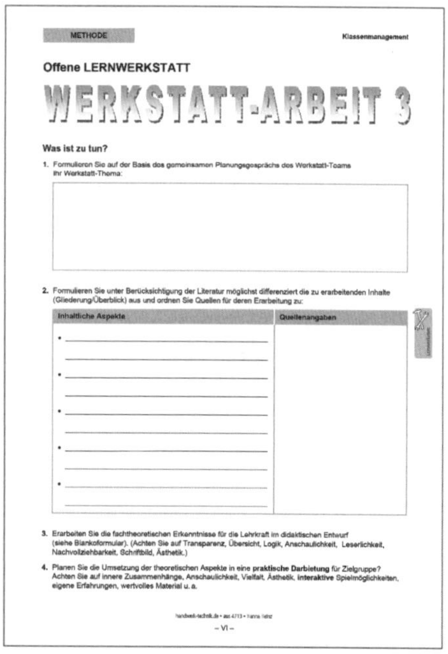

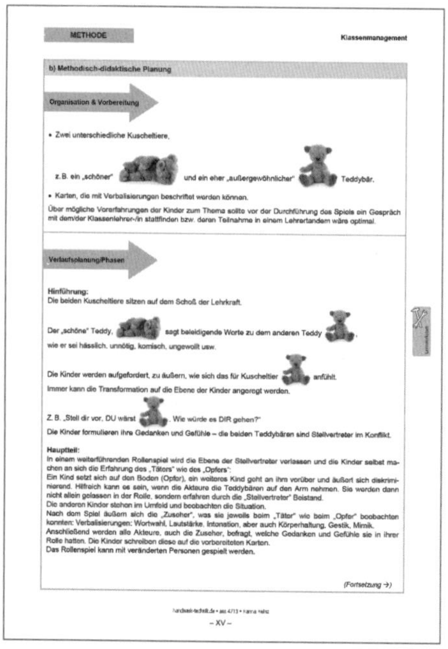

7 Lernen durch Metakognition

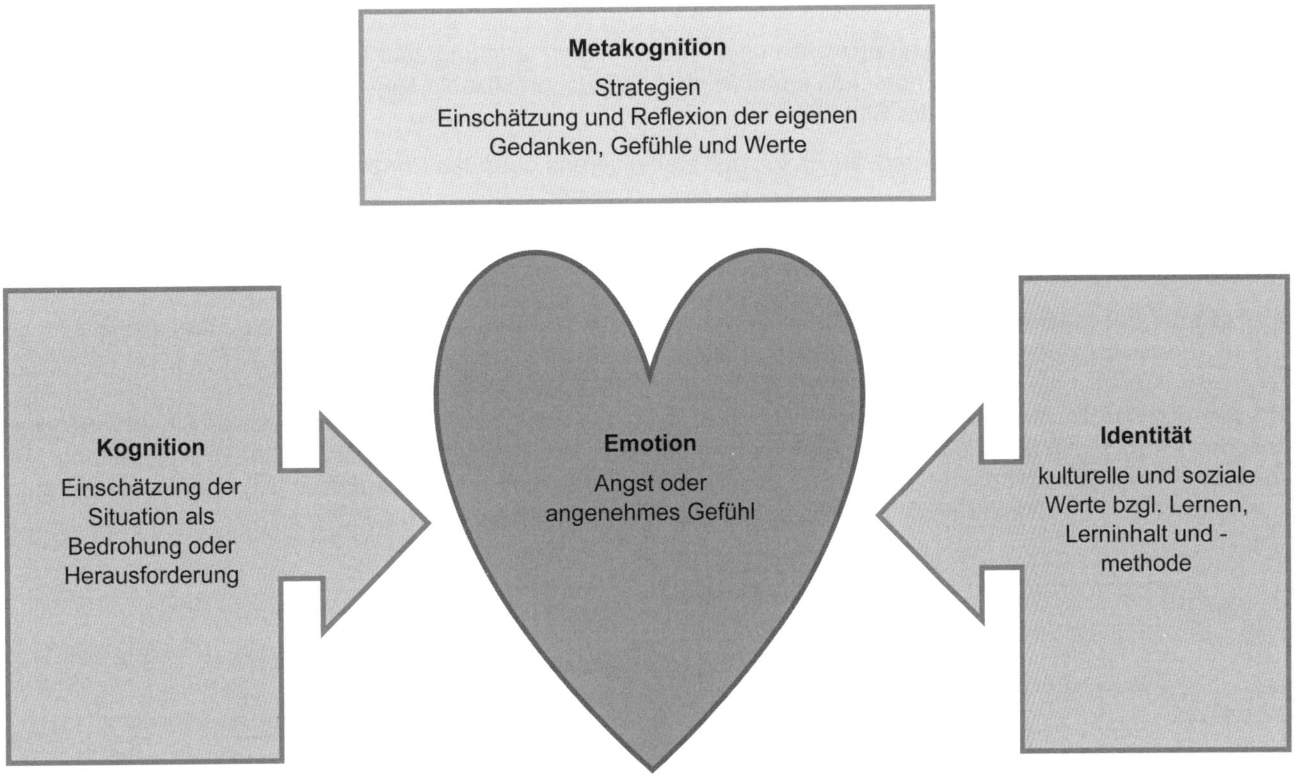

(nach Bergo 2006, S. 14)

Definition „Metakommunikation und -kognition: Lernen, das eigene Handeln zu thematisieren, kognitiv nachzuvollziehen und das Lernen in Gruppen zum Gegenstand der Reflexion und Beurteilung im Team zu machen. (Länderübergreifender Lehrplan Erzieher/-in 2012, S. 11)

Reflexionskompetenz

Um die eigene Kommunikation wie auch Emotionen, Kognitionen in ihrer Komplexität und Vernetzung durch persönliche und biografische Zusammenhänge zu erfassen, zu hinterfragen und immer neu zu verändern, bedarf es einer umfänglichen Reflexionskompetenz, die regelmäßig im Rahmen der beruflichen Ausbildung geübt werden muss. Dafür stehen verschiedene Möglichkeiten im Unterricht wie auch in der Praxisarbeit auf dem Plan. (Vgl. auch *Evaluationsbögen* in Bänden 1 und 2 der Buchreihe.)

Nur auf diesem Wege der rückblickenden Bewertung wird ein lebenslanger Lernprozess erreichbar: Dieser bezieht sich auf alle bereits geschilderten Reflexionsmethoden im Rahmen des Unterrichts, des Praktikums und nicht zuletzt auf eine offene Unterrichtsdidaktik, die ein selbst gesteuertes Lernen in eigener Verantwortung fördert (z. B. über die Arbeit mit dem *Lerntagebuch*, vgl. Lehrerhandbuch Band 1), dabei den Blick auf Lernpartnerschaften, Lernmethoden u. Ä. lenkt. Die eigenen Verhaltensweisen beispielsweise im Unterricht werden unspektakulär reflektiert, z. B. mit einem einfachen Reflexionsbogen zur Unterrichtsbeteiligung (s. vorne, ***Anlage 1*** *Selbsteinschätzung im Unterricht*, S. 180 ff.).

Die Studierenden erfahren im Rahmen ihrer Professionalisierung ein umfassendes Angebot von Methoden, eigene Kompetenzen zu hinterfragen und immer weiter zu gestalten.

Im Projekt „Kompetenzbasierte Prüfungs- und Feedbackverfahren für die frühpädagogische Aus- und Weiterbildung“ machen Nentwig-Gesemann und Fröhlich-Gildhoff deutlich, worum es geht:

„Implizites explizit machen

- Anerkennung von Praxis-/Erfahrungswissen als Wissen in der Handlung über das Prinzip der Narration (Erzählung) → Desiderat (= Erforschen eines Sachverhaltes): praktikable Methoden der Erfassung von Kompetenz des Handelns in der Situation
- Aktivierung und Sichtbarmachung der Praxis des Reflektierens über das Prinzip der Aufforderung zum ‚lauten Denken‘
- Zugang zur Genese habitueller (biografischer/kollektiver, erfahrungsraumspezifischer) Orientierungen über biografisches Erzählen oder den erinnernd-erzählenden Diskurs einer Gruppe
- Aktivierung passgenauen‘ begrifflich-theoretischen Wissens sowie Erfahrungswissens über das explizite Einfordern deren Verknüpfung mit konkreten Fällen / Situationen“

Mit dem Kompetenzmodell von Fröhlich-Gildhoff u. a. (2011) wird der gesamte Prozess beruflicher Reflexion anschaulich: Dispositionen leben von einer sich wiederholenden Performance, eingebettet in eine Haltung, die zu deren Veränderung, besser: Verbesserung beitragen. Diese methodisch (professionell) erlernte Selbstreflexion erlaubt prozessorientiertes und lebenslanges Lernen im beruflichen Tätigsein.

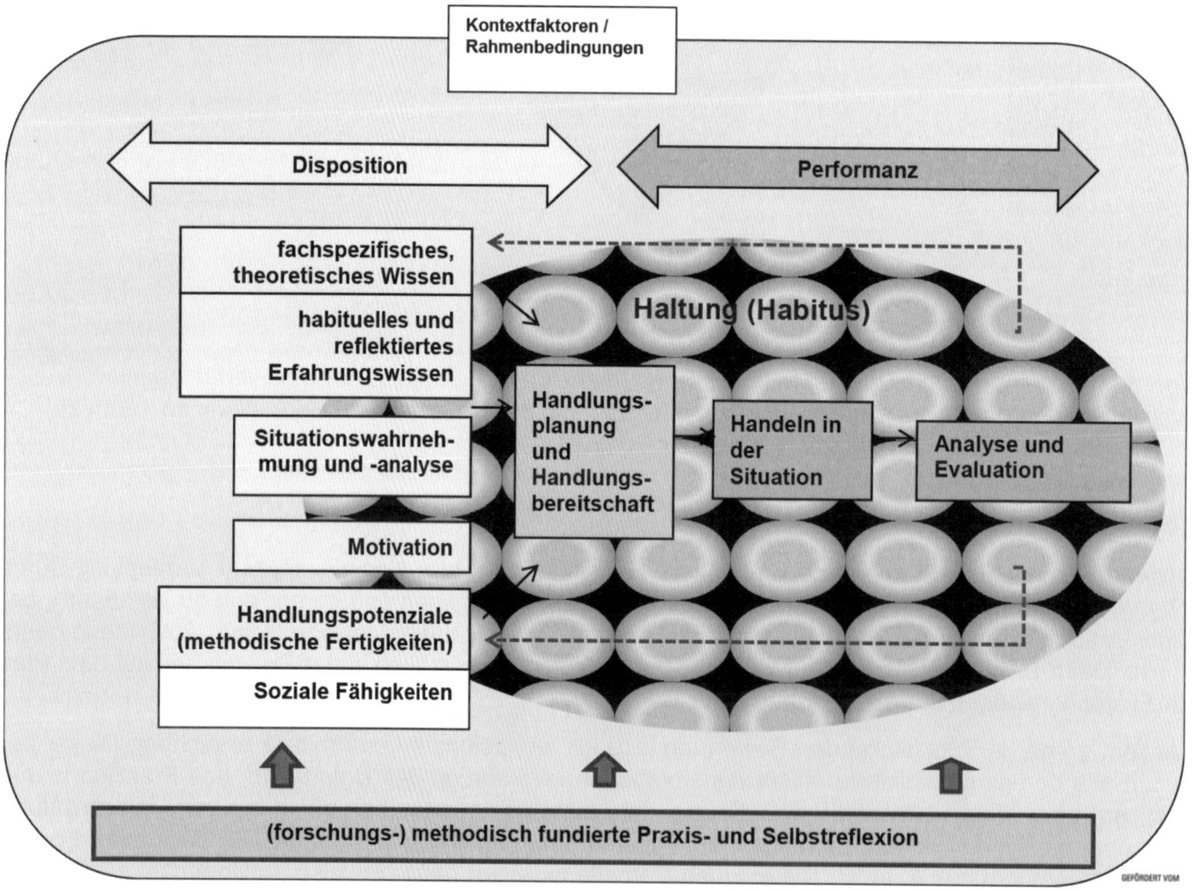

Kompetenzmodell von Fröhlich-Gildhoff, Nentwig-Gesemann & Pietsch 2011;
überarbeitete Fassung von 2013

GEFÖRDERT VOM Bundesministerium für Bildung und Forschung

Auch geben die benannten Autoren ein Methodenspektrum, das in der folgenden Abbildung zusammengefasst wird. Diese Methoden sind ebenso unterrichtsbezogen wie praxisnah und finden sich in den vorliegenden Lehrerhandbüchern mit präzisierten Arbeitsvorlagen bereits konkretisiert für die Hand von Studierenden der Erzieherausbildung (vgl. Bände 1–4).

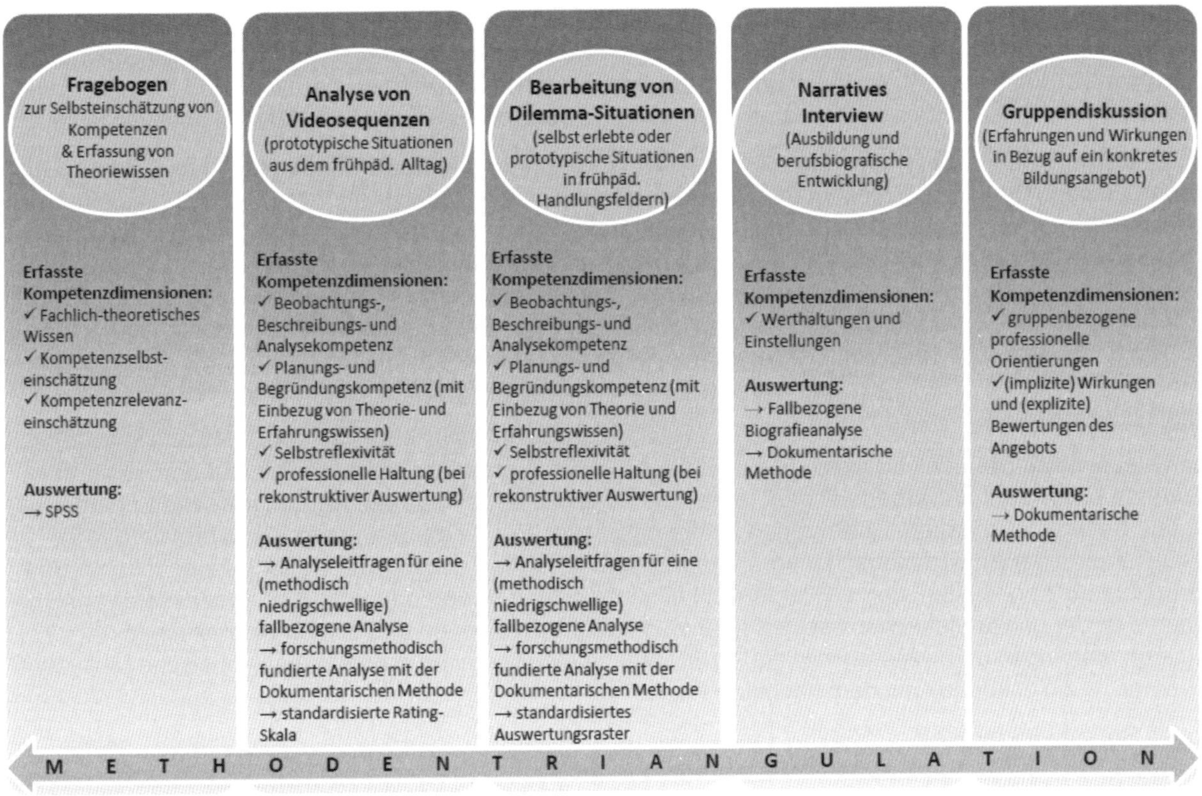

GEFÖRDERT VOM
Bundesministerium für Bildung und Forschung

Methodenspektrum nach Fröhlich-Gildhoff, Nentwig-Gesemann

8 Zusammenfassung

Klassenmanagement zielt ab auf einen geordneten, optimierten Unterrichtsverlauf:

➔ Erfolgreiches Klassenmanagement erfordert eine hohe Präsenz bei den Lehrenden sowie eine konstruktive und verbindliche Kooperation.

➔ Durch gezielte Vorbereitung schaffen die Lehrenden eine reibungslose Organisation.

➔ Durch eine schülerzentrierte Didaktik wird Langeweile ebenso wie Überforderung vermieden durch individualisierende Arbeitsaufträge.

➔ Ressourcenorientiertes Arbeiten schafft hohe Motivation und nützt Kompetenz.

➔ Regeln und Routinen geben einen leitenden Rahmen vor.

➔ Partizipation schafft eine hohe Akzeptanz von Regeln und Aufgaben.

Reflexives Klassenmanagement ist vor allem in der beruflichen Erwachsenenbildung angebracht und ergreift darüber hinaus vor allem die **Meta-Ebene**,

→ indem es das **Lernen in sozialen Bezügen** mit all seinen Facetten nützt, die Klasse als soziales System den Studierenden zugänglich macht, in der Gruppe individuelle wie soziale Erfahrungen ermöglicht, Gruppenprozesse reflektiert, unterschiedliche soziale Formen in der Arbeit anbietet, Teamarbeit professionalisiert, Methoden der sozialen Gruppenarbeit anwendet u. a. Der länderübergreifende Lehrplan Erzieher/-in (2012, S. 16) gibt u. a. vor: „Lernen in Beziehungen ist ko-konstruktives Lernen, indem die Studierenden mit den Lehrkräften in einen Austausch über ihre eigenen Konstruktionen von Wirklichkeit kommen. In der Auseinandersetzung mit den differierenden Wirklichkeitskonstruktionen der Mitlernenden, der Lehrenden, der Fachwissenschaft und der sozialpädagogischen Praxis erfolgt die Weiterentwicklung beruflicher Handlungskompetenz".

→ indem es **Partizipation** auch, aber nicht nur als Möglichkeit von Demokratieerziehung erlaubt, indem Mitbestimmung ebenso wirksam wird wie Mitwirkung im Sinne von inhaltlicher Mitgestaltung von Unterricht. Der Lehrplan (S. 17) fordert: „Lernen ist ein selbst gesteuerter Prozess, in dem der Lernende für sein Lernen selbst verantwortlich ist, er steuert und kontrolliert mit unterschiedlichen Freiheitsgraden je nach Situation."

→ indem es **Lernen als Prozess versteht**, der lebenslang stattfindet und Basis-, Schlüssel- und Fachkompetenzen fortan entwickelt. In der Prozesshaftigkeit bildet sich aber auch das Verständnis eines *konstruktivistischen Bildungsbegriffs* ab, der offen ist für die Bedürfnisse der Lernenden. Alle Kompetenzen sind gleichermaßen bedeutsam, sodass ein Lernprozess, der zunächst abstellt auf den Erwerb konkreter fachlicher Kompetenzen, bei Bedarf die Entwicklung anderer Kompetenzen (z. B. soziale oder personale) priorisieren muss. Der Lehrplan (S. 17) fordert im Rahmen von Unterrichtsprinzipien: „Lernen ist ein konstruktiver Prozess, der auf bereits vorhandenen Kenntnissen und Fähigkeiten aufbaut, die somit jedem kognitiven Prozess zugrundeliegen. Ohne diese ‚Aufbauleistungen' ist keine Veränderung des Wissens und Könnens möglich."

→ indem es aus vielen Studien und nicht zuletzt aus der eigenen Lehrerfahrung annimmt: Nur dort, wo sich Studierende **emotional anbinden** können, lernen sie auch. Es ist deshalb wichtig, biografische und/oder personale Bezüge zu schaffen, Erfahrungen zu thematisieren. Der länderübergreifende Lehrplan (S. 15) sieht im Rahmen der Entwicklungsorientierung außerdem vor, „die Fachschule (...) als [einen] Lebens- und Erfahrungsraum zu gestalten, der die Persönlichkeitsentwicklung fördert und Lehr-/Lernprozesse arrangiert, in denen sich der ganze Mensch mit seinen Motivationen und Emotionen und seinen biografischen Prägungen einbringen und weiterentwickeln kann". Solche Möglichkeiten erhöhen die intrinsische Motivation zum Lernen, auch gekoppelt mit dem nächsten Punkt:

→ indem es **Selbstwirksamkeit** ermöglicht: Lassen wir erwachsene Studierende selbst organisiert, selbst reguliert und kooperativ lernen. Produktives Lernen wird möglich, wenn Lernen erfahrungsgeleitet ist, eigene Ideen erlaubt sind und eine Fehlerkultur entsteht. Die Lehrenden sind Lernbegleiter und üben sich in einer wachen Beobachtung als Grundlage ko-konstruktiver Unterstützung in vielseitigen sozialen Interaktionen. Der Lehrplan (S. 18) postuliert: „kooperative und selbst gesteuerte Lernformen unterstützen die Gestaltung von Lernprozessen, durch die lernmethodische Kompetenzen erworben werden. Forschendes Lernen und erwachsenengerechte Lehr-/Lernformen besitzen eine hohe Relevanz für die fachliche Weiterentwicklung in der Ausbildung und späteren Berufspraxis".

→ indem es ein **Lernen durch Engagement** ermöglicht, um den Blick über den Schulhof hinaus zu weiten, und dem Lernen gesellschaftliche Relevanz zu verleihen, somit die Selbstkompetenz der Lernenden wie Lehrenden wachsen lässt und Schulkultur ausbaut.

→ indem es **Lernen durch Meta-Kommunikation und -kognition** fordert, um auf den Kreislauf des Lernens mittels Reflexion hinzuschauen. Die Meta-Ebene ist in der Erwachsenenbildung unabkömmlich und das Fundament eines professionellen Geschehens: Die Handlungskompetenz wird fortwährend durch Reflexion der situativen Handlung erweitert. Die Vielfalt der Reflexions- und Evaluationsmethoden sind individuell und umfänglich in der Ausbildung erfahrbar und damit für die berufliche Entwicklung verfügbar zu machen. Im Rahmen der Entwicklungsorientierung spricht der länderübergreifende Lehrplan (S. 15) davon, dass „Unterrichtsprozesse im Sinne der doppelten Vermittlungspraxis so zu gestalten [sind], dass die angewandten Lehr-/Lernformen auch in der Berufspraxis der späteren sozialpädagogischen Fachkräfte mit dem Ziel eingesetzt werden, die Erziehung zur eigenverantwortlichen und gemeinschaftsfähigen Persönlichkeit der jeweiligen Adressaten zu fördern".

Der länderübergreifende Lehrplan Erzieher/-in (2012, S.16) fasst zusammen: „Professionelle Haltung wird in einem komplexen Lernprozess erworben, der wachsende fachliche Expertise mit biografischen und persönlichen Merkmalen von Berufsverständnis, Berufshaltung und Berufsbewältigung verbindet. Sie bezieht sich einerseits auf ein handlungsleitendes professionelles Rollen- und Selbstverständnis im Sinne eines Habitus, anderseits auf die sich in Ausbildung und Beruf beständig weiterentwickelnde Persönlichkeit der pädagogischen Fachkraft.

Eine solche professionelle Haltung wird durch biografische Selbstreflexion sowie durch die Fertigkeit zur systematischen und methodisch fundierten Reflexion der pädagogischen Handlungspraxis im Prozess der Ausbildung entwickelt und gefestigt. Ihre Entwicklung ist auf kontextbezogene praktische Erfahrungen und auf ein systematisiertes Lernen angewiesen. In einem dialogischen Prozess an beiden Lernorten werden fachliches Wissen und Fertigkeiten und personale Eigenschaften wie Übernahme von Verantwortung, Selbstständigkeit und Selbstreflexivität weiterentwickelt".

Die Erwartungen an die **auszubildenden Erzieherinnen und Erzieher** sind ausnehmend hoch. Das liegt nicht zuletzt an der anspruchsvollen und verantwortlichen Tätigkeit im angestrebten Beruf.

Denselben Ansprüchen und Maßgaben unterliegen **Lehrkräfte**, die in der Verantwortung der Ausbildung stehen:

- Neben der fachinhaltlichen brauchen sie die **didaktische Kompetenz**. Die Arbeit mit der Klasse im Sinne eines reflexiven Klassenmanagements ist nicht weniger wichtig als der fachtheoretische Unterricht, denn das eine geht nicht ohne das andere.
- Klassenlehrkräfte sollten deshalb eine grundlegende **Fortbildung** zum Klassenmanagement sowie den Methoden sozialer Gruppenarbeit erfahren dürfen.
- Eine Klassenführung im **Lehrertandem** ist hilfreich, weil ein kollegialer Austausch die Reflexion der Prozesse erleichtert, Aufgaben kooperativ und/oder arbeitsteilig geleistet werden können.
- **Reflexionsbögen, Checklisten u. Ä**. sind günstige Mittel zur Entwicklung der Wahrnehmung von Klassenmanagement relevanten Faktoren sowie der Optimierung von eigenen wirksamen Handlungsmöglichkeiten.
- Neben der Qualifikation zum Klassenmanagement braucht dieses vor allem auch ein **Zeitkontingent**. Zwar verbinden sich im schulischen Alltag Unterricht und Klassenmanagement häufig, dennoch ist ein sicher verfügbares Zeitfenster unabdingbar für eine kontinuierliche Reflexion und Gestaltung von Klassenleben mit unterschiedlichen Methoden.

Durch eine gelungene Lehre im Sinne eines konstruktivistischen Bildungsverständnisses in Verbund mit der bewussten Arbeit auf der Meta-Ebene potenziert sich, bestenfalls steigt die Qualität der Erziehungs- und Bildungsarbeit in den Kinderkrippen, Kindergärten, Ganztagesschulen, Jugendzentren - also in allen Wirkstätten von Erziehung und Bildung.

METHODE INKLUSION
Inklusion in der Berufsausbildung in sozialpädagogischen Arbeitsfeldern

Ein Plädoyer für Unterstützung

Sieh nicht meine Behinderung als das Problem.

Erkenne, dass meine Behinderung eine Eigenschaft ist.

Sieh nicht meine Behinderung als ein Defizit.

Du bist es, der mich als abweichend
und hilflos sieht.

Versuche mich nicht zu reparieren,
da ich nicht kaputt bin.

Unterstütze mich.

Ich kann meinen Beitrag zur Gemeinschaft
auf meine Weise leisten.

Sieh mich nicht als Dein Klient.

Ich bin Dein Mitbürger.
Sieh mich als Dein Nachbar.

Bedenke, niemand von uns kann
ohne andere leben.

Versuche nicht, mein Verhalten zu verändern.

Sei ruhig und höre zu.

Was du als unangemessen definierst,
mag mein Versuch sein, mit Dir zu kommunizieren,
in der einzigen mir zur Verfügung stehenden Weise.

Versuche mich nicht zu ändern,
Du hast kein Recht.

Hilf mir zu lernen, was ich lernen will.

Verstecke nicht Deine Unsicherheit hinter
„professioneller" Distanz.

Sei ein Mensch, der zuhört und nicht
mir meine Kämpfe abnimmt im Versuch,
alles besser zu machen.

Benutze keine Theorien und Strategien an mir.

Sei mit mir.
Und wenn wir miteinander ringen,
lasse dies unsere Selbsterkenntnis wachsen.

Ich habe ein Recht auf meine Selbstbestimmung
als eine eigenständige Person.

Was Du Nichtgehorsam oder Manipulation nennst,
mag der einzige Weg sein, wie ich etwas Kontrolle über
mein Leben gewinnen kann.

Hilf mir nicht, selbst wenn es Dir hilft,
Dich gut zu fühlen.

Frage mich, ob ich Deine Hilfe brauche.

Lasse mich Dir zeigen,
wie Du mir am besten assistieren kannst.

Bewundere mich nicht.

Das Bedürfnis, ein ausgefülltes Leben zu leben,

rechtfertigt keine Bewunderung.

Respektiere mich,
da Respekt auf Fairness basiert.

Befehle, korrigiere und führe nicht.

Höre zu, unterstütze und folge.

Arbeite nicht an mir. Arbeite mit mir.

Bringe mir nicht bei, gehorsam,
unterwürfig und höflich zu sein.

Ich muss das Recht haben, nein zu sagen,
wenn ich mich schützen will.

Sei nicht wohltätig zu mir.

Sei mein Verbündeter gegen jene,
die mich für ihre eigene Bestätigung ausnutzen.

Versuche nicht, mein Freund zu sein.
Ich verdiene mehr als das.

Lerne mich kennen.

Wir könnten Freunde werden

(Verfasser unbekannt)

(in: Impuls Zeitung der BAG UB Bundesarbeitsgemeinschaft für Unterstützte Beschäftigung 1998, H.7/8, 56 ff.

Anlage auf CD-ROM

Auf der CD befindet sich eine Präsentationsdatei für den Unterricht „Inklusive Berufsausbildung in sozialpädagogischen Arbeitsfeldern" (22 Folien).

Inklusive Arbeit in der Ausbildung zur/zum Kinderpfleger/-in oder Sozialassistent/-in

Einführung

Die Schüler/-innen und Studierenden sozialpädagogischer Schulen haben bereits in der beruflichen Ausbildung in verschiedenen Praktikumseinrichtungen Kontakt mit Kindern und Jugendlichen mit Behinderung. Ein etabliertes Arbeitsfeld ist die Arbeit in Einrichtungen für Menschen mit Behinderung. Ziel ist es also, die zukünftigen pädagogischen Fachkräfte mit ihren fachlichen und methodischen Kompetenzen, vor allem aber auch ihren personalen und sozialen Kompetenzen auf dieses Tätigkeitsfeld vorzubereiten. **Damit wird die Bedeutung inklusiver Pädagogik auch in der sozialberuflichen Ausbildung notwendig**.

Für professionelles Handeln ist es wichtig, dass Schüler/-innen und Studierende schon früh die *Selbstverständlichkeit* der Teilhabe von Menschen mit besonderen Bedürfnissen in gesellschaftlichen Räumen erleben. Werte, wie Respekt, Toleranz und Wertschätzung werden bereits in der Ausbildung erfahren und verinnerlicht. Der Prozess zum professionellen Handeln trägt zum Gelingen des sprichwörtlichen „Einschlusses" bei.

Der Inklusionsprozess an der beruflichen Schule ist derzeit meist eine Individualinklusion. Um keine Sonderstellung zu etablieren, ist es günstig, wenn mehrere Inklusionsschüler/-innen in der Klasse oder/und an der Schule sind. Damit ist ein vielfältigerer Umgang der Schüler/-innen untereinander gewährleistet.

Ziele

Ziel ist zunächst eine Berufsorientierung der Inklusionsschüler/-innen, die sich ggf. auch zu einer weiterführenden berufsbildenden Maßnahme entwickeln kann. Die Agentur für Arbeit finanziert

- *berufsvorbereitende Bildungsmaßnahmen* (BvB), die von Berufsschulen zur sonderpädagogischen Förderung begleitet werden, sowie die verschiedenen Formen der Berufsvorbereitungsjahre:
- *Berufsvorbereitungsjahr* (BVJ) nach §4 BBiG,
- *Arbeitsqualifizierungsjahr* (AQJ) für Jugendliche, die voraussichtlich einer Ausbildung nicht gewachsen sind, aber einfache berufliche Tätigkeiten auf dem ersten Arbeitsmarkt verrichten können und in der Lage sind, ihr Leben selbstständig zu bewältigen (§9 Abs. 1 Satz 2 Nr. 2 BSO-F) (nach StMUK 2016, S. 66).

Ziel könnte es auch sein, sich als berufliche Schule um den *Jakob-Muth-Preis für inklusive Schulen* unter der Trägerschaft der Bertelsmann-Stiftung (*www.jakobmuthpreis.de*) zu bewerben und damit der Schule ein weiteres Profil zu verleihen und finanzielle Unterstützung zu haben.

Stand der Inklusion in beruflicher Bildung

Inklusive Arbeit in der beruflichen Ausbildung ist aktuell eine „Pionierleistung". Das bestätigen verschiedene kompetente Kooperationspartner: Praktizierte Inklusion geschieht bislang schwerpunktmäßig an Grundschulen. Inklusion in der beruflichen Bildung findet reduziert, d.h. bezogen auf einzelne „Helferberufe" in speziellen beruflichen Tätigkeitsbereichen wie in der Gastronomie, der Landwirtschaft, im Gartenbau u.Ä. statt.

Dennoch besteht auf verschiedenen Ebenen und durch unterschiedliche Gremien bei mehreren Trägern das Interesse, die UN-Behindertenrechtskonvention umzusetzen und vor allem auch die *berufliche Inklusion* voranzubringen.

Regional gibt es unterschiedliche Bemühungen zur Teilhabe von Menschen mit Beeinträchtigungen am Arbeitsmarkt. Oft sind es unterschiedliche Kooperationen aus den Bereichen Arbeitsagenturen, Landratsämter, Bezirksbehörden, Behindertenwerkstätten u.a.

An Schulbehörden etablierten sich in den vergangenen Jahren ebenfalls **Inklusionsbeauftragte**, die oftmals mit ihrem fachkundigen Wissen einen internen Inklusionsprozess beratend begleiten und mit den einschlägigen Netzwerken Kooperationen vermitteln können. Auch wissenschaftliche Beratung über entsprechende Fachliteratur oder sogar vereinzelt Beratungsgespräche bzw. Fachvorträge (z.B. Frau Prof. Dr. Schöler von der TU Berlin) können eingeholt werden.

Immer sollte mit dem regionalen **Mobilen Sonderpädagogischen Dienst (MSD)** zusammengearbeitet werden. Dort stehen in der Regel erfahrene Sonderpädagogen/-pädagoginnen zur Verfügung. Sie können vor allem den fachspezifischen Anteil in die Schule einbringen.

An der inklusiven Sozialpädagogik-Schule

In der sozialpädagogischen Ausbildung wird die fachpraktische Ausbildung immer in der Kooperation mit vielfältigen Bildungseinrichtungen *im Umfeld* der ausbildenden Schule mitgetragen (Kita, sonderpädagogische Einrichtungen und deren Fachpersonal u.Ä.).

Sinnvoll ist es, eine Vernetzung verschiedenster qualifizierter Fachkräfte an oder im nahen Umfeld der Inklusionsschule zu erreichen. **Fachdienste** sind hier ebenso bedeutsam wie Beratung mit **Therapeuten,** z.B. Logopäden, Physiotherapeuten, je nach Art der Beeinträchtigung der Inklusionsschüler/-innen. Vor allem **Sonderpädagogen** ins Lehrerkollegium zu integrieren, schafft eine wichtige Perspektive auf den Inklusionsprozess.

Ziel ist, ein multidisziplinäres Kollegium zu haben, wo eben verschiedene Fachperspektiven den Inklusionsprozess für alle begleitenden Kollegen zur Win-Win-Situation werden lassen. Das Kollegium braucht intern eine fundamentale Verbindlichkeit darüber, einen offenen, unberechenbaren und wenig vorbereiteten Weg der Inklusion zu gehen.
Unerlässlich ist vor allem eine **fachkundige Unterrichtsbegleitung**, die die Unterrichtsstunden je nach Bedarf des Inklusionsschülers individuell begleitet: Da ist es vielleicht notwendig, in Einzelarbeit Unterrichtsinhalte zu erörtern oder die Teamarbeit mit anderen Schülern und Schülerinnen zu begleiten.
Wichtig ist, dass nicht im Rahmen von Inklusion im Alltag Separation entsteht, weil der/die zu inkludierende Schüler/-in sich durchgehend in einer Einzelbegleitung wiederfindet. Das wäre dem Gesamtziel nicht zuträglich. Nur unter der Führung einer engagierten **Schulleitung**, die sich auf einen solchen Prozess einlässt und dafür bereit ist, zu ringen, wird längerfristig Inklusion erstarken können.

Rahmenbedingungen

Fortbildungen zum Thema Inklusion, der fachliche Austausch mit anderen Schulen und Schulträgern sind wertvolle und stützende Maßnahmen. Selbstverständlich braucht es für die Kollegen, die den Inklusionsprozess tragen und/oder begleiten, ein angemessenes Stundendeputat. Kostenübernahme seitens der Trägerschaft für räumliche Ausstattung oder Umbauten sind ebenso frühzeitig abzuklären. Erfahrungsgemäß schieben die Kostenträger gern die Verantwortung hierfür von einem zum anderen nach dem Motto „Inklusion: ja, selbstverständlich – bezahlen dafür: nein, danke“.

In der Inklusionsklasse – Mitschüler und Didaktik

Insbesondere die **Mitschüler/-innen/Studierenden** in der Inklusionsklasse brauchen Zeit, in der sie gemeinsam mit fachkundigen Menschen, die den Inklusionsprozess begleiten, im Austausch sind: Oftmals fehlen jegliches Wissen und jegliche Vorerfahrungen zu Themen wie Behinderung, Integration oder Inklusion. Zunächst ist eine umfängliche und *fachliche Information* zu verschiedenen Behinderungsarten, deren Entstehung und Auswirkungen auf das Leben der Menschen nötig. Dann erst kann im Kontext von *Klassenmanagement* eine den Inklusionsprozess begleitende und den Bedürfnissen der Schüler/-innen angemessene Arbeit beginnen, die Erfahrungen im alltäglichen wie schulischen Leben erschließt, z. B. Kommunikationsformen, Umgang mit Regeln für alle, Diversität als Chance.
Erfahrungsgemäß lassen sich die Wahrnehmung und Umsetzung von Diversität im Alltag nur zögerlich als positive Erfahrung implementieren: Ja, wir sind unterschiedlich und dennoch wird eine ungleiche Behandlung oder Umsetzung von Vereinbarungen als „ungerecht“ empfunden.
Auch im Unterricht lassen sich Aufgabenstellungen in einer Inklusionsklasse anpassen, z. B. *Beobachtungsrundgang* durch das Schulgebäude (s. S. 205) – modifiziert in der Rolle als Mensch mit einer Sinnesbeeinträchtigung oder einer körperlichen Einschränkung.
Vor allem die **Didaktik des Unterrichts** ist entsprechend einem kompetenzorientierten Geschehen auszurichten: Unterrichtssequenzen, die Schüler/-innen in ihren Kompetenzen umfänglich berücksichtigt, lassen wie selbstverständlich Menschen mit verschiedenen Beeinträchtigungen bzw. Bedürfnissen mitarbeiten und ihren eigenen, individuellen Bildungsweg konstruieren. Bei vielfältigen kollegialen Angeboten oder bei Teamarbeiten werden neben den fachlichen eben auch personale und soziale Kompetenzen erworben: Ein Gewinn für alle Schüler/-innen in der Klasse. Die persönlichen Erfahrungen mit „verschiedenen Menschen“ sind durch nichts anderes zu ersetzen. Heterogenität wird so zunehmend zur gelebten Wirklichkeit.
Und: Inklusives Lehren und Lernen geschieht neben einem Lernen durch Lehren (lehrerzentrierte Sequenzen) auch mit *Methoden der Selbstbildung* wie vorbereiteter Lernumgebung, Impulsen durch Raum und Material sowie ko-konstruktiver Lernbegleitung inkl. lehrreicher Interaktionen zwischen den Schülern (vgl. selbst organisiertes Lernen/SOL, lehrerunabhängige Selbstkontrolle, individualisiertes Lernen, Lernen im Team, Klassenmanagement u. Ä.).
Insgesamt wird ein inklusives Bildungsverständnis zum Motor von Schulentwicklungsprozessen: Ein konstruktivistisches Bildungsgeschehen macht mittels gelebter Vielfalt und einer entsprechenden kompetenzorientierten Didaktik Schule.

Fazit

Die inklusive Arbeit in der sozialpädagogischen Erstausbildung bringt nicht nur die Inklusionsschüler/-innen voran, sie ist ein Erfahrungsschatz für alle Schüler/-innen/Studierenden an der Schule. Inklusion wird zur Basis für einen erwachsenengerechten, aktiven, selbstbestimmten und individualisierten Unterricht und damit zum Antrieb für Unterrichtsentwicklung.
Die fachliche Ausbildung an den Fachschulen gewinnt durch das Vorankommen in der Umsetzung eines kompetenzorientierten Unterrichts auf der Basis vielfältiger und grundlegender reflektorischer Erfahrungen innerhalb des Klassenmanagements. Über die Umsetzung von Inklusion kann die Schule ein erweitertes Profil in der Außenwirkung erlangen. Außerdem gelingt aus der Ausbildung heraus eine hilfreiche Kooperation mit Praxisstellen, die gleichsam den Weg beeinträchtigter Menschen in den Arbeitsmarkt bahnen kann.
Und bedenken wir die Worte von Raul Krauthausen: Wir alle sind nur eine kurze Zeit unseres Lebens ohne Einschränkungen! Also, wir alle gewinnen!

Organigramm zur Inklusionsbegleitung

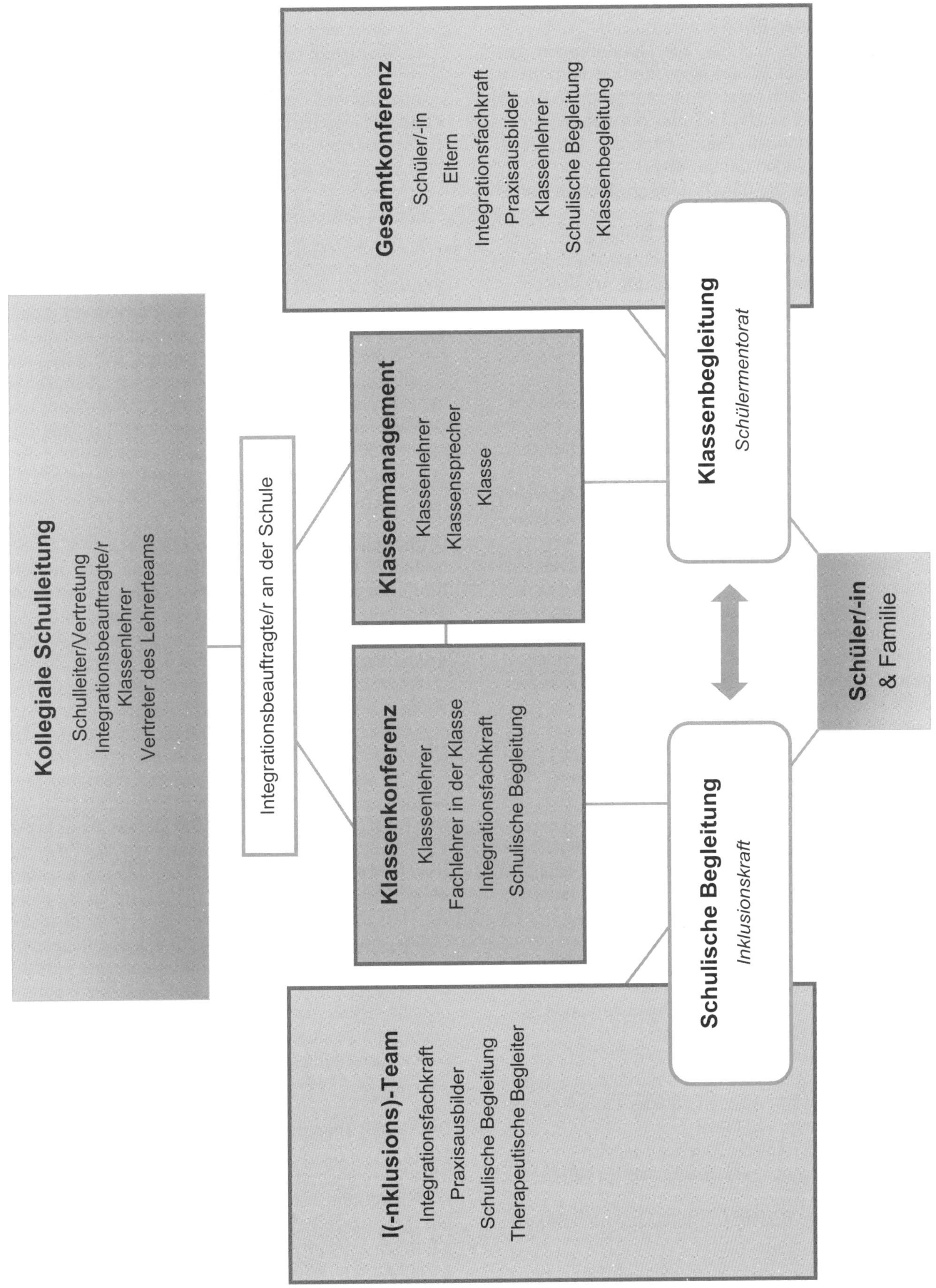

Die Grundlagen inklusiver Arbeit

Art. 3 (3) Grundgesetz i. V. m. §10 SGB I Sozialgesetzbuch Erstes Buch
Teilhabe sind die Summe aller Maßnahmen zur Eingliederung oder Wiedereingliederung körperlich, geistig oder seelisch behinderter Menschen in Arbeit, Beruf und Gesellschaft: Teilhabe am Leben in der Gesellschaft. (Hannes Bader, Agentur für Arbeit Kempten-Memmingen, 20.03.2017)
§ 5 SGB IX – zur schulisch-pädagogischen Teilhabe
... die üblicherweise erreichbare Bildung soll auch behinderten Kindern und Jugendlichen ermöglicht werden. (Hannes Bader, Agentur für Arbeit Kempten- Memmingen, 20.03.2017)

– – –

UN-Behindertenrechtskonvention
Am 13. Dezember 2006 verabschiedete die UN-Generalversammlung das Übereinkommen über die Rechte von Menschen mit Behinderungen. Seit dem 26. März **2009 gilt die UN-Behindertenrechtskonvention in Deutschland**. Bis auf wenige Ausnahmen wurde sie von allen europäischen Ländern unterzeichnet.
Die Konvention **verpflichtet** die Vertragsstaaten, Menschen mit Behinderungen in allen Bereichen des täglichen Lebens eine gleichberechtigte Teilhabe zu ermöglichen: Hierzu zählen unabhängige Lebensführung, Arbeit, Gesundheit und Mobilität sowie Zugang zu Information und Kommunikation, Justiz und **Bildung**.
In Art. 24 (1) **Bildung** ...
anerkennen die Vertragsstaaten das **Recht von Menschen mit Behinderungen auf Bildung.** Um dieses Recht ohne Diskriminierung und auf der Grundlage der Chancengleichheit zu verwirklichen, gewährleisten die Vertragsstaaten ein integratives Bildungssystem auf allen Ebenen und lebenslanges Lernen mit dem Ziel,

a) die menschlichen Möglichkeiten sowie das Bewusstsein der Würde und das Selbstwertgefühl des Menschen voll zur Entfaltung zu bringen und die Achtung vor den Menschenrechten, den Grundfreiheiten und der menschlichen Vielfalt zu stärken;
b) Menschen mit Behinderungen ihre Persönlichkeit, ihre Begabungen und ihre Kreativität sowie ihre geistigen und körperlichen Fähigkeiten voll zur Entfaltung bringen zu lassen;
c) Menschen mit Behinderungen zur wirklichen Teilhabe an einer freien Gesellschaft zu befähigen.

In Artikel 24 der Konvention heißt es zum Bereich Bildung:

- „Die Vertragsstaaten anerkennen das Recht von Menschen mit Behinderungen auf Bildung.
- Um dieses Recht ohne Diskriminierung und auf der Grundlage der Chancengleichheit zu verwirklichen, gewährleisten die Vertragsstaaten ein inklusives Bildungssystem auf allen Ebenen und lebenslanges Lernen (...)".
- Für Schulen und Pädagogen ist die UN-Konvention eine Herausforderung, aber auch die Chance, gemeinsam mit allen Beteiligten ein Schulsystem zu etablieren, das den Anforderungen an eine „Schule für alle" gerecht wird.

– – –

Schulen mit dem Schulprofil „Inklusion" (Art. 30b Abs. 3 BayEUG; als regionales Beispiel)
Schulen mit dem Schulprofil „Inklusion" setzen auf der Grundlage einer gemeinsamen Bildungs- und Erziehungskonzeption in Unterricht und Schulleben individuelle Förderung für alle Schülerinnen und Schüler um. Lehrkräfte der allgemeinen Schule und sonderpädagogische Fachkräfte gestalten in Kooperation den Unterricht.

– – –

Christliche Leitbilder
Inklusive Bildung von jungen Menschen mit Behinderungen in Katholischen Schulen in freier Trägerschaft – *Empfehlung der Kommission für Erziehung und Schule der Deutschen Bischofskonferenz*
(Zusammenfassung) Die Ermöglichung einer umfassenden und gleichberechtigten Teilhabe von Menschen mit Behinderungen an den Vollzügen der Gesellschaft ist ein wichtiges Anliegen der Kirche. Eine gewisse Schlüsselfunktion kommt dabei dem Zugang zum gesellschaftlichen Bildungssystem zu. Die Träger Katholischer Schulen stehen daher in der Verantwortung, die von der UN-Konvention über die Rechte von Menschen mit Behinderungen angestoßene Weiterentwicklung des Schulsystems im Sinne von Barrierefreiheit und Inklusion aktiv mit zu gestalten. Dabei sind sie dem Ziel verpflichtet, jedem einzelnen jungen Menschen im Einvernehmen mit dessen Eltern die für ihn bestmöglichen Bildungsangebote bereitzustellen.
(www.katholische-schulen.de/Portals/0/PDF/DBK_Dokumente/DBK_Inklusiv.pdf)

– – –

Der länderübergreifende Lehrplan Erzieher/in (2012)
Für die Ausbildung zur sozialpädagogischen Fachkraft liegt seit 2013 der kompetenzorientierte Lehrplan zugrunde. In diesem erscheint Inklusion als sogenannte Querschnittsaufgabe zukünftiger Pädagoginnen und Pädagogen. Diese Aufgabe(n) haben „in der Ausbildung sozialpädagogischer Fachkräfte –

unabhängig von der Tätigkeit in den verschiedenen Arbeitsfeldern – besondere Bedeutung“ (LP, Seite 9). „Das Konzept der Inklusion wird im Sinne des Verstehens von Verschiedenheit (Heterogenität) als Selbstverständlichkeit und Chance verstanden. Inklusion berücksichtigt zahlreiche Dimensionen von Heterogenität: geistige oder körperliche Möglichkeiten und Einschränkungen, soziale Herkunft, Geschlechterrollen, kulturelle, sprachliche und ethnische Hintergründe, sexuelle Orientierung, politische oder religiöse Über-zeugung. Diversität bildet den Ausgangspunkt für die Planung pädagogischer Prozesse.“

Zusätzlich wird verwiesen auf die Bayerischen Leitlinien für die Bildung und Erziehung von Kindern bis zum Ende der Grundschulzeit, Bayerisches Staatsministerium für Arbeit und Sozialordnung, Familie und Frauen, Bayerisches Staatsministerium für Unterricht und Kultus, (München 2012, S. 9). Darin wird Inklusion als „Pädagogik der Vielfalt“ für Kinder im Grundschulalter gefordert. Die dort verankerten Inhalte haben umfängliche Gültigkeit für jeglichen Bildungsauftrag, auch an den beruflichen Schulen:

„An Bildungsorten treffen sich Kinder, die sich in vielen Aspekten unterscheiden, z. B. im Hinblick auf Alter, Geschlecht, Stärken und Interessen, Lern- und Entwicklungstempo, spezifischen Lern-und Unterstützungsbedarf sowie ihren kulturellen oder sozioökonomischen Hintergrund.

Inklusion als gesellschafts-, sozial- und bildungspolitische Leitidee lehnt Segregation anhand bestimmter Merkmale ab. Sie zielt ab auf eine Lebenswelt ohne Ausgrenzung und begreift Diversität bzw. Heterogenität als Normalfall, Bereicherung und Bildungschance. Für Kinder mit Behinderungen betont sie das Recht auf gemeinsame Bildung; bei der Entscheidung über den Bildungsort, die in der Verantwortung der Eltern liegt, steht das Wohl des Kindes im Vordergrund.

Eine an den individuellen Bedürfnissen ausgerichtete Bildungsbegleitung, die sich durch multiprofessionelle Teams und multiprofessionelles Zusammenwirken verschiedener Bildungseinrichtungen realisiert, sichert Bildungsgerechtigkeit.

Auch Differenzierungsangebote und der bewusste Wechsel zwischen heterogenen und homogenen Gruppen tragen dazu bei. Partizipation und Ko-Konstruktion bieten einen optimalen Rahmen, in dem sich die Potenziale einer heterogenen Lerngruppe entfalten können.“

Verbindet man die Aussagen des Lehrplans über Inklusion mit denen der doppelten Vermittlungspraxis (S. 16) so wird klar: Inklusion in der sozialpädagogischen Ausbildung ist nicht nur möglich, sondern notwendig: „Unterrichtsprozesse sind im Sinne der doppelten Vermittlungspraxis so gestaltet, dass die Qualität von Lehr-/Lernformen und der Beziehungsgestaltung in die Berufspraxis transferiert werden.“

– – –

Auftrag und Leitbild katholischer Schulen (als individuelles Beispiel)

Jede Schule vergibt sich ihre Chance, wenn sie nicht alles daran setzt, mehr als purer Unterricht zu sein“ (Bischof Dr. Gebhard Fürst, 2007)

Katholische Schulen sind lebendige Orte einer diakonischen und missionarischen Kirche. In ihnen realisiert sich ein wichtiger Beitrag der Kirche für die moderne Gesellschaft. Als private Schulen unterbreiten sie jungen Menschen ein Bildungsangebot, das geprägt ist von einem dreifachen Prozess der Begegnung:

- Junge Menschen setzen sich mit den Phänomenen der sie umgebenden Welt auseinander, erwerben Wissen und entwickeln Deutekategorien auch aus der Perspektive des christlichen Glaubens;
- Sie erhalten Anregungen für die Entfaltung ihrer eigenen Persönlichkeit auf dem Hintergrund der von Gott geschenkten einzigartigen und unveräußerlichen Würde und
- Sie erhalten eine umfassende religiöse Bildung, die als Prinzip in den einzelnen Fächern den Unterricht mit bestimmt sowie die Gestaltung des Schullebens prägt.

Bildung ist mehr als Ausbildung und die Vermittlung von Kompetenzen für Beruf und Wettbewerb. Bildung ist ein ganzheitliches Geschehen, bei dem die Person als Individuum und als soziales Wesen mit ihren Talenten und Möglichkeiten im Zentrum steht.

Die Kirche als Träger hat hier die Aufgabe, sich für Menschen einzusetzen, Grundsätze für gelingende Bildungsprozesse junger Menschen zu formulieren und sie in Gesellschaft und Politik zu vertreten. Zugleich hat sie die Aufgabe, Menschenbilder und gesellschaftliche Mechanismen zu kritisieren, die den Einzelnen instrumentalisieren oder ihn überfordern.

Damit Kinder und Jugendliche eine faire Chance in der Gesellschaft bekommen, liegt das besondere Augenmerk Katholischer Schulen auf der Förderung einer ganzheitlichen Pädagogik (**Marchtaler Plan**), auf der Gestaltung einer helfenden Schulkultur (**Ganztagesschule**), sowie auf der Bemühung um die Kinder und Jugendlichen mit besonderem Förderbedarf (**Inklusion an Katholischen Schulen**).

www.schulstiftung.de/paedagogik/auftrag-katholischer-schulen

– – –

Grundordnung Katholische Schule in Bayern (als regionales Beispiel)

Das Fundament der Katholischen Schule

Fundament der Katholischen Schule sind das Evangelium und der Glaube an Jesus Christus. Als Teil der Kirche sieht die Katholische Schule die Weiter-

gabe des Glaubens insbesondere an die katholischen Schüler als eine ihrer wesentlichen Aufgaben. Dies erfordert von allen Lehrern und Erziehern eine persönliche und professionelle Haltung, die sich die Grundregeln dieser Aufgabe überzeugend zu Eigen macht. Das Evangelium stärkt die Schulgemeinschaft, das Gute in der Welt zu sehen, Veränderungsbedarf zu erkennen und Missstände zu überwinden. Die Kinder und Jugendlichen sollen zum Dialog mit Menschen unterschiedlicher Konfessionen, Religionen, Weltanschauungen und sozialer Schichten befähigt werden. Die kirchliche Ausrichtung ist kein zusätzliches Kennzeichen, sie ist vielmehr das spezifische Qualitätsmerkmal der Katholischen Schule.
(www.schulwerk-bayern.de/fileadmin/KSW/Grundlagentexte/Grundordnung_Kurzfassung.pdf)

– – –

Ein Schulleitbild (als individuelles Beispiel)
„Verantwortung lernen durch Verantwortung teilen"

- Unsere Ausbildungsstätte ist ein christlich geprägter Ort ganzheitlichen Lernens.
- Ein fundierter und zeitgemäßer Unterricht ist uns ein zentrales Anliegen.
- Die Studierenden und SchülerInnen gestalten ihren Bildungsweg aktiv mit.
- Unterricht, Praxis, Beratung und alternative Lernformen bilden ein aufeinander abgestimmtes Gesamtgefüge.
- Wir legen Wert auf vernetztes Lernen zwischen Schule und Praxis.
- Wir arbeiten im Team, bilden uns kontinuierlich fort und pflegen den fachlichen Austausch.
(www.faks-lindau.de)

Ebenen inklusiver, prozessorientierter Arbeit

Inklusive Arbeit findet auf verschiedenen Ebenen und mit unterschiedlichen Partnern statt, s. dazu auch die folgenden Seiten mit Material.

Konzeptionelle Arbeit

Die Rahmenbedingungen für die Inklusionsarbeit werden in konzeptionellen Grundlagen veranlagt (institutionelle Ebene).

- Organigramm (s. S. 253) Es regelt strukturelle Zuständigkeiten und Verbindlichkeiten, macht Kommunikationsprozesse transparent.
- Entwicklung von Strukturpapieren (s. S. 258) zur intentionalen Gestaltung des didaktischen Prozesses.

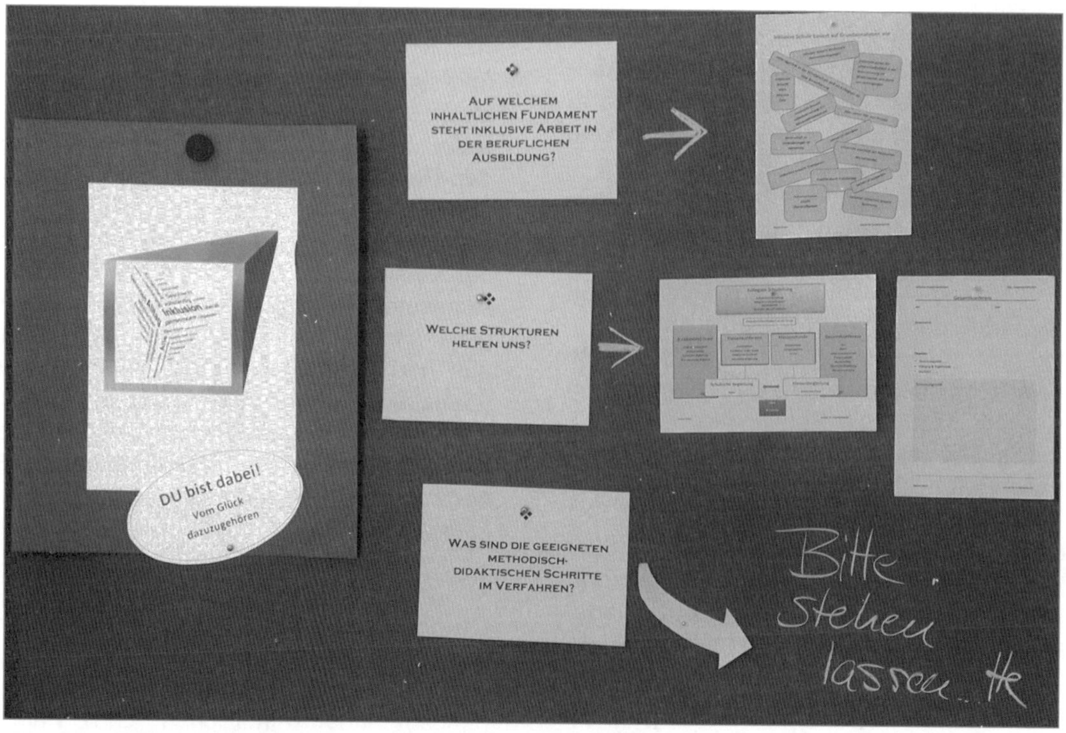

Grundlagen inklusiver Arbeit an der Schule für Erzieherberufe

Didaktische Arbeit

Didaktische Arbeit findet täglich im Unterricht (fachliche Ebene) mit der Inklusionsklasse und der/dem Inklusionsschüler/-in (individuelle Ebene) statt. Sie bedarf eines reflektierten Vorgehens:

- Zielorientierte und koordinierte Vorbereitung/Reflexion des Unterrichts
- individuelle Unterrichtsbegleitung des/der Inklusionsschüler/-in
- Schülerbesprechungen, auch aber nicht nur für den/die Inklusionsschüler/-in
- Erstellen von fachzentrierten Lernentwicklungsberichten (einzelne Fachkollegen) (***Anlage 3***)
- Erstellen von fächerübergreifenden Kompetenzentwicklungsplänen (kollegiales Team) (***Anlage 4***)
- Fortbildungen für das Gesamtkollegium
- prozessorientierte Begleitung der Inklusionsklasse in Klassenstunden: Klassenmanagement, Schülermentorate (***Anlage 7***) u.v.m.
- Gestaltung der Lernumgebung mit verschiedenen Lernräumen unter Berücksichtigung besonderer Bedürfnisse: Ruhezonen, Raumteilverfahren, optimierte Nutzung von Fluren mit Sitzmöbeln u.Ä.

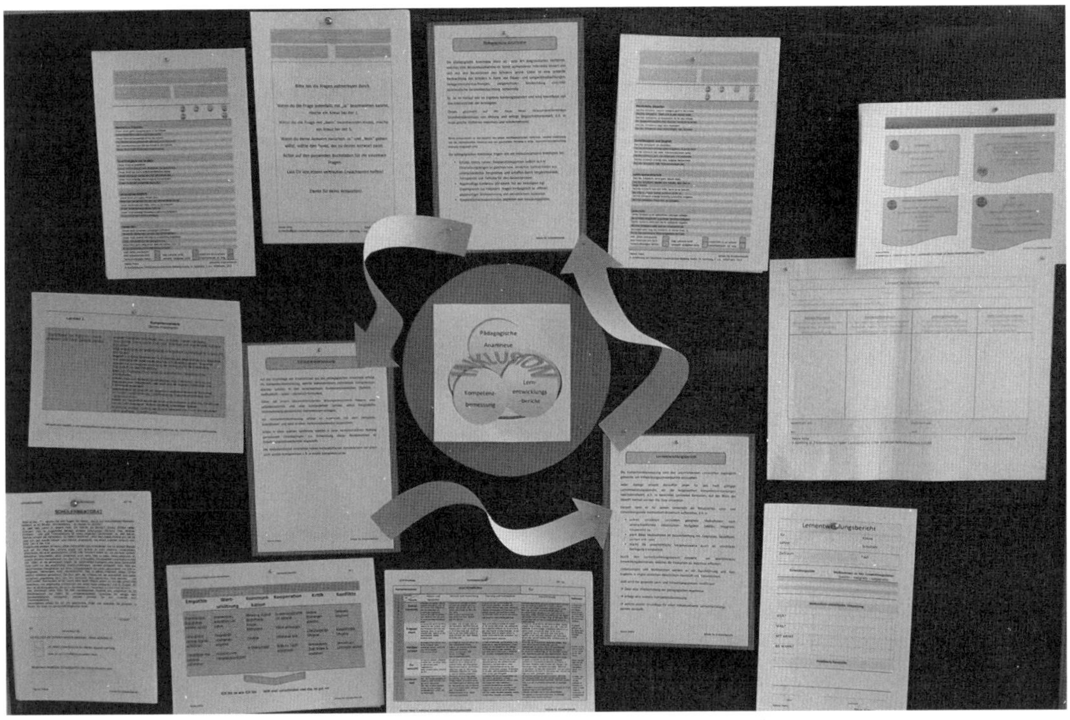

Pädagogisch-methodischer Prozess inklusiver Arbeit an der Schule für Erzieherberufe

Kooperative Arbeit

Die Vernetzung verschiedenster Kompetenzen macht die Arbeit wertvoll. Da gibt es sonderpädagogische Perspektiven, individuelle oder fachdidaktische. Deshalb braucht es eine vielfältige Kooperation mit Eltern, Kollegen, Fachdiensten, Inklusionsbeauftragten, Inklusionsspezialisten, Bildungsträgern, Ausbildungsstellen in der Praxis, Finanzträgern u.a., durch:

- regelmäßige Gesamtkonferenzen (individuelle Ebene)
- regelmäßige Elterngespräche (individuelle Ebene) z. B. in Sprechzeiten, Hausbesuche u.Ä.
- regelmäßige Teamgespräche des Inklusionsteams (fachliche Ebene)
- Austausch mit Fachdiensten (z. B. MSD)
- Praxiskooperationen (Kindergarten, Erlebnisbauernhof, Behinderteneinrichtungen u.a.)
- Öffentlichkeitsarbeit (z. B. Projekte, Tag der offenen Tür).

Inklusion – der methodische Prozess [Bezug Inklusionsschüler/-in]

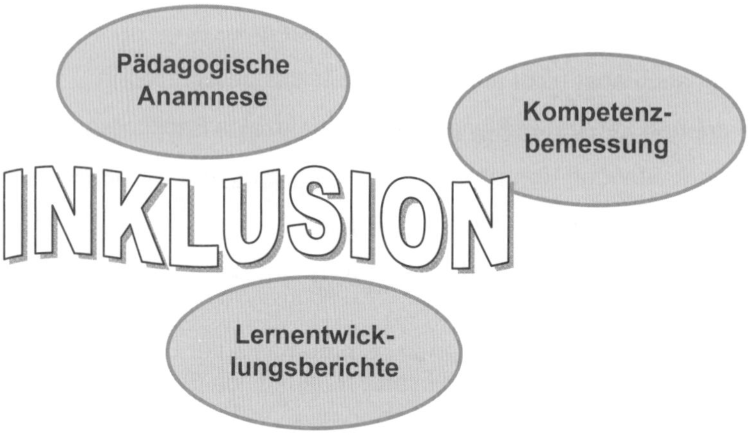

Inklusive Schule basiert auf Grundannahmen wie

Inklusion braucht strukturelle Rahmenbedingungen.

Alles Lernen lebt vom Prozess.

Lernen ist interaktiv.

Heterogenität in der Schülerschaft und im Kollegium ist eine Bereicherung.

Unterricht achtet die Unterschiedlichkeit in der Wahrnehmung von Wirklichkeiten und damit von Lernzugängen.

Unterricht braucht Transparenz.

Unterricht braucht klare inklusive Ziele.

Bereitschaft zu Veränderungen ist notwendig.

Unterricht braucht Individualisierung, d.h. Binnendifferenzierung

Inklusiver Unterricht braucht Systematik.

Qualität durch Evaluierung

Lernen ist kooperativ.

Unterricht orientiert sich Ressourcen des Lernenden.

Dokumentation schafft Überprüfbarkeit.

Pädagogische Anamnese

Die pädagogische Anamnese dient als eine Art diagnostisches Verfahren, das eine Bestandsaufnahme im Sinne vorhandener Potenziale eruiert und sich aus den Re-Aktionen des Schülers/der Schülerin speist. Dabei ist eine präsente Beobachtung des Lernenden in Form von Dauer- und Langzeitbeobachtungen, Gelegenheitsbeobachtungen, zielgerichteter Beobachtung und/oder systematische Kurzzeitbeobachtung notwendig.
Sie ist im Verlauf wie im Ergebnis kontextgebunden und wird beeinflusst von den Interaktionen der Beteiligten.
Dieses geschieht auf der Basis eines ressourcenorientierten Grundverständnisses von Bildung und erfolgt längsschnittorientiert, d.h., es nutzt gleiche Verfahren *mehrmals* und wiederkehrend.
Damit unterscheidet sie sich deutlich von einem testdiagnostischen Verfahren, das unabhängig von der institutionellen Situation und von geschultem Personal in einer Querschnittsuntersuchung *einmalig* festgestellt wird.
Zur pädagogischen Anamnese tragen alle am Inklusionsprozess Beteiligten bei:

- Schüler, Eltern, Lehrkräfte, Kooperationspartner äußern sich in Einschätzungsbögen (***Anlage x***) zu gleichen bzw. ähnlichen Sachverhalten aus unterschiedlicher Perspektive und schaffen damit Vergleichbarkeit, Transparenz und Teilhabe am Gesamtprozess.
- Regelmäßige Konferenz mit einem Teil der Beteiligten (s. Organigramm zur Inklusion, oben) tragen im Gespräch zu offener, gegenseitiger Wahrnehmung und persönlichem Austausch bei.
- Kooperationsklassenstunden begleiten den Inklusionsprozess.

Kompetenzbemessung

Auf der Grundlage der Erkenntnisse aus der pädagogischen Anamnese erfolgt die Kompetenzbemessung, die wahrnehmbare individuelle Kompetenzen des/der Schüler/-in in den verschiedenen Kompetenzbereichen (fachlich – methodisch – sozial – personal) formuliert. Dabei soll, einem konstruktivistischen Bildungsverständnis folgend, eine selbstbestimmte und vom kompetenten Schüler selbst festgestellte Wahrnehmung persönlicher Kompetenzen erfolgen.
Die Kompetenzbemessung erfolgt im Austausch mit dem Inklusionskoordinator und wird in einer Inklusionskonferenz besprochen. Schon in einer solchen Konferenz werden in einer ko-konstruktiven Haltung gemeinsam Überlegungen zur Entwicklung dieser Kompetenzen als Entwicklungsschwerpunkte angestellt.
Die Inklusionsklasse erarbeitet neben fachspezifischer Kompetenzen vor allem auch soziale Kompetenzen, z. B. in einem Kompetenzraster (s. S. 201).

Lernentwicklungsberichte

Die Kompetenzbemessung wird den unterrichtenden Lehrkräften zugänglich gemacht, um Entwicklungsschwerpunkte einzusehen.
Jede/r Kollege oder Kollegin erstellt daraufhin einen für das eigene Fach gültigen Lernentwicklungsbericht (***Anlage 3***), der die festgestellten Kompetenzerwartungen operationalisiert, d.h., in konkreten Lernzielen formuliert. Auf der Basis der SMART-Formel werden die Ziele umsetzbar.
Danach kann die Lehrkraft für den Unterricht die fokussierten Lern- und Entwicklungsziele methodisch-didaktisch aufbereiten, d.h. sie

- ordnet einzelnen Lernzielen geeignete Maßnahmen nach unterschiedlichen didaktischen Maßgaben (additiv, integrativ, kooperativ) zu,
- plant diese Maßnahmen im Zusammenhang mit Zielgruppe, Sozialform, Lernort und –zeit,
- macht die unterrichtliche Vorgehensweise durch die schriftliche Darlegung transparent.

Durch die Lernentwicklungsberichte entsteht ein operationales Entwicklungskonstrukt, das die Evaluation als Abschluss erfordert:
Zielsetzungen und Maßnahmen werden an der Durchführung und dem Ergebnis in engen zeitlichen Abschnitten überprüft und dokumentiert.
Jetzt wird der gesamte Lern- und Entwicklungsprozess modifiziert:

→ Über eine Wiederholung der pädagogischen Anamnese (***Anlage 1***)
→ erfolgt eine weitere Kompetenzbemessung,
→ die wieder Grundlage für individualisierte Lernentwicklungsberichte darstellt.
→ Die Erkenntnisse aus den Lernentwicklungsberichten in den einzelnen Fächern sind Grundlage für eine Kompetenzentwicklungsplanung (***Anlagen 4 ff.***) im Team.

Kompetenzentwicklungsplanung

S. ***Anlagen 4*** ff. Kompetenzentwicklung in inklusiver Arbeit, Seiten 273 ff.

Kooperative Kompetenzentwicklungsplanung – eine Teamaufgabe

„Es ist nicht nur der große Aufwand, der gegen die Erstellung von operationalisierten individuellen Förderplänen spricht, sondern es ist auch die Gefahr einer auf das Individuum zentrierten Durchführung, also einer das Individuum mehr oder weniger isolierenden Förderung.
Ein solcher ‚Ertrag´ von Förderplanarbeit würde wesentliche Ziele schulischer Integration konterkarieren.“
(Alfred Sander, in Mutzeck 2000, S. 26 f.)

Die Kompetenzentwicklungsplanung ermöglicht eine planvolle, strukturierte Vorgehensweise im fächerübergreifenden Kontext: Alle fokussieren dieselben Ziele und verdichten damit die Erfolgsaussichten in der Entwicklung von Kompetenzen:
Die Sicht auf die oder den Schüler/-in bzw. die Klasse wird aus verschiedenen Perspektiven beleuchtet, wahrnehmende Beobachtungen und Erlebnisse beschrieben und ausgetauscht, u.U. auch relativiert, Vorstellungen erweitert, Erfahrungen mitgeteilt. Es entsteht ein ganzheitlicher Blick auf die Personen und Situationen.
Ressourcen erschließen sich im gegenseitigen Austausch.
Ziele bezogen auf die ganzheitliche Entwicklung der Schüler/-innen werden operationalisiert, d.h. konkretisiert, nachprüfbar formuliert, aktualisiert, realisiert, ganzheitlich angelegt.
Auf dieser Basis organisiert das multiprofessionelle (Lehrkräfte, Lernbegleiter, Praxisausbilder u.a.) Team die Lernprozesse: Schwerpunkte in der Kompetenzentwicklung werden fächerübergreifend festgelegt, Lernbegleitung wird optimiert, soziale Arbeitsformen werden angelegt, eine Verbesserung der Rahmenbedingungen wird bedacht. Festgelegte zeitliche und räumliche Strukturen schaffen Transparenz für alle und erleichtern Kooperationen. Der Lernprozess wird übersichtlich und berechenbarer. Das schafft Sicherheit und Wohlbefinden für das Lernen. Die Kompetenzscheibe (Anlage 6) visualisiert für alle Kollegen die Kompetenzbemessung einer aktuellen, operationalen Zielsetzung für die betroffenen Fächer.
Schließlich ermöglicht ein reflektierender Rückblick neben der Lernzielkontrolle eine Entwicklung der Ziele in unterschiedlichen Kompetenzbereichen, legt die Basis für konstruktive Veränderungen bei den Lernzielen und hält somit den Inklusionsprozess im Fluss.

Anlage 1

Einschätzungsbögen zur pädagogischen Anamnese

Eine umfängliche pädagogische Anamnese ist der erste Schritt im Inklusionsprozess:

Sie dokumentiert zunächst den Ausgangspunkt, den Stand des/der Schülers, Schülerin oder Studierenden, deren Eltern und der Lehrkräfte, die den Inklusionsprozess im Unterricht mittragen.

Im Verlauf der Inklusion werden die Einschätzungsbögen wiederkehrend ausgefüllt und können so den Prozess abbilden, Entwicklung offensichtlich machen, Veränderungen verdeutlichen und immer wieder den Bezug herstellen zu den bereits gewonnenen Erkenntnissen der vorhergehenden Befragungen.

- Wichtig ist eine dem Inklusionsschüler angemessene Gestaltung des *Selbsteinschätzungsbogens*, um eine Bearbeitung möglichst selbsttätig zu ermöglichen: In der Vorlage wurde mit der Ankreuzmethode gearbeitet, das große Schriftbild erleichtert das Lesen, ggf. wird die Selbsteinschätzung z. B. von der Unterrichtsbegleitung unterstützt.
- Die *Einschätzungsbögen* für Eltern und Lehrkräfte hingegen können verdichtet Informationen abfragen.

Die Einschätzungsbögen werden auch als Grundlage für Kooperationen mit Fachdiensten, Elterngespräche, kollegialen Austausch, Inklusionskonferenzen und das Erstellen eines *Kompetenzentwicklungsplans* genutzt. Der Schutz persönlicher Daten ist zu berücksichtigen, werden solche z. B. mit externen Kooperationspartnern ausgetauscht.

(Materialien in Anlehnung an Christliche Gesamtschule-Bleiberg Quelle, in: Spielberg, S. u.a., Mühlheim 2015)

Selbsteinschätzungsbogen

Name: ______________________________ Datum: ______________________

Bitte lies die Fragen aufmerksam durch.

Wenn du die Frage mit „Ja“ beantworten kannst,
mache ein Kreuz bei der 1.

Wenn du die Frage mit „Nein“ beantworten musst,
mache ein Kreuz bei der 5.

Wenn du deine Antwort zwischen Ja“ und „Nein“ geben willst,
wähle den Punkt, der zu deiner Antwort passt.

Achte auf den passenden Buchstaben für die einzelnen Fragen.
Lass dir von einem vertrauten Erwachsenen helfen.

Danke für deine Antworten!

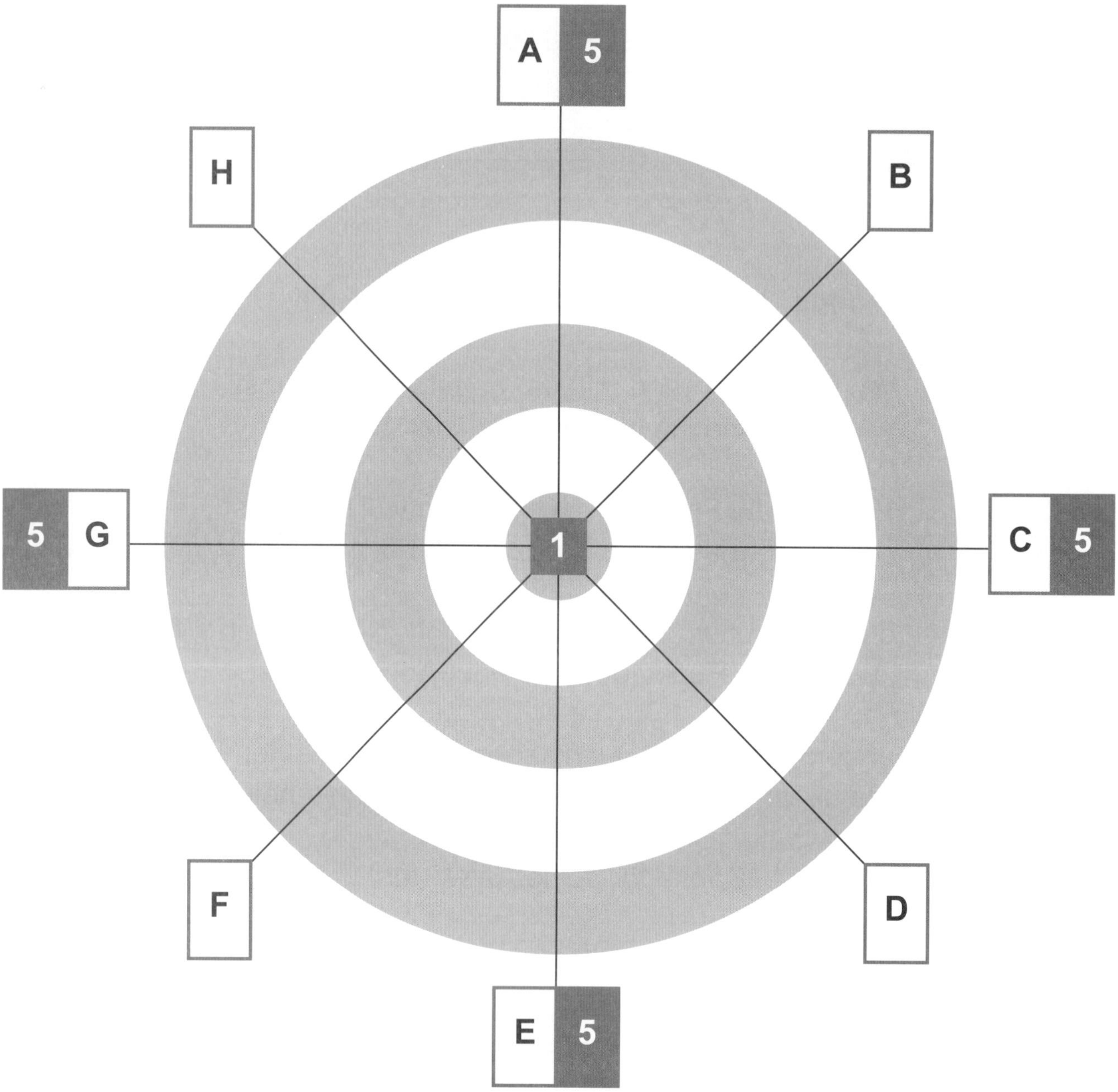

Persönliche Situation

- A Ich gehe gern in die Schule.
- B In meiner Klasse habe ich Freunde.
- C Ich bin körperlich fit für den Unterricht.
- D Ich komme mit den Anforderungen im Unterricht zurecht.
- E Ich setze mir konkrete Ziele.
- F Ich erreiche meine Ziele meistens.
- G Ich schaffe meine Aufgaben in angemessenem Zeitraum.
- H Wir sprechen zuhause über meine schulische Arbeit.

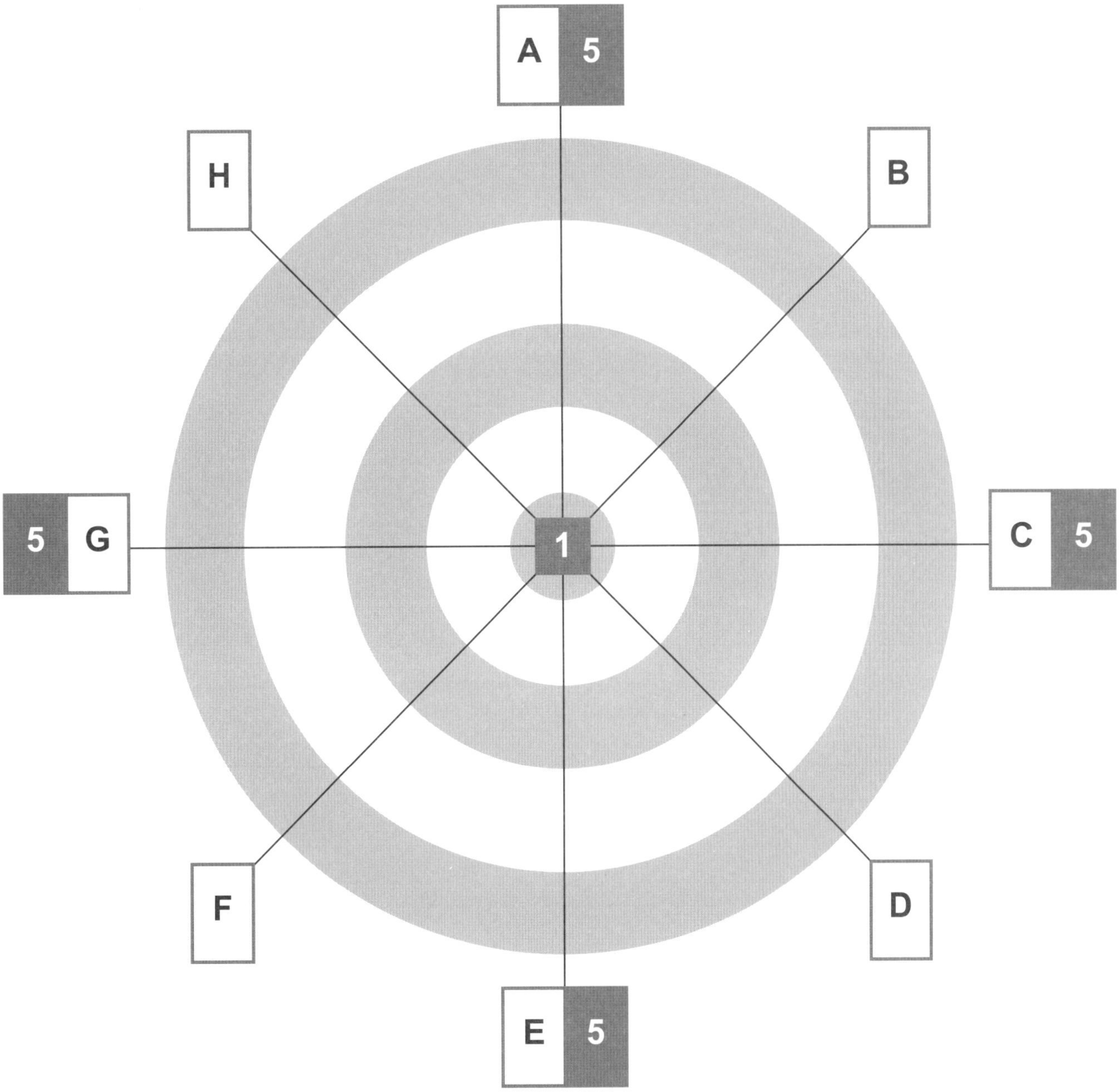

Unterricht und Lernen

- **A** Ich bin pünktlich im Unterricht.
- **B** Ich habe alles dabei, was ich für den Unterricht brauche.
- **C** Ich habe am Anfang des Unterrichts alles am Platz.
- **D** Ich lasse mich nicht ablenken bei der Arbeit.
- **E** Ich gebe nicht auf, wenn die Aufgabe länger dauert.
- **F** Ich erhalte Hilfe, wenn ich sie brauche.
- **G** Ich bin mit meinen Arbeitsergebnissen zufrieden.
- **H** Ich sehe mein Ziel vor Augen.

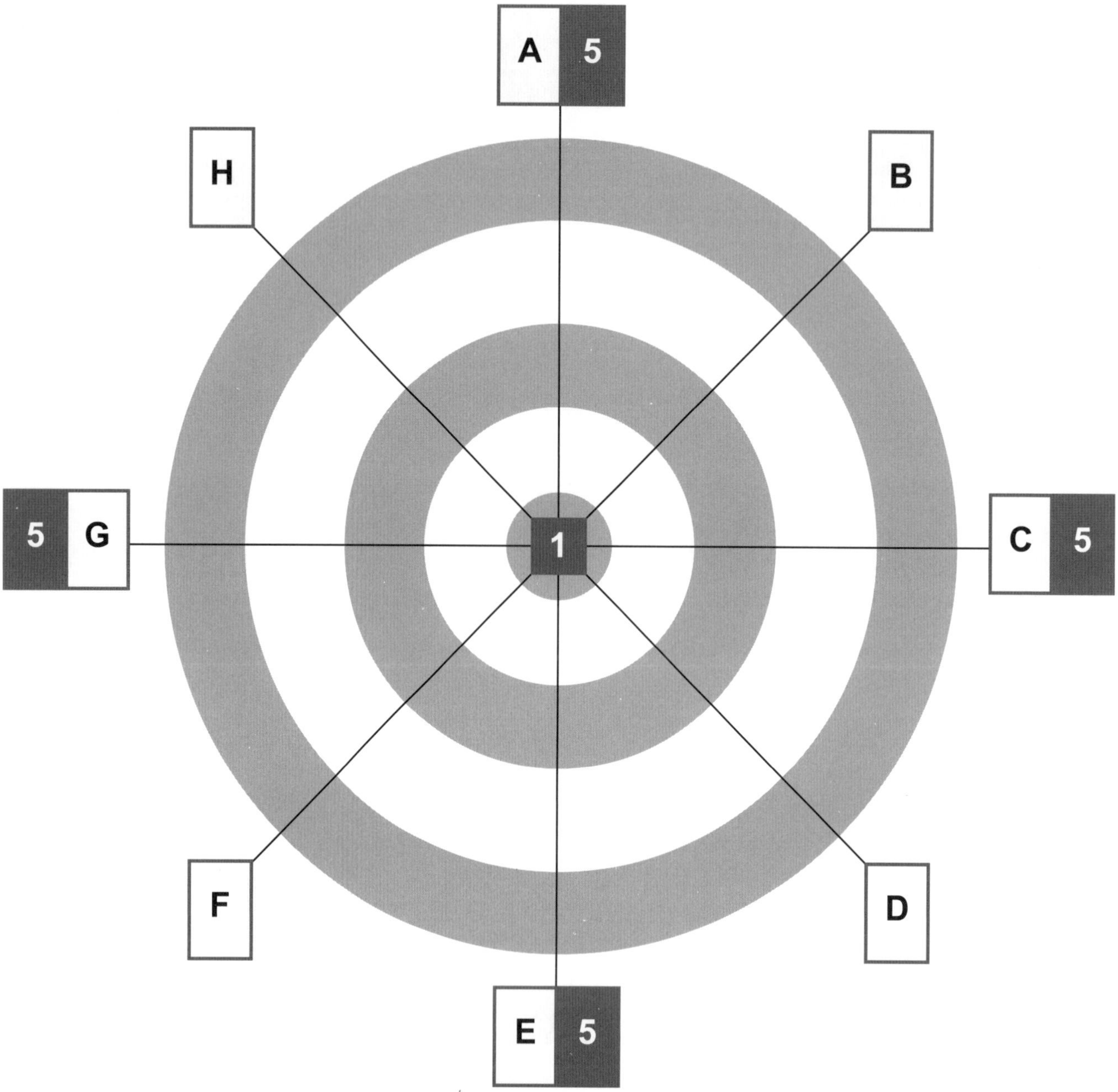

Zusammen leben und arbeiten

A Ich bin Teil der Klassengemeinschaft.

B Ich bin freundlich zu den Menschen an der Schule.

C Ich halte mich an vereinbarte Regeln.

D Ich habe Kontakt zu verschiedenen Menschen im Haus.

E Ich trage bei zu einer guten Arbeitsatmosphäre.

F Ich bringe meine Ideen in Gruppenarbeiten ein.

G Ich äußere Kritik angemessen.

H Ich kann mit Kritik gut umgehen.

(Materialien in Anlehnung an Christliche Gesamtschule-Bleiberg)

Persönliche Mitteilungen

Weiterführende Zielsetzungen

Ich möchte selbst…

Mich interessiert…

Mein Lernen kann ich verbessern durch…

Mit den anderen möchte ich…

Elterneinschätzungsbogen

Name: ______________________________ Datum: ________________

Persönliche Situation	☺☺	☺	☹	☹☹
Unser Kind geht morgens gern in die Schule.				
Unser Kind fühlt sich in der Klasse wohl.				
Unser Kind ist körperlich fit für die Schule.				
Die Klassenatmosphäre hilft unserem Kind, zu lernen,				
Wir interessieren uns für die Arbeit in der Schule.				
Unser Kind zeigt ohne Angst, was es kann.				
Zuverlässigkeit und Sorgfalt				
Unser Kind ist pünktlich.				
Unser Kind erledigt seine Aufgaben, so gut es kann.				
Unser Kind hat seine Arbeitsmaterialien dabei.				
Unser Kind geht wertschätzend mit diesen um.				
Unser Kind erledigt eine Aufgabe konzentriert.				
Unser Kind hält Vereinbarungen ein.				
Leistungsbereitschaft				
Unser Kind lernt gern Neues dazu.				
Unser Kind beendet eine Aufgabe, auch wenn es länger braucht.				
Unser Kind holt sich Hilfe, wenn es sie braucht.				
Unser Kind bietet anderen Hilfe an.				
Unser Kind erledigt freiwillig zusätzliche Aufgaben.				
Unser Kind freut sich an Erfolgen.				
Unterricht				
Unser Kind ist seinen Leistungen zufrieden.				
Unser Kind möchte sich in einzelnen Bereichen verbessern.				
Unser Kind nimmt sich Zeit für zusätzliche Aufgaben.				
Unser Kind teilt sich im Unterricht mit.				
Besonders gern mag unser Kind die Fächer (max. 2)				

Es hat besondere Schwierigkeiten im Fach ________________________________

weil (bitte ankreuzen)

- ☐ kein Interesse am Fach
- ☐ Voraussetzungen fehlen
- ☐ mag Lehrer/-in nicht
- ☐ versteht Aufgaben nicht
- ☐ Unterricht ist zu schwer
- ☐ Unterrichtszeit ist lang

(Fortsetzung →)

(Fortsetzung)

Umgang mit anderen	☺☺	☺	☹	☹☹
Der Umgang mit Mitschülern ist freundlich.				
Das Verhalten ggü. Lehrkräften/Ausbildern ist angemessen.				
Unser Kind ist rücksichtsvoll.				
Unser Kind hält Kritik aus.				
Unser Kind kann Kritik umgänglich äußern.				
Unser Kind nimmt teil an Gruppenaufgaben.				
Unser Kind hält sich an Regeln und Vereinbarungen.				

Persönliche Mitteilungen

Weiterführende Zielsetzungen

Personale Kompetenzen

Fachliche Kompetenzen

Methodische Kompetenzen

Soziale Kompetenzen

Lehrereinschätzungsbogen

Name: ______________________________ Datum: ______________

Persönliche Situation	☺☺	☺	☹	☹☹
Der/die Schüler/-in kommt morgens gern in die Schule.				
Der/die Schüler/-in fühlt sich in der Klasse wohl.				
Der/die Schüler/-in ist körperlich fit für die Schule.				
Die Klassenatmosphäre hilft dem/der Schüler/-in, zu lernen				
Der/die Schüler/-in zeigt sich motiviert.				
Der/die Schüler/-in zeigt ohne Angst, was er/sie kann.				
Zuverlässigkeit und Sorgfalt				
Der/die Schüler/-in ist pünktlich.				
Der/die Schüler/-in erledigt die Aufgaben, so gut er/sie kann.				
Der/die Schüler/-in hat die Arbeitsmaterialien dabei.				
Der/die Schüler/-in geht wertschätzend mit diesen um.				
Der/die Schüler/-in erledigt eine Aufgabe konzentriert.				
Der/die Schüler/-in hält Vereinbarungen ein.				
Leistungsbereitschaft				
Der/die Schüler/-in lernt gern Neues dazu.				
Der/die Schüler/-in beendet eine Aufgabe, auch wenn er/sie länger braucht.				
Der/die Schüler/-in holt sich Hilfe, wenn er/sie sie braucht.				
Der/die Schüler/-in bietet anderen Hilfe an.				
Der/die Schüler/-in erledigt freiwillig zusätzliche Aufgaben.				
Der/die Schüler/-in freut sich an Erfolgen.				
Unterricht				
Der/die Schüler/-in ist mit seinen/ihren Leistungen zufrieden.				
Der/die Schüler/-in möchte sich in einzelnen Bereichen verbessern				
Der/die Schüler/-in nimmt sich Zeit für zusätzliche Aufgaben.				
Der/die Schüler/-in teilt sich im Unterricht mit.				
Besonders gern mag Schüler/-in die Fächer (max. 2)				

Er/sie hat besondere Schwierigkeiten im Fach ______________________________

weil (bitte ankreuzen)

- ☐ kein Interesse am Fach
- ☐ Voraussetzungen fehlen
- ☐ mag Lehrer/-in nicht
- ☐ versteht Aufgaben nicht
- ☐ Unterricht ist zu schwer
- ☐ Unterrichtszeit ist lang

(Fortsetzung →)

(Fortsetzung)

Umgang mit anderen	☺☺	☺	☹	☹☹
Der Umgang mit Mitschülern ist freundlich.				
Das Verhalten ggü. Lehrkräften/Ausbildern ist angemessen.				
Der/die Schüler/-in ist rücksichtsvoll.				
Der/die Schüler/-in hält Kritik aus.				
Der/die Schüler/-in kann Kritik umgänglich äußern.				
Der/die Schüler/-in nimmt teil an Gruppenaufgaben.				
Der/die Schüler/-in hält sich an Regeln und Vereinbarungen.				

Persönliche Mitteilungen

Weiterführende Zielsetzungen

Personale Kompetenzen

Fachliche Kompetenzen

Methodische Kompetenzen

Soziale Kompetenzen

Anlage 2

Kompetenzscheibe

Anlage auf CD-ROM

Diese Vorlage ist editierbar (auf CD), sodass die Themenbereiche/Fächer unten angepasst werden können. Als Plakat ausgedruckt und mit farbigen Klebepunkten/Magneten bestückt, können sich Schüler jeweils selbst reflektieren: „Ziel erreicht, Ziel ungenügend erreicht".

Bei Inklusionsschülern kann es zur Operationalisierung eines Zieles genutzt werden und die Kompetenzbemessung für alle Kollegen in den einzelnen Fächern an einem zentralen Ort visualisieren.

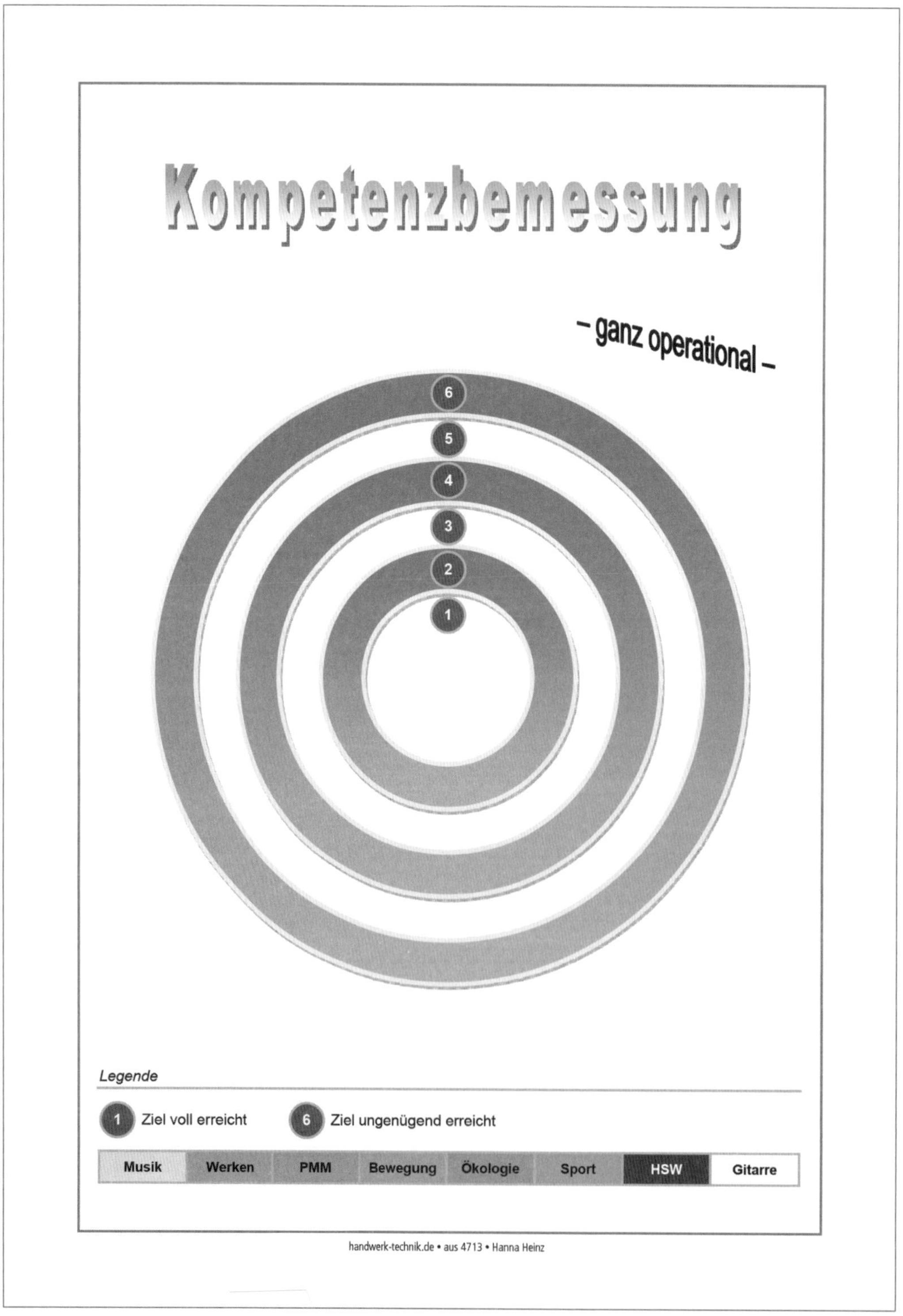

Anlage 3

Lernentwicklungsbericht

Jede Fachkollegin/jeder Fachkollege dokumentiert im Lernentwicklungsbericht Entwicklungsziele für den/die Inklusionsschüler/-in, günstiger Weise für bzw. mit allen seinen Studierenden (Partizipation vgl. Lerntagebuch, Kompetenzraster u.A.): Alle Lernenden sind divers!
Dabei orientiert die Lehrkraft sich an den **Kompetenzvorgaben** des Lehrplans, entsprechend der einzelnen Lernfelder sowie an den individuellen Bedürfnissen des Schülers oder Studierenden.
Entsprechend der Entwicklungsziele legt sie **Maßnahmen** zur Erreichung der Ziele eventuell in Absprache mit Kollegen/Kolleginnen fest, die in der methodisch-didaktischen Umsetzung konkretisiert werden. Abgeschlossen wird der Lernentwicklungsbericht mit einem kurzen **Feedback**.

Diese Lernentwicklungsberichte werden von den Kollegen/Kolleginnen prozessbegleitend erstellt und dienen als Grundlage für die Erstellung des *Kompetenzentwicklungsplans* bzw. für den kollegialen Austausch bei Klassenkonferenzen.

Die Kompetenzentwicklungsplanung bedarf einer Systematik in ihrer Durchführung. Ein geeignetes Verfahren wird im Weiteren vorgestellt.

Lernentwicklungsbericht

für: ______________________ Klasse: ______________________

Lehrkraft: ______________________ Schuljahr: ______________________

Zeitraum: ______________________ Fach: ______________________

Entwicklungsziele	**Maßnahmen zu den Entwicklungszielen** (additiv – integrativ – kooperativ)

Methodisch-didaktische Umsetzung

WER?

WAS?

MIT WEM?

BIS WANN?

Feedback/Kontrolle

Datum ______________________ *Unterschrift* ______________________

Anlage 4: Materialien zu „Kompetenzentwicklung in inklusiver Arbeit"

Kompetenzentwicklungsplanung

Hinweis: Diese Planung betrifft nur den/die Inklusionsschüler/-in.

Verfahren der gemeinsamen Kompetenzentwicklungsplanung

1 Vorbereitung

- Teilnehmer/-innen einladen
- Termin absprechen
- Raum vorbereiten
- Gesprächsleitung/Protokollführung
- Protokollführung
- Zeitwächter und Ideenspeicher

2 Bestandsaufnahme

- Sammlung von Beobachtungen ohne Bewertungen → Blitzlicht (Sorgen, Hoffnungen)
- Bedingungen für Schwierigkeiten
- Bedingungen für Erfolge
- Stärken und Fähigkeiten des Kindes
- Ressourcen des Teams

3 Analyse des Bedingungsfeldes

- Ich-als-Runde → Perspektivwechsel
- Hypothesen über Handlungszusammenhänge
  - ✓ Herausarbeiten
  - ✓ Visualisieren
  - ✓ Analysieren
- Offene Fragen notieren
- Speicher für offene Fragen anlegen!

4 Ziele

- schriftlich, knapp
- konkret und positiv formuliert (SMART)
- erfolgsorientiert und realistisch
- Schwerpunkte setzen – evtl. Hierarchie entwickeln
- anschaulich (auch für Jugendlichen)

5 Pädagogische Angebote

Erarbeitung zielorientierter Lösungen
Brainstorming auf Kärtchen

- Keine Kritik!
- Keine Beschränkung!
- Keine Rechtfertigung!

6 Autonome Entscheidungsfindung für einzelne Fächer/einzelne Kollegen

in den Lernentwicklungsbericht

Entwicklungs-ziele	Maßnahmen zu den Entwicklungszielen (additiv – integrativ – kooperativ)
Methodisch-didaktische Umsetzung	

7 Gemeinsame Beratung der Fördervorschläge

Konkretisierung und Strukturierung
nur auf ausdrücklichen Wunsch

- Innere und äußere Lernbedingungen bedacht?
- Ressourcen auf beiden Seiten berücksichtigt?
- Erste Schritte benannt? Ablaufplan?
- Erfolgsbestätigung: Wie und wann?
- Einbeziehen des Kindes? Rückmeldung?

8 Auswertung der Entwicklungsplanung

Reflexion und Weiterentwicklung des Entwicklungsplans

- Was ist gelungen?
- Was konnte nicht erreicht werden?
- Wie kann man Erschwernisse beseitigen?
- Muss die Unterstützung vergrößert/verändert/reduziert werden?
- Wie kann man Erfolge sichtbar machen?
- Was sind nächste Lernschritte/Schwerpunkte?

Kompetenzentwicklungsplanung

für: ____________ Klasse: ____________ Schuljahr: ____________ Zeitraum: ____________

Beobachtungen Wahrnehmung von Ressourcen, Schwächen, Problemen, Selbsteinschätzung u. a.		**Zielvereinbarungen** in den zentralen Kompetenzbereichen (Personal-, Fach-, Sozial-, Methoden-), nächste Lernschritte, Zeitraum	**Lernorganisation** in der Klasse, Lernbegleitung, Sozialformen, Zeitstrukturen, Raumplanung & Sitzordnung	**Reflexion/Evaluierung** Lernzielkontrolle, mögliche Zielveränderungen, Konsequenzen
Kompe-tenz-bereiche	**Wahrnehmende Beobachtung**	**Operationale Ziele formulieren**	**Geeignete Maßnahmen**	**Reflexion/ Leistungserhebung**
Wahrnehmung & Motorik				
Lebenspraxis				
Arbeits-verhalten				

Kompetenzbereiche	Wahrnehmende Beobachtung	Operationale Ziele formulieren	Geeignete Maßnahmen	Reflexion/ Leistungserhebung
Kommunikation				
Soziale Kompetenz				
Personale Kompetenz				
Schulische Leistungen				

Absprachen mit weiteren Lehrkräften, Lernbegleitern, Eltern: ______________________________

____

vereinbart am: ______________ evaluiert am: ______________

von: ______________ von: ______________

(In Anlehnung an „Förderplanung im Team“, Landesinstitut für Schule und Medien Berlin-Brandenburg/LISUM)

Inklusion – der methodische Prozess [Bezug Inklusionsklasse]

Hinweis: Die folgenden Methoden finden Anwendung in der Inklusionsklasse (S. 276–285).

Kompetenzwürfel Sozialkompetenz

Arbeitsauftrag:
Jede/jeder Schüler, Schülerin oder Studierende füllt nach einem Klassengespräch zur Entwicklung sozialer Kompetenzen anhand des Plakats (siehe oben) einen eigenen Papierwürfel für individuelle Kompetenzen in den verschiedenen Kompetenzbereichen aus. Damit werden ganz persönliche Ziele deutlich.

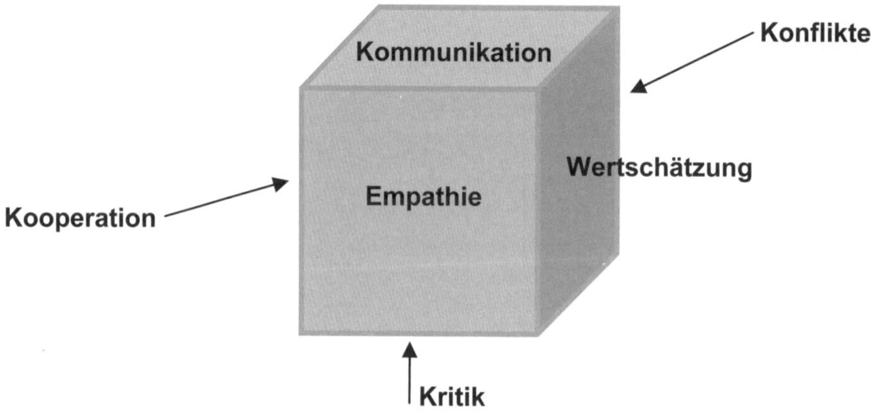

(Hinweis: Vorlagen für Papierwürfel zum Falten sind frei im Internet erhältlich, z.B. hier: www.bastelonlineshop.de/blanko-wuerfel-6cm-20-p-12744.html*)*

Anlage auf CD-ROM

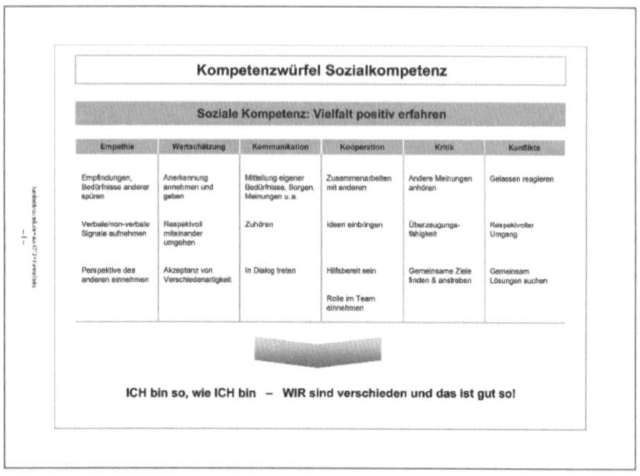

Kompetenzwürfel Sozialkompetenz

Soziale Kompetenz: Vielfalt positiv erfahren

Empathie	Wertschätzung	Kommunikation	Kooperation	Kritik	Konflikte
Empfindungen, Bedürfnisse anderer spüren	Anerkennung annehmen und geben	Mitteilung eigener Bedürfnisse, Sorgen, Meinungen u. a.	Zusammenarbeiten mit anderen	Andere Meinungen anhören	Gelassen reagieren
Verbale/non-verbale Signale aufnehmen	Respektvoll miteinander umgehen	Zuhören	Ideen einbringen	Überzeugungs-fähigkeit	Respektvoller Umgang
Perspektive des anderen einnehmen	Akzeptanz von Verschiedenartigkeit	In Dialog treten	Hilfsbereit sein	Gemeinsame Ziele finden & anstreben	Gemeinsam Lösungen suchen
			Rolle im Team einnehmen		

ICH bin so, wie ICH bin – WIR sind verschieden und das ist gut so!

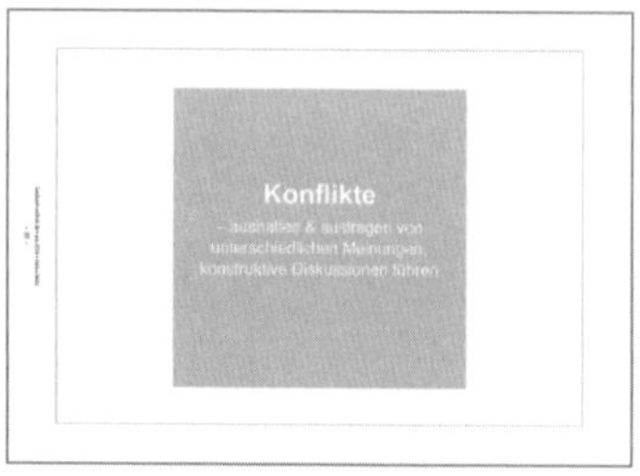

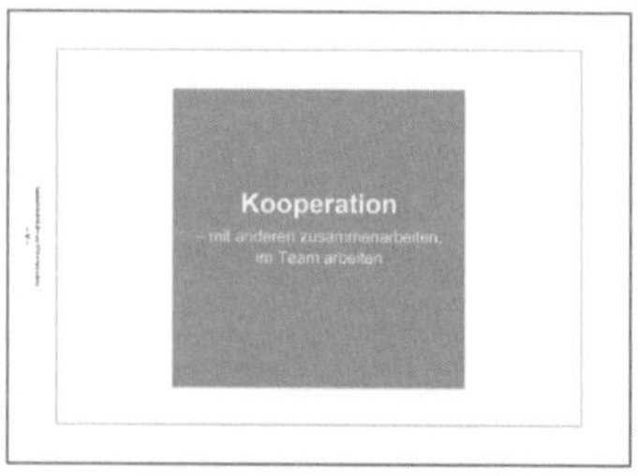

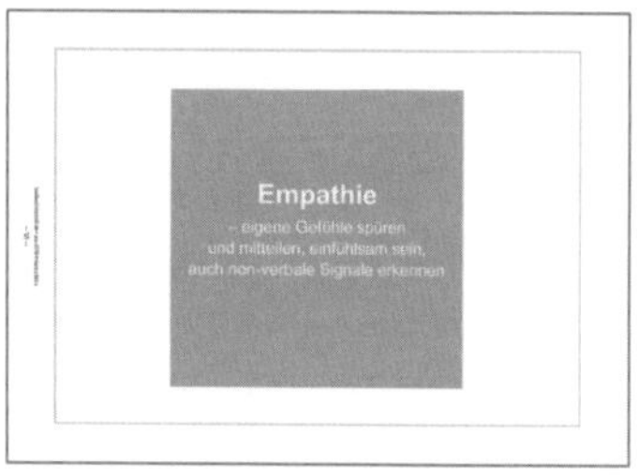

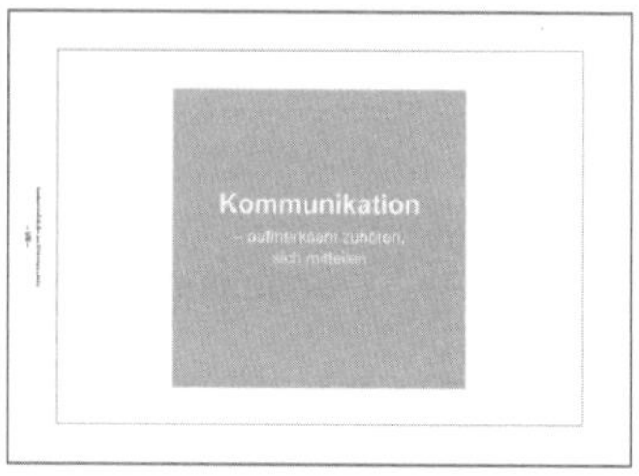

Kompetenzraster / Kompetenzbeschreibung für Lernfelder

Kompetenzen zu messen, ist im Rahmen eines kompetenzorientierten Unterrichtsgeschehens selbstverständlich und damit sehr gut vereinbar mit dem Erstellen eines Kompetenzentwicklungsplans des Inklusionsschülers.

Mithilfe verschiedener Kompetenzraster zur fachlichen wie sozialen oder personalen (vgl. Anlage x Selbstkompetenz) Entwicklung erheben Schüler, Schülerinnen, Studierende selbsttätig und regelmäßig differenziert ihre individuellen Potenziale. Sie erfahren dabei eine fachkundige Taxonomie.

Inklusionsschüler/-innen bedürfen einer **Lernbegleitung**, die die individuellen Möglichkeiten erkennt und diesen gerecht wird. Anschauliche Formen, wie beispielsweise die Gestaltung eines Kompetenzwürfels (s. Seite 276), ermöglichen eine solche Vorgehensweise.

Beispiel: Kompetenzbeschreibung für Kinderpflege (Jahr 1, 10. Schuljahr, Bayern)

* **Fett**-gedruckte Begriffe in den Kompetenzbeschreibungen des Lehrplans geben einen Hinweis auf die Taxonomie, vgl. Einordnung im Kompetenzraster.

Lernfeld 1	Kompetenzerwerb: Der/die Praktikant/-in
Personen und Situationen wahrnehmen, Verhalten beobachten und erklären	• **beobachtet*** das Verhalten einzelner Kinder, deren Bezugspersonen, des Teams, der Ausbilderin und deren Interaktionen auf der Basis von Wissen über altersentsprechender Bedürfnisse der Kinder. • **ist sich bewusst**, dass die fachliche Beobachtung, deren Dokumentation und Bewertung Grundlage professionellen Handelns ist. • **gewinnt** eine wertschätzende, erzieherische Grundhaltung gegenüber der Zielgruppe, individueller Lernwege, Ressourcen und Entwicklungsverläufe. • **kennt** Beobachtungs- und Dokumentationsformen und weiß um die Problematik selektiver und subjektiver Wahrnehmung. • **hat einen Überblick** über Entwicklungsprozesse, individuelle Entwicklungsverläufe, -abweichungen und -risiken. • **nimmt** den Kontext von Erziehung **wahr** (natürlich, kulturell, sozial). • **gewinnt Einblick** in verschiedene Formen beruflichen Handelns. • **entwickelt** Selbstwahrnehmung und lernen Fähigkeiten/Grenzen eigenen beruflichen Handelns einzuschätzen.

Lernfeld 2	Kompetenzerwerb: Der/die Praktikant/-in
Bedürfnisse des täglichen Lebens erkennen und ihnen gerecht werden	• **erkennt*** individuelle Bedürfnisse, z. B. Essen, Trinken, Vertrauen, Geborgenheit, Lernen und ist in der Lage, einfühlsam und verantwortlich auf diese einzugehen. • **zeigt** empathische und wertschätzende erzieherische Grundhaltung im Umgang mit den Kindern. • **begreift** sinnliches Wahrnehmen und Erkennen als menschliches Grundbedürfnis und unterstützt alle Ausdrucksformen wie z. B. sprechen, singen, musizieren. • **erkennt** die grundlegende Bedeutung der Bewegung für die Entwicklung, Gesundheit und das Wohlbefinden. • **kann** den Tagesablauf nach entwicklungsstärkenden Gesichtspunkten **strukturieren** • **erfasst**, dass sich ethische Grundhaltungen aus Traditionen, Kulturen und Religionen einer Gesellschaft, aber auch aus der eigenen Erfahrungs- und Erlebniswelt entwickeln. • **gewährleistet** mit Umsicht und Verantwortungsbewusstsein die Sicherheit der Kinder: Aufsichtsführung, Unfallverhütung, Gesundheitsvorsorge und Verkehrserziehung. • **fördert** die Gesundheit der Kinder durch entsprechende Ernährung: Freude und Genuss beim bewussten Verzehr sorgfältig zubereiteter Speisen. • **ist sich** der sozialen Funktion des Essens **bewusst** und nimmt den kulturellen Aspekt gepflegter Tischsitten ernst.

Lernfeld 3	Kompetenzerwerb: Der/die Praktikant/-in
Erzieherisches Handeln planen, durchführen und reflektieren	• **begreifen*** die Bedeutung strukturierten erzieherischen Handelns und setzen sich mit didaktischen Entscheidungen, methodischen Schritten und sozialpädagogischen Prinzipien auseinander. • **sind sich bewusst**, dass konkrete Handlungsziele abhängig sind von den Werten der Gesellschaft, den Zielvorstellungen der Einrichtung und den eigenen Einstellungen. • **wissen**, dass Planung die Grundlage für situationsangemessenes Handeln ist. • **können** ihre Planung auf unterschiedliche pädagogische Konzepte unter Berücksichtigung der Zielgruppen, des Teams und der Eltern abstimmen. • Als Ausgangspunkt für Planung **setzen** sie die Situationsanalyse **ein**, die sich sowohl auf die Zielgruppe als auch auf die Rahmenbedingungen bezieht. • **entscheiden sich** bei eigenen pädagogischen Aktivitäten für Ziele, Inhalte und Themen sowie Methoden und fixieren diese schriftlich. Hierbei **sind** sie **sich bewusst**, dass alle Aktionen im Tagesablauf der pädagogischen Gestaltung bedürfen. • **sind fähig** zur persönlichen und fachlichen Reflexion, berücksichtigen ihre Reflexionsergebnisse bei künftigen Planungen und strukturieren so ihre eigenen Lernprozesse.

Anlage auf CD-ROM

Kompetenzraster für Lernfelder
(am Beispiel BFS Kinderpflege, 1. Ausbildungsjahr, Bayern)

Kompetenzraster: LF1 (BFS Kinderpflege, Jahr 1, Bayern) für: ____________

LF1 Personen und Situationen wahrnehmen, Verhalten beobachten und erklären					
Kompetenzen	**Wissen und Verstehen**	**Analyse und Bewertung**	**Planung und Konzeption**	**Durchführung**	**Evaluation und Reflexion**
beobachtet Verhalten & Interaktionen einzelner Kinder, deren Bezugs-personen, des Teams, der Ausbilderin auf der Basis von Wissen über altersentsprechender Bedürfnisse der Kinder					
ist sich bewusst, dass die fachliche Beobachtung, deren Dokumentation und Bewertung Grundlage professionellen Handelns ist					
gewinnt eine wertschätzende, erzieherische Grundhaltung gegenüber der Zielgruppe, individueller Lernwege, Ressourcen und Entwicklungsverläufe					
kennt Beobachtungs- und Dokumentationsformen und weiß um die Problematik selektiver und subjektiver Wahrnehmung					
hat einen Überblick über Entwicklungsprozesse, individuelle Entwicklungsverläufe, -abweichungen und -risiken					
nimmt den Kontext von Erziehung wahr (natürlich, kulturell, sozial)					
gewinnt Einblick in verschiedene Formen beruflichen Handelns					
entwickelt Selbstwahrnehmung und lernt Fähigkeiten/Grenzen eigenen beruflichen Handelns einzuschätzen					
Professionelle Haltung					

HANDLUNGSFELD Kindergarten

METHODE

Klassenmanagement

handwerk-technik.de • aus 4713 • Hanna Heinz

– I –

Kompetenzraster Selbstkompetenz: Kopiervorlagen auf S. 201 f.

Anlage 5

Geschichte „Ich und die Anderen“

Mögliche Arbeitsaufträge

- Rhythmischer Einstieg
- Erzählung mit den Bildern nach Leo Lionni *(Erzählebene)*, dialogische Erzählung mit Legearbeit
- Rhythmik zu Selbst- und Fremdwahrnehmung *(Handlungsebene)*, Übungen zu Achtsamkeit und Wertschätzung

S. dazu die Kopiervorlagen auf CD.

METHODE

Inklusion in der beruflichen Ausbildung

Anlage 5: **„Ich und die Anderen“**

Deckblatt

handwerk-technik.de • aus 4713 • Hanna Heinz

– I –

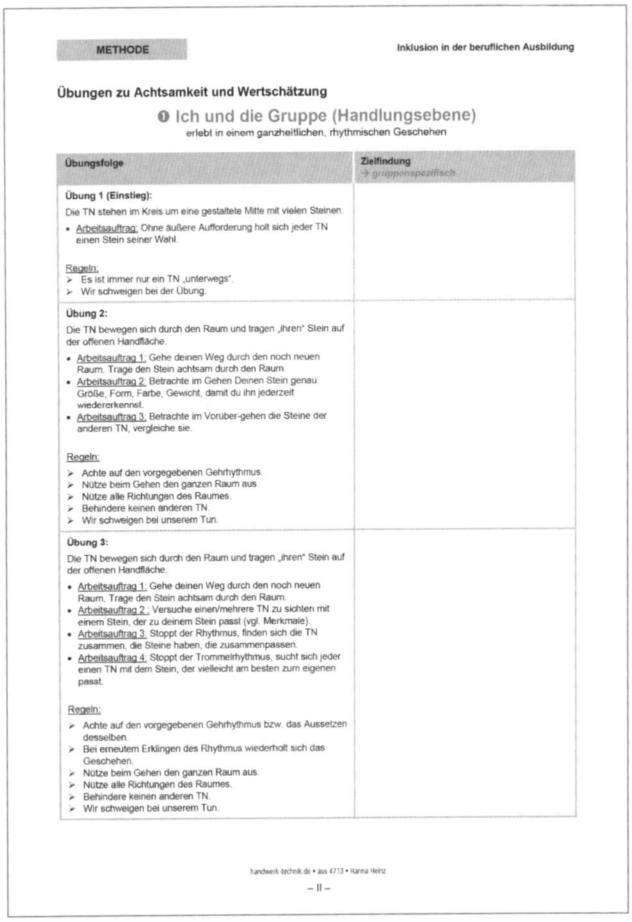

METHODE

Inklusion in der beruflichen Ausbildung

Übungen zu Achtsamkeit und Wertschätzung

❶ Ich und die Gruppe (Handlungsebene)

erlebt in einem ganzheitlichen, rhythmischen Geschehen

Übungsfolge	Zielfindung → *gruppenspezifisch*
Übung 1 (Einstieg): Die TN stehen im Kreis um eine gestaltete Mitte mit vielen Steinen. • Arbeitsauftrag: Ohne äußere Aufforderung holt sich jeder TN einen Stein seiner Wahl. Regeln: ➢ Es ist immer nur ein TN „unterwegs“. ➢ Wir schweigen bei der Übung.	
Übung 2: Die TN bewegen sich durch den Raum und tragen „ihren“ Stein auf der offenen Handfläche. • Arbeitsauftrag 1: Gehe deinen Weg durch den noch neuen Raum. Trage den Stein achtsam durch den Raum. • Arbeitsauftrag 2: Betrachte im Gehen Deinen Stein genau: Größe, Form, Farbe, Gewicht, damit du ihn jederzeit wiedererkennst. • Arbeitsauftrag 3: Betrachte im Vorüber-gehen die Steine der anderen TN, vergleiche sie. Regeln: ➢ Achte auf den vorgegebenen Gehrhythmus. ➢ Nütze beim Gehen den ganzen Raum aus. ➢ Nütze alle Richtungen des Raumes. ➢ Behindere keinen anderen TN. ➢ Wir schweigen bei unserem Tun.	
Übung 3: Die TN bewegen sich durch den Raum und tragen „ihren“ Stein auf der offenen Handfläche. • Arbeitsauftrag 1: Gehe deinen Weg durch den noch neuen Raum. Trage den Stein achtsam durch den Raum. • Arbeitsauftrag 2 : Versuche einen/mehrere TN zu sichten mit einem Stein, der zu deinem Stein passt (vgl. Merkmale). • Arbeitsauftrag 3: Stoppt der Rhythmus, finden sich die TN zusammen, die Steine haben, die zusammenpassen. • Arbeitsauftrag 4: Stoppt der Trommelrhythmus, sucht sich jeder einen TN mit dem Stein, der vielleicht am besten zum eigenen passt. Regeln: ➢ Achte auf den vorgegebenen Gehrhythmus bzw. das Aussetzen desselben. ➢ Bei erneutem Erklingen des Rhythmus wiederholt sich das Geschehen. ➢ Nütze beim Gehen den ganzen Raum aus. ➢ Nütze alle Richtungen des Raumes. ➢ Behindere keinen anderen TN. ➢ Wir schweigen bei unserem Tun.	

handwerk-technik.de • aus 4713 • Hanna Heinz

– II –

Anlage **auf CD-ROM**

Kopiervorlagen – Übungen zu Achtsamkeit und Wertschätzung, Legearbeiten mit Bildern

Anlage 6

„Nur wir alle" – ein Bilderbuch

„Nur wir alle" ist ein Bilderbuch von Lorenz Pauli mit Zeichnungen von Kathrin Schärer, das auch erwachsene Lernende bewegt, über Diversität, Ressourcen und Beeinträchtigungen nachzudenken und ins Gespräch zu kommen.

Lorenz Pauli (Text) und Kathrin Schärer (Illustrationen): Nur wir alle. Verlag Atlantis 2012. 30 Seiten. Ab 4 Jahren, Bilderbuch.

Es finden sich im Internet unter folgenden Links aussagekräftige Rezensionen des Buches sowie Leseproben samt Zeichnungen:

- Verena Vortmann (2012): Gemeinsam unterwegs. in: Les(e)bar – Internet-Empfehlungs- und Rezensionszeitschrift für Kinder- und Jugendmedien, URL: www.lesebar.uni-koeln.de/27972.html
- Litrix.de / Goethe Institut: Leseprobe zu Nur wir alle.
  URL: www.litrix.de/apps/litrix_publications/data/pdf1/Pauli-DE.pdf

Arbeitsaufträge zum Buch

- Dialogorientierte Bilderbuchbetrachtung
- Stationenarbeit: Die Tiere werden als „Einzelportraits" auf Keilrahmen gebracht (gemalt oder kopiert); die Studierenden charakterisieren sie, indem sie Eigenschaften (auf Papierkärtchen geschrieben) anbringen, ohne sich über ihre Eindrücke auszutauschen. S. Beispielbilder unten.
- Gespräch: Jedes Tier wird von den Teilnehmern „besucht" und die gleichen/unterschiedlichen Merkmale oder Eigenschaften werden diskutiert.

Beispielarbeiten einer BFS-Klasse zur Stationenarbeit mit Einzelportraits aus Nur wir alle

Anlage 7: Schülermentorat

„Was ist das?“, werden Sie sich fragen. Ein Mentor, das ist aus verschiedenen Bereichen bekannt, ist ein Berater. Ein Schülermentor – ein Berater für Schüler?
Ja, aber keine Lehrkraft in diesem Falle. Ein Schüler als Berater? Genau! Schüler helfen Schülern.

S. Seite 192–194

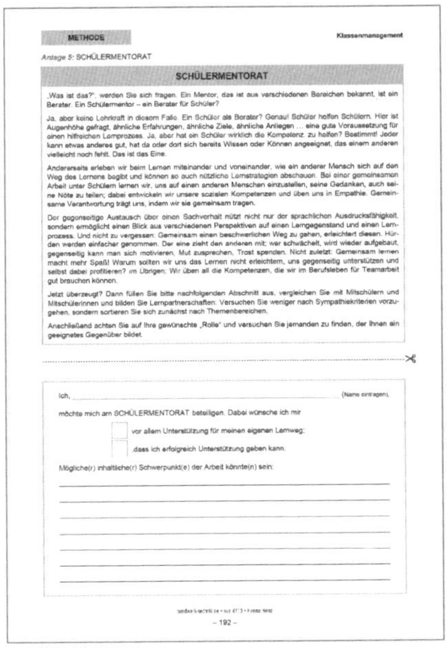
METHODE — Klassenmanagement

SCHÜLERMENTORAT

– 192 –

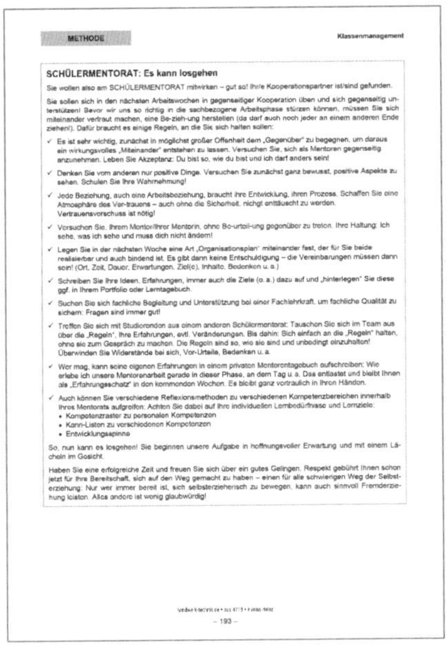
METHODE — Klassenmanagement

SCHÜLERMENTORAT: Es kann losgehen

– 193 –

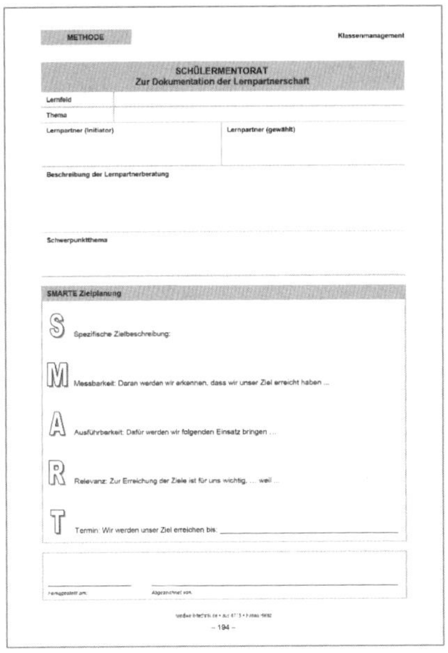
METHODE — Klassenmanagement

SCHÜLERMENTORAT
Zur Dokumentation der Lernpartnerschaft

SMARTE Zielplanung

– 194 –

Anlage 8: Wahrnehmungsrundgang Schule

Machen Sie einen Beobachtungsrundgang durch Ihre Schule – und nehmen Sie dabei verschiedene Beobachterrollen ein. Fertig vorbereitete Arbeitsblätter zu den Personengruppen „neuer Studierende/r“, Lehrkraft, Reinigungskraft, potenzielle Diebesgruppe, Architekten, Eltern finden Sie hier: Lehrerhandbuch Erzieherausbildung Band 3, S. 55 „Wahrnehmungsrundgang.pdf“

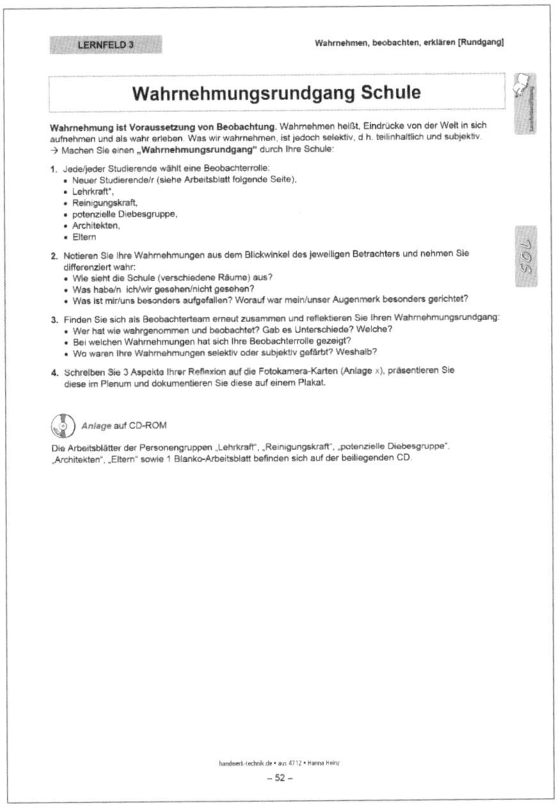
LERNFELD 3 — Wahrnehmen, beobachten, erklären [Rundgang]

Wahrnehmungsrundgang Schule

Wahrnehmung ist Voraussetzung von Beobachtung. Wahrnehmen heißt, Eindrücke von der Welt in sich aufnehmen und als wahr erleben. Was wir wahrnehmen, ist jedoch selektiv, d.h. teilinhaltlich und subjektiv.
→ Machen Sie einen **„Wahrnehmungsrundgang“** durch Ihre Schule:

1. Jede/jeder Studierende wählt eine Beobachterrolle:
   - Neuer Studierende/r (siehe Arbeitsblatt folgende Seite),
   - Lehrkraft*,
   - Reinigungskraft,
   - potenzielle Diebesgruppe,
   - Architekten,
   - Eltern
2. Notieren Sie Ihre Wahrnehmungen aus dem Blickwinkel des jeweiligen Betrachters und nehmen Sie differenziert wahr:
   - Wie sieht die Schule (verschiedene Räume) aus?
   - Was habe/n ich/wir gesehen/nicht gesehen?
   - Was ist mir/uns besonders aufgefallen? Worauf war mein/unser Augenmerk besonders gerichtet?
3. Finden Sie sich als Beobachterteam erneut zusammen und reflektieren Sie Ihren Wahrnehmungsrundgang:
   - Wer hat wie wahrgenommen und beobachtet? Gab es Unterschiede? Welche?
   - Bei welchen Wahrnehmungen hat sich Ihre Beobachterrolle gezeigt?
   - Wo waren Ihre Wahrnehmungen selektiv oder subjektiv gefärbt? Weshalb?
4. Schreiben Sie 3 Aspekte Ihrer Reflexion auf die Fotokamera-Karten (Anlage x), präsentieren Sie diese im Plenum und dokumentieren Sie diese auf einem Plakat.

Anlage auf CD-ROM

Die Arbeitsblätter der Personengruppen „Lehrkraft“, „Reinigungskraft“, „potenzielle Diebesgruppe“, „Architekten“, „Eltern“ sowie 1 Blanko-Arbeitsblatt befinden sich auf der beiliegenden CD.

handwerk-technik.de • aus 4712 • Hanna Heinz
– 52 –

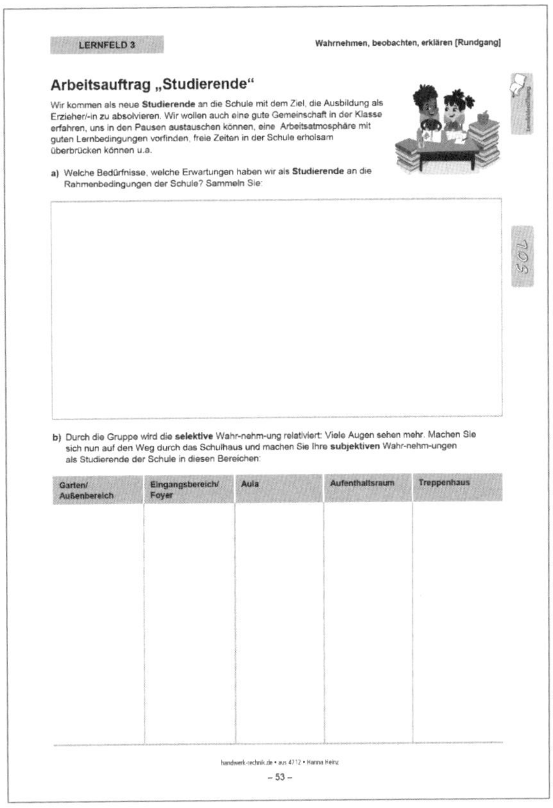
LERNFELD 3 — Wahrnehmen, beobachten, erklären [Rundgang]

Arbeitsauftrag „Studierende“

Wir kommen als neue **Studierende** an die Schule mit dem Ziel, die Ausbildung als Erzieher/-in zu absolvieren. Wir wollen auch eine gute Gemeinschaft in der Klasse erfahren, uns in den Pausen austauschen können, eine Arbeitsatmosphäre mit guten Lernbedingungen vorfinden, freie Zeiten in der Schule erholsam überbrücken können u.a.

a) Welche Bedürfnisse, welche Erwartungen haben wir als **Studierende** an die Rahmenbedingungen der Schule? Sammeln Sie:

b) Durch die Gruppe wird die **selektive** Wahr-nehm-ung relativiert: Viele Augen sehen mehr. Machen Sie sich nun auf den Weg durch das Schulhaus und machen Sie Ihre **subjektiven** Wahr-nehm-ungen als Studierende der Schule in diesen Bereichen:

Garten/ Außenbereich	Eingangsbereich/ Foyer	Aula	Aufenthaltsraum	Treppenhaus

handwerk-technik.de • aus 4712 • Hanna Heinz
– 53 –

Anlage 9: Ein Begegnungsfilm der Aktion Mensch

Film „Das erste Mal“

Worum geht es?

Begegnungen sind wichtig, damit Menschen mit und ohne Behinderung einander verstehen und wertschätzen – und um mögliche Berührungsängste und Vorurteile abzubauen. Ein unverkrampftes Miteinander ist in Deutschland noch nicht an der Tagesordnung: Nur etwa ein Drittel der Menschen ohne Behinderung hat häufig Kontakt zu Menschen mit Behinderung.

Dabei sind die Orte, an denen Menschen mit verschiedenen Erfahrungen und Fähigkeiten aufeinander treffen können, so vielfältig: Die Bahn, der Laden um die Ecke, die Schule oder der Verein böten zahlreiche Gelegenheiten, nicht nur übereinander zu sprechen, sondern auch miteinander ins Gespräch zu kommen – wären da nicht diese Berührungsängste ...

Die Aktion Mensch ermöglicht Begegnungen

Begegnungen der ganz besonderen Art hat die Aktion Mensch initiiert und in einem Film festgehalten, der zeigt was passiert, wenn bei einem Casting rund 20 Bewerberinnen und Bewerber mit und ohne Behinderungen unerwartet aufeinandertreffen.

„Berührungsängste?“, fragt der Regisseur zu Beginn eines Castings. „Glaub nicht, nee“, antwortet die Bewerberin.

Was sie und rund 20 weitere Casting-Interessierte nicht wissen: Im nächsten Moment treffen sie vor laufender Kamera unvorbereitet auf eine zweite Person, mit der sie das Casting gemeinsam bestreiten müssen. Diese Paarkonstellationen bestehen jeweils aus einem Menschen mit und einem ohne Behinderung.

Der etwa fünfminütige Film „Das erste Mal“ zeigt die überraschenden, teilweise irritierenden und oft humorvollen Momente dieser ersten Begegnungen.

(nach: Aktion Mensch „Begegnungen“ *www.aktion-mensch.de/begegnung/*)

Anlage 10

Gummibären-Geschichte

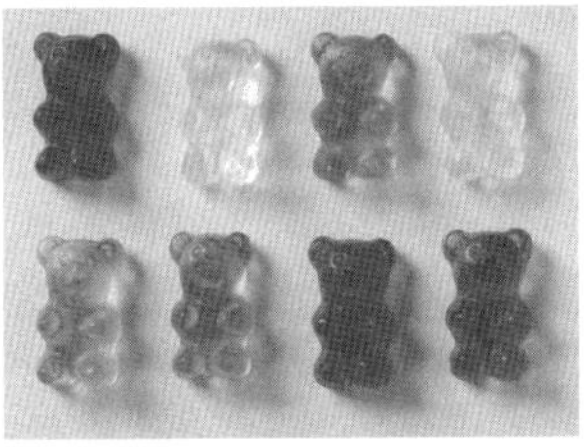

Inklusion ist wie eine bunte eingeschweißte Tüte Gummibären. In ihr enthalten sind pro Packung 1/3 rote und jeweils 1/6 grüne, gelbe, orangefarbene und weiße Gummibären (zumindest bei dem Produkt eines namhaften deutschen Gummibären-Herstellers).

Durch das inklusive Leben in der Tüte haben sie gute Chancen auf eine gemeinsame Zukunft.

Das ist so: Inklusion bedeutet „Enthalten sein“. Das heißt, dass die Produzenten der Gummibären von Anfang an rote, grüne, gelbe, orangefarbene und weiße Goldbären herstellten und sie in einer Tüte einschließen.

In einer Tüte sind also sehr unterschiedliche aussehende Gummibären enthalten. Doch nicht nur durch die Farbkomposition ergeben sich Unterschiede, auch vom Geschmack her grenzen sie sich eindeutig voneinander ab. Die Form, die Konsistenz und das Innenleben eines Gummibären sind einzigartig.

Im Grunde gleicht kein Bär dem anderen, auch wenn es vordergründig erst einmal anders wirkt. Das hat viele Vorteile und stellt einen großen Gewinn für alle Gummibären dar. Denn so lernen sich die verschiedenen Gummibären kennen und wissen von den Nöten, Freuden und Ängste der anderen.

Sie können sich besser gegenseitig helfen. Zum Beispiel unterstützen die anderen Gummibären die weißen Bären, die beim Kunden mit Abstand am unbeliebtesten sind. Aber auch andere Gummibären brauchen manchmal Unterstützung und andere wollen unbedingt auch mal Unterstützer sein. Das wechselt von Tüte zu Tüte.

Die Goldbären akzeptieren sich gegenseitig und haben gelernt, dass es Spaß macht, bunt zu sein. So wird es nie langweilig und das Tolle ist, keiner wird in einer Gummibärentüte ausgeschlossen.

Niemand, kein Fabrikant auf der Welt würde jemals auf die schändliche Idee kommen, rote, grüne, gelbe, orangefarbene und weiße Gummibären zu trennen und sie separat in die Tüten einzusortieren. Denn sie gehören zusammen.

Wer eine Tüte Gummibären kauft, der verlässt sich auf die bunte Mischung. Gäbe es Tüten mit nur einer Gummibärensorte, wäre es für die enttäuschten Kunden viel Arbeit, wenn sie zu Hause die aussortierten Gummibären wieder zusammenbringen müssten.

Und wer weiß, ob sich die unterschiedlichen Gummibären dann überhaupt noch verstehen, sich gegenseitig unterstützen und akzeptieren? Auch wenn sie aus ein und derselben Fabrik stammen, sind sie sich durch das Leben in unterschiedlichen Tüten fremd geworden.

Ein Aufeinanderzugehen ist nun viel schwieriger und die weniger beliebten weißen Gummibären würden wohlmöglich gar nicht mehr unterstützt, sie würden erst ausgegrenzt und vielleicht vergessen.

Durch die **Inklusion in der Tüte** haben alle Gummibären die Chance, gekauft und gegessen zu werden.

In der bunten Gummibärentüte steckt viel Potenzial. Das ergibt sich aus der Vielfalt. Überzeugen kann sich jeder selbst beim Verzehr **definitiv inklusiver Gummibären**.

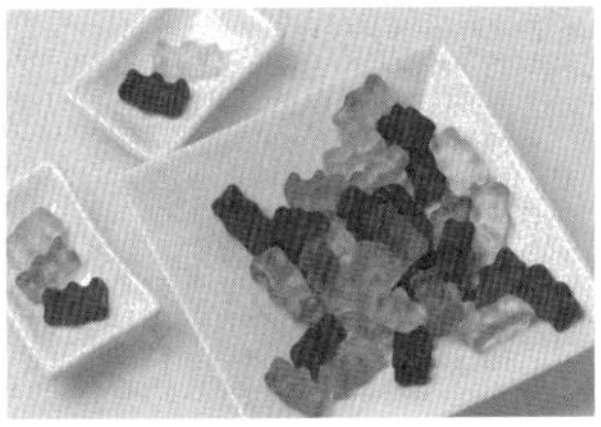

(Reimann, in: Berliner Behindertenzeitung 12/2010)

Anlage 11

Dein Recht, dazuzugehören

„Alle Menschen sind frei und gleich an Würde und Rechten geboren."
(Allgemeine Erklärung der Menschenrechte)

Lernziele: Die Schülerinnen und Schüler reflektieren

- Wertesysteme, die gesellschaftliche Ungleichheit fördern und selbstbestimmtes Leben erschweren,
- die Funktion von UN-Menschenrechtskonventionen,
- die Notwendigkeit, diese Konventionen umzusetzen.

(Materialien nach: Aktion Mensch, Mein gutes Recht: Die UN-Menschenrechtsabkommen und ihre Umsetzung)

Anlage auf CD-ROM

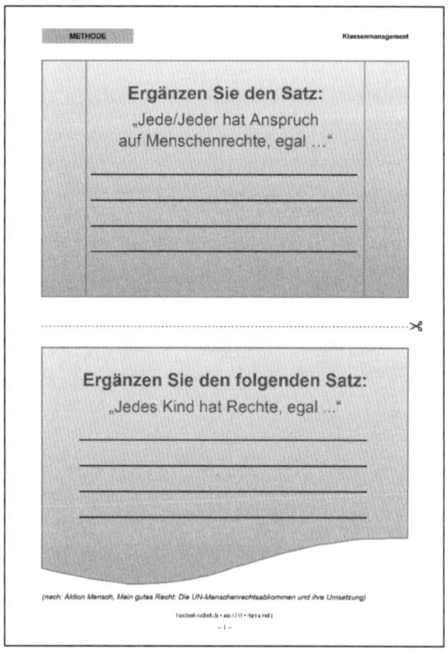
METHODE Klassenmanagement

Ergänzen Sie den Satz:
„Jede/Jeder hat Anspruch auf Menschenrechte, egal ..."

Ergänzen Sie den folgenden Satz:
„Jedes Kind hat Rechte, egal ..."

(nach: Aktion Mensch, Mein gutes Recht: Die UN-Menschenrechtsabkommen und ihre Umsetzung)

– I –

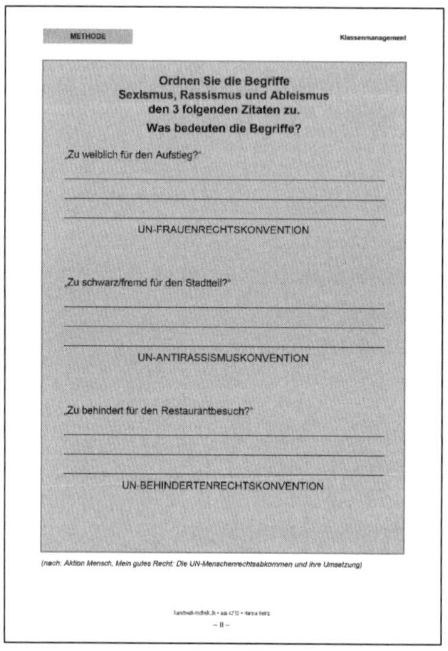
METHODE Klassenmanagement

Ordnen Sie die Begriffe Sexismus, Rassismus und Ableismus den 3 folgenden Zitaten zu. Was bedeuten die Begriffe?

„Zu weiblich für den Aufstieg?"

UN-FRAUENRECHTSKONVENTION

„Zu schwarz/fremd für den Stadtteil?"

UN-ANTIRASSISMUSKONVENTION

„Zu behindert für den Restaurantbesuch?"

UN-BEHINDERTENRECHTSKONVENTION

(nach: Aktion Mensch, Mein gutes Recht: Die UN-Menschenrechtsabkommen und ihre Umsetzung)

– II –

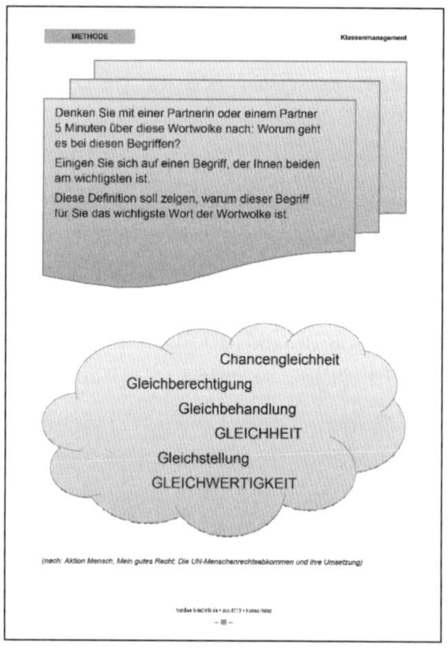
METHODE Klassenmanagement

Denken Sie mit einer Partnerin oder einem Partner 5 Minuten über diese Wortwolke nach: Worum geht es bei diesen Begriffen?
Einigen Sie sich auf einen Begriff, der Ihnen beiden am wichtigsten ist.
Diese Definition soll zeigen, warum dieser Begriff für Sie das wichtigste Wort der Wortwolke ist.

Chancengleichheit
Gleichberechtigung
Gleichbehandlung
GLEICHHEIT
Gleichstellung
GLEICHWERTIGKEIT

(nach: Aktion Mensch, Mein gutes Recht: Die UN-Menschenrechtsabkommen und ihre Umsetzung)

– III –

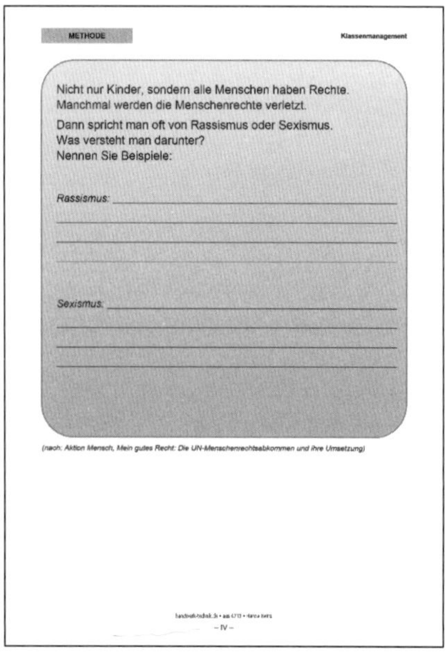
METHODE Klassenmanagement

Nicht nur Kinder, sondern alle Menschen haben Rechte.
Manchmal werden die Menschenrechte verletzt.
Dann spricht man oft von Rassismus oder Sexismus.
Was versteht man darunter?
Nennen Sie Beispiele:

Rassismus:

Sexismus:

(nach: Aktion Mensch, Mein gutes Recht: Die UN-Menschenrechtsabkommen und ihre Umsetzung)

– IV –

METHODE Klassenmanagement

Die beiden Figuren wollen auf die andere Seite des Hindernisses gelangen. Sie möchten sie darin unterstützen. Wie könnten Sie den beiden helfen?

Gilt die Aussage:
Gleichberechtigung gleich **Gleichbehandlung**?

(nach: Aktion Mensch, Mein gutes Recht: Die UN-Menschenrechtsabkommen und ihre Umsetzung)

– V –

Anlage 12: Experimente zur Vielfalt

Das Leben ist doch (k)ein Wunschkonzert

Jeder ist anders – alle sind gleich: Gemeinsam Vielfalt gestalten

Worum geht es?

Inklusion basiert auf einer Haltung, bei der die Wertschätzung von Unterschieden in der Gesellschaft von grundlegender Bedeutung ist.

Lernziele: Die Schülerinnen und Schüler lernen, …
- sich selbst und andere mitsamt ihren unterschiedlichen Eigenschaften und Lebensentwürfen zu schätzen,
- dass Vielfalt und Unterschiede wertvoll sind.

(Materialien aus: Aktion Mensch, Bildungsmaterial zu „Jeder ist anders")

Anlage auf CD-ROM

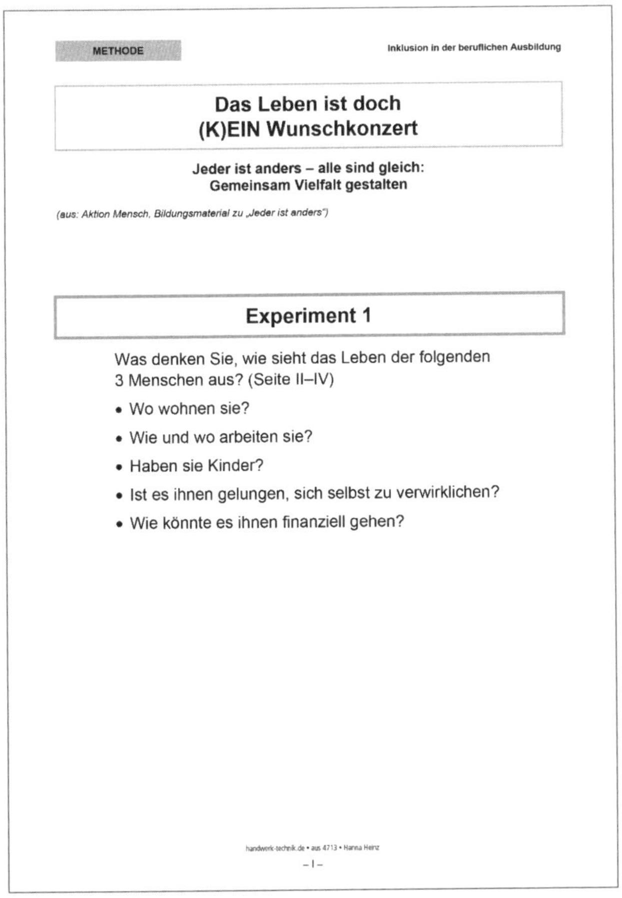
METHODE

Inklusion in der beruflichen Ausbildung

Das Leben ist doch
(K)EIN Wunschkonzert

Jeder ist anders – alle sind gleich:
Gemeinsam Vielfalt gestalten

(aus: Aktion Mensch, Bildungsmaterial zu „Jeder ist anders")

Experiment 1

Was denken Sie, wie sieht das Leben der folgenden 3 Menschen aus? (Seite II–IV)
- Wo wohnen sie?
- Wie und wo arbeiten sie?
- Haben sie Kinder?
- Ist es ihnen gelungen, sich selbst zu verwirklichen?
- Wie könnte es ihnen finanziell gehen?

handwerk-technik.de • aus 4713 • Hanna Heinz

– I –

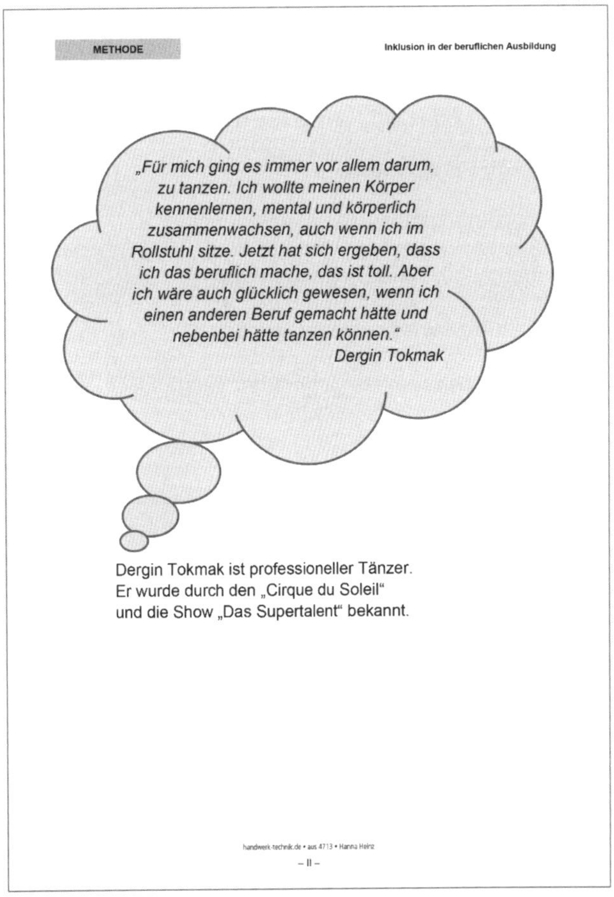
METHODE

Inklusion in der beruflichen Ausbildung

„Für mich ging es immer vor allem darum, zu tanzen. Ich wollte meinen Körper kennenlernen, mental und körperlich zusammenwachsen, auch wenn ich im Rollstuhl sitze. Jetzt hat sich ergeben, dass ich das beruflich mache, das ist toll. Aber ich wäre auch glücklich gewesen, wenn ich einen anderen Beruf gemacht hätte und nebenbei hätte tanzen können."
Dergin Tokmak

Dergin Tokmak ist professioneller Tänzer.
Er wurde durch den „Cirque du Soleil" und die Show „Das Supertalent" bekannt.

handwerk-technik.de • aus 4713 • Hanna Heinz

– II –

Anlage 13

Checkliste: Arbeitsrelevante Fähigkeiten

Name: ______________________________ Datum: ________________

	trifft nicht zu		trifft zu
1. Motivation / Antrieb	--	0	++
• äußert eigene Motivation auf dem 1. Arbeitsmarkt zu arbeiten			
• äußert Wunsch, Praktika zu machen			
• ist bereit Praktika in verschiedenen Bereichen auszuprobieren			
• ist bereit früh aufzustehen für ein Praktikum			
• zeigt Interesse an verschiedenen Berufsfeldern			
2. Orientierung	--	0	++
• kann sich an neuen Orten nach angemessener Zeit orientieren			
• kann den Weg zur Schule allein bewältigen			
• kann öffentliche Verkehrsmittel nach Übung allein benutzen			
• kennt die wichtigsten Verkehrsregeln			
• kann im Notfall auf fremde Personen zugehen und um Hilfe bitten			
3. Soziale Fähigkeiten	--	0	++
• benutzt gängigste Höflichkeitsformeln			
• hat angemessene Umgangsformen			
• kommuniziert mit anderen Menschen			
• äußert sich Fremden gegenüber verständlich			
• kann sich situativ angemessen verhalten			
• achtet auf angemessene äußere Erscheinung u. Körperhygiene			
• zeigt auffälliges oder abweichendes Verhalten			
• zeigt altersgemäßes Verhalten / Reife			
• kann eigene Fähigkeiten realistisch einschätzen			
• kann mit Kritik angemessen umgehen u. Verhalten entsprechend ändern			
• versucht sich aufgrund der Kritik zu verbessern			
• erkennt grobes Fehlverhalten und entschuldigt sich dafür			
• akzeptiert in Gruppensituationen den Hinweis sich zurück zu nehmen			
• kann Verantwortung übernehmen			
• bietet von sich aus Hilfe an			

(Quelle: ISB Bayern www.isb.bayern.de/download/15355/08_checkliste_arbeitsrelevante_faehigkeiten.doc)

4. Lernverhalten in der Schule	– –	0	++
• nimmt am Unterricht teil ohne zu stören			
• zeigt Aufmerksamkeit und Interesse am Unterricht			
• zeigt Lernbereitschaft			
5. Arbeitsverhalten in der Schule / Arbeitstugenden	**– –**	**0**	**++**
• kann schulische Botengänge allein erledigen			
• achtet auf Ordnung und Sauberkeit am Arbeitsplatz			
• geht sorgsam mit Arbeitsmaterialien und Werkzeugen um			
• kommt pünktlich zu vereinbarten Terminen			
• hat keine nennenswerten Fehlzeiten in der Schule			
• hält Zeiten ein (Pausenzeiten, Unterrichtsbeginn etc.)			
• akzeptiert die Rolle des Vorgesetzten			
• kann neue Aufgaben selbständig nach kurzer Übung ausführen			
• kann einfache Arbeitsanweisungen selbständig umsetzen			
• kann mehrgliedrige Arbeitsanweisungen selbständig umsetzen			
• meldet sich, wenn die eigene Arbeit zu Ende ist			
• kann sich über einen längeren Zeitraum auf eine Arbeit konzentrieren (auch wenn sie eintönig ist)			
• hat Ausdauer			
• ist nicht leicht ablenkbar			
• setzt nach Unterbrechung Arbeit wieder fort			
• erkennt eigenständig zu erledigende Aufgaben			
• erledigt aufgetragene Arbeiten zuverlässig			
• arbeitet konstant sorgfältig			
• erbringt eine Arbeitsleistung ohne ständige Bestätigung			
• nimmt Arbeitsaufträge ohne Einwände an			
• ist flexibel bei der Arbeit			
• kann eigene Arbeit kontrollieren			
• kann sich an neuen Situationen / Personen anpassen			
• Lernbereitschaft			
• kann einmal gelernte Dinge wiederholen / Merkfähigkeit			
• Teamfähigkeit / Gruppenfähigkeit			
• nimmt Kontakt zu anderen Menschen auf			
• drückt sich vor Aufgaben / Arbeiten, die er/sie nicht mag			
• kann eigene Leistungsfähigkeit gut einschätzen			

6. körperliche Fähigkeiten	--	0	++
• feinmotorische Fähigkeiten			
• hat gute Körperkoordination			
• zeigt insgesamt körperliche Ausdauer			
• kann körperlich schwer arbeiten			
• kann im Stehen/Gehen arbeiten			
7. Psychische Stabilität	**--**	**0**	**++**
• altersgemäße Entwicklung			
• emotional ausgeglichen und dauerhaft stabil			
• psychische Belastbarkeit			
• Verhalten wird leicht von privaten Angelegenheiten/Problemen beeinflusst			

8. Lebenspraktische Fähigkeiten		--	0	++
8.1 Lesen	• erliest einzelne Worte			
	• erliest Sinn erfassend kurze Sätze			
	• erliest Sinn erfassend lange Sätze und kurze Texte			
	• erliest fremde Texte			
8.2. Schreiben	• schreibt Namen u. Adresse auswendig			
	• schreibt einfache Mitteilungen			
	• schreibt einfache Sätze selbständig			
8.3. Sprache	• sprachliche Ausdrucksfähigkeit			
8.4. Rechnen	• Mengenfeststellung durch Abzählen			
	• kann im Zahlenraum bis ……... rechnen			
	• kann mit Maßangaben umgehen (z. B. Meter, Gewicht)			
8.5. Zeit	• ist zeitlich orientiert			
	• kann Uhr lesen: digital ☐ Zifferblatt ☐			
8.6. Geld	• kann mit Geld im Wert bis 10 Euro umgehen			
	• kann Münzen u. Scheine unterscheiden u. deren Geldwert einschätzen			
8.7. Telefon	• kennt eigene Telefonnummer			
	• kann im Notfall telefonieren			
	• hat eigenes Handy u. kann es selbständig benutzen			

Besondere Fähigkeiten oder Eigenheiten des Schülers /der Schülerin:

Durchgeführt von: ______________________________ am: ____________________

Anlage 14: Lernbüro Arbeitsplan

In diesem Lehrerhandbuch findet sich auf Seite 17 f. ein Formular für die Schülerhand, mit dem sich
a) eine Lerneinheit,
b) ein Lernfeld strukturiert vorplanen lässt (nicht nur für Inklusionsschüler!): „Lernbüro Arbeitsplan“.

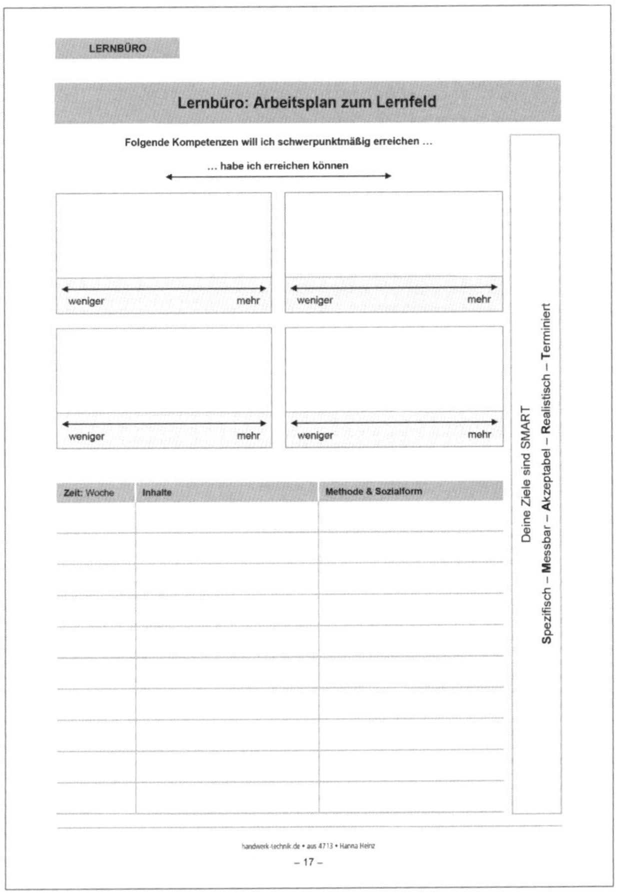

LERNBÜRO

Lernbüro: Arbeitsplan zum Lernfeld

Folgende Kompetenzen will ich schwerpunktmäßig erreichen ...

... habe ich erreichen können

weniger – mehr

weniger – mehr

weniger – mehr

weniger – mehr

Zeit: Woche	Inhalte	Methode & Sozialform

Deine Ziele sind SMART
Spezifisch – Messbar – Akzeptabel – Realistisch – Terminiert

handwerk-technik.de • aus 4713 • Hanna Heinz
– 17 –

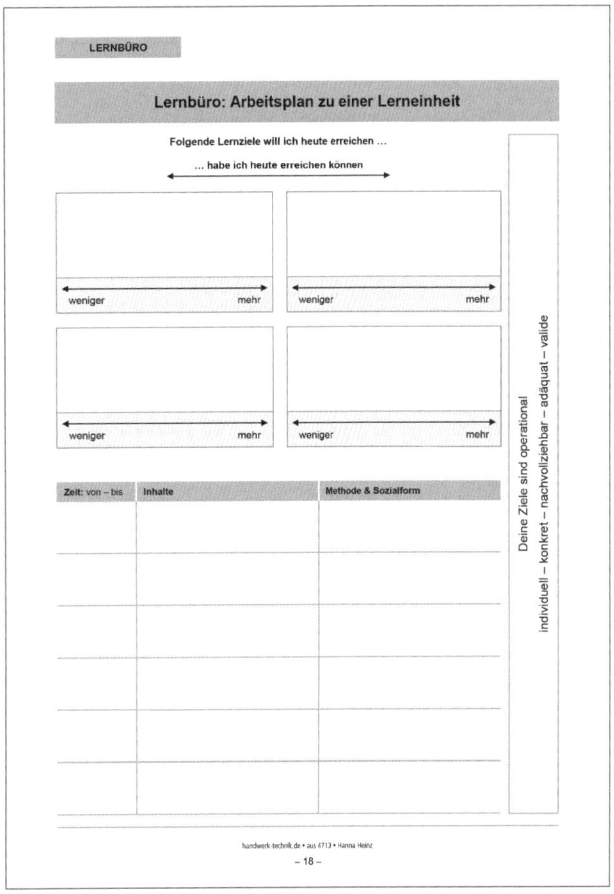

LERNBÜRO

Lernbüro: Arbeitsplan zu einer Lerneinheit

Folgende Lernziele will ich heute erreichen ...

... habe ich heute erreichen können

weniger – mehr

weniger – mehr

weniger – mehr

weniger – mehr

Zeit: von – bis	Inhalte	Methode & Sozialform

Deine Ziele sind operational
individuell – konkret – nachvollziehbar – adäquat – valide

handwerk-technik.de • aus 4713 • Hanna Heinz
– 18 –

Literaturverzeichnis Band 4

Didaktisches Glossar 3

Bergo, Cristina/Pro Skills: „TRAININGSKONZEPT zur Förderung von sozialen und personalen Kompetenzen bei sozial benachteiligten jungen Erwachsenen als Voraussetzung für Lebenslanges Lernen" 2006, S. 13. URL: *www.pro-skills.eu/manual/ProSkills_Manual_German.pdf* (Abruf 24.04.2014)

Berkefeld, Thorsten u. a.: Lehrerhandbuch Altenpflege. Verlag Handwerk und Technik, Hamburg 2010

Cohn, Ruth; Terfurth, Christina (Hrsg.): Lebendiges Lehren und Lernen - TZI macht Schule. Klett-Cotta, Stuttgart 1993, S. 174

Europäische Kommission für Allgemeine und Berufliche Bildung: Einen europäischen Raum des lebenslangen Lernens schaffen. Mitteilung der Kommission. 2007

Gudjons, Herbert: Pädagogisches Grundwissen. Klinkhardt, Heilbrunn 2008, S. 76 ff.

Jaszus, Rainer; Küls, Holger: Didaktik der Sozialpädagogik. Stuttgart 2016, S. 425 f.

Kultusministerkonferenz: Deutscher Qualifikationsrahmen für lebenslanges Lernen. Beschluss der KMK v. 10. März 2011, S. 16

Länderübergreifender Lehrplan Erzieher/Erzieherin. Ausarbeitung Arbeitsgruppe, empfohlen vom Unterausschuss für Berufliche Bildung des KMK, Stand 01.07.2012

Ophardt, Diemut; Thiel, Felicitas: Klassenmanagement: Ein Handbuch für Studium und Praxis. Kohlhammer, Stuttgart 2013

Scholz, Ingvelde: Das heterogene Klassenzimmer – differenziert unterrichten. Vandenhoeck & Ruprecht, Göttingen 2016, S. 9, 10, 12

Reich, Kersten (Hrsg.): Methodenpool der Universität Köln. Unterrichtsmethoden im konstruktiven und systemischen Methodenpool. URL: http://methodenpool.uni-koeln.de (Abruf 16.03.2018)

Von Raben, Barbara: Portfolios in der Ausbildung pädagogischer Fachkräfte. Verlag an der Ruhr, Mülheim 2010

Weizsäcker, Richard von: Ansprache bei der Eröffnungsveranstaltung der Tagung der BAG Hilfe für Behinderte am 1. Juli 1993 in Bonn, URL: *www.bundespraesident.de/SharedDocs/Reden/DE/Richard-von-Weizsaecker/Reden/1993/07/19930701_Rede.html* (Abruf 10.10.2017)

Woolfolk, Anita: Educational Psychology, Allyn 2001

Situationsanalyse (nach Beer)

Beer, Peter; Langenmayr, Margret: Lernfeldorientierung in der Erzieherausbildung. Don Bosco, München 2003

Lernbüro: Arbeitsplan (Formulare)

Arnold, Rolf: Wie man lehrt, ohne zu belehren. Auer, Augsburg 2013

Bayerisches Staatsministerium für Unterricht und Kultus: Lehrplan Fachakademie für Sozialpädagogik, Erzieherausbildung, Version 2017

Beer, Peter; Langenmayr, Margret: Lernfeldorientierung in der Erzieherinnenausbildung. Don Bosco 2003, S. 46

Länderübergreifender Lehrplan Erzieherin/Erzieher. Ausarbeitung Arbeitsgruppe, Stand 01.07.2012

OECD: The Definition and Selection of Key Competencies. Executive Summery. S. 4

Projekt „Kompetenzbasierte Prüfungs- und Feedbackverfahren für die frühpädagogische Aus- und Weiterbildung". Verbundprojekt der EH Freiburg, Prof. Dr. Klaus Fröhlich-Gildhoff & der ASH Berlin, Prof. Dr. Iris Nentwig-Gesemann. URL *www.weiterbildungsinitiative.de/fileadmin/download/Veranstaltungen/AWiFF_Kompetenzbasierte_Pruefungs-Feedbackverfahren_Panel_5.pdf*

Reinmann-Rothmeier, Gabi; Mandl, Heinz: Unterrichten und Lernumgebungen gestalten. In: Krapp, A.; Weidemann, B.: Pädagogische Psychologie. Beltz 2001, S. 626

Sausel, Stephan: Bemerkungen zu einer Kompetenzorientierten Ausbildung am Studienseminar Stade. Vortrag Tagung 2016. URL https://www.boefae.de/wp-content/uploads/2016/12/2016-BoefAE-Tagung_Sausel-Kompetenzorientierung-am-StudSemSTD-29-11-16.pdf

WiFF Weiterbildungsinitiative Frühpädagogische Fachkräfte: Qualifikationsprofil „Frühpädagogik" – Fachschule / Fachakademie. 2011, S. 15

Lernsituationen: Kindertagesstätte

Johler, Dagmar/FAKS Lindau: Rahmensituation.

Handreichung zum Bayerischen Bildungs- und Erziehungsplan: Bildung, Erziehung und Betreuung von Kindern in den ersten drei Lebensjahren. Hrsg. ifp Staatsinstitut für Frühpädagogik. Berlin 2010

Lernsituationen: offene Ganztagsschule (OGS)

Feyrer, Iris; Weyhmüller, Michael/FAKS Lindau: Rahmensituation.

Bayerisches Staatsministerium für Arbeit und Sozialordnung, Familie und Frauen: Fachliche Empfehlungen für die pädagogische Arbeit in bayerischen Horten. Bekanntmachung des Bayerischen Staatsministeriums für Arbeit und Sozialordnung, Familie und Frauen vom 22.09.2003. Nr. VI 4/7358-1/19/03. URL: *www.blja.bayern.de/service/bibliothek/fachliche-empfehlungen/horte.php*

Zum Bildungsbegriff

Textor, Martin R.: Drei Formen der Bildung. URL: *http://www.kindergartenpaedagogik.de/2028.html*

Das kindliche Bauen: Lerntheke u.a.

Beins, Hans-Jürgen: Bauen und Konstruieren als lustvolles Lernen. In: Kindergarten heute 1/2005. URL: *www.herder.de/kiga-heute/fachmagazin/archiv/2005-35-jg/1-2005/bauen-und-konstruieren-als-lustvolles-lernen-bedeutung-und-praktische-umsetzung/*

Methoden-Workshop

Leu, Hans R. u.a.: Bildungs- und Lerngeschichten: Bildungsprozesse in früher Kindheit beobachten, dokumentieren und unterstützen. Verlag das netz, Killiansroda 2007, S. 74

Jeannot, Godje u.a.: Kompetent in der Kita. Verlag Handwerk und Technik, Hamburg 2014

Märchen-Memory

Bettelheim, Bruno: Kinder brauchen Märchen. Dtv, München 1980

Spiegel Online: Märchen – Lebenshilfe für Kinder (28.2.1997). Heft 10/1977. URL: *www.spiegel.de/spiegel/print/d-40941983.html* (Abruf 30.02.2018)

Lück, Conradine: Märchen und kindliche Wirklichkeit. 1955

Methode Reflexives Klassenmanagement

Aktion Mensch: Arbeitsmittel für die 5.-7. Klasse „Mein gutes Recht: Die UN-Menschenrechtsabkommen und ihre Umsetzung“ URL: *www.aktion-mensch.de/ds/inklusion/ unterricht/download.php?id=99*

Aktion Mensch: Arbeitsmittel für die 8.-10. Klasse „Mein gutes Recht: Die UN-Menschenrechtsabkommen und ihre Umsetzung“. URL: *www.aktion-mensch.de/ds/inklusion/ unterricht/download.php?id=101*

Aktion Mensch: Arbeitsmittel für die 8.-10. Klasse „Jeder ist anders – alle sind gleich“. URL: *www.aktion-mensch.de/ds/inklusion/unterricht/download.php?id=91*

Bastian, Johannes: Klassenleitung. Aufgabenfelder und Anforderungen. In: Pädagogik Heft 3/2012, S. 9

Bayerisches Staatsministerium für Arbeit und Sozialordnung, Familie und Frauen / Bayerisches Staatsministerium für Unterricht und Kultus: Bayerische Leitlinien für die Bildung und Erziehung von Kindern bis zum Ende der Grundschulzeit (2012). URL: *www.stmas.bayern.de/imperia/md/content/stmas/stmas_inter net/kinderbetreuung/bildungsleitlinien_barrierefrei.pdf*

Bergo, Cristina/Pro Skills: TRAININGSKONZEPT zur Förderung von sozialen und personalen Kompetenzen bei sozial benachteiligten jungen Erwachsenen als Voraussetzung für Lebenslanges Lernen. 2006. URL *www.pro-skills.eu/manual/ProSkills_Manual_German.pdf*

Böhm, I., Krüger, A., Schneider, J., Zimmer, J. (Hrsg.): Learning through productive Learning. Traum & Raum, Berlin 1996

Booth, Tony; Ainscow, Mel: Index für Inklusion. Halle-Wittenberg, 2003. URL: *http://www.eenet.org.uk/resources/docs/Index%20German.pdf*

Christof Wiechert: Du sollst sein Rätsel lösen. URL: *www.vamg.ch/Detailansicht.5992.0.html?tt_products[product] =497 Verlag am Goetheanum. CH-Dornach 2017*

Friedrichs, Birte; Schubert, Nele: Das Klassenlehrer-Buch für die Sekundarstufe. Beltz, Weinheim 2013

Fröhlich-Gildhoff, Klaus; Nentwig-Gesemann, Iris; Pietsch, Stefanie: Erfassung von Kompetenzentwicklung in frühpädagogischen Studiengängen mit dem Konzept der Dilemmasituationen. Freiburg 2011

FSP2: Staatliche Fachschule für Sozialpädagogik Hamburg: Ausbildung zur Kita-Helferin. URL: *www.fsp2-hamburg.de/willkommen/ausbildungen/kita-helferin/* (Abruf 20.09.2017)

Großmann, Ch.: Soziales Lernen und Gruppenentwicklung. Institut für berufliche Bildung und Weiterbildung, Göttingen 2002

Institut Beatenberg: Kompetenzraster Selbstkompetenz, zum Download unter URL: https://institutbeatenberg.ch/images/pdf/kompetenzraster/kr_s k.pdf (Abruf 20.09.2017)

ISB Bayern (Staatsinstitut für Schulqualität und Bildungsforschung): Checkliste: Arbeitsrelevante Fähigkeiten. URL: *www.isb.bayern.de/download/15355/08_checkliste_arbeitsrel evante_faehigkeiten.doc*

Katholisches Schulkommissariat in Bayern / Katholisches Schulwerk in Bayern: Grundordnung Katholische Schule in Bayern, 2015 Kurzfassung. URL: *www.schulwerk-bayern.de/fileadmin/KSW/Grundlagentexte/Grundordnung_K urzfassung.pdf*

Kolb, D. A.: Experiential Learning. Prentice Hall, Englewood Cliffs, NJ. 1984

Kolb. D. A.; Fry, R.: Toward an applied theory of experiential learning. In: C. Cooper (Hrsg.) Theories of Group Process. John Wiley, London 1975

Länderübergreifender Lehrplan Erzieher/Erzieherin. Ausarbeitung Arbeitsgruppe, empfohlen vom Unterausschuss für Berufliche Bildung des KMK, Stand 01.07.2012

Lehrerfortbildung Baden-Württemberg: Klassenmanagement. URL: https://lehrerfortbildung-bw.de/st_if/bs/if/rahmenbedingung/20_klassenmanagement/ (Abruf 11.10.2017)

Lowy, Louis; Bernstein, Saul (Hrsg.): Untersuchungen zur sozialen Gruppenarbeit. 1. Auflage. Lambertus, Freiburg/Br. 1969

Nentwig-Gesemann, Iris: Präsentationsdatei „Kompetenzentwicklung, -erfassung und -förderung durch forschendes Lernen am Fall (Projekt)“. URL: *www.weiterbildungsinitiative.de/fileadmin/download/Veranstal tungen/AWiFF_Kompetenzbasierte_Pruefungs-Feedbackverfahren_Panel_5.pdf* (Abruf 22.02.2017)

Ophardt, Diemuth; Thiel, Felicitas: Klassenmanagement – ein Handbuch für Studium und Praxis. Kohlhammer, Stuttgart 2013

Pressemitteilung der Deutschen Bischofskonferenz vom 07.05.2012 (074a). URL: *http://www.katholische-schulen.de/Portals/0/PDF/DBK_Dokumente/DBK_Inklusiv.pdf*

Reich, Kersten /Methodenpool der Uni Köln: Klassenrat. URL: http://methodenpool.uni-koeln.de/download/klassenrat.pdf (Abruf 11.10.2017)

Sander, Alfred: Zu Theorie und Praxis individueller Förderpläne für Kinder mit sonderpädagogischem Förderbedarf. In: Mutzeck, Wolfgang (Hrsg.): Förderplanung. Grundlagen – Methoden – Alternativen. Beltz, Weinheim 2000

Schönbächler, Marie-Theres: Klassenmanagement. Situative Gegebenheiten und personale Faktoren in Lehrpersonen- und Schülerperspektive. Haupt, Bern 2008

Schulz von Thun, Friedemann: Situationsmodell mit 4 Komponenten. In: Miteinander reden 3 – Das „innere Team“ und situationsgerechte Kommunikation. Rowohlt, Reinbek 1998

Schweder, Sabine: Partizipation und Verantwortungsübernahme, Konkrete Beispiele von Verantwortungsübernahme in der Schule. 2005. URL: *http://www.ganztaegig-lernen.de/*

Seifert, Anne/Zentner, Sandra/Nagy, Franziska: Materialien für die Praxis, zu Praxisbuch Service-Learning. Lernen durch Engagement an Schulen. Beltz, Weinheim o.J. URL: *www.beltz.de/fileadmin/beltz/downloads/OnlinematerialPaeda gogik/62834_Seifert/9783407628343.pdf*

Sliwka, Anne; Frank, Susanne: Service Learning – Verantwortung lernen in Schule und Gemeinde. Beltz, Weinheim 2004

Stemann, Katharina: Kinderbesprechung / „Jacobs Blumen“. URL: *www.waldorf-resources.org/de/artikel/anzeige/archive/2015/09/15/article/ja cobs-flowers/1d904ed7d2c49515dd4c9f2c9ce8ef6a/* (Abruf 11.10.2017)

Stiftung Katholische Freie Schule der Diözese Rottenburg-Stuttgart: Auftrag und Leitbild. URL:*www.schulstiftung.de/paedagogik/auftrag-katholischer-schulen* (Abruf 20.09.2017)

StMUK: Bayerisches Staatsministerium für Bildung und Kultus, Wissenschaft und Kunst, Schule und Bildung in Bayern: *Arbeitsqualifizierungsjahr* (AQJ), 2016

Sturzenhecker, Benedikt: Begründungen und Qualitätsstandards von Partizipation – auch für Ganztagsschule. 2005. URL: *www.lwl.org/lja-download/pdf/Sturzenhecker_Folien.pdf*
Vielfalt-lernen-Wiki: Partizipation. URL: http://vielfalt-lernen.zum.de/wiki/Sch%C3%BClerpartizipation (Abruf 11.10.2017)
Watzlawick, Paul; Beavin, Janet; Jackson, Don: Menschliche Kommunikation. Hogrefe, Göttingen (1969) 1980
Wildfeuer, Wolfgang: Partizipation in der Ganztagsschulen – Bezüge, Anregungen, Beispiele. Ein Praxisheft zum Wettbewerb „Zeigt her eure Schulen" im Schuljahr 2007/2008

Methode Inklusion in der beruflichen Ausbildung

Aktion Mensch: Bildungsmaterial zu „Jeder ist anders". URL: *https://www.aktion-mensch.de/bildung/bildungsservice/materialsuche/detail?id=52*
Landesinstitut für Schule und Medien Berlin-Brandenburg/LISUM: Kompetenzentwicklungsplanung (In Anlehnung an „Förderplanung im Team", Landesinstitut für Schule und Medien Berlin-Brandenburg/LISUM), Berlin.
Reimann, Lisa: Inklusion bei den Goldbären. In: Berliner Behindertenzeitung (Ausgabe Dezember 2010/Januar 2011, 21. Jahrgang 2010) URL: *https://inklusionsfakten.de/inklusion-bei-den-goldbaeren/* (Abruf 23.04.2017)
Sander, Alfred: Es ist nicht nur der große Aufwand, der … In: Mutzeck, Wolfgang (Hrsg.). Förderplanung. Grundlagen - Methoden – Alternativen. Deutscher Studien Verlag, Weinheim 2000, S. 26 f.
Spielberg, Saskia (Hrsg.): Einschätzungsbögen zur pädagogischen Anamnese (in Anlehnung an Christliche Gesamtschule-Bleiberg). In: Offener Unterricht im heterogenen Klassenzimmer. Verlag an der Ruhr, Mühlheim 2015

Bildquellenverzeichnis (Buch und beiliegende CD)

Aktion Mensch: „Mein gutes Recht: Die UN-Menschenrechtsabkommen und ihre Umsetzung“ Arbeitsmittel für die 5.-7. Klasse , S. 2 https://www.aktion-mensch.de/ds/inklusion/unterricht/download.php?id=99: S. 284

dpa Picture-Alliance GmbH, Frankfurt am Main: S. 69 (picture alliance / Ikon Images)

Fotolia Deutschland, Berlin, © www.fotolia.de: S. 3 (Lucian_3D); 5 (Koraysa); 6 (vitma); 10/1 (euthymia),2 (kankhem); 11/2 (pinonepantone); 12 (aris sanjaya); 19/4 (Rudie),5 (Trueffelpix); 29/1 (chombosan),2 (Trueffelpix),3 (Trueffelpix); 41/2 (asem arab); 42/1 (asem arab); 42/2 (ZouZou); 78 (Rudie), 79 (Rudie); 95 (Rudie); 117/2 (complize | m.martins),3 (cicisbeo),4 Sergey Ryzhov),5 (Beznika); 134/2 (Rudie); 174 (euthymia); 176/1 (Cloud7),2 (jenesesimre),3 (Cloud7),4 (jenesesimre),5 (egorka87),6 (Cloud7); 203 (kankhem); 217 (strichfiguren.de); 225 (strichfiguren.de); 230 (pinonepantone); 237 (fotomek); 244/2 (donatas1205); 283/3 (I-pics),4 (Miriam Scheibe)

Schulz von Thun Friedemann, aus: Friedemann Schulz von Thun, Miteinander reden 3. Das 'Innere Team' und situationsgerechte Kommunikation. Copyright © 1998 Rowohlt Taschenbuch Verlag GmbH, Reinbek bei Hamburg: S. 185

Gay, Claude-Bernard, Hamburg: S. 13

Heinz, Hanna, Vogt: S. 19/1-3; 152; 279; 280

iStockphoto, Berlin: S. 114/2 (Christopher Futcher)

mauritius images GmbH, Mittenwald: S. 282 (mauritius images/Westend61/zerocreatives)

Shutterstock Images LLC, New York, USA: S. 9 (Lyudmyla Kharlamova),3 (strichfiguren.de),4 (strichfiguren.de); 11/1 (Trueffelpix); 19/6 (Palto),7 (Pedjami),8 (Lorelyn Medina); 33 (Ververidis Vasilis); 34 (ZouZou); 35 (Nesolenaya Alexandra); 40 (Anton Balazh); 41/1 (ZouZou),3 (Nesolenaya Alexandra); 76 (Doungtawan); 77 (Doungtawan); 89 (Nikolaeva); 90 (Nikolaeva); 91 (Nikolaeva); 92 (Nikolaeva); 93 (Nikolaeva); 102/1 (Ivonne Wierink),2 (claire norman); 106 (qvist); 107 (qvist); 108 (qvist); 109 (qvist); 110 (qvist); 111 (qvist); 112 (qvist); 113 (qvist); 114/1 (qvist); 116 (qvist); 117/1 (qvist); 118 (qvist); 119 (qvist); 120 (qvist); 121 (qvist); 123 (qvist); 124 (qvist); 125 (qvist); 126 (qvist); 127 (qvist); 128 (qvist); 129 (qvist); 131 (PlusONE); 134/1 (Doungtawan); 170 (Lyudmyla Kharlamova); 208 (ArtMarkova); 220 (Nikolaeva); 221 (Nikolaeva); 222 (Nikolaeva); 223 (Nikolaeva); 227 (Trueffelpix); 238 (Bohbeh); 239 (owatta); 244/1 (Gerisima),3 (Valentina Proskurina),4 (Elena Schweitzer),5 (Valentina Proskurina),6 (Elena Schweitzer),7 (Elena Schweitzer),8 (Elena Schweitzer); 281 (Martyshova Maria); 283/1 (Viktor1),2 (Adrian Georg Rahl)

Taube, Dr. Ute, Wangen/Allgäu: S. 66

Verlag Handwerk und Technik GmbH, Hamburg: S. 64 (I. Awiszus); 70 (I. Awiszus);

Verbundprojekt Kompetenzbasierte Prüfungs- und Feedbackverfahren für die frühpädagogische Aus- und Weiterbildung, Prof. Dr. Klaus Fröhlich-Gildhoff, EH Freiburg, Prof. Dr. Iris Nentwig-Gesemann, ASH Berlin: S. 246; 247

Bildquellenverzeichnis (Zusatzmaterial auf beiliegender CD)

Didaktisches Glossar 1 aus Band 1/2

Fotolia Deutschland, Berlin, © www.fotolia.de: S. 3 (bittedankeschön); 6/1 (Thodoris Tibilis),2 (mikoo),3 (AnNat); 8 (Lucian_3D); 11 (Ekler); 13 (JiSign); 14/2 (Birgit Reitz-Hofmann),4 (elxeneize); 17 (donatas1205); 19 (ecco); 21 (Coloures-pic); 23/1-3, 4,6 (Mimi Potter); 28/1 (Nenov Brothers)

Illustration, An imation, Design Gregor Mecklenburg, Pinneberg: S. 12

iStockphoto, Berlin: S. 14/3 (foto-ruhrgebiet); 23/5 (Palto)

Merve, Kaya, Lindau: S. 14/1

Shutterstock Images LLC, New York, USA: S. 6/4 (npine),5 (sdebenport)

Verlag Handwerk und Technik GmbH, Hamburg: S.10; 28/2

www.wikimedia.com: S. 15

Präsentationsdatei Einführung in kompetenzorientierten Unterricht

Autorengruppe Fachschulwesen (2011): Qualifikationsprofil „Frühpädagogik" – Fachschule/Fachakademie. Weiterbildungsinitiative Frühpädagogische Fachkräfte, WiFF Kooperationen, Band 1. München: Folie 8

Fotolia Deutschland, Berlin, © www.fotolia.de: Folie 2/1 (Rudie),3 (Trueffelpix); 3/2 (Rudie),3 (Trueffelpix); 4 (Dreaming Andy); 12/1 (Rudie),2 (Rudie); 13 (chee siong teh); 14 (Rudie); 15/1 (Rudie),2 (Rudie); 16/1 (Rudie); 18/1 (chee siong teh); 19 (Lucian_3D); 20 (vitma); 21/1 (chee siong teh); 22 (XtravaganT); 26/1 (chee siong teh); 28/1 (chee siong teh); 29/2 (donatas1205),3 (Ekler),4 (Coloures-pic),5 (ecco); 33/1 (Trueffelpix),2 (Jane),3 (Robert Kneschke),4 (Julia Babii),5 (Rudie),6 (Giovanni Cancemi),7 (Julia Babii); 34/1 (chee siong teh); 35/1 (Mimi Potter),3 (Mimi Potter); 36/1 (chee siong teh)

Heinz, Hanna, Vogt: Folie 1/1,2; 2/2; 3/1; 16/2; 21/2; 26/2; 28/2; 34/2; 36/2

iStockphoto, Berlin: Folie 29/1 (CSA-Images); 29/6 (foto-ruhrgebiet); 35/2 (Palto)

Shutterstock Images LLC, New York, USA: Folie 18/2 (ogieurvil); 27 (5 second Studio); 30/1 (CoraMax),2 (Mego studio),3 (Jane0606); 31/1 (Palto),2 (Pedjami)

Verbundprojekt Kompetenzbasierte Prüfungs- und Feedbackverfahren für die frühpädagogische Aus- und Weiterbildung, Prof. Dr. Klaus Fröhlich-Gildhoff, EH Freiburg, Prof. Dr. Iris Nentwig-Gesemann, ASH Berlin: Folie 23

Methode Klassenmanagement: Expertenforum

Shutterstock Images LLC, New York, USA: S. I-VII (Nikolaeva)

Methode Klassenmanagement: Lernen durch Engagement, die Methode

Fotolia Deutschland, Berlin, © www.fotolia.de: S. 12 (fotomek)

Shutterstock Images LLC, New York, USA: S. 13 (Bohbeh); 15 (owatta)

Methode Klassenmanagement: Engagiertheitsprojekt Friedenskoffer

123RF GmbH, Nidderau: S. IV (Martina Osmy)

Fotolia Deutschland, Berlin, © www.fotolia.de: S. V (donatas1205)

Shutterstock Images LLC, New York, USA: S. I (Gerisima); II (Studio_G); III (Hintau Aliaksei)

Methode Klassenmanagement: offene Lernwerkstatt Friedenserziehung

Buchecker Verlag, Treuchtlingen, (Freundschaft ist blau- oder?, ISBN: 978-3-936156-04-1): S. XIX

Fotolia Deutschland, Berlin, © www.fotolia.de: S. XI (ganko); XVIII (JiSign)

Getty Images Deutschland, München: S. XIII (Gamma-Rapho)

Shutterstock Images LLC, New York, USA: S. XIV (Elena Schweitzer); XV/1 (Valentina Proskurina),2 (Elena Schweitzer),3 (Valentina Proskurina),4 (Elena Schweitzer),5 (Elena Schweitzer),6 (Elena Schweitzer); XXII (Konrad Mostert); XXIII (Studio_G)

Verlagsgruppe Random House GmbH, München Frank Gaschler, Gundi Gaschler Ich will verstehen, was du wirklich brauchst Gewaltfreie Kommunikation mit Kindern – Das Projekt Giraffentraum Mit einem Vorwort von Marshall B. Rosenberg, Köselverlag, München: S. XII

Präsentationsdatei Inklusion

Fotolia Deutschland, Berlin, © www.fotolia.de: S. 15 (superelaks)

Methode Inklusion: Ich und die Anderen

Heinz, Hanna, Vogt: I; V; VI; VII

Methode Inklusion: Experimente

Fotolia Deutschland, Berlin, © www.fotolia.de: S. V/2 (Serj Siz`kov),3 (wandmarke.de)

iStockphoto, Berlin: S. V/4 (Viacheslav Shafranov),5 (VikiVector)

Shutterstock Images LLC, New York, USA: S. V/1 (howcolour)

Methode Inklusion: Recht

Aktion Mensch: „Mein gutes Recht: Die UN-Menschenrechtsabkommen und ihre Umsetzung“ Arbeitsmittel für die 5.–7. Klasse , S. 2 https://www.aktion-mensch.de/ds/inklusion/unterricht/download.php?id=99: S. V